献　给
我最敬爱的老师
张汉良教授

四川大学哲学社会科学出版基金资助

2016年教育部人文社会科学研究青年基金项目
“法国当代文论与古典诗学的关系”（16YJCZH025）成果

中国符号学丛书 ◎ 丛书主编 赵毅衡 唐小林

中国首次探讨巴尔特话语符号学思想
作者追风先贤
演绎理论建构与文本实践
寻找思辨的立身之本与意义承诺

论巴尔特：一个话语符号学的考察

On Roland Barthes: An Exploration of Semiology of Discourse

韩蕾 著

四川大学出版社

项目策划：徐　燕
责任编辑：宋　颖
责任校对：陈　蓉
封面设计：米迦设计工作室
责任印制：王　炜

图书在版编目（CIP）数据

论巴尔特 ： 一个话语符号学的考察 / 韩蕾著. — 成都 ： 四川大学出版社， 2019.5
（中国符号学丛书 / 赵毅衡， 唐小林主编）
ISBN 978-7-5690-2832-4

Ⅰ. ①论… Ⅱ. ①韩… Ⅲ. ①巴特（Barthes, Roland 1915-1980）—符号学—研究 Ⅳ. ①B565.59 ②H0

中国版本图书馆 CIP 数据核字（2019）第 052422 号

书名　论巴尔特：一个话语符号学的考察
LUN BAERTE：YIGE HUAYU FUHAOXUE DE KAOCHA

著　　者	韩　蕾
出　　版	四川大学出版社
地　　址	成都市一环路南一段 24 号（610065）
发　　行	四川大学出版社
书　　号	ISBN 978-7-5690-2832-4
印前制作	四川胜翔数码印务设计有限公司
印　　刷	郫县犀浦印刷厂
成品尺寸	170mm×240mm
印　　张	21.5
字　　数	379 千字
版　　次	2019 年 6 月第 1 版
印　　次	2019 年 6 月第 1 次印刷
定　　价	65.00 元

◆ 读者邮购本书，请与本社发行科联系。
电话：(028)85408408/(028)85401670/
(028)86408023　邮政编码：610065
◆ 本社图书如有印装质量问题，请寄回出版社调换。
◆ 网址：http://press.scu.edu.cn

四川大学出版社
微信公众号

序

2008 年我从台湾大学届龄退休，2010 年回到祖国大陆服务，应复旦大学中文系之聘，担任特聘教授，履行的义务包括为研究生开授比较诗学的相关课程以及担任博士生导师。韩蕾是我于 2011 年招收的博士生，在我引导下进入符号学的领域，后以巴尔特为题，撰写论文，2015 年获取博士学位。2016 年我回到台北，然而韩蕾和我一直保持学术上的联系。如今她大幅度修改过的博士论文即将出版，我有机会分享她的喜悦，并代言为序，可说尽到导师最后的责任，也为这段师生缘分画上完美的句点。

韩蕾原有法语基础，接受过实证主义方法论的洗礼，这些条件多少有助于她进行学科史和比较文学“接受学”研究的工作，当时我认为她需要补强的是符号学的理论背景，尤其是结构语言学和逻辑学等分析方法的训练。2013 年她开始写论文之前的养成培训经验主要就是随我阅读和讨论叶尔姆斯列夫、本维尼斯特、格雷马斯和巴尔特等人的著作，唯一逸出课题外的漫游大概就是因为她旁听我的“古典诗学”而需要重读柏拉图的《会饮篇》和《斐德诺篇》。从历史的后见之明看来，这段漫游的插曲也并非全属无心插柳，因为它让韩蕾追溯到巴尔特话语符号学的古典源头——柏拉图笔下的苏格拉底修辞术以及智者高尔及亚所宣扬的“大众意见”［δόξα（doxa）］和悖论（paradoxologia）。根据巴尔特的转述，柏拉图笔下呈现两种修辞学，但哲人偏爱的策略为搁置长篇大论的演说，践行互动式的话语交流，特别是苏格拉底和学生之间的精神引导（psychagogy）式对话，亦即巴尔特引述的拉丁修辞学所谓的“启教”作用（adhominatio）。师生双方讨论的伦理学题材驳杂不一，“哀乐思”（Éros）仅为荦荦大者，巴尔特称之为“爱欲修辞学”（la rhétorique érotisée），其中所蕴含的“爱欲”被转换为智性的教育。熟悉《爱的言谈——片段集》的读者当能心领神会，若参酌为国内学界所忽略的《旧修辞学（论记忆术）》（注：后文简称《旧修辞学》），另一历史面相和维度的巴尔特才能为吾人认知。容笔者就着修辞学的话题，由韩蕾的论文出发，顺便漫谈一下旅沪前后所见学术生态。

我特意挑出修辞这个看似冷僻的例子，目的是凸显韩蕾的论文在当前国内巴尔特研究论述场域中的特殊位置，希望读者能从这个角度切入，而得以见微知著。我这么做更能使读者体会这本论文的2.0版本如何具体完善了作者所企图建构的巴尔特话语符号学。我带韩蕾上课时，舍弃了汉语翻译，大多阅读英译本，若系法语材料——如本维尼斯特和格雷马斯，则尽可能地参阅核实原文，并鼓励她以英文撰写学术论文，出席国际会议，向世界一流刊物（如塔尔图大学的《符号系统研究》）投稿，她都做到了。我们这么做并非崇洋媚外，而是由于我深知在文学跨国接受史上“来源文本”被转码为“标的文本”后会发生令人意想不到的突变，也因此导致了比较文学研究“经典”确认的障碍。这现象当然也会发生在英译本上，但语意值的质变程度相对要比中译本低。坊间部分中译者的外语能力值得怀疑，此外，出版业者为了经费和时限等生产因素的考量，往往找数人分工合译，对翻译作品的审查普遍不够严谨。下面举两个巴尔特中译本的例子说明。

我在前面指出《旧修辞学》被冷落，并非无的放矢。某出版社既然要发行多卷帙的中译本合集，势必要收入包含《旧修辞学》的文集。然而译者的知识结构薄弱，对符号学一知半解，对巴尔特当时的文化脉络理解不足，遑论古典学术，巴尔特在文中介绍的某些拉丁修辞学术语竟然在中译本里原文照抄，未给出中译，更无注疏，借口是：“对于少数专门读者来说，他们本来不需要阅读中译文；对于多数读者，满足了解‘大意’即可。”试问：你不提供中译，如何能让读者“满足‘大意’”？固然有人效法五柳先生，读书不求甚解，但译者不能把这个不求甚解的现象当作借口，自行免除了翻译的义务。笔者在台湾大学和辅仁大学指导过数本古典修辞学的博士论文，知道现成的中外修辞辞格对照词典不少。译者稍微勤奋一点，便能解决问题；结果是让“少数专门”读者自力救济——如韩蕾在本书所为（第160页），让“多数”读者自生自灭。如此不负责任，令人惊骇。对翻译向来关注的韩蕾显然注意到这个现象，她说：“即便在外语能力达标的情况下，由于对特定领域比如符号学知识的缺乏，或者由于其他原因比如知识系统的错位等，可能导致他们原文阅读的效果要打一个折扣。”她指的容或是读者，但也适用于率尔操觚，误导读者的译者。在这种被译者“霸凌”，不明原典真相的情况之下，一知半解的读者（包括研究生）只能随着所谓的专家信口雌黄。即使在符号学的领域里，我们常听到这样荒腔走板的“大众意见”：“现在索绪尔已经不流行了，当道的是皮尔斯!”“‘话语?’这不是福柯发明的吗?怎么到了巴尔特那儿?”

此类“大众意见”众口铄金，顽强地建构了我们的自我生产、自我消费的“话语”，令人遗憾的是，在我国它竟然反讽地控制了学院，即便学院的职责正是苏格拉底主张的，以“知识”［επιστήμη（episteme）］去破除“成见”（大众意见）［δόξα（doxa）］。我们可以下个结论：“大众意见”变成了“出人意料的”［παρά?（para-）］“悖论”（paradox）。走笔至此，我要指出最近出版的一本巴尔特论的译者注的一个极为严重的“小”错误。2017年出版的《罗兰·巴特的三个悖论》，由二人合译，这本1989年出版的文论系巴尔特在法兰西公学院（Collège de France）的弟子帕特里齐亚·隆巴多纪念先师之作，与符号学关系不大，有文学批评兼半回忆录性质。由书名可知，“悖论”显系关键词。按英语的“paradox”一字源出于古希腊文，由“δόξα（δοχείων）”（doxa“意见”）这个单词加上字首“παρά”（para-“之外”），仿佛“意见之外的意见”。

“doxa”在巴尔特的社会话语系统里居于核心位置，说它是一个主导性的关键词绝对不为过。韩蕾把它译为“大众意见”是正确的。据她说前人音译为“多格札”，这和某君“弃译”拉丁修辞术语半斤八两，直追20世纪初的“德谟克拉西”和“赛因思”先生。既然有音译，自然得有译注，译本第3页的译注1赫然是：“多格札，巴特自创的词语。”译者未查证，援用前人音译，或被误导以为它是专有名词。上文指出，此古典用语，源远流长，柏拉图至少用过两次，分见《城邦治术篇》（即《理想国》）和《泰阿泰德篇》。其词源是动词“我想”，“依我看来”，发展出名词“想法”。在《城邦治术篇》506c节苏格拉底把它视为“俗见”，和“知识”（episteme）对立，区分了诡辩家高尔及亚等人宣导的以辞害意、迷惑大众的“意见”和哲学家致力探索的“真知”。亚里士多德《修辞学》第三卷（1404a1-2）略为翻案，把它纳入创制科学的正轨。根据第一人称动词词源，20世纪初的胡塞尔（1913）敷衍出“doxic cogito”“（主体的）自我意识”，为现象哲学概念。法国社会学家布尔迪厄

(1979；1980）承接胡塞尔，却把它转向落实到社会实践层次。巴尔特的用法介于两者之间，但向社会文化义涵靠拢。布尔迪厄生卒皆稍晚，他和巴尔特的学术生涯部分重叠，两人路数虽然不同，但都曾接受过索绪尔符号学的洗礼。巴尔特以“俗见”讨论现代社会神话和中产阶级阅读品位时，后面支撑的是长远的修辞传统。不了解这个背景，很难处理巴尔特的话语理论，此所以我俩当年坚持苦读《旧修辞学》。坊间译者学识不足，随意下笔（或弃笔），令人扼腕。

韩蕾在这本2.0版的博士论文里详细地梳理了前此遗漏的雅各布森和本维尼斯特的重要文献，填补了答辩版的若干观念及推论上的空白，使得前人索绪尔和后人巴尔特得以无缝接轨；她进而穿针引线，演练了“旅行”与“网络”两种纵横的修辞策略，借此重整了巴尔特全集，尽量做到巨细靡遗。历经了这段漫长而痛苦的孕育和生产过程，一个学界前所未见的，形相成熟，生命力量充沛，发展与应用潜力无穷的“话语符号学”终于诞生、问世了。我为韩蕾喜，为中国学界贺。

张汉良

2019年3月16日于台北市

目　录

导　论

第一节　巴尔特话语符号学的学术传统与轴心问题

何为“话语符号学”（sémiologie du discours）？为何要研究罗兰·巴尔特（Roland Barthes，1915—1980）[①] 而非其他人的话语符号学？是否存在“罗兰·巴尔特的话语符号学”这一符号学类型？能否描述其内涵及发展历程？巴尔特对其话语符号学是否有理论反思与文本验证？巴尔特的话语符号学能否应用于分析典型的话语实践——文化对话？我们能否在比较文学方向下探视巴尔特话语符号学的应用？巴尔特的话语符号学发展前景怎样？以上是本书尝试要回答的一些问题。

全书共分两大部分：理论建构与文本实践。“理论建构”意味着巴尔特本人并未给出关于“话语符号学”的系统性界定，笔者需要全面考察巴尔特在符号学领域的论述，进而尝试建立一套关于“话语符号学”的理论体系；“文本实践”则更倾向于表达一种科学实验的精神，笔者注意到，巴尔特在其 1970 年以后的书写中自觉地反思并补进了他的符号学思想，所以有必要对巴尔特的自我反射式的书写实践进行考察，与此同时，也有必要在比较文学、比较诗学的视野下，扩展巴尔特话语符号学的应用之可能性；因此，在本书中，笔者尝试就“罗兰·巴尔特与中国”这一文化对话命题，对巴尔特话语符号学的解释域、解释力及其边界进行分析。

然而，“巴尔特的话语符号学”为何会成为一个特殊的、有价值的研究对象呢？在导论中，笔者尝试解答这一疑问。

---

① Roland Barthes，本书行文统一将之译为“罗兰·巴尔特”；但对于所引用著述题目，则遵从原书/文译法，如《略述罗朗·巴尔特的符号学》等。

一、巴尔特“符号学”（sémiologie）的学术传统定位

本书的英文标题为 *On Roland Barthes: An Exploration of Semiology of Discourse*，读者读之或许会有这样的疑问：1969 年国际符号学协会［International Association for Semiotic Studies（L'Association Internationale de Sémiotique）］成立，并创办了官方学报《符号学》（*Semiotica*），加大力度进行学科建设，向美国符号学创始者皮尔斯（Charles Sanders Peirce，1839—1914）的“符号学”（semiotic 或 semeiotic）研究倾斜，学会创办者决定在“semiology”（sémiologie）与“semiotics”（sémiotique）之间取后者命名之，自此，大众意见一般倾向于以“semiotics”统一指代符号学科，那么此处为何要用“semiology”而非“semiotics”来命名巴尔特的符号学呢？要回答这个问题，我们需要回顾“sémiologie”的源起及其发展历程。

瑞士语言学家费尔迪南·德·索绪尔（Ferdinand de Saussure，1857—1913）在其《普通语言学教程》（*Cours de linguistique générale*）[①] 中，初

① 目前，学界公认《普通语言学教程》（译名参考高名凯中译本）的第一个版本由索绪尔的同事巴利（Charles Bally，1865—1947）和薛施蔼（Albert Séchehaye）二人编纂而成。两位编者撰写的首版序言证实：他们所依据的主要材料是索绪尔于 1906—1911 年间在日内瓦大学三次讲授语言学的学生课堂笔记，但也配合了索绪尔自己的手稿札记；这一版本的“教程”主要是以索绪尔的第三次讲课内容为基础，同时对所有既有材料进行了重新组织。在这个版本中，编者试图建立的有机整体并不是一个完备的整体，比如索绪尔本人曾向其第三次课程的听众许诺过的“言语的语言学”（linguistique de la parole）缺失了，语义学（sémantique）也几乎没有接触到（cf. Bally, Charles and Séchehaye, Albert. Préface da la première édition. *Cours de linguistique générale*. Par Ferdinand de Saussure. Paris: Éditions Payot & Rivages, 1995. 7-11.）。后来的学者，如雅各布森（Roman Jakobson，1896—1982）、本维尼斯特（Émile Benveniste，1902—1976）等人正是发展了《普通语言学教程》中所缺失的“言语的语言学”部分，从而引发了后来学者对“话语语言学”以及“话语符号学”的集中论辩。自《普通语言学教程》的第一个版本出现以来，学者对这个版本在多大程度上反映了索绪尔本人的思想一直有所怀疑。学者鲁道夫·恩格勒（Rudolf Engler）考察了索绪尔学生的笔记，对索绪尔的思想做了新的解读，成其四卷本的《普通语言学教程校订本》（*Cours de linguistique générale, Édition critique par Rudolf Engler*），于 1967 年在德国出版。恩格勒在其中对巴利和薛施蔼版本所采编的学生笔记中的问题进行了批评。此后，1993 年出版了索绪尔第三次课程的讲义，这个讲义主要是根据埃米尔·康斯坦丁（Emile Constantin）的笔记编撰而来。康斯坦丁的笔记十分翔实，学界普遍认为他的笔记再现了索绪尔课程更为深入的内容，也是体现索绪尔后期思想的忠实证据。这份笔记中不仅出现了与 1916 年版本不同的信息，也呈现了未曾在 1916 年版本中披露的信息。以上三个版本分别参见：（1）Saussure, Ferdinand de. *Cours de linguistique générale*. Paris: Éditions Payot & Rivages, 1995.（2）Saussure, Ferdinand de. *Cours de linguistique générale, Édition critique par Rudolf Engler*. 4 tomes. Wiesbaden: Otto Harrassowitz, 1967.（3）Saussure, Ferdinand de. *Troisième cours de linguistique générale (1910-1911) d'après les cahiers d'Emile Constantin/Saussure's Third Course of Lectures on General Linguistics (1910-1911)*, From the Notebooks of Emile Constantin. *Ed. Eisuke Komatsu. Trans. Roy Harris. Oxford: Pergamon Press*, 1993.

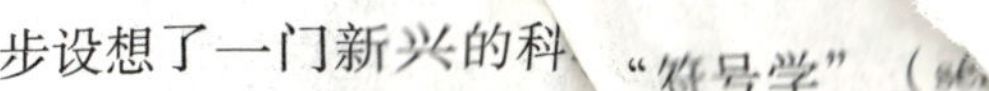

步设想了一门新兴的科 “符号学”（sé

①，并

① 现有三个版本的《普通语言学教程》对“符号学”有 “符号学”被界定为“在社会生活/生命中研究符号生活/生命”（“la 在1916年的版本中 sociale”）的一门科学（Saussure, *Cours de linguistique générale* 33.）；在 gnes au sein de la vie 与1993年《根据康斯坦丁笔记编撰的索绪尔第三次课程讲义》中，“符号学 格勒的《修订本》 内部对符号及符号的生命所进行的研究”（“étude des signes et de leur vie dans 为“在人类社会 (Saussure. *Cours de linguistique générale, Édition critique par Rudolf Engler*, tomes humaines”) *Troisième cours de linguistique générale (1910－1911) d'après les cahiers d'Emile Constantin* Saussure, 界目前普遍认为后两个版本更为准确地反映了索绪尔的思想，因此，笔者以这两个版本 由于学 的定义为准。然而，从那些以首版为母本的英译及中译文中，我们也可以读到一些对我们理解 号学” “符号学”概念有所帮助的内容。我们首先请出首版中的“符号学”之定义：“人们因此可以设想到一门研究社会生活/生命中的符号的生命/生活的科学；这门科学是社会心理学的一部分，因此也属于一般心理学；我们称之为符号学。”［On peut donc concevoir *une science qui étudie la vie des signes au sein de la vie sociale*; elle formerait une partie de la psychologie sociale, et par conséquent de la psychologie générale; nous la nommerons *sémiologie* (du grec *sēmeîon*, « signe ».)］（Saussure, *Cours de linguistique générale* 33）译者们就转译这个定义，选择了不同的翻译策略。我们就斜体部分语句，对比哈里斯（Roy Harris）与巴斯金（Wade Baskin）的两个英译本以及高名凯的中译本。哈里斯版本的译文如下：“It is therefore possible to conceive of a science *which studies the role of signs as part of social life.*”（Saussure, Ferdinand de. *Course in General Linguistics.* Trans. Roy Harris. Beijing: Foreign Language Teaching and Research Press, 2001. 15），中文对应：“因此，我们可能发现一门科学，它研究作为社会生活之一部分的符号的作用。”显然，哈里斯的版本强调的是“符号学”是研究符号的运作的科学以及被研究的“符号”存在于社会生活内部。巴斯金版本的译文如下：“*A science that studies the life of signs within society* is conceivable.”（Saussure, Ferdinand de. *Course in General Linguistics.* Trans. Wade Baskin. New York: Philosophical Library, 1959. 16）中文对应“我们意识到了研究社会内部的符号的生命/生活的一门科学”。巴斯金版本更为强调符号性的生活/生命必须是在社会集体中。高名凯版本如下：“因此，我们可以设想有一门研究社会生活中符号生命的科学”（［瑞士］费尔迪南·德·索绪尔：《普通语言学教程》，高名凯译，北京：商务印书馆，1980，第38页）。我们将这三个版本集合在一起，正好应和了1967年与1993年两个版本中更为清晰的那个定义：符号学研究在人类社会内部进行，该研究的对象是符号及符号的运作。根据这一定义，我们的确能够清晰地将索绪尔的符号学归类为“人类符号学”（anthroposemiotics）。事实上，在法语中，生活与生命为同一个单词“la vie”，高名凯的译本在翻译时刻意分别选择了“社会生活”和“符号生命”来翻译“la vie sociale”以及“signes de la vie”，倘若有一个译本将这两处法文对应译为“社会生命”和“符号生活”，是否依然有效呢？第二种翻译或也可成立。社会生命即为人的群体，符号生活是人类用话语（verbal）以及非话语（nonverbal）的信息与符码建构的生活。符号学显然包括了对人类群体的这些符号生活的研究。从这个定义出发，我们可以从两个维度解读这里的“符号学”概念：第一，这门科学研究符号的生命/生活。第二，符号学研究的符号是社会生活/生命的符号。从第一个方面，本维尼斯特回应道：对索绪尔来说，符号首先是一个语言学的概念，它更多的是向人的以及社会的事实的规律延展；在这一领域里，在语言系统之外的系统与语言系统具有同质性（Benveniste, Émile. “Sémiologie de la langue.” *Problèmes de linguistique générale II.* Paris: Éditions Gallimard, 1974. 48－49.）。在第二点上，本维尼斯特看到，索绪尔关于符号的认知，已经在语言学之外穿透进了人类的其他科学，但索绪尔关于“符号”（signe）的定义本身却阻碍了符号学的进一步发展。此外，有关索绪尔使用的“sémiologie”的词源解释，以及索绪尔为何弃希腊文“sēmeîon”不用的原因的解释，可参见：《符号学与诠释学——比较文学研究的基础》，载于张汉良：《文学的边界——语言符号的考察》，上海：复旦大学出版社，2012，第9－10页。

」只是这门科学的一分支。在索绪尔的定位
nguistique（li他研究"符号诸系统"（systems of sign）的一门科
中，这门科学年代，法国结构主义（French Structuralism）知识群
学。到了20这一名义下，实则处理了"semiotics"的问题。这
体在"sémi－庞蒂（Maurice Merleau-Ponty，1908—1961）、列维－斯
一群体包de Lévi-Strauss，1908—2009）、雅克·拉康（Jacques Lacan，
特劳斯
1901—1）等人。这些学者一方面承继了索绪尔语言学的遗产，另一
方面受到了叶尔姆斯列夫（Louis Hjelmslev，1899—1965）与雅各布森
等的启发。然而，在国际符号学学会决定统一"semiology"与
"semiotics"并取用后者之后，法国学者巴尔特以及他的前辈马尔蒂内
（André Martinet，1908—1999）等人依然坚持使用"sémiologie"。

自"semiology"与"semiotics"分化以来，在前一领域的符号学研究中出现了两个彼此相反的趋势：一方将"semiology"局限为分析人工符码（artificial codes）、补充性符码（supplementary codes）等的研究，从而将"semiology"窄化至"语言系统"（la langue）[①]的语言学之附属的地位[②]；另一方以叶尔姆斯列夫、格雷马斯（Algirdas Julien Greimas，1917—1992）

---

① 关于索绪尔语言学的三个概念"la langue""la parole""le langage"的翻译问题，我们有必要做一详细说明。张汉良在复旦大学教授符号学课程时指出：索绪尔所使用的这三个概念分别指示语言的不同面向，由于法语本身具有多义性，英语很难恰切地给予翻译，比如英文中没有与"la langue"以及"le langage"对等的词，因此，英译本多用了解释性的翻译。比如，巴斯金的英译本《普通语言学教程》将"la langue""la parole""le langage"分别处理为"language""speaking"以及"human speech"，而后来的哈里斯英译本则用复合结构"linguistic structure"来翻译"la langue"，将"la parole"译为"speech"，将"le langage"译为"language"。我们特别关注的"la langue"的翻译问题，哈里斯自己在其译本《译者前言》中做了说明："事实上，人们已经尝试通过在不同语境中使用不同的译法这种手段，来指出与'langue'这一术语相关的所有信息。'the language'或者'a language'这两个词通常是较为完美的英语译法，但是也有其他许多表述方式，比如'linguistic structure'以及'linguistic system'，后两者能够在英语中更为清楚地指出'langue'这一术语的内涵。"（Harris，Roy. Translator's Introduction. *Course in General Linguistics*. By Ferdinand de Saussure. Trans. Roy Harris. Beijing：Foreign Language Teaching and Research Press，2001. F48.）关于索绪尔这三个概念的中译，我们沿用了高名凯的"语言""言语"和"言语活动"的译法。但是，由于索绪尔"语言"概念有其特殊的指涉，而在一般读者这里，容易将之与指代自然语言的"语言"所混淆，因此，本书倾向于以"语言系统"来翻译索绪尔的"la langue"，用以与自然语言相区别。

② Greimas，A. J. and Courtés，Joseph. *Sémiotique：Dictionnaire raisonné de la théorie du langage*. Paris：Classiques Hachette，1979. 336. 笔者也参考了该书英译本，参见：Greimas，A. J. and Courtés，Joseph. *Semiotics and Language：An Analytical Dictionary*. Bloomington：Indiana UP，1982. 282.

步设想了一门新兴的科学："符号学"（sémiologie）①，并且认为语言学

① 现有三个版本的《普通语言学教程》，对"符号学"有两种界定。在1916年的版本中，"符号学"被界定为"在社会生活/生命中研究符号生活/生命"（"la vie des signes au sein de la vie sociale"）的一门科学（Saussure, *Cours de linguistique générale* 33.）；在1967年恩格勒的《修订本》与1993年《根据康斯坦丁笔记编撰的索绪尔第三次课程讲义》中，"符号学"被界定为"在人类社会内部对符号及符号的生命所进行的研究"（"études des signes et de leur vie dans les sociétés humaines"）（Saussure. *Cours de linguistique générale*, *Édition critique par Rudolf Engler*, tome 1.48；Saussure, *Troisième cours de linguistique générale*（1910-1911）*d'après les cahiers d'Emile Constantin* 71.）。由于学界目前普遍认为后两个版本更为准确地反映了索绪尔的思想，因此，笔者以这两个版本对"符号学"的定义为准。然而，从那些以首版为母本的英译及中译文中，我们也可以读到一些对我们理解"符号学"概念有所帮助的内容。我们首先请出首版中的"符号学"之定义："人们因此可以察觉到一门研究社会生活/生命中的符号的生命/生活的科学；这门科学是社会心理学的一部分，因此也从属于一般心理学；我们称之为符号学。"[On peut donc concevoir *une science qui étudie la vie des signes au sein de la vie sociale*; elle formerait une partie de la psychologie sociale, et par conséquent de la psychologie générale; nous la nommerons *sémiologie*（du grec *sēmeîon*, « signe ».）]（Saussure, *Cours de linguistique générale* 33）译者们就转译这个定义，选择了不同的翻译策略。我们就斜体部分语句，对比哈里斯（Roy Harris）与巴斯金（Wade Baskin）的两个英译本以及高名凯的中译本。哈里斯版本的译文如下："It is therefore possible to conceive of a science *which studies the role of signs as part of social life.*"（Saussure, Ferdinand de. *Course in General Linguistics*. Trans. Roy Harris. Beijing: Foreign Language Teaching and Research Press, 2001. 15），中文对应："因此，我们可能发现一门科学，它研究作为社会生活之一部分的符号的作用。"显然，哈里斯的版本强调的是"符号学"是研究符号的运作的科学以及被研究的"符号"存在于社会生活内部。巴斯金版本的译文如下："*A science that studies the life of signs within society* is conceivable."（Saussure, Ferdinand de. *Course in General Linguistics*. Trans. Wade Baskin. New York: Philosophical Library, 1959. 16）中文对应"我们意识到了研究社会内部的符号的生命/生活的一门科学"。巴斯金版本更为强调符号性的生活/生命必须是在社会集体中。高名凯版本如下："因此，我们可以设想有一门研究社会生活中符号生命的科学"（[瑞士] 费尔迪南·德·索绪尔：《普通语言学教程》，高名凯译，北京：商务印书馆，1980，第38页）。我们将这三个版本集合在一起，正好应和了1967年与1993年两个版本中更为清晰的那个定义：符号学研究在人类社会内部进行，该研究的对象是符号及符号的运作。根据这一定义，我们的确能够清晰地将索绪尔的符号学归类为"人类符号学"（anthroposemiotics）。事实上，在法语中，生活与生命为同一个单词"la vie"，高名凯的译本在翻译时刻意分别选择了"社会生活"和"符号生命"来翻译"la vie sociale"以及"signes de la vie"，倘若有一个译本将这两处法文对应译为"社会生命"和"符号生活"，是否依然有效呢？第二种翻译或也可成立。社会生命即为人的群体，符号生活是人类用话语（verbal）以及非话语（nonverbal）的信息与符码建构的生活。符号学显然包括了对人类群体的这些符号生活的研究。从这个定义出发，我们可以从两个维度解读这里的"符号学"概念：第一，这门科学研究符号的生命/生活。第二，符号学研究的符号是社会生活/生命的符号。从第一个方面，本维尼斯特回应道：对索绪尔来说，符号首先是一个语言学的概念，它更多的是向人的以及社会的事实的规律延展；在这一领域里，在语言系统之外的系统与语言系统具有同质性（Benveniste, Émile. "Sémiologie de la langue." *Problèmes de linguistique générale II*. Paris: Éditions Gallimard, 1974. 48-49.）。在第二点上，本维尼斯特看到，索绪尔关于符号的认知，已经在语言学之外穿透进了人类的其他科学，但索绪尔关于"符号"（signe）的定义本身却阻碍了符号学的进一步发展。此外，有关索绪尔使用的"sémiologie"的词源解释，以及索绪尔为何弃希腊义"semeîon"不用的原因的解释，可参见：《符号学与诠释学——比较文学研究的基础》，载于张汉良：《文学的边界——语言符号的考察》，上海：复旦大学出版社，2012，第9-10页。

[linguistique（linguistics）] 只是这门科学的一个分支。在索绪尔的定位中，这门科学是整体性地研究“符号诸系统”（systems of sign）的一门科学。到了20世纪60年代，法国结构主义（French Structuralism）知识群体在“sémiologie”这一名义下，实则也处理了“semiotics”的问题。这一群体包括梅洛-庞蒂（Maurice Merleau-Ponty，1908—1961）、列维-斯特劳斯（Claude Lévi-Strauss，1908—2009）、雅克·拉康（Jacques Lacan，1901—1981）等人。这些学者一方面承继了索绪尔语言学的遗产，另一方面也受到了叶尔姆斯列夫（Louis Hjelmslev，1899—1965）与雅各布森等人的启发。然而，在国际符号学学会决定统一“semiology”与“semiotics”并取用后者之后，法国学者巴尔特以及他的前辈马尔蒂内（André Martinet，1908—1999）等人依然坚持使用“sémiologie”。

自“semiology”与“semiotics”分化以来，在前一领域的符号学研究中出现了两个彼此相反的趋势：一方将“semiology”局限为分析人工符码（artificial codes）、补充性符码（supplementary codes）等的研究，从而将“semiology”窄化至“语言系统”（la langue）① 的语言学之附属的地位②；另一方以叶尔姆斯列夫、格雷马斯（Algirdas Julien Greimas，1917—1992）

① 关于索绪尔语言学的三个概念“la langue”“la parole”“le langage”的翻译问题，我们有必要做一详细说明。张汉良在复旦大学教授符号学课程时指出：索绪尔所使用的这三个概念分别指示语言的不同面向，由于法语本身具有多义性，英语很难恰切地给予翻译，比如英文中没有与“la langue”以及“le langage”对等的词，因此，英译本多用了解释性的翻译。比如，巴斯金的英译本《普通语言学教程》将“la langue”“la parole”“le langage”分别处理为“language”“speaking”以及“human speech”，而后来的哈里斯英译本则用复合结构“linguistic structure”来翻译“la langue”，将“la parole”译为“speech”，将“le langage”译为“language”。我们特别关注的“la langue”的翻译问题，哈里斯自己在其译本《译者前言》中做了说明：“事实上，人们已经尝试通过在不同语境中使用不同的译法这种手段，来指出与‘langue’这一术语相关的所有信息。‘the language’或者‘a language’这两个词通常是较为完美的英语译法，但是也有其他许多表述方式，比如‘linguistic structure’以及‘linguistic system’，后两者能够在英语中更为清楚地指出‘langue’这一术语的内涵。”（Harris，Roy. Translator's Introduction. *Course in General Linguistics*. By Ferdinand de Saussure. Trans. Roy Harris. Beijing：Foreign Language Teaching and Research Press，2001. F48.）关于索绪尔这三个概念的中译，我们沿用了高名凯的“语言”“言语”和“言语活动”的译法。但是，由于索绪尔“语言”概念有其特殊的指涉，而在一般读者这里，容易将之与指代自然语言的“语言”所混淆，因此，本书倾向于以“语言系统”来翻译索绪尔的“la langue”，用以与自然语言相区别。

② Greimas，A. J. and Courtés，Joseph. *Sémiotique: Dictionnaire raisonné de la théorie du langage*. Paris：Classiques Hachette，1979. 336. 笔者也参考了该书英译本，参见：Greimas，A. J. and Courtés，Joseph. *Semiotics and Language*：*An Analytical Dictionary*. Bloomington：Indiana UP，1982. 282.

和巴尔特为代表，发挥了索绪尔的“semiology”，覆盖了对“言语”（la parole）和“言语活动”（le langage）领域的符号运作及其规律的研究。格雷马斯和巴尔特同为叶尔姆斯列夫的私淑，他们二人学习叶尔姆斯列夫语符学（glossématique）的成果，分别是《结构语义学》（*Sémantique structural: recherche de méthode*，1966）和《符号学基础》（“Éléments de sémiologie”，1964）。叶尔姆斯列夫沿袭了索绪尔的术语“sémiologie”，但对之进行了更为明确的规划。他将“sémiologie”确立为一种具有科学性的后设符号系统理论，即“后设符号科学”（méta-sémiotique scientifique），其对象符号系统并不自成科学。叶尔姆斯列夫又在“sémiologie”之外分裂出“内涵符号学”（les sémiotiques connotatives）以及有自成科学的对象符号系统的后设符号学系统理论①。

罗兰·巴尔特的《符号学基础》虽以“Éléments de sémiologie”命名，实则突破了叶尔姆斯列夫的规划，或者更恰切地说，他着力发展了内涵符号系统，以“sémiologie”之名统摄了叶尔姆斯列夫的两种“后设符号科学”以及“内涵符号学”。自20世纪50年代起，巴尔特已经自觉地进入了符号学领域，而他在这一领域中的大众神话（les mythologies）分析（也是对大众话语的分析）在沿袭索绪尔的传统之基础上，又接受和回馈了叶尔姆斯列夫的再规划。《符号学基础》发表于1964年第4期的《交流》（*Communications*）杂志“符号学研究专刊”。巴尔特在为该期杂志撰写的《引言》（“Présentation”）中，开宗明义、一针见血地点出了索绪尔符号学的核心命题之一——符号学与语言学之间的辩证关系。索绪尔认为语言学是符号学的一个分支，然而，由于索绪尔是在其以语言系统为对象才能确立的语言学基础上创立了符号学，其符号学的基本单位“符号”（signe）也奠基于“语言符号”（signe linguistique），因此他的符号学是以语言系统的语言学（linguistique de la langue）为基本模式的。巴尔特在《引言》中指出，人类社会的文化是以语言言说/陈述而来的文化，与言语活动交织在一起，要研究人类的言说行为及其生产的话语文本，索绪尔的语言学模式必须要被超语言学（translinguistique）模式取代②。巴

① Greimas and Courtés, *Sémiotique: Dictionnaire raisonné de la théorie du langage* 336; Greimas and Courtés, *Semiotics and Language: An Analytical Dictionary* 282.

② Barthes, Roland. “Présentation.” *Communications* 4 (1964): 1-3.

尔特在《引言》中将对索绪尔语言学与符号学关系的逆转，及其在《符号学基础》中对叶尔姆斯列夫内涵系统（connotation）的吸收融合在一起，成功地在索绪尔“sémiologie”传统下发展出一套既包含索绪尔符号学，也容纳统一后的叶尔姆斯列夫内涵系统符号学的新符号学。通过正文的讨论，笔者将会证明，这一套符号学正是他的“话语符号学”。

至1969年，法国语言学家、符号学家埃米尔·本维尼斯特应国际符号学会官方刊物《符号学》主编邀请，为首发卷撰文，以《语言系统的符号学》（“Sémiologie de la langue”）一文向世界发出振聋发聩的声音：正是索绪尔的“符号”概念阻碍了符号学的发展。然而，有趣的是，本维尼斯特援用的是索绪尔的术语“sémiologie（semiology）”，而非学会和刊物所选用的“sémiotique（semiotics）”。在这篇论文中，本维尼斯特将索绪尔的符号学命名为“语言系统符号学”（sémiologie de la langue），包括研究意义之封闭指涉的“符号学”（sémiotique）（或“符意学”）和研究意义在开放语流中指涉的“语义学”（sémantique）。本维尼斯特又以对“陈述”（énonciation）的研究作为话语研究的后设路径，开发出陈述语义学（sémantique de l'énonciation）①。本维尼斯特特别指出：语义学使得我们认识了话语（le discours）的意指性（signifiance）的特殊性，而陈述语义学作为一门后设语义学（méta-sémantique），能够帮助人们理解与解释在初度意指系统之上进行二度意指而得以建立的内涵系统的符号现象及其运作规律。可以说，本维尼斯特厘清了索绪尔的语言系统符号学，一并在索绪尔搁置不谈的言语、话语层面发挥出了话语的符号学，他延续了“sémiologie”的传统，同时将“sémiologie”扩展为包括符意学、语义学以及陈述语义学在内的新符号学。从这个意义上来说，发表于国际符号学协会官方杂志《符号学》上的《语言系统的符号学》一文其实暗藏了本维尼斯特弃“semiotics”而取“semiology”的主张。

在索绪尔之外，巴尔特终其一生最为热爱的语言学家正是本维尼斯特②。他接受了本维尼斯特对“陈述”、“交谈”（interlocution）、主体性（subjectivité）、主体间性（inter-subjectivité）等语言学问题的研究，也吸

① Benveniste,“Sémiologie de la langue”43 -46.

② Barthes, Roland.“Pourquoi j'aime Benveniste.”*Œuvres complètes*. Tome 4. Paris: Éditions du Seuil, 2002. 515. 注：此文为本维尼斯特《普通语言学问题（第二卷）》所作，原载于1974年4月16日的《文学半月刊》（*La quinzaine littéraire*）。

收了本维尼斯特的话语符号学思想。在20世纪70年代，本维尼斯特的语言学和符号学也启发了巴尔特在书写（écriture）中去实践话语符号学①。

综上所述，巴尔特接受了索绪尔、马尔蒂内、叶尔姆斯列夫以及本维尼斯特在语言学和符号学领域的理论架构，延续并发展了法国符号学研究的传统，他的符号学自然只能是“sémiologie”。事实上，这一传统也被保罗·德曼（Paul de Man，1919—1983）这样的后结构主义（post-structuralism）、解构主义（deconstruction）学者继承。德曼在其1979年的著作《阅读的寓言》（*Allegories of Reading: Figural Language in Rousseau, Nietzsche, Rilke, and Proust*）一书的导言部分，依然按照法国符号学的传统沿用了“semiology”来指代符号学，他将符号学等同于修辞学，可以说打通了从索绪尔的符号学到巴尔特的超语言学的历史②。

从上述法国符号学的传统来说，所谓结构主义、后结构主义，其实只有权宜性的而非绝对的区分，它们中间借“sémiologie”这个术语得以贯通，而所谓巴尔特的符号学研究经历了“早期结构主义巴尔特”与“中后期后结构主义与解构主义巴尔特”的说法，也不过是一种“大众意见”（doxa）罢了。巴尔特的符号学自始至终都在“sémiologie”这个学术传统下进行，在继承了整个法国“sémiologie”传统的基础上，他也发展、演绎、融合、反思同时实践着这一传统。从这个角度来说，研究巴尔特的话语符号学使得我们能够破除关于符号学的俗见，贯通结构主义与后结构主义，打通语法语义的符意意指与话语的语用意指，甚至于整个索绪尔传统下的符号学史都得以重写。我们替索绪尔验明正身，看到了他的语言学虽然对言语的语言学存而不论，但是因为指明了对言语和话语的研究方向，依然引发了语言系统语言学到话语语言学，以及语言系统符号学到话语符号学的转向。

---

① Barthes, Roland. “Réponses.” *Œuvres complètes*. Tome 3. Paris: Éditions du Seuil, 2002. 1033－34. 注：该文即“Entretien filmé avec Jean Thibaudeau pour la série des *Archives du XXe siècle* (1970).”此纪录片的文字稿再刊于《如是》（*Tel Quel*）杂志1971年秋季刊，而该纪录片于1981年3月26日在法国巴黎蓬皮杜中心放送。

② de Man, Paul. “Semiology and Rhetoric.” *Allegories of Reading. Figural Language in Rousseau, Nietzsche, Rilke, and Proust*. New Haven: Yale UP, 1979. 3－19. 这篇导言原发表于1973年，参见：de Man, Paul. “Semiology and Rhetoric.” *Diacritics* 3.3 (1973): 27－33.

二、从语言系统到话语：巴尔特符号学的演变历程

巴尔特在1977年入职法兰西公学院“文学符号学”讲座教授时的就职演说中①，回顾了自己在符号学领域的理论探索与书写实践的历程，为听众指出了辨读他的符号学的两个关键词：语言系统和话语②。语言系统是索绪尔语言学的对象也是其核心，以语言系统为阵地，索绪尔不仅建立了一门现代意义上的语言研究的学科，也建立了以语言系统为模式的符号学。在巴尔特看来，索绪尔提出语言系统与言语的对立，这是符号学能够自立的首要基础。索绪尔的《普通语言学教程》问世以来，整个20世纪人文学科的发展都深受其影响。在法国，索绪尔的语言学模式迅速扩展到

---

① 或有读者有如此疑问：既然巴尔特是以“文学符号学”讲座教授之职入驻法兰西公学院，同时他也在20世纪60年代中期提出自己的符号学研究方法是结构主义文学符号学，那么为何不以“文学符号学”为巴尔特的符号学研究命名？何以要提出“话语符号学”这个新概念？笔者在此简要回复如下：巴尔特的符号学自1957年的“时尚系统”（système de la mode）研究开始，已经走出了狭义的文学研究，包括了文化研究；巴尔特处理的话语类型也很丰富，叙事话语、诗歌话语、戏剧话语甚至修辞的话语都可认为是从属于文学的话语这一大类，然而，除此之外，巴尔特也分析历史学家的话语，城市的话语，图像系统、影视系统中的话语。我们可以在“话语符号学”这一概念下，统摄巴尔特对各类话语的符号学研究，而“文学符号学”则不然，同时“话语符号学”也暗示了巴尔特在研究模式与学术传统上与索绪尔对话的事实，更何况“话语符号学”并非笔者生造，而是巴尔特自己在1970年的论文《话语的语言学》（“Linguistique du discours”）一文中，曾经明确使用过的概念。

② Barthes, Roland. “Leçon.” *Œuvres complètes*. Tome 5. Paris: Éditions du Seuil, 2002. 429 - 46.

了语言学之外的领域，比如人类学、诗学、社会学、符号学、精神分析等[①]。然而，在结构主义盛行时期，学界对索绪尔语言系统语言学的反思也在同时进行。学者们率先聚焦于索绪尔搁置不谈的问题，比如“言语的语言学”（linguistique de la parole）。言语和话语的问题成为雅各布森、本维尼斯特、格雷马斯以及巴尔特等索绪尔后继者的主要研究对象，话语的语言学（linguistique du discours）也成为他们的新符号学的研究模式。

事实上，话语问题一直是西方学术史上的核心问题，有悠久的研究历史，但其确切的起源难以追溯。尽管如此，在公元前5世纪的古希腊修辞学传统那里，我们依然可以寻其踪迹。亚里士多德（Aristotle，384 B. C. E. -322 B. C. E.）在人类的知识系统四大类别中将与话语相关的修辞学［Rhetoric（ρητορική）］和诗学［Poetics（ποιητικης）］划分为创

① 索绪尔的结构主义语言学模式能够迅速传播并应用至其他人文学科，雅各布森在其中扮演了重要角色。美国学者乔安·米勒（Joan M. Miller）编撰的文献目录图书《法国结构主义：一个多学科的文献总目》（*French Structuralism: A Multidisciplinary Bibliography*，1981）虽然在现在看来已经过时，但是我们依然可以从中发现雅各布森与法国结构主义之间的影响与接受关系。这些关系中尤以他对列维－斯特劳斯和巴尔特的影响为要。根据这个文献总目，我们可以将雅各布森与法国结构主义运动之间的事实联系相关诸文献罗列如下：（1）在文学理论和文学批评领域，雅各布森主要通过以下论文影响了法国结构主义运动：Jakobson，Roman. “Une Microscopie du dernier spleen dans les *Fleurs du Mal*” *Tel Quel*，29（1967）；Jakobson，Roman and J.－P. Faye. “Questionner Jakobson.” *Les Lettres Françaises*，17 November，1966（注1：这篇论文同时也对法国结构主义语言学研究起到很大作用。乔安·米勒评价说，《向雅各布森提问》一文是最好的、最详细的介绍俄国形式主义（Russian Formalism）的文章，这篇文章揭示出了语言学与文学写作之间的“合谋”［cf. Miller，Joan M.（ed.）. *French Structuralism: A Multidisciplinary Bibliography*. New York and London：Garland Publishing，Inc.，1981. 379.］；注2：这篇文章也在语言学领域参与和影响了法国结构主义运动）；Jakobson，Roman and Claude Lévi-Strauss. “Les Chats de Baudelaire” *L'Homme* 2. 1（1962）：5－21（注3：上文是对波德莱尔十四行诗《猫》的结构分析）。（2）在法国结构主义时期的语言学领域内，雅各布森的影响力也十分显著，相关著作和论文见：Jakobson，Roman. *To Honor Roman Jakobson. Essay on the Occasion of His Seventieth Birthday，11 October1966* . 3 vols. The Hague-Paris-Hawthorne，New York：Mouton，1967；Jakobson，Roman. *Selected Writings*. The Hague-Paris：Mouton，1962，1966，1971；Jakobson，Roman. *Essais de linguistique générale*. Paris：Éditions de Minuit，1963（注4：巴尔特在其1964年的长文《符号学基础》中承认自己深受了雅各布森的影响）；Jakobson，Roman. “Linguistics and Poetics.” *Style in Language*. Ed. T. A. Sebeok. Cambridge，MA.：MIT Press，1960（注5：这篇论文对法国结构主义诗学研究领域影响极大）；Jakobson，Roman and J.－P. Faye. “Questionner Jakobson.”；Jakobson，Roman. “Linguistics.” *Main Trends of Research in the Social and Human Sciences*. Vol. 1. Paris Mouton/UNESCO. The Hague：Mouton，1970；Jakobson，Roman. *Questions de poétique*. Paris：Éditions du Seuil，1973；Jakobson，Roman. *Six Leçons sur le son et le sens*. Paris：Éditions de Minuit，1976.

制科学（Productive Sciences）①。亚里士多德之后一直到16世纪，随着修辞学的繁荣，话语问题一直都是西方学术的研究中心之一。在法国学术史上，从文艺复兴至16世纪，学者们聚焦于修辞学视野下的话语研究。到了20世纪中期，话语研究逐渐成为多个学科的研究核心，并且成为连接不同学科理论的有效路径，成为一门跨学科、超学科的显学。在索绪尔建立了一门现代意义上的语言科学之后，再度站在“巨人的肩膀”上回思话语，话语在人类社会的符号生活中体现出与索绪尔时代之前完全不同的意义。

法国哲学家米歇尔·福柯（Michel Foucault, 1926—1984）发现了知识与权力都围绕着话语运作，他对“话语”的研究使得“话语”成为一个富于包孕力的概念②；本维尼斯特在其《普通语言学问题》第一卷（*Problèmes de linguistique générale*，1966）和第二卷（*Problèmes de linguistique générale II*，1974）中，虽沿袭了索绪尔的普通语言学（linguistique générale）研究，但其重心实则包括了语言系统和话语系统，在后者这里，本维尼斯特主要研究“陈述”“主体性”“主体间性”以及人与文化的关系等问题。尤为重要的是，本维尼斯特1969的论文《语言系统的符号学》为话语与符号学联姻，开辟出话语符号学的明确图景。雅克·德里达（Jacques Derrida, 1930—2004）在语言哲学（philosophy of language）、解构主义、元书写（grammatology）反逻各斯中心主义的立场

---

① 中世纪学者还原的《亚里士多德全集》[*The Aristotle corpus*（*Corpus Aristotelicum*）]，把亚里士多德所讨论的人类知识分为四大系统，分别是：（1）工具论（Organon）或称方法论，包括：*Categories*, *De Interpretatione*（*On Interpretation*）, *Prior Analytics*, *Posterior Analytics*, *Topics*, *Sophistical Refutations*。（2）理论科学（Theoretical Science），共包含12个篇目：*Physics*, *Generation and Corruption*, *De Caelo*（*On the Heavens*）, *Metaphysics*, *De Anima*（*On the Soul*）, *Parva Naturalia*（*Brief Natural Treatises*）, *History of Animals*, *Parts of Animals*, *Movements of Animals*, *Meteorology*, *Progressions of Animals*, *Generation of Animals*. （3）实践科学（Practical Sciences），共包括四大篇目：*Nicomachean Ethics*, *Eudemian Ethics*, *Magna Moralia*（*Great Ethics*）, *Politics*. （4）创制科学，包括《修辞篇》（*Rhetoric*）和《诗学》（*Poetics*）。亚里士多德在《形而上篇》中对创制科学做了解释：“就创制科学（*ποιητικῆς*）来看，创造的原则不在产物那里，而在创造者手中，创制科学或者是一门艺术（τέχνη），或者是其他一些的能量（δύναμις）。”《诗学》篇的标题来自其正文开篇前两个字“*Περί ποιητικης*” [*Peri Poiêtikê*（“About Poetics...”）] [参见：Bekkeri, Immanuelis（Immanuel Bekker）（ed.）. *Aristotelis*. Vol. 2. Berolini：Apud Georgium Reimerum, 1830. 1064a 10－14.]。注：此学术信息来自张汉良在复旦大学开设的“古典诗学研究”（2014年春季）课程。

② 福柯推动了现代西方学术界将话语概念广泛地应用于意识形态批判以及文化、性别、种族等多个领域的话语实践批判；我们可以说，在福柯的影响下，话语概念已经变得过于有包孕力了。

上，抨击奥斯汀（J. L. Austin，1911—1960）及其弟子瑟尔（J. R. Searle）的言语行为理论（Speech act theory），一并也抨击本维尼斯特的陈述行为理论，尤其是后者的语言建构了“现在/现存”（present）的思想；在文学理论领域，朱丽娅·克里斯蒂娃（Julia Kristeva，1941—）发展了巴赫金（Mikhail Mikhailovich Bakhtin，1895—1975）的“意识形态素”（idéologeme）概念，开始讨论话语的意识形态维度[①]……在所有学者当中，巴尔特对话语问题的理论探讨和文本实践显得尤为突出，因为他勾连、通化了这些学者对话语问题的认知，也在这种融通工作中建立起了他自己的独特的话语符号学理论系统。

巴尔特将符号学视为“一种冒险”（une aventure）[②]，这种冒险经历了从索绪尔语言系统语言学模式到话语语言学模式的过程。我们历数推动了巴尔特的符号学研究的学者之名，从“语言系统到话语”将是这一历史过程的核心表征。首先是20世纪50年代中期（基本是1956年），来自索绪尔的影响推动了巴尔特进入符号学研究；同一时期，巴尔特在与格雷马斯的对话中，接触到了雅各布森关于“转换词”（shifters）的理论[③]以及隐喻［métaphore（metaphor）］、转喻［métonymie（metonyme）］、催化作用（catalysis）、省略（ellipse）等形式主义的概念；而叶尔姆斯列夫则促进巴尔特建构内涵系统的符号学。在巴尔特读过的所有语言学家的研究中，本维尼斯特的研究占据了最重要的地位。1971年，巴尔特坦承他已经“可耻地”忘记和抛弃了本维尼斯特的路子，但是本维尼斯特在他的学术生涯中所引起的震动“如水的沸腾”，将他对（语言）科学的兴趣托举至“书写”层面。在20世纪70年代之后，语言学虽然依然为巴尔特的符号学研究提供操作指南，但是巴尔特更多是在书写中实践语言学；同时，其他学科的融入也使得他的符号学研究得以修订和深入，这些学科和

---

① Chang，Han-liang. “Intersubjectivity in Controversy：A Story from the Taoist Philosopher Zhuangzi.” *Sign and Discourse：Dimensions of Comparative Poetics*. Shanghai：Fudan UP，2013. 112.

② Barthes，Roland. “L'aventure sémiologique.” *Œuvres complètes*. Tome 4. Paris：Éditions du Seuil，2002. 522.

③ 王东亮在译巴尔特的《符号学基础》时将“shifters”这个概念译为“接合词”，张智庭在译巴尔特的《历史的话语》一文时，将其处理为“转换语”。笔者认为，从“shifters”作为皮尔斯意义上的“indexical symbol”（指示象征词）这个角度来看，以及从人称代词这一典型“shifiters”的结构来看，“shifters”更多的是承担“转换”这样的功能，因此称之为“转换词”较为恰切。在本书第一章第二节第四部分，我们会着重讨论“shifters”这个概念，在此不展开深论。

思想包括民族志、哲学、马克思主义、精神分析、书写和文本（Texte）等理论[①]。

显然，巴尔特在话语符号学方面的理论与实践之重要性并不亚于在语言系统符号学方面的理论实践，然而批评界的眼光并没有十分重视这一点。这一状况在某种程度上也可以理解。因为巴尔特的话语符号学思想分散于其20世纪60—80年代的作品中，他自己也不曾直接地讨论过作为一套完整的理论系统存在的“话语符号学”。从这一点来看，笔者的工作由于是建构性的，因此有很大难度，但是这一工作也是必要的，且有其特殊的价值。建构巴尔特的话语符号学，对我们重新阐释巴尔特在法国符号学史上的定位极为关键，同时也能够帮助我们得以反观其他学者对符号学的建设。

三、巴尔特在法国符号学传统中的特殊地位

我们在前文中已经指出，本维尼斯特的《语言系统的符号学》明确地提出要将话语引入符号学，以揭示话语的意指活动以及初度意指活动之上二度意指活动的特殊性。此外，与巴尔特一起同为叶尔姆斯列夫语符学私淑的格雷马斯，以语义学吸收了语用学（pragmatics），发展出了能够在句法关系中讨论语义模态（modalité）以及叙事话语主体的情感模态的话语符号学［这两者可化约为结构主义语义学（structural semantics）］。显然，巴尔特只是话语符号学这一符号学类型的建设者之一。那么，在本书中，我们为什么要研究巴尔特的话语符号学而不是其他学者的话语符号学呢？这其实归因于巴尔特思想的特殊性。

巴尔特的符号学以及其他知识体系都来自一个特殊的话语空间的塑形作用，它“是文化，是无数的知识与对话的集合……简单说来，就是互文文本（l’intertexte）”[②]，我们基本可以认为，同一时期没有人比巴尔特更为集中地吸收融合了其他学者的思想。在后文中，我们将证明：巴尔特批判性地吸收和补进了索绪尔、雅各布森、本维尼斯特的语言学思想和符号学思想，同时，也融通应用了格雷马斯、列维－斯特劳斯、拉康、德里达等人在话语领域的理论与实践。在他身上，各个领域的言语活动都能流

① Barthes, “Réponses” 1033－34.

② Barthes, “Réponses” 1033.

通，他是话语符号学思想的读者也是贡献者，他对来源文本（source text）的变形（transformation）与重新编码（re-encode）操作，使得我们能够以更为清晰的理念对其他学者的话语符号学体系进行分析、修订与完善①。因此，透过对巴尔特自身话语符号学思想体系的建构，我们可以一并回溯其他学者的相关思想，并且着力构建一个关联网络。

巴尔特的话语符号学，从理论到实践，跨越性都更强，他不但活跃于文学研究，也为文化研究、影像媒体研究甚至音乐、戏剧研究提供分析典范。巴尔特是话语符号学集大成式的一位学者。他与其他学者的思想对话，他对他们的思想的反刍，折射出了话语符号学的源起、发展、反思与基本成型的历程。同时，巴尔特 1970 年以后的书写也是对这一思想体系的文本实验，更有价值的是，他的文本实践丰富了符号学研究，也融通了符号学与其他学科，比如精神分析以及语言学。

此外，从普遍意义上讲，巴尔特诚然也可以成为一个非常有价值的学术研究的对象②，比如，第一，巴尔特是索绪尔语言符号学最成功与最全面的实践者，也是建立话语符号学的得力战将；第二，巴尔特是 20 世纪法国最重要的文学批评家之一；第三，就人际关系所建构的学科史而言，1963 年托多罗夫（Tzvetan Todorov，1939—）从保加利亚来到法国巴黎，

---

① 事实上，作为接受者（读者）和作为发送者（书写者）的巴尔特，他所认为的“影响”并非是观点影响，而是一些言语活动的流通。1964 年 4 月 16 日的《法国观察报》（*France-Observateur*）上刊载了雷诺·马提翁（Renand Matignon）对巴尔特的采访。马提翁提出了这样一个问题：“您认为您的书［《批评文集》（*Essais Critiques*）］可能有什么样的影响呢?”巴尔特回答道：“如同它们（《批评文集》中的诸篇文章）的形式一样，这些文章本不欲成为‘教条’；它们组成了一本文集的物质形式、一些注定要对文学和现代性感兴趣的批评主题的知识库（répertoire）。对我来说，读者就是实际的创造者，我向他提供工作的工具，或许是更好的工具（因为它不是有关知识的一本书），我也提供‘参考材料’的集合……我的意思是，我的文章要发送的东西不是一些‘想法’，而是一些‘言语活动’；这即是说，我的文章要发送一些需要被填充的形式。这就是，为什么对我来说，‘流通’的概念要比‘影响’的概念更为准确的原因。我的书更像是一些‘货币’（monnaies），而不是‘强力’（forces）。”（Barthes，Roland.“Je ne crois pas aux influences.”*Œuvres complètes*. Tome 2. Paris：Éditions du Seuil，2002. 616.）

② 2012 年笔者在对话形式的论文《“罗兰·巴尔特与中国”：关于影响研究的对话》中已经就巴尔特作为一个有价值的学术研究的对象这一现象提出了解释，此处笔者也增补了一些内容，原文见：韩蕾、张汉良：《“罗兰·巴尔特与中国”：关于影响研究的对话》，《社会科学研究》，6（2012）：175 -76。

后来他又引介同为保加利亚人的克里斯蒂娃于1965年来到巴黎[①]，二人同投身在巴尔特门下，作为他的博士生，开创了符号学、结构主义、后结构主义的学术领域；此外，巴尔特与“如是派”（Tel Quel）学术团体的关系，也是法国学术界浓墨重彩的一笔，巴尔特自己认为他与“如是派”的亲近超越其他一些团体；第四，巴尔特在叙述学理论上建树极高，他的《叙事作品结构分析导论》（“Introduction à l'analyse structurale des récits”），可谓是叙述学研究的集大成之作，巴尔特的叙述学分析引发了小说研究的叙述学转向，同时又体现出从结构分析到文本分析的平滑过渡；第五，自传文体研究一直是文学研究的一个热点，到了20世纪70年代一度成为显学，雅克·德里达与保罗·德曼都曾致力于自传研究，但巴尔特的《罗兰·巴尔特自述》（*Roland Barthes par Roland Barthes*，1975）更具有里程碑式的意义，是实践分离式的后结构主义自传文本的一个起点；第六，巴尔特是最早进行城市符号学研究的学者之一；第七，巴尔特还是一位杰出的古典学研究者，他在古典修辞学上造诣颇深，对于促成修辞学转向亦颇有致力；第八，巴尔特在电影、戏剧、绘画等多个方面都有卓越的理论著作；第九，巴尔特与中国、与日本的关系都大有可言之处……[②]这样的答案几乎举之不竭。对于现代各种人文知识的研究者来说，巴尔特绝对是一座丰富的宝库，是“说不尽的巴尔特”。

巴尔特是西方文学批评史上一位典型的现代批评家。一方面，他继续处理传统的文学理论所持续探视的问题，诸如“文学”（littérature）、“书写”、“阅读”（lire）、“作者”（auteur）、“读者”（lecteur）等概念；他也分析躲闪于各种现象碎片背后的意义，试图使用写作来完成一部分的人类对于世界的经验表达；同时，他在技巧、模式等方面延续了法国传统的文人写作，比如他发展和实践了“片段书写”（fragment）。巴尔特可谓是法国文学批评和书写传统的历时（diachrony）轴与共时（synchrony）轴

---

① 克里斯蒂娃于1965年底来到巴黎，她经托多罗夫的介绍意欲加入巴尔特的研讨班，在此之前，她先与巴尔特见了面。在见面时，克里斯蒂娃谈到了巴赫金讨论拉伯雷和陀思妥耶夫斯基的作品，巴尔特邀请克里斯蒂娃在其研讨班上发表相关报告，这一报告为后来的《词语、对话及小说》（“Le mot, le dialogue et le roman”）一文奠基，一并也成为巴赫金进入法国学界视野的重要媒介。比克里斯蒂娃更早，将俄国受索绪尔语言学影响而发展的学术研究引入法国的学者是托多罗夫，相关主要作品是1965年出版的《文学理论：俄国形式主义文集》（*Théorie de la littérature: textes des formalistes russes*）。

② 上述提到的研究方向，在本书正文部分都得到了一定程度的反映。

的一个特殊的交汇。而另一方面，对于这些传统话题，巴尔特赋之以绝对独特的认识和分析；但就他使用的方式方法来看，他诚然是一个不够“坚定”的人，这位被称为“结构主义变色龙”的学者，其研究兴趣转换太快，他在语言学、符号学、人类学、精神分析、语言哲学、影视美学等学科中自由往来。

托多罗夫说，研究巴尔特，“我丝毫不敢抱有公正的幻想……我没有足够的勇气把他视为一个封闭的整体……把他当作客体而层层包围……我所研究的不是罗兰·巴尔特，而是‘我的巴尔特’”①。我们也完全可以说，对巴尔特的话语符号学的研究，颇似德里达的“Psyché”，既是灵魂女神也是一面可以前后翻转的镜子，镜子向四面交互折射主体/他者的思想与语言；我们甚至可以认为，从巴尔特入手，我们或可窥见整个法国的现代思想史演变。

四、巴尔特话语符号学在比较文学领域的应用实验设计

笔者作为中国的罗兰·巴尔特的读者与研究者，出于对自身文化身份的敏感、对自我知识库系统架构的体认以及对巴尔特话语符号学的研究兴趣，希望在巴尔特的话语符号学视域下能够一并处理“罗兰·巴尔特与中国”（“Roland Barthes and China”）课题，事实上，巴尔特与中国之间的实际际遇也向笔者展示出特殊的吸引力。巴尔特的中国之行发生于1974年，当时中国正值“文化大革命”，而当时的法国巴黎与意大利罗马等西方要都正在经历一场“毛主义”（Maoism）的红色洗礼。这既是一个政治话语的狂欢期，也是思想的碰撞期。讨论此时的文化对话，有助于反思我们自身文化在这一时期由于过于强大的政治话语之俗套生产模式的增殖而引发的文化贫瘠化、封闭化现象。此外，值得一提的是，以实证主义（positivism）和形象学（Imagologie）研究作为主要方法论的影响研究（influence studies），可能会在“罗兰·巴尔特与中国”这个课题中遭遇困难。

根据安娜·巴拉克安（Anna Balakian，1915—1997）有关比较文学影

① ［法］茨威坦·托多罗夫：《批评的批评——教育小说》，王东亮、王晨阳译，北京：生活·读书·新知三联书店，2002，第68页。

响研究的界说[1]，在比较文学传统视域下，以巴尔特与中国的关系为研究对象，两个典型的影响研究的命题可以是“罗兰·巴尔特与中国”（“Roland Barthes *and* China”）以及“罗兰·巴尔特在中国”（“Roland Barthes *in* China”）[2]。这一课题可能的处理方式是：首先，搜索并审查“罗兰·巴尔特→中国”或“中国→巴尔特”这一跨国传递事件的两端之间的事实联系（rapports de fait）；其次，根据事实联系建立“巴尔特眼中的中国形象”或者“中国学界接受的巴尔特形象”。然而，罗兰·巴尔特拒绝“形象”这一说法，也并不认为形象的建构者居于文本关系的顶端，同样也不接受形象的来源作为接受者的成果的精神之父。此外，传统的实证主义立场可能对该研究能够到达的深度提出质疑，因为罗兰·巴尔特这位作者与中国的实际际遇不够丰富，比如巴尔特来访中国时间仅为一周，此来访的直接影响作品是短文《好吧，我们来说说中国吧?》（“Alors，la Chine?”）以及《中国旅行笔记》（*Carnets du voyage en Chine*，2009）[3]，在其他作品中直接提及此次旅行的内容也并不丰富，较为集中的作品是《罗兰·巴尔特自述》，也仅有三个片段。再者，从“罗兰·巴尔特在中国”这个研究前提来看，巴尔特在中国的“成功”（succès）主要在于文学理论传播以及促成中国当代知识界的思潮动向改变，巴尔特自20世纪70年代末被介绍到中国知识界，已然参与建构了中国知识界近40年来思潮的变动。然而，近半个世纪里中国人文学界思潮的变化绝非一个简单孤立的事件，而是与当代中国的政治、经济、文化、对外交流等方面息息相关，属于一个巨大的多元系统（polysystem）中的下属系统（subsystem），但是传统的影响研究仅描述状况而不建立结构。事实上，重构巴尔特与中国这两个多元系统，就要解码（decode）这两个系统的政治、经济、宗教、语言和文学等元素，同时这种解码的结果也要被重新表达。这个表达过程用巴尔特的术语来说，就是“切分”（découpage）与“组合”（agencement），既包含解码和分类又包含新的秩序的重组，这正是符号学的领域。

---

① Balakian，Anna. “Influence and Literary Fortune：The Equivocal Junction of Two Method.” *Yearbook of Comparative and General Literature* 11（1962）：24－31.

② 韩蕾、张汉良 176.

③ 现有的中译本将 *Carnets du voyage en Chine* 一书译为《中国行日记》，笔者倾向于《中国旅行笔记》这个译名。

综上所述，“罗兰·巴尔特与中国”课题的研究需要寻找新的策略。笔者并不放弃实证主义的视野，但是考虑到有必要在研究立场和策略上做一改进，以符合巴尔特的逻辑思路，因此笔者引入了巴尔特自身的话语符号学。笔者希望在传统比较文学方法论运作系统的上级结构中，透过话语符号学这一后设语言对此命题的新界说，分析事实联系背后的符号关联，比如巴尔特的中国书写的符号模式，巴尔特书写中国的“中性”策略，以及巴尔特的中国书写中对俗套话语的拒绝等。在某种程度上，这也可看作是批评者对书写者书写行为的思辨与再书写（re-writing）。

第二节　本书的主体结构、研究目的与研究方法

巴尔特的话语符号学是一套系统的理论，而巴尔特自己未曾有过透彻表述，批评界也忽视了这一点。因此，笔者不仅需要对这一系统进行理论架构上的重塑，也需要在文本实验中测试该理论系统的解释能力及其解释界线。也即是说，本书的基本目的是爬梳巴尔特自身在话语符号学相关问题上的理论建树与文本实践，在学科发展史中，重新定位巴尔特的话语符号学的地位与解释能力。

笔者在全文的逻辑架构上参考了自然科学门类的论文写作方法，比如，建立一套科学模型可能包括原理求证、模型建造、实验甄别、对比分析等过程；同时从人文学科的定位出发，笔者坚持承继比较文学学科受实证主义思想影响而确立的影响－接受研究，一并辅佐以结构主义、后结构主义时期在话语和文本自主运作机制等问题上的理论进展。在本书中，笔者试图确立巴尔特的话语符号学的思想渊源、话语语言学模式、话语符号学研究之领域幅员、内部运作规则及其自身的系统性；在此基础上，笔者同时尝试分析巴尔特自我反射式的文本实践；最后，笔者试图将巴尔特的话语符号学应用于比较文学传统命题的研究，在比较文学领域内实践巴尔特话语符号学的解释能力。

在本书的第一章，笔者以自索绪尔以来的语言学对“言语/话语”问题的研究为切入点，描绘符号学领域的语言学模式从语言系统焦点转移到话语焦点与语言系统焦点并存的发展脉络。笔者首先分析索绪尔对言语部分搁置不谈的原因及对其符号学的影响，以及对巴尔特等人在应用其语言系统模式下的符号学时所遭遇的局限，之后再考证雅各布森、本维尼斯特

二人对索绪尔搁置的言语问题的重新阐述与扩展表达。在这一章中，笔者一方面以实证主义视域下的文献梳理为基础，通观《巴尔特全集》（*Œuvres complètes* de Roland Barthes, 2002），分析索绪尔、雅各布森、本维尼斯特对巴尔特的具体影响，一并整理他们各自的理论框架，以此来确定分析符号学从语言系统符号学到话语符号学之发展历程的合理路径。另外，笔者竭力挖掘语言系统语言学在话语语言学的建立过程中的奠基作用，比如，雅各布森的交流模式与本维尼斯特的话语分析如何发展了索绪尔的言语循环？雅各布森的失语症研究如何在索绪尔联想/句段两轴的基础上推理出人类话语建构的心理基础？本维尼斯特对人称代词、时态系统的分析如何在语言系统中发挥出语言与文化的同一性等问题都是本章研究内容。上述研究是建立巴尔特自己独特的话语符号学的思想渊源和理论基石。

在本书的第二章，笔者要对巴尔特的话语符号学理论从幅员范围、模型建构、发展历程、核心问题等多个面向进行研究，尝试定位巴尔特接受了语言学从语言系统研究向话语研究转向的思想基础之后，发展出来的话语符号学的理论特征，从而试图塑型巴尔特的话语符号学理论系统。在这一章中，笔者主要要讨论到的文本包括1964年《交流》杂志“符号学专刊”上发表的《引言》与《符号学基础》，1966年的《叙事作品结构分析导论》，同年的《书写，一个不及物动词?》（“Écrire, verbe intransitif?”），1967年的《历史的话语》（“Le discours de l’histoire”）、1970年的《旧修辞学（记忆术）》（“L’ancienne rhétorique: aide-mémoire”）以及同年的《话语语言学》（“Linguistique du discours”）等。通过分析这些重要文本和其他相关文本，笔者尝试将1964—1970年间确立为罗兰·巴尔特话语符号学的明确发端、发展和成熟时期。围绕着巴尔特对各类型的话语以及话语本质的研究，该章描述出巴尔特话语符号学发展的各个标志性节点。上述文本是笔者在话语符号学这条主脉上抽取出来的里程碑式的文本，其他文本也将充当这些文本的互文文本，从而帮助笔者抽象出巴尔特话语符号学的独特特征。

20世纪70年代以后，巴尔特的研究兴趣发生了重要变化，他对文本实践的关注度超过了对理论本身的探索，这也从另外一个角度证明，在70年代时巴尔特自身的符号学理论已经系统化了。因此，在巴尔特自己的文本实践中去验证他已经建构出的话语符号学，一并去探视他的书写实践对这一理论的补进，是本书第三章的研究内容。在第三章的前两节，笔者选择了两部重要作品作为研究对象，分别是：1975 年的《罗兰·巴尔特自述》以及 1977 年的《爱的言谈——片段集》（*Fragments d'un discours amoureux*），原因在于，这两部作品最为集中地聚合了巴尔特话语符号学的各个核心问题，这些问题包括但不限于：话语主体（le sujet parlant）、自我［（le）moi］/他者（l'autre/un autre）、片段书写、互文性（l'intertextualité）、身体（le corps）/性别（la sexualité）、历时性/共时性、陈述的历史（l'histoire）/话语（le discours）层面、记忆（le mémoire）、想象界（l'imaginaire）、个人私语（l'idiolecte）/社会公语（la sociolecte）、书写风格（le style）、中性（le neutre）书写、非语文文本（non-verbal）等。在这一章中，笔者一并在话语符号学视野下分析了《符号帝国》（*L'empire des signes*，1970）等作品，也分析了巴尔特的晚期书写与城市符号学，同时也回顾了巴尔特早期的作品《写作的零度》（*Le degré zéro de l'écriture*，1953）。

通过前面三章的论述，笔者基本能够在符号学学科发展承续脉络中定位巴尔特的话语符号学的地位，一并探讨巴尔特自己对其话语符号学的批判性书写实践。在本书的第四章，笔者试图在“罗兰·巴尔特与中国”这一命题的牵引之下，将巴尔特的话语符号学引入比较文学传统课题“A and B”的研究，探视话语符号学视野下的文化对话和他者书写，实验巴尔特的话语符号学对比较文学的规模作用，一并测试其可能存在的局限。同时，以巴尔特的话语符号学理论视域讨论自我与他者的关系，将对象文本与后设文本的关系可逆化，也是笔者所实践的话语符号学。因此，第三章和第四章可分别视为是对巴尔特话语符号学的自我反思与他者反思。

同在本书的第四章，笔者也有意识地引入格雷马斯的结构语义学与莫斯科－塔尔图学派（Moscow-Tartu School）的文化符号学（semiotics of culture）来透视巴尔特的中国书写，一方面与巴尔特自身的符号学思想进行对照，另一方面也尝试在话语分析问题上对不同的符号学进行融通和桥接。同时，笔者将一并参考巴尔特的日本书写，并且涵括巴尔特对电影的符号学论述［主要是借助于安东尼奥尼（Michelangelo Antonioni，1912—2007）的《中国》（*Chung Kuo/Cina*，1972）纪录片对巴尔特的中国视域的中介作用］，在横跨语文文本和非语文文本两者的领域内，应用话语符号学，这也是笔者的另一目的：测试话语符号学解释能力的边界。

在构想研究巴尔特的话语符号学的策略时，笔者曾在历时的视角和共时的视角之间徘徊。如果选择历时的视角，这意味着笔者必须清晰地界定巴尔特话语符号学每一个阶段的起止时间，比如：巴尔特的话语符号学何时萌芽？有哪些文献证明在某一个历史的轨点，巴尔特的话语符号学彻底成熟？而从共时的角度出发，笔者可以以实证主义的事实联系为研究基础，建构符号学学科史，以巴尔特为学术思想影响与接受的终端，容纳索绪尔、雅各布森、列姆斯列夫、格雷马斯、本维尼斯特、拉康、德里达、福柯、克里斯蒂娃、托多罗夫等诸多学者与巴尔特之间的影响和接受的关系；笔者也可以分析巴尔特的话语符号学思想中的核心概念/体系的他者渊源，以及巴尔特对其他学者的辐射力量，从而将在语言系统符号学向话语符号学发展的历程中巴尔特的独一无二的位置描绘清楚。经过长期的思索，笔者发现，历时与共时并行的策略更为清晰有效。这是因为：巴尔特的思想衍变并非是完全线性的，而是某种程度上有所曲折地随着当时的符号学主流思想潮流发展，比如，1964 年巴尔特虽然已经提出了“超语言学”概念，并且看到了有必要对索绪尔的语言学与符号学的关系进行逆转，但是直至 1967 年《时尚系统》（*Système de la mode*）出版，巴尔特依然沿用索绪尔的术语，1964 年的《符号学基础》的架构还是索绪尔的结构主义语言学的框架。这样的例子还有很多。

同时，笔者必须说明：一方面，这项研究必然是在研究资料上有所取舍的研究；另一方面，这项研究是一项建构理论系统的困难任务。面对如此支系庞大、架构复杂的关系网，笔者选择主要研究巴尔特在话语符号学方向上的代表作品，通过对特定历史文化语境中诞生的具体代表作品及其在学界的接受史的分析，投射出他者思想对巴尔特的重塑作用。再者，这项研究必须涉及界定、阐释和实验巴尔特的“话语符号学”，因此，在论文第一章和第二章，笔者选择首先厘清巴尔特自己所界定的“话语符号学”的思想渊源和自主的理论内涵，尝试追溯并定位巴尔特之界定的根据，通过分析其根据，以划分其话语符号学的核心概念、组合原则、操作方法及应用之可能性。随后，笔者才进入文本实验部分，从巴尔特的自我反射式的文本实验与笔者从他者的角度所做的实验两个方面，对巴尔特的话语符号学思想进行应用测试。

在此，笔者也一并对本书写作的某些技术层面的策略进行说明。

首先，笔者特别关注西文术语的中译问题。比如对索绪尔的系列核心术语“le langage/la langue/la parole”的翻译，目前大陆学界一般通用言语活动/语言/言语之译法，笔者认为，“la langue”译为“语言系统”或更为恰切。再比如对“signifiant/signifié”的翻译，目前大陆学界使用“能指/所指”，笔者从张汉良认为译为“符征/符旨”更为合理（具体的解释见后文脚注）。诸如此类问题，笔者将在有异议的译名使用位置，采用脚注形式对每个相关术语进行充分说明，具体内容请读者参见具体脚注，此处不再多论。

其次，笔者在引用西文文献时可能会同时使用现有中译文以及自己的译文。笔者如果认同现有译文或者手头缺乏原文文献的情况下，会使用现有译文，在其他情况下使用自译文。

再者，有关注释、文献引用的格式问题也需要说明。考虑到方便读者参阅，笔者倾向于使用国内学者普遍熟悉的脚注方式而不是西文论文、图书中常用的文内注方式与中西文文献都常用的尾注形式。此外，由于笔者需要参考的文献基本上以西文文献居多，中文文献较少，同时笔者处理的核心问题是西方理论发展出的话语符号学与话语语言学问题，因此，笔者考虑再三，认为本书应该参考的文献引用格式更应该倾向于 MLA（Modern Language Association）格式（即美国现代语言协会制定的英语学术论文格式），或 APA（American Psychological Association）格式（即美国心理学会制定的相关专业论文写作格式）。但是，如何能够在这两个格式下统一中文、西文文献的使用呢？台湾大学的学术刊物《中外文学》（*Chung-Wai Literary Monthly*）已经就这个问题根据 MLA 原格式制定出非常合理的统一格式。因此，笔者以《MLA 研究性论文写作手册》（*MLA Handbook for Writers of Research Papers*）制定的文献格式为依据，同时采撷他山之良石，参考了经《中外文学》扩展后的中文文献 MLA 格式，一并也保留了大陆学界惯常使用的引号、书名号以及脚注的阅读便利等。

此外，本书中，笔者在一项文献初次出现时重述全部引用信息，在后文多次出现时，只使用 MLA 简要格式。举例说明，笔者引用《罗兰·巴尔特自述》的法语版本第 12 页的某项信息时，初次出现时，附全部信息：“Barthes, Roland. *Roland Barthes par Roland Barthes*. Paris: Éditions du Seuil, 1975. 12.”如果该文献笔者下文引用了第 49 页，则简注为“Barthes 49.”如果该章笔者引用了多项同一作者的文章或著作，那么笔者将简约信息填补为“Barthes, *Roland Barthes par Roland Barthes* 49”的格式。以此说明。

第三节　本书写作相关文献述评

罗兰·巴尔特自20世纪70年代进入中国学界的视野，至2015年止，仅大陆学界已经生产了巴尔特研究论文近两百篇，硕博士论文近三十部，译作二十一部，巴尔特研究英文著作的译本四部，台湾学界也生产了数十篇研究论文，译作近十部。当然，在巴尔特研究更为成熟的西方学界，研究巴尔特的学术成果早已汗牛充栋了。现有的巴尔特研究材料涵括了对巴尔特在符号学、文学、叙事学、性别研究、大众批评、电影、摄影、绘画等领域的书写的研究。因此，撰写这篇文献综述要处理大量极具跨越性的研究材料。然而，这仅是其中一项难题，另一项难题是，如何能够将经验性的事实描述转化为一种更加理论化的批评话语。

我们注意到：我们所熟悉的比较文学研究在进入"文本关系"（"文本生成"）时代之后，依然拘囿于处理"外在的接触"和接触方式，比如翻译渠道等，而较少看到透过分析文本的合取与析取的操作，来源文本在遭遇内在的、结构性的碰触之后，可能发生质变，从而产生新的目的文本[①]。因此，笔者认为：现今的比较文学接受史研究，应该在保留对外在接触的实证主义描述的同时，进展到分析"文学接触的类型学和系统"的问题上来。在这一点上，我们可以借用斯洛伐克学者波颇维奇（Anton Popovič，1933—1984）的"后设文本"（metatext）与"原初文本"（prototetxt）的概念[②]，不仅分析来源文本的衍生文本，更要分析目的文化中文本接受者对来源文本的规模作用，以及异质文化在异质时空里对来源文本的重新建码（re-encode）。在这一点上，笔者所处理的巴尔特的话语符号学以及"罗兰·巴尔特与中国"两个课题的接受史，尤其是后者，应该是试图同时保留"文本接触"与"文本生成"的接受史。

再者，文献综述需要紧紧围绕核心问题。本书应当从属于泛义的巴尔特话语思想研究、巴尔特符号学研究以及比较文学课题"A and B"研究，因此，隶属于这三个命题的一手与二手研究资料，应当都可作为本书的参

---

① 张汉良：《透过几个图表反思"文学关系研究"》，《中国比较文学》，1（2014）：166。

② Popovič, Anton. "Aspects of metatext." *Canadian Review of Comparative Literature/Revue canadienne de littérature comparée* 3.3（1976）：225－35. 注：波颇维奇的"后设文本"概念与后结构主义所提倡的"互文性"不同。

考资料。然而，在这篇文献综述中，笔者不能亦不欲做文献的穷尽陈列与分析。笔者认为，对于文献的深入、合理占有，必须建立在“具体问题具体对待”这一基础之上。在此，作者举出一个典型事例来说明。台湾大学刘威辰的硕士学位论文《追寻自由：阅读雅克慎阅读索绪尔》（*The Pursuit of Freedom: Reading Jakobson Reading Saussure*）与巴尔特研究看似没有关联，但是，笔者要研究巴尔特的话语符号学离不开关于雅各布森对索绪尔的阅读和补进的研究，因为雅各布森在言语问题、隐喻/转喻以及转换词问题上对索绪尔的补充，深入地影响了巴尔特。刘威辰的硕士论文因为非常仔细、深入地梳理了雅各布森对索绪尔的阅读与修订，在很大程度上帮助了笔者爬梳话语符号学的历史脉络和发展轨点；比如它可以帮助笔者厘清从索绪尔的“言语”概念到雅各布森的“言语”/“话语”概念，以及到本维尼斯特的话语概念，最后到巴尔特的话语符号学这一历史发展脉络的重要的中介环节。因此，在下文中，笔者仅尝试就“罗兰·巴尔特的/与话语符号学”课题及其子课题以及“罗兰·巴尔特与中国”课题中，具有类型意义和观点代表性的研究成果做提纲挈领式的文献综述与评估。

一、“巴尔特的/与话语符号学”研究的创新性

对巴尔特符号学的理论与实践的研究，在西方批评界与中国批评界都已十分丰沛，然而“罗兰·巴尔特的/与话语符号学”仍然是一个创新命题。笔者有何依据发此言论呢？我们不妨首先考察“罗兰·巴尔特的/与话语符号学”这个命题。这个命题意味着两项研究视域或路径：其一，厘清所谓“话语符号学”这一概念及其学术传统；其二，梳理巴尔特与“话语符号学”之间的内在联系以及在“话语符号学”这一视野下探讨巴尔特的理论建树与文本实践。

在第一个路径处，我们注意到，大陆学界在20世纪90年代曾经遇到过“话语符号学”这个术语，这得益于法国符号学家高概（Jean-Claude Coquet）于1996年10月在北京大学所做的符号学系列的讲座。1997年其讲演稿以《话语符号学》命名，由北京大学出版社出版。

高概是本维尼斯特这位在话语研究领域有着杰出贡献的语言学家的弟子，高概的“话语符号学”概念显然承继自本维尼斯特，尤其是承继了本维尼斯特对索绪尔语言系统符号学的演变所区别出的语义学及陈述语义

学研究这一条路径。因此可以说，高概向大陆学界首次抛出了本维尼斯特的“话语符号学”概念。此外，这一系列演讲中不但包括了“符号学与话语分析”这样较为传统的本维尼斯特式的研究，也包括了高概本人将现象学引入语言学和符号学的尝试。在1998年第2期的《国外文学》杂志上，高概就《话语符号学》一书接受了王东亮的采访。他在采访中指出，他与持客体主义立场的格雷马斯及其弟子冯塔耶（Jacques Fontanille）等不同，他本人坚持对“主体”的研究兴趣，在本维尼斯特的“主体性”“现实性”“时间性”研究的基础上，引入了现象学对“主体”“存在”等范畴的审视[①]。高概的演讲稿和采访向大陆学界引出了“话语符号学”的枢纽人物：本维尼斯特。从探究本维尼斯特的“话语符号学”思想之源起出发，我们能够探究从索绪尔到本维尼斯特、从语言系统符号学到话语符号学的整个发展脉络。

在整个中国学界，中国台湾学者张汉良最早自觉地实践了索绪尔的语言系统符号学、本维尼斯特的话语符号学以及雅各布森对索绪尔搁置不谈的言语/话语问题的发展；同时，他也是最早分析巴尔特的话语语言学模式下的文本实践的学者。他在台湾大学所作的博士论文《叙事话语结构分析：以唐传奇为例》（*The Structural Study of Narrative: Sample Analyses of Tang Ch'uan-ch'i*, 1978）中，批判了巴尔特在《S/Z》（*S/Z*, 1970）中区分话语类型的失败：“批评家（巴尔特）排除了第一人称叙述者的后设话语，这种话语在夏多布里昂（Chateaubriand）的《勒内》（*René*）这种抒情叙事作品中占据主导地位。他并没有建码与解码场景布置（scene-setting），而是混淆了叙述者的背景话语与故事人物再现的话语。巴尔特应该将巴赫金在半个世纪前指出的这样一个观点考虑在内：如果故事人物的话语出现在作者的话语中，就出现了两个言语中心，两种情节，两个信息……”[②] 这也是中国学界第一篇将巴尔特的话语分析与巴赫金的话语分析进行对比研究的论文。

张汉良1986年的作品《比较文学理论与实践》一书收录的三篇话语研究和话语实践的论文，让笔者获益良多。其中《希腊罗马“爱国诗?”

---

① ［法］让-克罗德·高概：《范式·文本·述体——从结构主义到话语符号学》，《国外文学》，2（1997）：3-11。

② Chang, Han-liang. *The Structural Study of Narrative: Sample Analyses of Tang Ch'uan-ch'i*. Doctoral dissertation, Taiwan University, 1978.

的言谈情况》一文，从语用的角度分析了参与诗言谈（poetic discourse）的人称的问题，将本维尼斯特的有我的人称和无我的人称之区分以及历史时间与话语时间的区分，延伸应用于古典诗歌分析[①]。《苏曼殊的〈碎簪记〉：爱的故事/言谈》一文，则沿用了本维尼斯特“故事/话语”的区分，分析《碎簪记》中的叙述者苏曼殊在叙述中推动故事的作用，以及讲述者和预设的潜在读者之间隐形的对话。这篇论文不仅是对本维尼斯特话语符号学的实践，从中也可以看出雅各布森有关“转换词”概念的影响[②]。在《匿名的自传：〈浮生六记〉与〈罗朗·巴特〉》一文中，张汉良将沈复的《浮生六记》与巴尔特反自传的自传书写进行类比分析，讨论两部类自传作品对“我”（“他”）的分解与遗忘，以话语时间的现在性消解生物学过去的历史性[③]。此外，张汉良的英文论文集《符号与话语：比较诗学的维度》（*Sign and Discourse: Dimensions of Comparative Poetics*）中也收录了一篇涉及讨论本维尼斯特的话语概念与主体性概念的符号学研究论文。这篇题为《辩论中的主体间性：从道家哲学家庄子的一则故事说起》（“Intersubjectivity in Controversy：A Story from the Taoist Philosopher Zhuangzi”）的论文，援引巴赫金的“意识形态素”（ideologeme）概念和克里斯蒂娃对“主体间性”和“互文性”的讨论，在重新搬演庄子和惠子之间的论辩中，聚焦话语中的意识形态维度。张汉良指出：只有在具体的话语交流中，人们才能察觉到意识形态的力量[④]。在笔者看来，这四篇论文已经触及了“话语符号学”的一些核心命题，如话语时间、言谈中的主体、话语的社会性等。

在第二个路径这里，菲利普·索迪（Philip Thody）在其论著《罗兰·巴尔特：一个保守主义的评估》（*Roland Barthes: A Conservative Estimate*, 1977）的《前言》部分虽未明言，但是读者依然可以察觉到，

---

① 张汉良：《希腊罗马“爱国诗?”的言谈情况》，载于张汉良：《比较文学理论与实践》，台北：台湾东大图书股份有限公司，1986，第153－166页。

② 张汉良：《苏曼殊的〈碎簪记〉：爱的故事/言谈》，载于张汉良：《比较文学理论与实践》，台北：台湾东大图书股份有限公司，1986，第255－270页。

③ 张汉良：《匿名的自传：〈浮生六记〉与〈罗朗·巴特〉》，载于张汉良：《比较文学理论与实践》，台北：台湾东大图书股份有限公司，1986，第271－290页。

④ Chang, Han-liang. “Intersubjectivity in Controversy：A Story from the Taoist Philosopher Zhuangzi.” 111－25.

他暗示巴尔特发展了索绪尔存而不论的“言语”问题[①]。有意味的是，索迪将巴尔特的作品视为“言语”，与当时的整体的思想界对话，被纳入对话的学术思想包括：弗洛伊德（Sigmund Freud，1856—1939）的精神分析、马克思主义、萨特（Jean-Paul Sartre，1905—1980）的存在主义哲学，列维-斯特劳斯的结构主义人类学以及福柯对语言的考察。索迪的论著与其说是“保守的”，不如说暗示了一种更具创新性的事实：巴尔特通过其言语活动，在其文化环境中发展了索绪尔的语言系统语言学和符号学之外的内容。

笔者在2014年《中国比较文学》第2期发表的《罗兰·巴尔特与中国：一个话语符号学的文本实验》，是大陆学界第一篇直接研究“罗兰·巴尔特的话语符号学”的论文。该篇论文搬演了巴尔特话语符号学的部分操作方法，同时联合弗洛伊德、拉康的精神分析对巴尔特的影响，具体分析了巴尔特生产的中国书写[②]。这篇论文的缺点在于：没有对巴尔特的话语符号学进行清晰界定而直接迈入了文本实验。该论文现已汇入本书，见第四章第一节，在修订此论文之后，笔者就“巴尔特的话语符号学”研究撰写并发表了十数篇期刊与会议论文，部分论文也汇入了本书，各节均有说明。除笔者的研究之外，目前还没有其他论文或专著集中讨论过巴尔特的话语符号学，在符号学发展学科史内部，也没有专门讨论过巴尔特的话语符号学的渊源、成型、发展和实践。笔者曾赴法国国家图书馆、巴黎第七大学图书馆和巴黎第十大学图书馆调研，也利用赴台湾大学开会的机会，在台湾大学图书馆调研，笔者整理了上述调研以及在大陆多家高校图书馆调研所获文献，认为系统地研究巴尔特的话语符号学的理论与实践具有填补空白的价值。

二、“巴尔特的/与话语符号学”相关课题研究综述

与“罗兰·巴尔特的/与话语符号学”相关的研究，比如对巴尔特的修辞学、话语观以及对巴尔特自传书写和《爱的言谈——片段集》等作品的研究，对笔者从理论与实践两个部分勾勒巴尔特的话语符号学图景有

---

① Thody, Philip. *Roland Barthes: A Conservative Estimate*. London and Basingstoke: The Macmillan Press LTD., 1977. x.

② 韩蕾：《罗兰·巴尔特与中国：一个话语符号学的文本实验》，《中国比较文学》，02(2014)：92-106。

重要作用。尤其修辞学的问题特别重要，因为对于巴尔特来说，修辞的问题就是话语符号学的问题①。

在开始子课题的文献综述之前，笔者要提到两套巴尔特研究的论文集。其一是马克·甘恩（Mike Gane）与尼古拉斯·甘恩（Nicholas Gane）共同主编的《罗兰·巴尔特》（*Roland Barthes*, 2004）②，这套文集共四卷，分八个部分，提供了一个相当全面的巴尔特研究，包括对巴尔特与其他学者的思想的平行研究，以及关于巴尔特的书写概念、修辞学思想、符号学研究、神话研究、现代性研究、日本研究、电影研究、戏剧研究、摄影研究、性别研究以及身份研究的论文。除这些理论重述与评估之外，这套文集还以专题的形式，收录了分析巴尔特的诸个重要文本的论文，得以处理的巴尔特文本包括：《作者的死亡》（"La mort de l'auteur", 1968）、《S/Z》、《文之悦》（*Plaisir du texte*, 1973）以及《爱的言谈——片段集》。其二是巴德明顿（Neil Badmington）主编的《罗兰·巴尔特：文化理论视域下的评估》（*Roland Barthes: Critical Evaluations in Cultural Theory*, 2010）③，这套论文集共四卷，分七个部分，也讨论了多个面向的巴尔特，包括：巴尔特的神话思想研究、历史研究、大众俗见研究、书写/阅读理论、爱/欲望/享乐/性的书写、多媒体影像研究、同性恋巴尔特身份研究、他者书写研究，以及其他学者撰写的悼念巴尔特的论文。这两个文集收录了分析多个面向的巴尔特的重要文献，对于笔者撰写巴尔特的话语符号学研究具有重要参考价值。

此外，笔者也参考了两部巴尔特研究的文献目录图书：（1）桑福特·弗里德曼（Sanford Freedman）与卡罗尔·安妮·泰勒（Carole Anne Taylor）在1983年编纂的《罗兰·巴尔特：一个读者的文献指引》（*Roland Barthes: A Bibliographical Reader's Guide*）。（2）琼·伦德奎斯特（Joan Nordquist）在1994年编纂的《罗兰·巴尔特相关文献总目》（*Roland Barthes: A Bibliography*）。通过对这两部目录的分类整理，笔者发

---

① 对于这一定性的具体论述，笔者此处不展陈，读者请参见本书第二章第四节，笔者讨论了巴尔特的修辞学思想以及其修辞学思想与其话语符号学思想的关联。

② Gane, Mike and Gane, Nicholas (eds.). *Roland Barthes*. 3 vols. Thousand Oaks, New Delhi: Sage Publications Ltd., 2004.

③ Badmington, Neil (ed.). *Roland Barthes: Critical Evaluations in Cultural Theory*. 4 vols. London, New York: Routledge, 2010.

现：对罗兰·巴尔特的话语实践的分析主要分为具体的文本分析和对巴尔特的话语观与其同时代的其他学者的话语观的对比研究这两类，前者主要集中于《罗兰·巴尔特自述》《爱的言谈——片段集》与《S/Z》三部作品。对巴尔特在具体文本中的话语实践的分析，文献数量较多，与巴尔特的话语符号学的理论建构关联性一般。笔者在正文讨论到具体文本时，如有必要，再作文献追述。

对巴尔特的书写实践的分析，笔者要着重提到在 1982 年《中西部现代语言协会期刊》（*Bulletin of the Midwest Modern Language Association*）上发表的，斯蒂芬·昂加尔（Steven Ungar）的论文《受话者导向的巴尔特与德里达的话语策略》（“Forwarding Addressees：Discourse as Strategy in Barthes and Derrida”）[①]。在这篇论文中，昂加尔从本维尼斯特对“人称”以及对话者的分析入手，对比分析巴尔特的《爱的言谈——片段集》与德里达的《明信片》（*La carte postale*），试图厘清话语陈述如何通过作者/读者/书写之间的关系，将读者引入对意义的主动构建，昂加尔认为巴尔特的话语实践是以受话者为导向的。这篇论文对笔者在第三章和第四章分析巴尔特的自我反射式的书写实践、运用巴尔特的话语符号学分析他的中国书写有直接指引作用。笔者认同昂加尔的分析，在英文论文“Juri Lotman’s Autocommunication Model and Roland Barthes’ Representations of Japan and China”（《尤里·洛特曼的自主交流模式与罗兰·巴尔特对日本和中国的再现》）一文中，以洛特曼（Juri Lotman，1922—1993）的自主交流模式（Autocommunication Model）考察巴尔特的他者书写，认为巴尔特的他者书写参与作者和读者双方的自主交流，并且重塑读者，也即是说，巴尔特的话语实践是读者（受话者）导向的，笔者也在这篇论文中比较了洛特曼与巴尔特二人关于语言系统与其他符号系统之间关系的思想异同。该论文已于 2014 年发表于《符号系统研究》（*Sign Systems Studies*）期刊，这也是世界上第一本符号学研究专刊。

保罗·杰伊（Paul Jay）在其研究性作品《文本中的存在：从华兹华斯到罗兰·巴尔特的自我再现》（*Being in the Text: Self-Representation from*

① Ungar，Steven. “Forwarding Addressees：Discourse as Strategy in Barthes and Derrida.” *Bulletin of the Midwest Modern Language Association* 15.1（1982）：7 – 17.

Wordsworth to Roland Barthes）中[①]，特别关注到了“主体性”问题，对巴尔特的书写的“自我反射”（self-reflexive）性质以及再现“自我”的特殊策略有深入分析，杰伊讨论的巴尔特的文本主要是《罗兰·巴尔特自述》，而且所借助的主要是精神分析的手段，这对笔者在第三章研究巴尔特的自传书写以及“爱之言谈”的书写具有点化作用。

克里斯蒂安·马丁（Christian Martin）的作品《罗兰·巴尔特与小说的伦理学》（*Roland Barthes et l'éthique de la fiction*，2003）[②]，在第五章和第六章在伦理学的视野下讨论了巴尔特的自传书写和《爱的言谈——片段集》以及《明室：摄影札记》（*La chambre claire*，1980）。马丁的核心观点是上述三部作品都可视作“小说”（fiction），笔者尤其认同马丁对巴尔特自传的“反真实性”的讨论。同样值得重视的是马丁在分析巴尔特的《爱的言谈——片段集》时提出的一个重要观点：巴尔特的书写总是与一种“色情主义”（érotisme）结合在一起，因此，在符号学的视野下，研究者有必要意识到巴尔特对“爱的言谈”这一文类的处理其实涉及了爱的情感经验（l'expérience amoureux）与言语活动（le langage）之间的一种对称关系，或者说，符号学与爱之间的距离不过是“言语活动的爱”（l'amour du langage）与“关于爱的言语活动”（le langage de l'amour）之间的距离[③]。

同样分析了《爱的言谈——片段集》的还有克罗德·考斯特（Claude Coste）的《伦理学家罗兰·巴尔特》（*Roland Barthes moraliste*，1998）一书的其中一节[④]，然而更有价值的是，考斯特在整部作品中都尝试处理巴尔特眼中的自我/他者、作者/读者关系。考斯特认为巴尔特的伦理学家（moraliste）这一身份已经是不争之实，在这一身份的规约下，巴尔特实践了“关于伦理的书写”（une écriture de la morale），“关于书写的伦理”（une morale de l'écriture），以及“通过书写达成的伦理倾向”（une

---

① Jay，Paul. *Being in the Text：Self-Representation from Wordsworth to Roland Barthes*. Ithaca and London：Cornell UP，1984.

② Martin，Christian. *Roland Barthes et l'éthique de la fiction*. New York：Peter Lang Publishing，Inc.，2003. 103 – 36.

③ Martin，*Roland Barthes et l'éthique de la fiction* 123 – 24.

④ Coste，Claude. *Roland Barthes moraliste*. Paris：Presses Universitaires du Septentrion，1998. 259 – 71.

morale par l'écriture）；作者与读者之间的关系，不仅表征了巴尔特对自我/他者关系的认知，也表征了巴尔特对人类之间社会关系的认知①。

此外，笔者也要着重提到巴尔特的学生马尔蒂（Éric Marty，1955—）所撰写的《罗兰·巴特：写作的职业》（*Roland Barthes*，*le métier d'écrire*，2006）一书②。马尔蒂这本书除了追忆自己与导师巴尔特的关系、介绍他所编撰的《巴尔特全集》之外，还包括了他对巴尔特的作品《爱的言谈——片段集》的研究。这一研究首先提出：批评者/读者与该作品要保持一定的距离，拒绝自我投射和大众意见的投射。马尔蒂试图对这部作品中复杂的主体问题进行着重研究，将主体确立为一个话语事件，一种符号学和话语实践的冒险。马尔蒂的这部作品对笔者影响极大，它将笔者导向了对话语空间中建构的主体的思考，并指引笔者去分析巴尔特的“中性性别”的书写。

研究罗兰·巴尔特的修辞学对于研究巴尔特的话语符号学极为重要。巴尔特认为，研究话语的语言学即超语言学，其始祖就是修辞学，修辞学区分话语的情境，建立话语编码机制，对句子（phrase）的意指活动之外的指涉物进行编码。因此，作者要研究巴尔特的话语符号学，也不能忽视前人对巴尔特的修辞学的研究。历史上最早研究巴尔特的修辞观的是巴尔特的学生托多罗夫。托多罗夫于1967年就在《年鉴，历史，社会科学》（*Annales*，*Histoire*，*Sciences Sociales*）杂志上发表了论文《从符号学到修辞学：罗兰·巴尔特，〈时尚系统〉》（“De la sémiologie à la rhétorique：Roland Barthes，*Système de la mode*”）③。1971年出版的《巴尔特：心理研究》（*Barthes: psychothèque*）一书专辟一章，题为《符号学与修辞学》（“Sémiologie et rhétorique”）④，以具体文本分析巴尔特的符号学思想与修辞观。1982年在《创造者精神》（*L'esprit créateur*）杂志第1期发表的《*S/Z*：修辞学与开放阅读》（“*S/Z*：Rhetoric and Open Reading”）一文也

---

① Cf. Coste，*Roland Barthes Moraliste*.

② Marty，Éric. *Roland Barthes: le métier d'écrire*. Paris：Éditions du Seuil，2006. 该书已被译成中文，中译本见：［法］埃里克·马尔蒂：《罗兰·巴特：写作的职业》，胡洪庆译，上海：上海人民出版社，2011。

③ Todorov，Tzvetan. “De la sémiologie à la rhétorique：Roland Barthes，*Système de la mode.*” *Annales. Histoire*，*Sciences Sociales* 22.6（1967）：1322－27.

④ Mallac，Guy de and Eberbach，Margaret. “Sémiologie et rhétorique.” *Barthes*：*psychothèque*. Éditions Universitaire，1971. 65－96.

是通过对《S/Z》作品的文本分析①，来讨论巴尔特的修辞观。克劳德·考斯特以《修辞学与解剖学》（“Rhétorique et anatomie”）为题②，讨论巴尔特对“陈述”的思考。1988 年，帕特里克·多诺万（Patrick O'Donovan）在《段落》（*Paragraph*）杂志上发表了题为《修辞的地位》（“The Place of Rhetoric”）的论文③，后来这篇论文又被收录于马克·盖恩与尼古拉斯·盖恩编纂的巴尔特研究文集《罗兰·巴尔特》④，该文集隶属于“现代社会思想大师文库”（*Sage Masters of Modern Social Thought*）；该文集收录的另一篇论文是来自安迪·斯坦福（Andy Stafford）的《修辞学，理论与表象》（“Rhetoric, Theory, Surface”）⑤，但这篇论文早先已经出现在斯坦福自己的文集《罗兰·巴尔特，现象与神话：一个思想档案》（*Roland Barthes, Phenomenon and Myth: An Intellectual Biography*）里⑥。1990 年，罗纳德·施莱佛（Ronald Schleifer）的专著《修辞学与死亡：现代主义语言和后现代话语理论》（*Rhetoric and Death: The Language of Modernism and Postmodern Discourse Theory*）出版了，其中一篇论文题为《文本性的修辞：罗兰·巴尔特与书写的困境》（“The Rhetoric of Textuality: Roland Barthes and the Discomfort of Writing”）⑦。1984 年发表的罗兰·尚巴涅（Roland Champagne）的论文《文学符号学发掘了文学史的修辞学》（“Literary Semiotics Reveals the Rhetoric of Literary History”）⑧，

---

① Rice, Donald and Schofer, Peter. “*S/Z*: Rhetoric and Open Reading.” *L'esprit créateur*. 22. 1 (1982): 21 - 34.

② Coste, Claude. “Rhétorique et anatomie.” *Bêtise de Barthes*. Hourvira: Klincksieck, 2011. 88 - 92.

③ O'Donovan, Patrick. “The Place of Rhetoric.” *Paragraph* 11. 3 (1988): 227 - 48.

④ O'Donovan, Patrick. “The Place of Rhetoric.” *Roland Barthes*. Eds. Mike Gane and Nicholas Gane. Thousand Oaks, New Delhi: Sage Publications Ltd., 2004. 223 - 42.

⑤ Stafford, Andy. “Rhetoric, Theory, Surface.” *Roland Barthes*. Eds. Mike Gane and Nicholas Gane. Thousand Oaks, New Delhi: Sage Publications Ltd., 2004. 267 - 94.

⑥ Stafford, Andy. “Rhetoric, Theory, Surface.” *Roland Barthes, Phenomenon and Myth: An Intellectual Biography*. Edinburgh: Edinburgh UP, 1998. 117 - 50.

⑦ Schleifer, Ronald. “The Rhetoric of Textuality: Roland Barthes and the Discomfort of Writing.” *Rhetoric and Death: The Language of Modernism and Postmodern Discourse Theory*. Urbana, IL.: U of Illinois P, 1990. 146 - 75.

⑧ Champagne, Roland. “Literary Semiotics Reveals the Rhetoric of Literary History.” *Literary History in the Wake of Roland Barthes: Re-defining the Myths of Reading*. Birmingham: Summa Publication, Inc., 1984. 103 - 14.

虽以修辞学为主题，但是与巴尔特的修辞观关系不大。此外，还有巴迪耶（Sémir Badir）的一篇论文，将巴尔特放置于修辞学研究的历程中，分析从巴尔特到弗朗索瓦·拉斯提尔（François Rastier）的修辞学观点，探讨修辞学的特殊性①。

三、“巴尔特在/与中国”课题研究综述

笔者综合整理了既有的关于“罗兰·巴尔特在/与中国”这一传统比较文学命题的事实联系研究和形象学视域下的研究。笔者首先将中国学界研究结果呈现于下。

1. 中国学界视野中的“罗兰·巴尔特在/与中国”

（1）综合性的接受研究。关乎“罗兰·巴尔特在中国”课题，主要有三篇期刊论文②，一篇硕士学位论文《如何想象罗兰·巴尔特——罗兰·巴尔特在中国的译介及接受研究》③，以及一篇博士论文《罗兰·巴特文论在中国的接受史》④。浙江大学文玲的博士论文以“接受美学”为主要理论视域，考察巴尔特文论在中国文论发展背景中的被接受的效应史，逆转赛义德（Edward Said，1935—）的“东方主义”（Orientalism），声称中国文论的发展主导了巴尔特文论在中国的接受，并借西方文论重写了自己的历史。这篇论文对中国文学研究界从20世纪70年代末到2010年期间的思想动向描述精当，事实证据确凿，对笔者重构接受巴尔特符号学思想的“中国”系统有很大的助力。张晓明的论文《巴特文论在中国的译介历程》和《巴特文论在中国的接受研究》，在整理巴尔特文论在大陆的译文、译著和介绍性文字的基础上，以历时的视角评析各阶段的译介之特点，从而勾勒巴尔特文论的译介文本在大陆学界的影响历程。张晓明的两篇论文成为笔者撰写《“罗兰·巴尔特与中国”：关于影响研究的对

---

① Badir, Sémir. “Spécificité du rhétorique. De Roland Barthes à François Rastier.” *Sémantique et rhétorique*. Ed. M. Ballabriga. Toulouse: Editions Universitaires du Sud, 1998. 59 - 79.

② 张晓明：《巴特文论在中国的接受研究》，《南京大学学报》（哲学·人文科学·社会科学），01（2007）：125 - 36。张晓明：《巴特文论在中国的译介历程》，《当代外国文学》，02（2006）：119 - 27；韩蕾、张汉良 175 - 88。

③ 胡海明：《如何想象罗兰·巴尔特——罗兰·巴尔特在中国的译介及接受研究》，福州：福建师范大学，2008。

④ 文玲：《巴特文论在中国的接受史》，杭州：浙江大学，2012。

话》一文部分内容的重要参考文献。此文以对话的方式，对“罗兰·巴尔特与中国”以及“罗兰·巴尔特在中国”两个比较文学的命题从事辩证式的探索。在这篇论文中，两位共同作者已经初步处理过对中国学界（含台湾与香港）巴尔特研究的评估。综合性的接受研究在文献搜集和理论视角方面对笔者了解大陆学界所接受的巴尔特有所助力。

（2）专题性的“罗兰·巴尔特与中国”研究。大陆第一篇该课题研究论文题为《巴特和中国》，作者为法国学者韦卡梅（Vercamer），出版于1987年4月的《法国研究》杂志[①]。这篇论文以1974年巴尔特的中国之行为研究对象，分析巴尔特对中西文化的对比和对中国道家思想的推崇，也分析了巴尔特对中国、日本在符号学视域下的比较。1999年，车槿山在《法国研究》上发表了论文《法国“如是派”对中国的理想化误读》[②]，2011年在《跨文化对话》上发表了论文《我们的历史——巴尔特书写的中国》[③]。第二篇论文在两个方面影响了笔者。其一，车槿山认为巴尔特秉持反本质主义的立场，凸显中国之于西方文化的差异，从而使得他能够反思审核自己的文化，因此，“中国的‘无意义’才是最重要、最值得深究的意义”[④]。其二，车槿山对巴尔特的书写原则“不是允许说或不说什么，而是有可能说或不说什么”的分析，碰触到巴尔特的中性话语概念。车槿山认为巴尔特生产的话语属于伦理学和美学而不属于理性和信仰，因此突破了意识形态和西方文明对话语的限定。2012年孙倩的论文《罗兰·巴尔特与他的中国之旅——解读〈中国旅行笔记〉》[⑤]，对《中国旅行笔记》提供了细致丰富和视角独特的文本分析。

2014年的《中国比较文学》第2期包括一项“中法文学文化研究专

---

① ［法］韦卡梅：《巴特和中国（“Roland Barthes et la Chine”）》，《法国研究》，04（1987）：26－31。

② 车槿山：《法国“如是派”对中国的理想化误读》，《法国研究》，02（1999）：50－56。

③ 车槿山：《我们的历史——巴尔特书写的中国》，载于乐黛云、钱林森等主编：《跨文化对话（第28辑）》，北京：生活·读书·新知三联书店，2011，第87－96页。

④ 车槿山：《我们的历史——巴尔特书写的中国》，第89页。

⑤ 孙倩：《罗兰·巴尔特与他的中国之旅——解读〈中国旅行笔记〉》，《解放军外国语学院学报》，35.1（2012）：105－09。

题”，共收录四篇论文，三篇论文涉及对“如是派”知识分子的研究①，其中重点研究巴尔特与中国的关系的论文是：车琳撰写的《20世纪60—70年代法国“原样派”知识分子的中国观》②，以及笔者撰写的《罗兰·巴尔特与中国：一个话语符号学的文本实验》。车琳的论文重建了1960—1976年间毛泽东思想在法国的传播景象，尤其是重建了《如是》杂志对社会主义中国的支持立场，同时指出1976年第68期的《如是》杂志宣告“如是派”低调告别了“毛主义”。车琳的论文与车槿山1999年的论文立场一致，认为“回顾‘原样派’的中国思想阶段，可以看出其中的浪漫主义幻觉和‘理想化误读’”③。两位学者都认同：对比索尔莱斯和克里斯蒂娃等人对中国的“夸张化的”描述，巴尔特始终保持清醒和谨慎。两位作者都指出了，中西两方的言谈被意识形态的模块阻碍，使得巴尔特无法解读中国；罗兰·巴尔特对意识形态和积极革命的态度向来是谨慎低调的，他痛恨战斗话语的侵略性和歇斯底里，但是，来中国与书写中国对他来说却是一项任务。1998年，王东亮发表于《读书》杂志上的短文《“结构不上街”的事故调查》一文，对巴尔特的中国之行的缘起做了精确的描述：巴尔特的中国之行“一半像是屈从于媒体与时尚思想界的压力，一半像是对‘五月风暴’中‘失足’的补救”④。

此外，还有张尧均的《罗兰·巴尔特的中国之行》，该文渗透着精神分析的影子，巴尔特无欲书写中国的事实，被认为是无力讨论“政治之父”。《中国旅行笔记》的译者怀宇，在该书序言《巴尔特到中国：有关俗套的符号学思想——序罗兰·巴尔特〈中国行日记〉译本》与文章

---

① 车琳：《20世纪60—70年代法国“原样派”知识分子的中国观》，《中国比较文学》，02（2014）：68－80；刘宇宁：《文本的革命——索莱尔斯早期作品里的中国元素》，《中国比较文学》，02（2014）：81－91；韩蕾：《罗兰·巴尔特与中国：一个话语符号学的文本实验》，第92－106页。

② 这里的“原样”派即“如是派”（Tel Quel），“原样”与“如是”是译法上的差异。笔者从车槿山认为“如是派”这个译法比较合适。巴尔特也在其《中国旅行笔记》中摹写过“如此”字样，用以翻译“tel quel，comme ça”，参见：Barthes，Roland. *Carnets du voyage en Chine*. Paris：Christian Bourgois Éditeur/IMEC，2009. 32.

③ 车琳71。

④ 王东亮：《“结构不上街”的事故调查》，《读书》，07（1998）：63.

《罗兰·巴尔特的中国之眼》中①，讨论巴尔特对中国生产的俗套、陈词滥调、砖块的批判，赞扬巴尔特不生产意识形态的套话。阎伟、谈微姣二人亦有一篇论文，比较了萨特、安东尼奥尼与巴尔特三位学者的中国行文本②。

在台湾学界，从事过“罗兰·巴尔特与中国”研究的学者主要是四位：张汉良、陈传兴、赖锡三与齐隆壬③。根据张汉良的回忆，他最早读到的巴尔特的作品是《批评论集》（*Essais Critiques*，1964）与《批评与真实》（*Critique et Vérité*，1966），当时台湾受英美文学教育的人都对新批评（New Criticism）耳熟能详，因此《批评论集》对新批评（la nouvelle critique）与旧批评（l'ancienne critique）的讨论吸引了他的注意力。然而，巴尔特谈的新批评并不是英美新批评，而是与古斯塔夫·朗松（Gustave Lanson，1857—1934）的旧批评形成对照的范式，也正是这个巧合使得他不再对英美新批评感兴趣，转而研究法国结构主义④。在前文已经提到的几篇论文中，张汉良以中文文本实践巴尔特的符号学，也是一种自我反射式的“罗兰·巴尔特与中国”的研究。

2014年4月8日，陈传兴在复旦大学的讲座《看不见的中国——从安东尼奥尼谈起》，通过对20世纪70年代初《电影笔记》（*Cahier du cinéma*）杂志动向的分析，复原20世纪六七十年代初欧洲的历史、文化、政治背景，并统摄论述安东尼奥尼的纪录片《中国》（*Chung Kuo*，*Cina*）、“如是派”的红色中国情结和巴尔特的“平淡（fadeur）中国”。他特别提出了：巴尔特受到安东尼奥尼的纪录片《中国》的影响，其在1974年“文化大革命”期间的“中国之行”是对安东尼奥尼的回应；同时，他还对大陆的巴尔特译本中的个别错误提出批评意见。陈传兴的讲座从新颖的视角向笔者提供了分析巴尔特的中国之行期待视域的历史文化

---

① 张智庭：《罗兰·巴尔特到中国：有关俗套的符号学思想——序罗兰·巴尔特〈中国行日记〉译本》，《符号与传媒》，01（2012）：24-35；怀宇（张智庭）：《罗兰·巴尔特的中国之眼》，《中国图书评论》，06（2012）：27-31。

② 阎伟、谈微姣：《“左眼”看中国的三种视像——萨特、安东尼奥尼和罗兰·巴尔特中国行文本的互文性分析》，《湘潭大学学报》（哲学社会科学版），40.6（2016）：84-89.

③ 台湾学者对巴尔特的研究与译介跨越了多个领域，有一大批优秀的研究者参与其中，比如古添洪、蔡秀枝、许绮玲等，由于此篇文献综述此处专门讨论“巴尔特与中国”专题内的研究文献，因此，对正文提到的四位学者之外的研究成果并未做穷尽分析。

④ 韩蕾、张汉良175-88。

背景。

赖锡三的主要论文有：《论道家的逍遥美学——与罗兰·巴特的‘懒惰哲学’之对话》和《庄子与罗兰·巴特的旦暮相遇——语言、权力、游戏、欢怡》。他关注巴尔特与中国道家的联系，以平行研究的方式，对庄子道家哲学与文学力量与巴尔特的所谓“懒惰哲学”和“文之悦/醉”等概念进行研究。赖锡三的研究与大陆学界的两位研究者可谓相互应和。2011 年郭泉在《当代国外文学》杂志上发表了《罗兰·巴特文论中的佛道思想》，2012 年文玲在《湖南大学学报》（社会科学版）发表了《罗兰·巴尔特的“中性”观与中国道家思想》。巴尔特的确在《中性》与《小说的准备》两部讲稿中多次讨论到中国道家的思想，但是，巴尔特在讲稿中所展现的对意义的破坏，与庄子的语言哲学和老子的“无为”思想在中文语境中的确切含义是截然不同的，巴尔特对中国道家思想的误读才是形成其“中性语言”观的重要渊源。

齐隆壬主编的 1988 年 9 月第 35 期的《电影欣赏》，包括“罗兰·巴特与电影——一个反常的电影观”专题。该期不仅选编了巴尔特论电影与戏剧的四篇文章：《巴尔特论电影》（“Sémiologie et cinéma”）、《第三层意义》（“Le troisième sens：note de recherché sur quelques photogrammes de S. M. Eisenstein”）、《狄特罗、布莱希特、艾森斯坦——献给安德烈·泰希内》（“Diderot, Brecht, Eisenstein - pour André Téchiné”）以及《离开电影院》（“En sortant du cinéma”），也选编了巴尔特关于摄影、自传以及大众神话的分析文章。同时这一期也包括齐隆壬撰写的《巴特与电影：一个反常的电影观》论文。齐隆壬 2013 年于大陆出版的《电影符号学》一书中也专辟了一章[①]，讨论巴尔特的符号学及其与电影研究的关系，这对作者分析巴尔特对电影，比如对安东尼奥尼纪录片《中国》的见解，提供了理论支撑。

2. 西方学界视野中的“罗兰·巴尔特与中国”

西方学界对“罗兰·巴尔特与中国”这一课题的研究兴趣可以划归为三个类型。第一类集中为巴尔特《中国旅行笔记》的书评，有内尔·

---

① 齐隆壬：《电影符号学》，上海：东方出版中心，2013。

班德明顿的《中国旅行》（"Travels in China"）[①]，米歇尔·赛耶尔（Michael Sayeau）的《都是毛泽东的问题》（"It's all over Mao"）[②]，以及科瑞·布朗（Kerry Brown）的《竹幕后的一瞥》（"A Peek Behind the Bamboo Curtain"）[③]。

第二类为个体研究的专书论文，比如路易－让·卡尔韦（Louis-Jean Calvet）的《罗兰·巴尔特传》（*Roland Barthes: 1915－1980*），有一小节讨论巴尔特的中国之行。卡尔维有法国文化背景的优势，因此，对巴尔特此行的背景、旅行时其他同行者的立场，以及《好吧，我们来谈谈中国吧?》一文的"中性"性质及其出版后的效应等，都做了非常详尽的论述，对于笔者撰写相关章节提供了许多确切的事实证据[④]。此外还要提到艾力克·哈耶特（Eric Hayot）的《中国梦：庞德、布莱希特与"如是派"》（*Chinese Dreams: Pound, Brecht, Tel Quel*）一书。在该书第三部分，作者指出，"如是派"的中国之行虽然瓦解了他们关于现代中国的梦想，却不能破坏他们对于古代中国的热爱，在政治因素造成的剧痛中，"如是派"依然在古典中国的实践与现代中国的理论梦想之间找到了依存点[⑤]。巴尔特的学生埃里克·马尔蒂在其追忆巴尔特的作品《罗兰·巴特：写作的职业》译成中文之际，特意写了《致中国读者》一文，其中特别对巴尔特的《好吧，我们来谈谈中国吧?》进行了分析。马尔蒂指出：巴尔特希望通过这篇短文，表现出对法国知识界希望他明确表示政治立场之期待的冷落，"巴特希望通过这种态度摆脱西方的思考，即一种想要了解一切、解释一切、辨读一切的文明的思考，尤其是在涉及中国这样一个陌生而遥远的对象时更是如此。……说老实话，这种想要'理解'他者并予

① Badmington, Neil. "Travels in China." *Times Literary Supplement*, Issue 5673－5674, Dec 23, 38.1 (2011).

② Sayeau, Michael. "It's all over Mao." *New Statesman* (1996), vol. 141, Issue 5135, Dec 7, 49.2 (2012).

③ Brown, Kerry. "A Peek Behind the Bamboo Curtain." *Times Higher Education*, Issue 2036, Feb 9, 52.1 (2012).

④ Calvet, Louis-Jean. "Alors, la Chine?" *Roland Barthes: 1915－1980*. Paris: Flammarion, 1990. 241－54. 此书已有中译本，见：[法] 路易－让·卡尔韦：《结构与符号——罗兰·巴尔特传》，车槿山译，北京：北京大学出版社，1997。卡尔韦对巴尔特《好吧，我们来谈谈中国吧?》一文的讨论，见上书第 203－216 页。

⑤ Hayot, Eric. *Chinese Dreams: Pound, Brecht, Tel Quel*. Ann Arbor: U of Michigan P, 2004. 177.

以阐明的极为西方式的冲动，可能只是同化即统治他者的欲望的征兆。巴尔特认为，在西方的求知意志中，同时存在着一种权力意志的标记"①。

第三类为两篇期刊论文发表于 2006 年 2 月的《现当代法国》（*Modern & Contemporary France*）杂志。艾利克斯·休斯（Alex Hughes）的论文《用身体接触中国：与"如是派"一起旅行》（"Bodily Encounters with China：On Tour with *Tel Quel*"）讨论"如是派"整体的中国之行②，被讨论的文本包括普勒莱（Marcelin Pleynet）的《中国之行》（*Le voyage en Chine*），克里斯蒂娃的《武士》（*Les Samouraïs*）。这篇论文不直接讨论巴尔特，但是对"如是派"其他两位作者的讨论，的确部分地回应了巴尔特与中国，乃至整个"如是派"与"文化大革命"时期的中国之间跨文化交流之失败的原因。查理·福斯迪克（Charles Forstick）的论文《"(不)认识亚洲"：巴尔特与布维尔，中国与日本》["'(In)connaissance de l'Asie'：Barthes and Bouvier，China and Japan"]③，对巴尔特与尼古拉·布维尔这位法国当代第二次世界大战后游记文学评论家二人的作品进行类比研究，分析二者的中国"书写"和日本"书写"的区别，尤其是对他们对异质文化的文本书写过程中的区别与一致进行分析。福斯迪克的目的在于借助呈现这些旅行者面对异质文化时所遭遇的身份困惑，来分析跨文化对话的可能性与不可能性。笔者的话语符号学实践也包括了对巴尔特他者书写的分析，跨文化对话也是着力之处，故而福斯迪克的论文对笔者来说具有一定参考价值。

四、对巴尔特作品中译本的评析与翻译符号学反思

为什么我们需要专辟一小节来讨论巴尔特的中译本呢？这主要是因为大陆的巴尔特研究者大多数还是操用汉语或者英文作为工作语言，较少的研究群体可以娴熟地对法语原文进行阅读与阐释，这其中的佼佼者就包括几位巴尔特译者，比如张智庭（笔名怀宇）、王东亮、李幼蒸、屠友祥等。然而，对于一般读者来说，即便在外语能力达标的情况下，由于对特

① 马尔蒂 2。

② Hughes，Alex. "Bodily Encounters with China：On Tour with *Tel Quel*." *Modern and Contemporary France* 14. 1（2006）：49 －62.

③ Forsdick，Charles. "'(In)connaissance de l'Asie'：Barthes and Bouvier，China and Japan." *Modern and Contemporary France* 14. 1（2006）：63 －78.

定领域比如符号学知识的缺乏，或者由于其他原因比如知识系统的错位等，可能导致他们阅读原文的效果打折扣。即便译者的努力部分地弥补了中文与法文这两种自然语言之间对话的不平衡性所引发的信息丢失，译者本身所带来的信息增殖，在理论翻译这个特殊的领域中也给读者带来了一些困扰。

笔者认为，理论翻译不同于文学翻译，文学翻译对译者创造的自由度容忍度更高，限制度也更小，但理论翻译的首要前提是信息的清晰传达。可以说，文学翻译是以符码增殖为导向的（code-oriented），比如对源文本文体风格的把握、对标的文本所浸没于其中的诗学中心的自主倾斜等；但是理论翻译以信息传递为主要目的（message-oriented），因此，理论翻译对译者的要求主要体现为：通过把握两种自然语言的语言结构，寻求一种语言结构所建码的信息能够在另外一种语言结构中完美传递。在这个意义上，王东亮所翻译的《符号学基础》以及张智庭所翻译的《罗兰·巴特随笔选》与《罗兰·巴特自述》[①] 等作品能够满足读者对理论翻译所需要传达的信息清晰度的诉求，而屠友祥所译《文之悦》与《S/Z》等文本因为过于追求对巴尔特言辞之优美的再现与反馈，试图以更为古典雅致的中文来翻译巴尔特的努力，反倒因为符码的增殖造成了原信息的流失。但是不可否认，符码增殖必然带来信息增殖，只是理论翻译难免追求原初信息而忽视符码。仅就上述讨论看来，对于翻译的评估势在必行，而对翻译本身的符号学思考，却是进行这项评估的首要前提。

在本节中，笔者尝试借助两位译论家的思想，对巴尔特的中文译本进行评析。比利时翻译理论家、文化学派代表人安德烈·勒菲维尔（André Lefévère，1945—1996）区分了翻译与批评。他认为翻译是一种再生产，一种折射，而批评则是一种权宜性的虚构创造，但是，翻译和虚构都试图影响译者和批评家之外的读者，将他们导向某一诗学的指导，因而一个既定的文本就在该时期的核心诗学的规模作用下为读者所适应、所变形。勒菲维尔提出了折射文本（reflected text）这个概念，这是基于以系统论替代文库论的思想，试图将文本正典化的权力从发送者手中移植到接受者和

---

① 本书论述中该作品统译为《罗兰·巴尔特自述》，但此处指张智庭先生译本，遵从原译作译名。

接受者身处的文化中来①，也可以说，对某一时期的核心折射文本的评析也是对该时期的核心诗学的评析。虽然勒菲维尔的研究对象主要是文学翻译，但是笔者认为，勒菲维尔的折射文本概念其实更适合用来分析某一时期的理论翻译与该时期的核心诗学之间的互生关系。下文笔者要在勒菲维尔译学论述的指导下，分析在大陆出现的巴尔特中文译本中的一个典型例子：对巴尔特的长文“Éléments de sémiologie”的中译活动。

首先我们来清理一下版本信息。1987 年，董学文和王葵将该论文的英文版“Elements of Semiology”转译为中文，以《符号学美学》为名由辽宁人民出版社出版。1988 年，李幼蒸的译本出版，与其他巴尔特的文章一起组成《符号学原理——结构主义文学理论文选》。1992 年，黄天源的译本《符号学原理》由广西民族出版社出版。1999 年王东亮翻译的《符号学原理》由三联书店出版，受到了学界的高度赞扬，被称作“迄今为止最好的译本”。在这本书的译后记中，王东亮首次厘清了此书在巴尔特符号学上的基础性地位（而非原理性地位）。此外，台湾在 1988 年也出现了一个译本，是洪显胜的《符号学要义》②。

对比大陆的四个译本，我们发现，这四个译本反映了从 20 世纪 80 年代后期至 90 年代后期大陆学界的思想动向。这一时期大陆学界的核心诗学经历了“美学—结构主义—后结构主义”的历程。在 1987 年的译本中，两位译者将该文题目译作“符号学美学”，在序言中，译者为自己辩护，声称是要将作为西方审美模式的符号学与当时国内兴起的美学研究热潮结合起来③；这反映了当时兴盛于大陆的文艺审美诉求，折射出 20 世

---

① Lefévère, André. “Translated Literature: Towards An Integrated Theory.” *The Bulletin of the Midwest Modern Language Association* 14. 1 (1981): 68 - 78. 该文中译本请参见：［比利时］安德烈·勒菲维尔：《走向一种综合理论的翻译文学》，韩蕾译，载于杨乃乔：《比较诗学读本（西方卷）》，北京：首都师范大学出版社，2014，第 272 - 283 页。

② ［法］罗兰·巴特：《符号学要义》，洪显胜译，台北：南方丛书出版社，1988。

③ 董学文从审美的角度归纳了文艺符号学的四条特征：其一，“符号学理论都把文艺看作是表现人类情感的符号形式”。该译者援引了苏珊·朗格（Susanne K. Langer, 1895—1982）在《情感与形式》中以符号学论美学的论述，认为艺术作品是承载人类普遍情感的物质性的符号系统。其二，文艺符号学为艺术符号赋予了前所未有的高度。其三，文艺符号学形成了自己独立的研究方法，师承卡西勒，将人视为“符号的动物”（animal symbolicum），认为人类文化的各种形式都是人的符号活动的产品。其四，“文艺符号学注意了从审美经验来分析艺术的特性，并从符号学的角度，对带有审美因素和艺术特质的文艺符号特征作了深入的研究”。参见：董学文：《译者前言》，载于［法］罗兰·巴特：《符号学美学》，董学文、王葵译，沈阳：辽宁人民出版社，1987，第 12 - 14 页。

纪 80 年代在大陆学界的美学热潮。1988 年李幼蒸的译本不仅包括长文“Éléments de sémiologie”，也包括 1977 年巴尔特在法兰西公学院的《就职演说》（“Leçon inaugural”），以及《埃菲尔铁塔》（“La Tour Eiffel”）和《历史的话语》等四篇文章与巴尔特的第一部著作《写作的零度》。在附录中，李幼蒸选录了苏珊·桑塔格（Susan Sontage）的论文《写作本身：论罗兰·巴尔特》（“Writing Itself：On Roland Barthes”）和克里斯蒂娃的《人怎样对语言说话》（“How Does One Speak to Language”）。这个译本正文旨在介绍巴尔特的结构主义符号学的理论与文本实践，而附录则引向了人们对后结构主义思想的兴趣，也反映了当时学界对结构主义和后结构主义的理论诉求。1992 年黄天源的译本虽然没有获得广泛关注，但是从 1987—1992 年短短 5 年内涌现出三个译本这一现象来看，这也在相当程度上应和了大陆批评界对结构主义、后结构主义理论的重视和实践。1999 年译本的成功，则从一定程度表现出学界对结构主义语言学、符号学认识的成熟。

从 20 世纪 80 年中后期到 20 世纪 90 年代，中国文学理论批评界和译介界基本处于同声频道，我们注意到批评界从对审美的重视渐渐转移到关注结构主义，然后是后结构主义①。仅从与巴尔特相关的资料来看，1986 年的中国批评界出现了第一篇评论巴尔特《符号学基础》一文的论文②，可惜这篇论文没有得到足够的重视。这篇论文题为《略述罗朗·巴尔特的符号学》③，作者是李廷揆，发表于 1986 年第 2 期的《法国研究》。在文章中，李廷揆特别注意到了巴尔特对索绪尔语言学与符号学关系的逆转，这一逆转也正是巴尔特从结构语言学分析进入话语语言学和话语符号学研究的起步之处。1987 年，李以建的论文《从结构主义到后结构主义》

① 浙江大学文玲博士的学位论文《罗兰·巴特文论在中国的接受史》对于笔者在此章节的讨论多有帮助，在此致谢；文玲博士亦当向笔者致谢，感谢笔者在闲谈自己的博士论文初选题时为其提供了“灵感”。当然，文博士完成该题在先，让笔者不得不重新选题写出一本更有价值的论文，亦当致谢。

② 笔者将“Éléments de sémiologie”译作“符号学基础”，这是受了王东亮的译本译后记的影响。笔者同意王东亮所言，巴尔特这篇论文算不上是符号学的原理，但是由于涵括了当时西方符号学研究的大部分概念和方法，因此算是一篇介绍和讨论符号学的基础性的、但也十分重要的论文。

③ 李廷揆：《略述罗朗·巴尔特的符号学》，《法国研究》，02（1986）：89－96。

分析巴尔特的文学结构主义[①]，主要研究巴尔特的《叙事作品结构分析导论》和《批评与真理》，认为巴尔特的文学分析充分体现了结构主义在文学研究领域的成就。这两篇论文反映了20世纪80年代中国文学批评界对结构主义的认可。

中国学界也将结构主义语言学的规则延展应用于文学分析，从而开创了后一时期叙事学的发展与繁荣。1988年，巴尔特的文学分析方法被李劼用来分析中国当代小说，见《论中国当代新潮小说的语言结构》[②]。到1997年杨义用巴尔特等人的西方叙事学理论分析中国文化，成其《中国叙事学》[③]。1988年《文学评论》杂志还专门开辟了“语言问题与文学研究的拓展”这一专栏。西方思想界的语言学转向与巴尔特的结构主义文学分析成为当时的研究热点，也由此可以窥见。

在1987年，由张寅德翻译的巴尔特的《文本理论》（“Texte”）出现在《上海文论》上，第二年，同一译者所译的《从作品到文本》（“De l'œuvre au texte”）出现在《文艺理论研究》1988年第5期。其实在1987年出现对巴尔特后结构主义文论的翻译并非偶然，这正是中国这一时期的核心诗学的体现；这一诗学不仅体现在译介学对理论的引进和反思中，也体现在当时作家的文本实践中。张颐武如此评价中国当代作家王朔当时的作品：“作家王朔的作品的总的基调是‘调侃’。……在调侃中，人们通过遗忘和取消自身生命的方式来逃避对生存重负的承担。”[④] 80年代后期的中国知识分子惶恐于失落了自身价值，刚与英雄主义告别，又恰逢巴尔特的《作者的死亡》使作者走出神殿；与作者之先验主体性一起消亡的还有作者的话语霸权，写作也因此从意识形态的完全操纵中出走，获得了初始的自由。这是20世纪八九十年代中国文艺创作界所经历的一场剧痛与蜕变。巴尔特的后结构主义文本理论（包括《作者的死亡》）不过是其中的一叶扁舟，一点儿推动力。

我们再借助莫斯科－塔尔图学派符号学家皮特·托罗普（Peeter

---

① 李以建：《从结构主义到后结构主义》，《当代文艺思潮》，06（1987）：152－57。

② 李劼：《论中国当代新潮小说的语言结构》，《文学评论》，05（1988）：110－18。

③ 杨义：《中国叙事学》，北京：人民出版社，1997。

④ 转引自：俞樟华、熊元义：《近10年来文艺界三次论争的回顾与反思》，《理论与创作》，05（2001）：55－56。

Torop, 1950—）文化符号学视野下的译学思想[①]，来回视中国学界对巴尔特的接受。按照皮特·托罗普的理论，我们不是仅仅要理解一个文本，而是要理解一个出版了的文本（published text），因此我们就遭遇并建构了一个翻译文本的各种界线："翻译作为一本书或是一期杂志中的一篇文章而存在时，它在相关后设文本（metatexts）的帮助下，将界线的外部特征具象化出来。这样的后设文本可能是译者的前言、原著作者的文章、术语汇编形式的接受指南，以及推论性的、说明性的评论。在书中，界线得到了最为详尽的解释，以一种自然的方式，使得对特别特征的明确解释在最大限度上成为可能。"[②] 一方面，我们已经认识到界线以外在于某一翻译的实体文本的形式被建构出来，但是翻译也在文本内部以符号运作的方式发生，甚至，按照皮尔斯的说法，翻译就是符号运作（即解释项）（Translation is interpretant）。如果我们同意洛特曼的说法，将翻译视作思考的基础性行动，它发生在某一个既定的符号域中，意味着某一符号实体与其他符号实体就在这一双方都入浸其中的符号空间里发生互动，而由于互动双方并不享有语义平衡，因此，它们之间的对话又产生了新的信息[③]。文本蔓生文本，符号蔓生符号，文化蔓生文化，因此，翻译将成为任何符号空间里不可避免的行为。

但是，我们如何在实际操作层面处理符号域（semiosphere）中的翻译问题，以此来透视巴尔特的中文翻译，分析和评估理论翻译在理论传播中的作用，以及理论翻译在思想史演变中扮演的角色呢？我们发现：对于借助译本来阅读巴尔特作品的外国读者来说，尤其对于译者本人来说，罗兰·巴尔特符号学思想的复杂性通过法语这一自然语言的初度模构表达出来，已经沾染了巴尔特文体风格、话语策略等个人私语对语言系统的占有，同时巴尔特的知识系统也以文化二度建模的方式对巴尔特的符号学论文进行了再度建码。因此，译者对巴尔特符号学的中介传达，将面临语言系统、言语以及文化的三重障碍，尤其会面临文化的规模作用所借助互文

---

① Torop, Peeter. "Towards the Semiotics of Translation." *Semiotica* 128. 3/4 (2000): 399－411. 注：该文中译本请参见：[爱沙尼亚] 皮特·托罗普：《走向翻译符号学》，韩蕾译，载于杨乃乔：《比较诗学读本（西方卷）》，北京：首都师范大学出版社，2014，第350－366页。

② 托罗普 353。

③ Lotman, Juri. *Universe of the Mind: A Semiotic Theory of Culture*. Trans. Ann Shukman. London: I. B. Tauris, 1990. 123－43.

文本建构的话语空间的阻碍。无论作为单纯的读者还是作为兼具译者身份的读者，或者作为批评者，我们都需要面对这项事实：基于深入阅读的目的，或者说基于阐释的目的，巴尔特的作品总是要求它们的读者具备能够在一个格外强大的文本空间中自由行动的能力。读者在阅读巴尔特的作品时，对于“纯文本”（pure text）的绝对缺失的体认，也可能会比阅读其他作品时的体认更为深刻。对于巴尔特的阅读必然要发生在这一共时的阅读惯习中，译者不可避免地受到自身文化核心诗学的拉扯，我们作为读者既然处于历时与共时的一个端点，就无法避免要面临跨越语言与文化两套系统的困难。

诚如巴尔特本人的“似曾相阅”（déjà lu）理论所言，每一次阅读都发生在文化中阅读文本的惯例化（conventionalization）那里。苏珊娜·霍尔特修斯（Susanne Holthuis）也做了如下阐释：“互文的符号运作形成于文本和读者之间的相互作用，它依赖于对于（既定的或假定的）文本的‘互文趋向’（intertextual disposition）以及有着互文指向的文本过程。”[①] 托波罗夫（Vladimir N. Toporov，1928—2005）的论述证明：文化的介入不仅成为意义诞生的地方，还成为意义被交换、传达和寻求翻译的地方[②]。也诚如托罗普所言，每一次阅读或者对于任何人工制品的接受都发生在一个互文空间（intertextual space）里[③]。在这个意义上，译者的工作是以巴尔特的论文作为对象语言，在自身的知识系统下组建中文模式下的后设语言，而翻译的评估者则以这一后设语言作为新的对象语言，并且重新投之以符号学反思，这正是巴尔特的读者理论正在运作的表现。

---

① Holthuis，Susanne. “Intertextuality and Meaning Constitution：An Approach to the Comprehension of Intertextual Poetry.” *Approaches to Poetry：Some Aspects of Textuality and Intermediality*. Eds. J. S. Petöfi and T. Olivi. Berlin：Walter de Gruyter，1994. 77.

② Toporov，Vladimir N.. “Translation：Sub Species of Culture.” *Meta* 37. 1（1992）：30.

③ 托罗普 358。

第一章　巴尔特话语符号学的思想渊源与理论基础

为了处理巴尔特的话语符号学，我们首先需要重建巴尔特所处的历史语境。考虑到巴尔特思想维度的广泛性与跨越性，这项工程意味着我们需要解码和重新表述相当复杂的内容。更何况，迄今为止，在中国学界，包括大陆、台湾和港澳学界，以及作者视域所及的西方学界，对罗兰·巴尔特的“话语符号学”的讨论，或者说将巴尔特 1964 年以后的符号学相关的理论建构与实践归类于“话语符号学”的思考还十分少见，我们的工作缺乏参考。更毋宁说，定位巴尔特的话语符号学在现代西方学术史上的地位，必须重建整个现代西方“话语符号学”的渊源与发展，而这项工程绝非一本三十万字的书稿能够完成的。但是，面对如此复杂的任务，我们依然注意到，对于巴尔特话语符号学这一整体而言，某些学者的影响、某些文献的影响在这个系统中扮演了关键性的、里程碑式的角色。

在建构巴尔特的话语符号学系统之前，如果我们仅仅是仔细分析巴尔特作品中的参考文献，分析巴尔特在书写中不断重复援引和自认接受了其影响的名字，我们可以大致规划出他在符号学领域中的导师与朋伴的关系谱。比如，《符号学基础》主要是巴尔特向索绪尔和叶尔姆斯列夫致敬；他将索绪尔的语言学与符号学的关系做一逆转，应用于分析大众文化、大众交流现象；在法国结构主义思潮中，他也接受了罗曼·雅各布森的语言学理论，从而在扩展语言学的边际、打通语言学与其他学科（比如精神分析）的交流中，做出了杰出的贡献；除此之外，巴尔特既是本维尼斯特的私淑、德里达的好友，也是克里斯蒂娃、托多罗夫的博士生导师；在 20 世纪 70 年代的话语实践中，拉康的精神分析也成了巴尔特文本的重要互文文本，不一而足。总之，巴尔特在法国学术界的关系网络，可以支撑我们完成对巴尔特话语符号学的研究对象（话语问题）、研究模式（话语语言学）以及文本实践的探索。

在第一章，笔者试图定位并分析巴尔特话语符号学的三个主要思想渊源：索绪尔、雅各布森以及本维尼斯特的语言学与符号学思想，主要是为了厘清从索绪尔的语言系统到雅各布森与本维尼斯特对索绪尔存而不论的言语/话语问题的发展之间的学术传承与演进路径，一并描述这一学术传统对巴尔特的影响。

第一节　从索绪尔的语言系统符号学出发

一、语言系统与言语的取舍：索绪尔语言学的"阵地"定位

索绪尔是巴尔特符号学理论的第一位导师。对巴尔特而言，索绪尔最为核心的贡献之一是确立了"语言系统"作为其语言学的研究对象，并且在这一基础上，以"语言符号"（signe linguistique）作为一般"符号"（signe）的典型体现，构想了一门"符号学"的存在。法国结构语言学家、符号学家埃米尔·本维尼斯特在其著名论文《语言系统的符号学》中对现代符号学两大先驱皮尔斯和索绪尔的工作做一区别评析，他认为，皮尔斯没有区分作为研究对象的符号与作为解释其他符号的工具的符号，但是，索绪尔对语言系统的"发明"是一项创新：语言科学可能是唯一一门通过发现自己的对象而最终得以确立的科学。本维尼斯特的评析提示我们：必须对索绪尔确立"语言系统"作为自己语言学的对象这一事实进行仔细分析，这是我们理解索绪尔语言学的基础，也是我们理解索绪尔所坚持的语言学与符号学之间关系的认知的基础。

我们不妨从回溯索绪尔的语言三分观念开始。索绪尔区分了语言的三个面向：语言系统、言语和言语活动。在索绪尔看来，言语活动同时涉及语言系统和言语，横跨太多领域，比如物理、心理、生理、个人的以及社会的领域，因此很难描画其统一的形态，而语言系统是抽象的、可被描述的。语言系统是言语活动的社会面向，在个人之外，语言系统仅仅因为社群成员之间的某种契约而存在；而言语是言语活动的个人面向，是个人的行为。虽然1916年的《普通语言学教程》是索绪尔的同事与学生对他的思想的重构，但是从1996年在索绪尔私邸发现的手稿中，我们也能够进一步证实索绪尔将语言系统作为其阵地的原因："言语活动是种现象，它

是人所具有能力的运用。语言则是这一现象在由个体组成的社群中[1]，在确定的时代中所采用的一整套协调一致的形式。”[2] 简而言之，语言系统是社会集团为了使个人有可能行使言语技能而采用的一整套必不可少的规约，它作为言语活动的一切表现的准则，具有确定性、纯粹性、同质性以及具体可操作性，这些都是使得索绪尔选择坚定地站在语言系统这一“阵地”上的原因。

在索绪尔之前，谈论语言学对象的自明性，将语言学视为一门独立的学科，都还为时尚早。索绪尔发现了语言学与其他科学的不同之处：其他科学的对象是自明的，对象的出现先于学科的出现，因此相关学科的研究是对既存对象的不同角度的研究；但是，语言学的对象还在晦暗之中。索绪尔提出，只有一种方法可以解决这个问题，那就是：“语言学家必须将对语言系统的研究作为他们的第一考量，然后将言语活动在其他方面的呈现与此关联（进行研究）。”[3] 在这里，我们要着重说明：索绪尔的做法发现了（更恰切地说是“发明”了）“语言系统”作为其语言学的研究对象；他的理论立场和方法论其实先于其研究对象——言语活动的事实(un fait de langage)，甚至可以说，是他的研究方法创造了他的研究对象。在这个层面上，我们必须把语言系统作为索绪尔语言学的核心立场，才有可能清晰定位索绪尔的语言学之实质。

索绪尔的语言学研究，不仅在之后的20世纪人文学界引发了结构主义风潮，也间接地引发了后结构主义和解构主义对话语问题的关注。雅各布森和本维尼斯特二人则是在语言学领域内很早就发挥和发展了索绪尔搁置不谈的言语语言学、社会语言学和心理语言学部分，从而深入地影响了后来的学者，比如巴尔特、拉康等人。在本章第二节和第三节，笔者将全面地分析雅各布森和本维尼斯特是如何发展了索绪尔所存而不论的这些问题，以及如何影响了巴尔特。

---

① 此处的语言即语言系统。

② ［瑞士］费尔迪南·德·索绪尔：《普通语言学手稿》，［法］西蒙·布凯、［瑞士］鲁道尔夫·恩格勒整理，于秀英译，南京：南京大学出版社，2011，第107页。

③ Saussure, *Cours de linguistique générale* 25.

二、索绪尔的语言系统符号学与本维尼斯特的语义学

索绪尔的符号学思想建立在其语言学思想的基础上。我们不妨先来考察索绪尔对“符号学”这一概念的界定。我们在绪论部分第一个脚注中已经指出，索绪尔的《普通语言学教程》由其弟子兼同事根据学生的课堂笔记整理而来，因此这本书在多大程度上真正反映了索绪尔的思想值得质疑。就“符号学”这个概念来说，现有的三个版本的“教程”对“符号学”有两种界定。在1916年这个版本中，符号学被界定为“在社会生活/生命中研究符号生活/生命”（“la vie des signes au sein de la vie sociale”）的一门科学。[①] 由于目前学界普遍认为1967年和1993年版本更为准确地反映了索绪尔的原义，因此，笔者以这两个版本对“符号学”的定义为准。在1967年恩格勒的修订本与1993年根据康斯坦丁的笔记编订而成的第三版中，符号学被界定为“对人类社会内部的符号及符号的生命进行研究”（“études des signes et de leur vie dans les sociétés humaines”）的一门科学[②]。根据这个定义，索绪尔的符号学属于后来学者所讨论的“人类符号学”。索绪尔认为，“符号学”属于研究人类心智能力与活动的“社会心理学”（la pyschologie sociale）的一部分。从这个意义上说，索绪尔的“符号学”已经越过语言学进入了人类的其他学科，并且将人类社会中的符号现象、符号运作以及人类使用符号的能力作为其研究对象。但是，索绪尔的符号学奠基于其语言学，并且以语言学作为最为重要的分支，这是不争的事实。

索绪尔认为：“语言学家的任务是要发现是什么使得语言系统成为符号事实中一个特殊的系统……对我们来说，这个语言学问题首先是一个符号学问题。”[③] 索绪尔之所以认为这首先是一个符号学的问题，是因为索绪尔的“符号”概念首先是一个语言符号“符征”（signifiant）与“符

---

① Saussure, *Cours de linguistique générale* 33.

② Saussure, *Cours de linguistique générale*, *Édition critique par Rudolf Engler* 48; Saussure, Ferdinand de. *Troisième cours de linguistique générale* (1910 - 1911) *d'après les cahiers d'Emile Constantin* 71.

③ Saussure, *Cours de linguistique générale* 34 - 35.

旨”（signifié）[①] 之间的联系，由声音与概念之间的联系来表达。索绪尔的这些“富于创新”的研究显示：语言系统最基本的特征是由符号构成的，即语言系统的基本特征是符号本身的特征，这一点与构成文化的所有社会现象都一致[②]。1963 年第 20 期的《索绪尔研究笔记》（*Cahiers Ferdinand de Saussure*）中，本维尼斯特发表了《半个世纪之后的索绪尔》（“Saussure après un demi-siècle”）一文。在该文中，本维尼斯特讨论索绪尔的“符号”概念，他认为，当索绪尔将“符号”概念首先设置为语言

---

① 笔者从张汉良使用“符征”而非“能指”来翻译“signifiant”，用“符旨”而非“所指”来翻译“signifié”。以往大陆学界较为通行的“能指”和“所指”译法其实窄化了“signifiant”与“signifié”的符号表示功能。根据皮尔斯对符号功能的划分，“指示”（index）只是其中之一，符号还有“象似”（icon）以及“象征”（symbol）的功能，而英文将“signifiant”与“signifié”分别译为“signifier”与“signified”其实也并不十分准确。在复旦大学开设的“符号学研究”课程上，张汉良为了方便对照皮尔斯的符号三元结构的中译名，即符表（representamen）、符物（object）和符解（interpretant），他将索绪尔的“signifiant”和“signifié”译作“符表”和“符义”。笔者受他启发，在多篇论文中使用过“符表”和“符义”。在 20 世纪 80 年代，张汉良与齐隆壬为其主编的《电影研究》期刊筹划结构主义和符号学词汇时，已经反复推敲过“signifiant”和“signifié”的中译名，最后他们希望能够保留“sign-”（“符号”）这个字的词根和词素，因而采用“符征”与“符旨”的译法。2013 年 11 月，在台湾大学召开第二届海峡两岸青年学者符号学工作坊“符号与记忆”时，台湾大学蔡秀枝教授（张汉良学生）的学生依然使用“符征”与“符旨”的译法。在 2013—2014 年间分别在复旦大学和台湾大学召开的三次符号学工作坊“格雷马斯的符号方阵”“符号与记忆”以及“电影符号学”的学者论文，经张汉良主编由台北行人出版社于 2015 年出版，这本论文集以《符号与记忆》命名。在该书前言中，张汉良重述他译“符征”与“符旨”的历史，一并交代了他对常用中译名“能指”/“所指”与英译名“signifier”/“signified”的批评。笔者结合这一前言及张汉良“符号学研究”课程讲义，将其批评意见重述如下：从法语动词的基本特征——动词变位来看这个翻译问题，我们发现，索绪尔使用的“signifiant”与“signifié”都是从法语名词“signe”（“符号”）所衍生出来的动词“signifier”（“符号表意”）变位而来，“signifiant”［“符号表意（运作）中的”］是“signifier”的现在分词，而“signifié”（“符号表达了的”）是“signifier”的过去分词。一个“符号”的意指活动［signification（动词为 signifier）］要借助两个分词形式“signifiant”（正在指涉的符码）与“signfié”（被指涉的符意）之间的关系来进行。因此，如果要用更为恰切的英语的某个组合来翻译“signifiant”与“signifié”，我们建议使用“signifying”与“signified”。也因此，我们可以重新审视一个英语形容词“significant”，通常我们将之译为“重要的”，但是如果我们找到其动词原型“signify”，我们发现，“significant”真正的意义是“表示意义的”。张汉良特别指出，“索绪尔提出动词的两个非限定的、主动的与被动的语态，实源自他强调言语的动能，如说话者或说话的主体叫做‘un sujet parlant’，说话的群体叫做‘une masse parlante’一样。后来本维尼斯特援用索绪尔的铸词法，把语言的‘诠释’与‘被诠释’作用称为‘interprétant’和‘interprété’，是一脉相承的，初与普尔斯（皮尔斯）无涉。”参见：张汉良：《编辑前言》，载于张汉良：《符号与记忆》，台北：行人出版社，2015，第 12 页。

② Benveniste, Émile. “Saussure après un demi-siècle.” *Problèmes de linguistique générale*. Paris: Éditions Gallimard, 1966. 43 – 44.

系统的一个单元时，语言系统也就在此基础上成了一个符号系统。

索绪尔设想语言学只是符号学的一个部分，一条分支，但是，他同时也提出，这样一门符号学的规则将适用于语言学。在此，我们似乎看到了索绪尔的符号学与语言学之间关系的双向路径：(1) 符号学包括语言学，而语言学分享其规则；(2) 语言系统相比其他系统“是所有系统中唯一最重要的”，但是其基本特征由于是符号的特征，因此，与其他系统分享规则。总结来说，我们可以得出这样一个初步的结论：索绪尔认为，在社会内部研究人类心智活动与能力诸学科的一隅——研究符号的学科“符号学”，它共享语言系统语言学的规则；也即是说，索绪尔的符号学之基础是语言符号，而其模式正是语言系统的模式。

但是，本维尼斯特的呼吁使我们明确地意识到，阻碍了符号学发展的正是曾经帮助建立符号学的基础——“符号”这个概念。他指出，在“符号”以上，在句子的层面及其句子之上的层面，我们遭遇了“话语”，而索绪尔的语言学终止于句子。事实上，在“符号”与“话语”之间存在一种“内在的、必要的以及互相作用的”关系：“话语在言说前总是先要经过语言符号的建码，符号的意指功能与交流功能只能透过话语来呈现，话语即是语言在社会中的使用”①，而这两个领域又分别引出了“符意学”和“语义学”：“通过语义学，我们进入了话语的特殊意指方式……符意学（符号）应该被识别（être reconnu）；而语义学（话语）应该被理解（être compris）。”② 张汉良进一步区别了符号与话语以及符意学与语义学之间的辩证关系：“基于一种语言学的习得而非内在固有的能力，人们在索绪尔的符号概念的基础形式——‘字词’［字素（moneme）］的意义上，识别了符号，符号的意指过程［或符号运作（semiosis）］引发了句子和话语的无穷的生成过程。因此，符意学与语义学之间的差异，是对单个符号的认知与对话语中符号运作的认知之间的差异。”③

---

① Chang, Han-liang. Preface. *Sign and Discourse: Dimensions of Comparative Poetics*. By Han-liang Chang. Shanghai: Fudan UP, 2013. v.

② Benveniste, “Sémiologie de la langue” 64 - 65.

③ Chang, Preface v.

三、巴尔特的“超语言学”设想对索绪尔的批判性继承与补进式发展

符意系统之外的语义系统，是索绪尔的符号学没有能够涉及的领域。一门广义的符号学研究应该同时包括符意学和语义学，所以巴尔特在《引言》中认为，由于索绪尔语言系统符号学具有一定程度的局限，因此一门真正的符号学尚未建立。索绪尔语言学对语言系统的形式化追求，使其不仅放弃了对个体的言语活动的研究，也搁置了关于社会对语言系统的吸收这一问题的思考。后文中笔者会指出，本维尼斯特的语言学研究将帮助我们意识到，语言系统本身含有内在的社会性，并且社会自身也认识到自己是一套“语言系统”。巴尔特从20世纪50年代后期到60年代一直从事的以结构语言学为模式、以大众话语实践为对象的符号学研究（包括符号学视域下的神话研究、广告研究、图像研究等），其实都已经碰触到了社会结构中的“语言系统”“言语行为”“话语交流”以及话语与话语片段的意指活动。

巴尔特诚然接受了索绪尔的语言学模式。然而，在1967年《时尚系统》（*Système de la mode*）出版之际，在接受《世界报》（*Le Monde*）弗雷德里克·高森（Frédéric Gaussen）的采访时，巴尔特回顾他的《时尚系统》一书与《叙事作品的结构分析导论》论文，他认为，自己在文化分析与书写实践中，“补进了”（complété）甚至质疑了索绪尔的语言学：

> 《时尚系统》回应了一种“初出茅庐”（débutant）的符号学。这本书虽然延用索绪尔的图示与词汇（比如符号、符征、符旨），但是在实际写作中，以一种新的语言学‘补进了’，甚至是质疑了索绪尔主义。这种语言学主要是由乔姆斯基（Avram Noam Chomsky，1928—）的理论所体现的，但是也包括了雅各布森、本维尼斯特的语言学分析。这种语言学不是分类学（taxinomique），因为它不再关注对符号的分类识别与分析，而是关注言语的生产规则①。

这种新的语言学是什么呢？它显然已经走出了索绪尔以语言系统为对

---

① Barthes, Roland. “Sur le *Système de la Mode* et l'analyse structurale des récits.” *Œuvres complètes*. Tome 2. Paris: Éditions du Seuil, 2002. 1297－98.

象的语言学研究，进展到了以言语以及话语作为研究对象的新语言学；用本维尼斯特的术语来说，这种新的语言学不再关注“符意意指”，而是关注“语义意指”。巴尔特在为1964年《交流》杂志第4期“符号学专刊”撰写的《引言》中，将这一新类型的语言学命名为“超语言学”(translinguistique)①。

巴尔特发挥了这一语言学上的演进，这一时期，他的研究对象主要集中于结构语言学模式下的文学和文化分析。他依然坚持使用索绪尔的范畴来分析书写的服饰时尚体系，只是因为这些范畴在他看来非常适合分析被大众文化具体化和神话化了的对象。然而，在文学言语这一层级上，巴尔特接收了哥本哈根学派语言学学者叶尔姆斯列夫对内涵系统（connotation）/外延系统（dénotation）的区分。可以说，巴尔特在沿用索绪尔语言学术语的同时，实则从事属于内涵系统的文学和文化系统的符号学分析。比如，巴尔特在研究《时尚系统》时，对符号的直接符旨无甚兴趣，他看到，相较于符征的游戏，符旨总是退却。而在关涉社会化的对象时，他在符旨那里立即重新发现了“意识形态上的异化”（l'aliénation idéologiquee）②，同时他自白“《时尚系统》的作者尝试要发现在服饰时尚这一系统的意指过程中，意义是如何被人们建构出来的”③。这些都属于内涵系统的符号学研究。我们的确可以在巴尔特的超语言学概念与内涵系统符号学之间画上一个等号，后文的分析也将表明，巴尔特的修辞学概念也等同于这两个概念。

有了上述讨论，我们就可以来思考巴尔特对索绪尔语言学与符号学的双向继承以及反思了，而这里面最核心的问题就是：语言学与符号学的关系如何？巴尔特对索绪尔的批判性继承从来都不局限于套用几个索绪尔的术语，而是在最核心处，他思考符号学这门新兴学科的根基——符号学的研究对象是什么？符号学的研究模式是什么？通过对这两个基本问题的挖掘，巴尔特的符号学尝试脱胎于索绪尔的语言系统符号学去统摄对话语及话语片段的符号学分析。

本维尼斯特1969年的论文《语言系统的符号学》明确声明了语义学

---

① Barthes, “Présentation” 2.

② Barthes, “Sur le *Système de la Mode* et l'analyse structurale des récits” 1298.

③ Barthes, “Sur le *Système de la Mode* et l'analyse structurale des récits” 1298.

和后设语义学的确立，然而，仅以话语的意指系统切入符号学的研究这一表现形式被学者明确意识到这一自觉性的发现，来确立学界对话语符号学的认知之发端，这还不够，我们的视野还要再向前回溯，至少我们要看到1964年的《引言》已然标志了巴尔特话语符号学思想的开局[①]。巴尔特在该期杂志上共发表了三篇文章，除了《引言》和《符号学基础》，还有《图像修辞学》（“Rhétorique de l'image”）。不同于后两篇论文，这篇《引言》并没有获得读者和研究者的足够重视。但是事实上，巴尔特在这篇引言中反思了索绪尔的语言学与符号学之关系的主张，发掘出了“超语言学”概念[②]，也展望了符号学未来发展的方向，从而设想了一门话语符号学的出现。这篇《引言》的重要性被大大忽视了。

在《引言》中，巴尔特设想了一门以话语为研究对象的新符号学，这首先是基于对索绪尔的“符号学”概念的反思。巴尔特意识到，在他的时代，学者们依然需要有所信任又有所保留地使用“符号学”这一概念，这是因为作为一门科学的“符号学”尚未建立，而究其原因，是因为索绪尔及其追随者认为，语言学仅是符号学的一个组成部分。显然，巴尔特并不同意这一主张。但巴尔特的质疑有何依据？仔细考察之下，我们发觉，巴尔特的质疑来自这样一项认识：人类社会在社会学层面的意义指

---

① Barthes, “Présentation” 2.

② 巴尔特的“超语言学”概念与巴赫金的“超语言学”概念没有直接关系，至少在1964年时，巴尔特所使用的“超语言学”概念还是他自己独立发展出来的。巴赫金也发展了“超语言学”，巴赫金关注索绪尔所搁置的言语问题，他的理论核心是对话。巴赫金在《陀思妥耶夫斯基诗学问题》（*Problems of Dostoevsky's Poetics*）中指出，他的研究对象“是活生生的具体的言语整体，而不是作为语言学专门研究对象的语言……我们的分析，可以归之于超语言学”，“超语言学不是在语言体系中研究语言，也不是在脱离开对话交际的‘篇章’中研究语言，它恰恰是在这种对话交际之中，亦即在语言的真实生命之中来研究语言。”（参见：巴赫金：《巴赫金全集》（第5卷），钱中文主编，石家庄：河北教育出版社，1998，第239，269页。）在克里斯蒂娃将巴赫金的超语言学概念引入法国学界之前，没有证据表明巴尔特从其他渠道接受过巴赫金的影响。纵观《巴尔特全集》，巴尔特的确只在1967年之后才接受了巴赫金的影响，比如巴赫金的对话概念等。

涉现象必然与言语活动联系在一起："每一种符号系统都与言语活动相交织。"① 换言之，所谓在人类社会内部研究符号运作和符号本质的科学"符号学"，无法与人类的言语活动割裂，甚或说，言语活动中介奠基了"符号学"研究的一切对象。巴尔特以视觉性的存在物以及符号指涉物的集合为例，试图证明它们与言语活动的形式结构——语言系统之间有不可分割的关系。他指出：通常，图像等视觉性存在物总是同时伴随着语言学的信息，比如电影，总有一部分的象似信息（message iconique）被语言系统重建，而像食物或服饰这类系统，它们只有在借助语言系统时，才能以命名的方式具体切分其符征，并且通过用途或原因来命名其符意；更毋宁说，我们总是生活在书写物的文明之中。巴尔特因此认为："现在的情况是，似乎我们越来越难察觉到关于图像或符物的某个系统，它的符旨是外在于言语活动的。……只有指定的意义，这个符旨的世界不过是言语活动的世界。"②

---

① Barthes，"Présentation" 2. 注：在 1967 年《符号学基础》被译为英文之际，英译本将《交流》杂志这一期的《引言》与原来的正文较短的前言介绍合并在一起，充作该译本的前言。在这一英译本中，一处特殊的翻译操作引起了笔者的重视。英译者特别选择了"linguistic admixture"来翻译"se mêle de langage"。不能操用法语来进行阅读的中文读者，如果从英译本入手，难免可能将"每一种符号系统都与言语活动相交织"混同于"每一种符号系统都与语言（学）有关"。笔者特别注意到这一问题，是考虑到从索绪尔的整个语言学系统的划分来看，索绪尔的语言学对应的是语言系统的语言学，而非言语的语言学或言语活动的语言学，因此，"linguistic admixture"仅仅能在索绪尔的系统中对应"与 la langue（语言系统）不可分割"，而无法对应"与 le langage（言语活动）不可分割"。巴尔特的法语原文使用了"言语活动"一词并非无意。索绪尔在《普通语言学教程》中指出，言语活动有多个方面，它既同时跨越物理、生理、心理等领域，也横跨个人和社会的领域，它包含语言系统和言语（cf. Saussure，*Cours de linguistique générale* 25.）。也就是说，当巴尔特强调"每一种符号系统都与言语活动相交织"的时候，巴尔特其实是在强调：言语活动渗透于人类社会的方方面面，任何在人类社会的领域中有关符号系统和符号意义指涉的问题，都离不开对人类言语活动的讨论，也必须建立在人类的言语活动中。在 1966 年，本维尼斯特出版《普通语言学问题》一书时，这个问题已经有了更为彻底的回答：人之为人，是因为人在语言中，人是语言中的人——"L'homme dans la langue"，人通过对语言系统的实现而确立自己与世界的联系，但是这一实现的外现是人的话语行为，一旦进入对话语的思考，那么，语言系统语言学就要向话语的语言学和言语活动的语言学转向，主体性的呈现就是"la subjectivité dans le langage"。综合上下文，我们也可以推断，巴尔特在这里使用"言语活动"，可能是在隐性地强调"言语活动"的容括性，来将被索绪尔搁置不谈的"言语"的问题也提出来。同时，我们也注意到，巴尔特在其他几处区别性地使用了"语言系统"来进行论述，依笔者的观点，巴尔特使用语言系统而非言语活动或言语的时候，是尊重索绪尔对语言系统的定义：只有通过语言系统，语言学家才能研究言语活动，语言系统是言语活动的模式。这更进一步证明此处英译本的译文需要校正性地阅读。

② Barthes，"Présentation" 2.

巴尔特之论述落点在于：符意指涉总是与言语活动有关。因此，他认为语言学之于符号学的关系绝不仅仅是一个组成部分（即便是一个最优先的组成部分）。在笔者看来，巴尔特的这一思想其实已经触及了1969年本维尼斯特在《语言系统的符号学》中处理过的一个问题，即语言系统与其他符号系统之间的关系。然而，巴尔特这一思路又从何而来？为什么他会认为社会学层面上的意义问题总是需要借由语言这一系统来陈述？换句话说，为何巴尔特认为符意只能通过言语活动的中介，才能进入人类的生活实践呢？虽然时隔五年（1964年的《引言》与1969年的《语言系统的符号学》），但是巴尔特与本维尼斯特在这个问题上的看法是一致的：索绪尔阐述了语言系统与广义符号系统之间的关系，却没有阐释清楚语言系统和其他从属于广义符号系统的符号系统之间的关系。索绪尔认为：语言系统属于广义的符号系统，而且，相较于其他符号系统而言，语言系统是最为重要的。但是，语言系统与其他系统之间的具体关系如何呢？对此索绪尔语焉不详。本维尼斯特设计了符号系统的组成部分和运行规则，区分语言系统和其他系统之间的区别，他发现，只有语言系统可以既作为被阐释系统（système interprété），又作为阐释系统（système interprétant），其他任何系统都无法统一这二者于一身①。也就是说，语言系统是其他符号系统的唯一后设语言系统，而且这些符号系统的符意指向只能通过语言系统来说明。

再回视巴尔特1964年的这篇《引言》，我们发现，巴尔特认为所有符号在符意上的落点都在于言语活动中，其根本依据就在于语言系统与其他符号系统之间的关系是后设语言与对象语言的关系，是阐释系统与被阐释系统的关系。正是在这样的认知基础上，巴尔特指出："即便是在语言学之外的事实那里，当代社会的符号学（在大众交际的场域中我们支配话语）仍需要找到言语活动，不仅仅是把言语活动作为一种模式，也是将其作为组成成分，作为一种援助，作为某种符意。"② 这一言语活动不是索绪尔式的语言学家的言语活动，而是二阶的言语活动。这种言语活动

---

① Benveniste, "Sémiologie de la langue" 43 - 66.

② Barthes, "Présentation" 2.

的单元不是字素（monèmes）或音素（phonèmes）[①]，而是更大的话语的片段，这些话语关涉符物在言语活动之下而非言语活动之外指涉意义的片段。换言之，在人类交际的话语实践中探视言语活动，这一言语活动将从字（词）进入句子、话语、话语片段乃至话语之外的符物。这样的符号学，就将人类的话语实践从纯粹形式化的语言学拘囿中释放出来，还原至人与社会的互动中去了。也正是在这样的视野下，巴尔特提出，符号学要被“超语言学”吸收。我们亦可言之曰：超语言学并非一门新语言学，而是一门以语言学为核心的新符号学。

要考察巴尔特的“超语言学涵括符号学”这一主张，首先要考察巴尔特的超语言学概念。我们先不全局检视巴尔特对超语言学的所有论述，仅从这篇《引言》的语境中来看，巴尔特所认为的超语言学，其“材料可能包括神话、叙述、新闻，以及所有被言说的我们的文化的部分”[②]，也即是说，超语言学的领域覆盖了所有被陈述的文化（la culture énoncée）以及人陈述文化的陈述行为本身。从这一点来说，研究人类社会的符号及其符号的生命的科学，自然就被包含在超语言的领域之内了，而超语言学背后的后设研究方法可以是本维尼斯特所谓的“陈述语义学”。我们因而也得以理解巴尔特的主张：“我们必须面对这样一种可能性——我们要逆转索绪尔的一个命题——语言学不再是符号学的一个部分，一个优先的部分，相反，符号学，这门关于符号的一般学科，是语言学的一个优先的部分；更确切地说，符号学覆盖了话语的具有表意性质的大的单元。通过这种逆转，我们围绕着‘表意过程’这个核心，来从事人类学、社会学、精神分析以及风格学的研究。”[③]

我们必须注意到，巴尔特逆转了索绪尔的语言学和符号学的关系，并非是用超语言学替代了语言学，而是在语言系统语言学的基础之上建立了以话语为研究对象的超语言学，再用超语言学与索绪尔符号学的关系，逆转了索绪尔的语言学与符号学的关系。巴尔特认为，超语言学的研究对象和基本素材是话语，是人们在社会中使用的语言片段，而索绪尔的符号学

---

① 参见：Martinet, André. *Eléments de linguistique générale*. 3e édition, Paris: Armand Colin, 1963. 19－20. 字素即索绪尔的字词，是构成索绪尔符号概念的基础。索绪尔的符号首先是一个语言学符号，一个字词。

② Barthes, “Présentation” 2.

③ Barthes, “Présentation” 2.

不过是这样一种超语言学的具有优先性的组成部分。同时，巴尔特也提出，这种超语言学（新符号学）研究虽然刚刚起步，但是它的研究对象和研究方向已经明确显露出来了：这种新符号学要在二阶言语活动的内部，在索绪尔的组合轴与聚合轴的交汇处发现信息，要么在组合轴上对叙事信息进行结构分析，要么在聚合轴上对内涵单元进行分类，对信息的表意过程进行分析[①]。巴尔特对这两个方向上的研究说得很是简约，需要我们再考察一番。

首先，我们需要特别注意到巴尔特的内涵单元这一概念。在《符号学基础》的“外延与内涵”一节，巴尔特从单一的意指系统（ERC）中，通过对表达层（plan d'expression）和内容层（plan de contenu）的再度叠加意指，分别延伸获得了两个高一层级的意指系统。将初级意指系统（ERC）变为高一层级意指系统的表达层（或新的符征），可获得内涵系统［（ERC）RC］；将初级意指系统变为新的内容层（或符旨），可获得外延系统［ER（ERC）］。内涵系统包括内涵符征（connotateur）与内涵符旨，以及联系该二者的意指过程（signification），内涵符征又是由外延系统之外延符号（signe denoté）所构成的[②]。因此，对内涵系统中的内涵单元的分类，其实意味着对三项成分的集合——内涵符号（signe connoté）进行分类：（1）由外延符号所构成的内涵符征，（2）内涵符旨，（3）联系上述二者的意指过程。在这一认识的基础上，再回视巴尔特所指出的新符号学的两个研究方向，我们发现：这两个研究方向，所谓“在组合轴上对信息进行结构分析”，是指对被陈述的信息在结构语言学模式下进行内部分析，而“在聚合轴上对内涵单元进行分类”，则指向对信息的各项可能的表意过程进行分析，尤其注重对表意过程中，对意义的生产和传递造成了影响的因素进行分类分析。换句话说，前一方向是对被陈述物（énoncé）的结构分析，这里的信息可以被简化为一系列需要辨认的单元，而后一方向是对陈述（énonciation）行为的分析，这里涉及了作为信息的生产者和阐释者的语言系统，而不是作为被陈述物的信息。

巴尔特特别指出：未来的研究前景“或许属于内涵语言学，因为社

---

① Barthes, “Présentation” 3.

② Barthes, Roland. “Éléments de sémiologie.” *Communications* 4 (1964): 130-31.

会依据人类语言为其提供的第一系统，不断发展出具有第二意义的系统"[①]。根据巴尔特在《符号学基础》第四章的论述，既然修辞学（rhétorique）是内涵符征的形式，而意识形态（idéologie）是内涵符旨的形式，如果说内涵语言学研究，即以内涵系统为研究对象的语言学研究，要将修辞学和意识形态纳入研究范围的话，那么内涵语言学所遭遇的语言学问题，已然属于话语层面，是句子之上的文本篇章的问题，自然也就属于前文提出的超语言学的研究领域了。

在1964—1965年间，巴尔特在法国社会科学高等研究院开设了一门修辞学研究的课程。他在课程讲义中指出，这一门课程，不同于既往课程研究符号学的基础知识或符号系统，而是要研究"言语的符号学"（la sémiologie de la parole）。言语的符号学与语言实质（substance linguistique）的符码有关，而不是与语言学符码有关，因为言语符号学的组成单元，其形式高于句子，而且这一符码与内涵的层面一致，特别是与文学性内涵一致，这种符码的最终的统一形式是话语或作品。巴尔特认为，言语的符号学这一系统可以称之为"超语言学"，也即是他的"修辞学"[②]。我们可以察觉到，巴尔特所谓的未来符号学的前景之两个方向：其一指向对索绪尔结构主义语言系统符号学的延续，其二则指向超越索绪尔之语言系统符号学的言语符号学乃至话语符号学。言语符号学应当被话语符号学统摄。

一门关于言语的语言学研究，被命名为修辞学研究，或内涵语言学研究，或超语言学研究，这一现象值得我们注意。尤其是作为内涵符征的修辞学，被冠以与超语言学等同的地位，使得笔者不得不认为，在巴尔特看来，对内涵符征的研究，其重要性几乎等同于对内涵符号/内涵系统的研究。此外，在简要地整理了《巴尔特全集》中有关超语言学的论述之后，笔者发现，要分析巴尔特的超语言学概念就必须率先理解巴尔特的修辞学思想，我们将在第二章第四节对巴尔特的修辞学思想进行细致讨论，一并讨论巴尔特所谓的"旧修辞学"与巴尔特话语符号学的关系。同时，笔者也发现，超语言学概念也引出了巴尔特的叙事分析（l'analyse des récits）以及文本概念（texte）。我们或可泛言之曰：我们可以将巴尔特

---

① Barthes, "Éléments de sémiologie" 131.

② Barthes, Roland. "Recherches sur la rhétorique." *Œuvres complètes*. Tome 2. Paris: Éditions du Seuil, 2002. 747.

1964 年之后的理论与实践归结为在话语符号学的领域内进行的学术探索。

统观巴尔特 1964 年撰写的这篇《引言》，它既是巴尔特最早讨论超语言学概念的文章，也是最早提出话语符号学设想的文章，其重要性不言而喻。我们可以认为，巴尔特在此引言中已经设想了一门以话语为研究对象，以话语语言学为研究模式的符号学，即巴尔特的话语符号学。但是我们依然要很谨慎地使用“巴尔特的话语符号学”这个概念，因为我们还需要清晰地指出这一概念可能的来源：话语符号学这个概念是巴尔特在对索绪尔语言系统的符号学反驳的基础之上提出的。在对索绪尔的再思过程中，巴尔特借助了雅各布森有关言语的论述，这使得他能够看到索绪尔的语言学研究规避言语语言学的原因，也能看到雅各布森对言语的讨论能够为话语研究带来理论支撑。同时，我们还要借助分析巴尔特所吸收的本维尼斯特在《一般语言学问题》以及《一般语言学问题：第二卷》中对话语语言学与话语符号学两个研究领域的研究对象和方法论的建构，来补充完整巴尔特的话语符号学的本体论和方法论。在下文中，我们将从雅各布森和本维尼斯特对索绪尔搁置不谈的言语问题的发展深化入手，来建立巴尔特话语符号学理论中至关重要的思想渊源。

第二节　雅各布森对索绪尔语言学的继承与发展及其对巴尔特的影响

在本节中，笔者将围绕“从言语到话语”这一问题，尝试切入雅各布森对索绪尔语言学的发展以及对巴尔特的影响。[①]在下文中，笔者主要陈述三个问题：（1）雅各布森如何将索绪尔的言语概念发展为话语概念？这个问题也可以换言之为：雅各布森的语言学如何定位话语问题？（2）雅各布森的话语概念与索绪尔的语言结构有无关联？（3）作为巴尔特话语观的两个主要脉络，雅各布森与本维尼斯特二人的话语符号学有什么区别与关联？第三个问题我们主要在第二章解决，因此本节只作简要引入。

对于第一个问题，笔者主要通过分析索绪尔 1916 年版《普通语言学教程》中的“言语”概念、雅各布森讨论索绪尔“语言系统/言语”问题的论文《语言系统与言语：符码与信息》（“Language and Parole：Code and Message”），以及雅各布森提出话语交流模式六要素的论文《闭幕陈辞：语言学与诗学》（“Closing Statement：Linguistics and Poetics”），还有

① 巴尔特在以下著述/受访中声明自己接受了来自雅各布森的影响：Barthes，"Éléments de sémiologie" 96 - 97，114 - 16，120 - 21，126 - 27；Barthes，Roland. "L'ancienne rhétorique（aide-mémoire）." *Communications* 16（1970）：195，213；Barthes，Roland. *Roland Barthes par Roland Barthes*. Paris：Éditions du Seuil，1975，168；Barthes，Roland. *Fragments d'un discours amoureux*. Paris：Éditions du Seuil，1977，244；Barthes，Roland. "Sociologie et socio-logique：À propos de deux ouvrages récents de Claude Lévi-Strauss." *Œuvres complètes*. Tome 2. Paris：Éditions du Seuil，2002. 41；Barthes，Roland. "Inventaire des systèmes contemporains de signification：systèmes d'objets（vêtement，nourriture，logement）." *Œuvres complètes*. Tome 2. Paris：Éditions du Seuil，2002. 253；Barthes，Roland. "Sur le cinéma." *Œuvres complètes*. Tome 2. Paris：Éditions du Seuil，2002. 258，260；Barthes，Roland. *Essais critiques*. *Œuvres complètes*. Tome 2. Paris：Éditions du Seuil，2002. 280，484，485，493，503，523；Barthes，Roland. "Rhétorique de l'image." *Œuvres complètes*. Tome 2. Paris：Éditions du Seuil，2002. 587；Barthes，Roland. "Inventaire des systèms de signification contemporains." *Œuvres complètes*. Tome 2. Paris：Éditions du Seuil，2002. 614；Barthes，Roland. *Critique et vérité*. *Œuvres complètes*. Tome 2. Paris：Éditions du Seuil，2002. 776，786，791；Barthes，Roland. "Situation du linguiste." *Œuvres complètes*. Tome 2. Paris：Éditions du Seuil，2002. 814；Barthes，Roland. "Introduction à l'analyse structurale des récits." *Œuvres complètes*. Tome 2. Paris：Éditions du Seuil，2002. 832，841，854；Barthes，Roland. *Système de la Mode*. *Œuvres complètes*. Tome 2. Paris：Éditions du Seuil，2002. 906，1099，1199；Barthes，Roland. "Le discours de l'histoire." *Œuvres complètes*. Tome 2. Paris：Éditions du Seuil，2002. 1251，1253，1255；Barthes，Roland. "De la science à la littérature." *Œuvres complètes*. Tome 2. Paris：Éditions du Seuil，2002. 1264；Barthes，Roland. "L'analyse rhétorique." *Œuvres complètes*. Tome 2. Paris：Éditions du Seuil，2002. 1271，1273，1274，1276；Barthes，"Sur le *Système de la Mode* et l'analyse structurale des récits" 1298；Barthes，Roland. "Linguistique et littérature." *Œuvres complètes*. Tome 3. Paris：Éditions du Seuil，2002. 54（原文见 *Langages* 杂志1968 年第 12 期）；Barthes，Roland. "Société，imagination，publicité." *Œuvres complètes*. Tome 3. Paris：Éditions du Seuil，2002. 65；Barthes，Roland. "L'analyse structurale du récit：À propos d' *Actes* 10 - 11." *Œuvres complètes*. Tome 3. Paris：Éditions du Seuil，2002. 455，467，474，475（此文原刊于：*Recherches de sciences religieuses*. 1er trimestre 1970.）；Barthes，Roland. "L'esprit de la lettre." *Œuvres complètes*. Tome 3. Paris：Éditions du Seuil，2002. 482；Barthes，Roland. "Une problématique du sens." *Œuvres complètes*. Tome 3. Paris：Éditions du Seuil，2002. 516；Barthes，Roland. "La linguistique du discours." *Œuvres complètes*. Tome 3. Paris：Éditions du Seuil，2002. 611，613；Barthes，Roland. "Écrire，verbe intransitif?" *Œuvres complètes*. Tome 3. Paris：Éditions du Seuil，2002. 623；Barthes，Roland. *Sade，Fourier，Loyola*. *Œuvres complètes*. Tome 3. Paris：Éditions du Seuil，2002. 858；Barthes，Roland. "La paix culturelle." *Œuvres complètes*. Tome 3. Paris：Éditions du Seuil，2002. 882；Barthes，Roland. "Un très beau cadeau." *Œuvres complètes*. Tome 3. Paris：Éditions du Seuil，2002. 885 - 86；Barthes，Roland. "Réflexions sur un manuel." *Œuvres complètes*. Tome 3. Paris：Éditions du Seuil，2002. 947；Barthes，Roland. *Nouvelle essais critiques*. *Œuvres complètes*. Tome 4. Paris：Éditions du Seuil，2002. 72，77，92；Barthes，Roland. "Le retour du poéticien." *Œuvres complètes*. Tome 4. Paris：Éditions du Seuil，2002. 144；Barthes，Roland. "Dix ans de sémiologie（1961 - 1971） - La théorie du texte." *Œuvres complètes*. Tome 4. Paris：Éditions du Seuil，2002. 192；Barthes，Roland. "Plaisir/écriture/lecture." *Œuvres complètes*. Tome 4. Paris：Éditions du Seuil，2002. 201（Barthes，Roland. "Plaisir/écriture/lecture." *Les Lettres Françaises*，9 février 1972.）；Barthes，Roland. "Variations sur l'écriture." *Œuvres complètes*. Tome 4. Paris：Éditions du Seuil，2002. 282；Barthes，Roland. "La division des langages." *Œuvres complètes*. Tome 4. Paris：Éditions du Seuil，2002. 359；Barthes，Roland. "Texte（théorie du）." *Œuvres complètes*. Tome 4. Paris：Éditions du Seuil，2002. 445；Barthes，"Pourquoi j'aime Benveniste" 514；Barthes，Roland. "Vingt mots-clés pour Roland Barthes." *Œuvres complètes*. Tome 4. Paris：Éditions du Seuil，2002. 858；Barthes，Roland. "Sur la lecture." *Œuvres complètes*. Tome 4. Paris：Éditions du Seuil，2002. 928；Barthes，Roland. "All except you：Saul Steinberg." *Œuvres complètes*. Tome 4. Paris：Éditions du Seuil，2002. 960；Barthes，Roland. "Écoute." *Œuvres complètes*. Tome 5. Paris：Éditions du Seuil，2002. 345；Barthes，"Leçon" 431；Barthes，Roland. "Longtemps，je me suis couché de bonne heure." *Œuvres complètes*. Tome 5. Paris：Éditions du Seuil，2002. 460；Barthes，Roland. "Avant-propos à *Jakobson*." *Œuvres complètes*. Tome 5. Paris：Éditions du Seuil，2002. 491 - 92；Barthes，Roland. "Sollers écrivain." *Œuvres complètes*. Tome 5. Paris：Éditions du Seuil，2002. 591，597.

巴尔特在《符号学基础》中对“语言系统/言语”二元对立组的分析来进行解答。关于第二个问题，笔者则主要是分析雅各布森关于失语症的研究，这主要由对论文《语言的两个面向与两种失语症》（“Two Aspects of Language and Two Types of Aphasic Disturbances”）的分析引发，进而尝试探究雅各布森在失语症的研究中，如何借助隐喻与转喻演化了索绪尔语言学的句法关系（syntagmes）与联想关系（associations）[①]，从而将话语的社会使用建立于语言系统的两轴之基础上。我们知道，巴尔特在《符号学基础》中，按照结构语言学的分类法，将符号学的问题主要归纳为四组概念的关系：语言系统与言语、符旨与符征、系统（système）与组合（syntagme）、外延与内涵[②]。在这里，笔者所讨论的前两组问题，实际对应了雅各布森与受他影响的巴尔特二人，分别对索绪尔结构语言学的两组概念也即两组符号学基本问题的发展。在第三个问题这里，笔者尝试借助雅各布森对转换词的研究，打通雅各布森语法范畴的分类与本维尼斯特关于“陈述”的论述中的核心概念，比如人称代词（Person）、时态（Tense）等问题。事实上，雅各布森在20世纪40年代对索绪尔言语概念的发展，已经部分地引出了本维尼斯特在60年代集中提出的“人通过占有语言所获得的主体间性（intersubjectivité）”问题。

这三个问题所彰显的各个核心概念正是巴尔特话语符号学的重要组成部分，事实也证明了，巴尔特对于这些概念的使用的确受了雅各布森与本维尼斯特的直接影响。下文，笔者通过对上述三个问题的提出与解答来尝试阐述雅各布森对索绪尔语言学的发展以及他对巴尔特话语符号学系统成型的影响。

---

① 索绪尔关于语言各要素之间的组合关系的两种面向，被雅各布森重述为系统层面（plan syntagmatique）与聚合层面（plan paradigmatique），此外，雅各布森还有毗邻性（contiguité）与相似性（similarité）与之对应。雅各布森在其关于失语症研究的著名论文《语言的两个面向和两种失语症》中，对索绪尔的两个层面做了进一步发挥，区分了隐喻与转喻的对立。这一组概念也被叶尔姆斯列夫替代为关系（relation）与相互关系（coorélation），被马尔蒂内替换为对照（contraste）与对立（opposition）（cf. Barthes，“Éléments de sémiologie” 115）。

② Barthes，“Éléments de sémiologie” 92. 注：在《“罗兰·巴尔特与中国”：关于影响研究的对话》一文中，笔者已经就“系统”与“组合”这一组概念做过一个简要的说明，这一组概念或可换言之为“语义系统”与“语法段落”，巴尔特用这一组概念来代替雅各布森的“组合层”与“聚合层”（参见：韩蕾、张汉良 178）。

一、雅各布森对索绪尔语言系统与言语二分法的批判

尽管索绪尔有语言三分观念，但是，他的语言结构与言语之间的二元对立关系更为重要。雅各布森在20世纪50年代提出他的信息理论之后，逐渐用符码（code）与信息（message）分别替代了语言系统与言语①。1942年时，雅各布森执教于美国纽约高等研究自由学院（École Libre des Hautes Études）之际，开设了一门研究索绪尔的课程，撰写了《语言系统与言语：符码与信息》一文。这个论文题目已经显示出雅各布森以符码替代语言系统，以信息替代言语的行动，此处他显然透过沟通或交流理论转换了语言/言语，使后者能成为语言的社会实践，并开拓了索绪尔存而不论的"社会语言学"（sociolinguistics）。正如他透过失语症研究把"组合轴"和"聚合轴"（即索绪尔的"联想轴"）置换为"转喻"和"隐喻"两种语格或"位移"（displacement）和"凝缩"（condensation）两种心理机制，开拓了索绪尔存而不论的"心理语言学"（psycholinguistics）一样。就这一点而论，雅各布森充分地开发了话语语言学的社会学和心理学向度，扩大了话语符号学的疆域，功不可没。详见本节第三小节。

索绪尔认为语言系统与言语分别代表了言语活动的两个面向，语言系统这一面向是"言语活动的社会面向"，与个人无关，"它仅仅以社会群体的契约的一种为存在方式"②，而言语则是言语活动的个人面向，是个体的行为。雅各布森认为索绪尔的这一区分值得仔细检讨。在逻辑上，语言系统与言语的对立，是言语活动的潜在价值（potential value）与潜在价值的实现（或实现了的潜在价值）（realization）之间的对立。雅各布森举了这样一个例子来说明。人称代词"谁"（who）与动词原型"来"（to come），以及该动词的动词变位形式，都有储藏在语言使用者那里的潜在价值，但是在实际言说中，当语言使用者用疑问形式表达"谁来过了?"时，"who came?"就是潜在价值的实现。也可以说，语言系统与言语之

① 用以替代"langue-parole"这一组二元对立的术语，除了"code-message"之外，还有"competence-performance"（乔姆斯基），"system-usage"（叶尔姆斯列夫）等（cf. Jakobson, Roman. "Shifters and Verbal Categories." *On Language.* Eds. Linda Waugh and Monique Monville-Burston. Cambridge, MA.: Harvard UP, 1990. 80）。

② Saussure, *Cours de linguistique génerle* 25.

间的关系是“类型”（pattern）与“物质化”（materialization）之间的关系[①]。

然而，索绪尔的论点并不局限于此，他还发展出了语言系统的社会性/集体性（social/collective）与言语的个人性（individual）。索绪尔认为“语言系统不是言说主体（un sujet parlant）的一种功能……”[②]“相反，言语是个人有意的一种行动……”[③]在论文《索绪尔的理论》（“La théorie saussurienne”）中，雅各布森比较了索绪尔的语言系统与言语概念，他评价道：如果语言系统是真实的价值，那么言语就是它们的实现，如果语言系统是力量（power），言语就是一个行动（act）。索绪尔所区分的言语活动的两个面向分别指向言语活动的社会集体类型与个人所实现的言语行为，而雅各布森对这种截然区分法持完全质疑态度，他认为“除普遍的语言和文化的实践之外，我们每一个人身上都有一些个体是习惯、是社会集体强加于我们的”[④]，他举例论道，人们完全有可能因个人的厌弃而拒绝使用某些在社会集体看来能被接受的字词或语言形式。可以说，雅各布森认为个体所使用的语言也存在所谓习惯或类型的问题。索绪尔也曾指出，在由一些个体所组成的群体的潜在意识（或者说，是索绪尔所说的“脑”）中存在的语言系统，在这群体的任何一个个体那里都是不完备的[⑤]。也就是说，索绪尔指出了个体的言语实践是对集体的语言学价值的个性化的选择，但是，他只是间接地意识到了这个事实，没有直接认识到语言学价值的实现必须同时获得集体社会的许可和个人的许可。

在雅各布森看来，语言系统有个人层面的显现，换言之，存在一种“个体的语言系统”（individual langue），个人有意识地或者无意识地对其

---

① Jakobson, “Shifters and Verbal Categories” 90. 按：“pattern” 是现代美国语言学者使用的一个术语，对应于索绪尔、巴尔特所使用的“patron/modèle”。

② Saussure, *Cours de linguistique générale* 30.

③ Saussure, *Cours de linguistique générale* 30.

④ Jakobson, “Shifters and Verbal Categories” 90.

⑤ Saussure, *Cours de linguistique générale* 30.

语言生产即语言实践施加了一种“规范”（norm）[①]，而这正是索绪尔所忽视的。雅各布森批评索绪尔，认为他倾向于认为个体的就是暂时性的，就忘记了个体就像群体也是一种结构［一种结构性配置（a configuration）］，一种连续性（continuity），一个风俗习惯的躯体。必须有一整套传统习惯使得一个个人能够理解语言，也能够被他人理解；这套习惯也要反映和维持某个既定的社会躯体里的统一性，这样个体的言语实践才能够完成。但是，与此同时，也必须有一套反映和维持个体的统一性的个人传统与习惯存在，这就是所谓的连续性，所谓的个体身份认知的统一性[②]。在认可语言系统的个人层面之后，雅各布森继续反驳索绪尔认为的言语仅有个体面向。索绪尔认为，言语总是个人的，个人也总是言语的主宰，言语是纯粹的个体行为、个体现象。雅各布森试图回视索绪尔设立的言语循环机制，在索绪尔的言语循环图中，他发现了索绪尔的问题。

我们注意到索绪尔设置的言语循环最基本的单元涉及两个交谈者——A与B，以及包含一个信息交换的渠道，“言语行为需要至少两个人在场，这是完成言语循环的最低配置。于是，我们假设存在两个人，他们正在对话”[③]（见下页图1）。

---

① 我们有必要区别雅各布森在《语言与言语：符码与信息》这篇文章中所使用的“规范”（norm）与叶尔姆斯列夫所使用的“规范”（norm）。叶尔姆斯列夫将索绪尔语言系统/言语的概念以一个更为形式化的方式衍化为三个层次：“schema”（图示）、“norm”（规范）和“usage”（使用）。图示是对索绪尔语言系统概念的极端形式化，完全排除了语言当中个人话语的存在；规范则指具有一定物质性的，在一定程度上社会化了的语言成分，仅仅在口语中存在；而使用是叶氏最为精彩的阐发部分，叶氏认为语言的使用层面即是在一个既定社会里盛行的一种语言习惯。索绪尔的符征/符旨这一组概念也被叶氏替换以新的表述：符征对应表达层，符旨对应内容层，而每个层面又包含形式（forme）与实体（substance）这两个层面。叶氏对索绪尔的这两大衍化化约为两个关系链条的具体操作。首先，他将索绪尔语言系统/言语之间的二元关系置换为言语与“图示/规范/使用”之间的两个关系链条。其一，规范决定了使用与言语，又因这二者而被确定；其二，规范/使用/言语这个关系链条上呈现的即是实体（表达的实体、内容的实体）以及语言的具体执行（execution）。其次，图示由言语/使用/规范一起决定；由此，图示链条即为形式（forme）与制度（institution）。换言之，叶氏以绝对形式化的图示替换了语言系统，以更为社会化的使用取代了言语。叶氏在使用概念里区分个人的言语（individual parole）与社会实践中的言语（parole in social use），一方面，可视为索绪尔语言符号学向言语符号学衍化，另一方面，叶氏在使用所属链条中引入实体的层面，可视为后继者沟通语言的符号系统与非语言的符号系统的理论来源之一（cf. Barthes，“Éléments de sémiologie” 94 - 95.）。

② Jakobson，“Shifters and Verbal Categories” 90 - 91.

③ Saussure，*Cours de linguistique générale* 27.

图 1 索绪尔所作言语循环的人像示意图①

通过这个图示，索绪尔给我们抛出了数个前提认知：（1）发话人和受话人的位置并非固定的，而是可以互换的，发话人 A 可以成为受话人 A，受话人 B 也可以成为发话人 B；（2）从发话人的嘴到受话人的耳是物理过程；（3）从受话人的耳到受话人的脑，是声像（Image acoustique）在生理上的传递过程；（4）在发话人和受话人脑内发生的，是概念（Concept）与声像联合的心理（psychologique）过程；（5）从发话人的脑到受话人的耳，是主动部分（une partie active），从受话人的耳到受话人的脑，是被动部分（une partie passive）；（6）在发话人和受话人脑内进行的部分中，主动的是从概念到声学映像的联合（c→i），被动的是相反的联合（i→c）；主动部分可称为执行的部分（exécutif），被动部分可称为接受的部分（passif）。这些前提认知可以转换为图 2 所示内容。

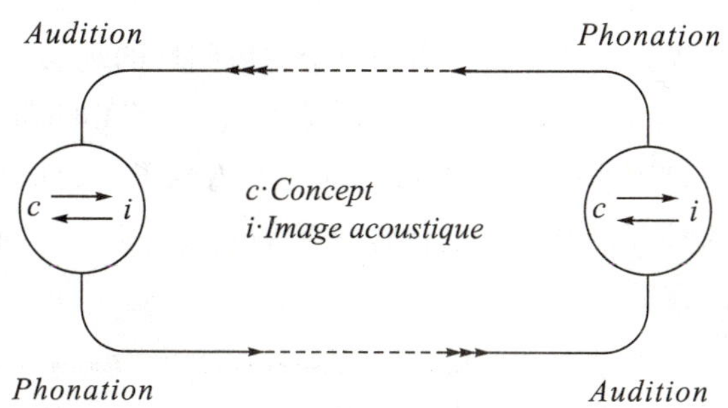

图 2 索绪尔所作言语循环的过程示意图②

在以上两个图示中，索绪尔将言语循环中的说者的角色设置为执行的和主动的，听者的角色则是接受的和被动的。在这两个部分中，索绪尔更强调的是语言的执行功能。事实上，在雅各布森之前，索绪尔《普通语言学教程》的编者之一薛施蔼，已经发表论文批评过索绪尔所认为的言

---

① 这幅简图所表达的内容被晚近脑神经研究深化，可证实索绪尔的先见之明（Saussure, *Cours de linguistique générale* 27）。

② Saussure, *Cours de linguistique générale* 28。

语只有“主动执行”的观念。在其论文《三种索绪尔语言学》（“Les trois linguistiques saussuriennes”）中，薛施蔼特别指出：应该关注言语循环的接受方，一个言语行为同时包括一个说者与一个听者，听者为了理解信息必须动用大脑分析与阐释信息，他可以对听到的信息有千万种反应①。雅各布森接受了薛施蔼的影响，特别强调言语的发送行为同时意味言语的接受行为，他批评索绪尔有意“原子化”（atomize）和“破坏”（deform）了语言学的这一重要事实。

在雅各布森看来，人们不会不带目的地说话，陈述总是对某人陈述，即便是在病态的、无对象的言谈中，也总是存在一个想象的对象，言语循环的双方构成对话的二者，彼此不可缺一而存在②。索绪尔的言语循环的确涉及至少两个人的存在，但是，由于索绪尔过于强调“言语的执行从来不是集体的，言语总是个人的”［某种程度上是因为索绪尔看到了个体之间身体的分割（discontiguity）］，有意不谈个体的语言系统，有意强调言语的个体执行，因此陷入了某种原子主义（atomism）。事实上，言语就是“语言系统在运作中”（the functioning of langue），也即社会使用中的语言。故而，言语不是一个单独个体的行为，而是发话者和受话者双边言语行为的产物。言语因而是一种社会行为，言语是个体之间的现象，是双重的、交互的行为，或者说，言语是一个主体间性的现象（intersubjective phenomenon）③。雅各布森在东欧学者巴赫金（Mikhail M. Bakhtin, 1895—1975）对言语的对话倾向的研究中④，看到了“言语是自我和他者之间的桥梁，这是言说者与他的伙伴之间的共同基础”⑤。他通过对儿童

---

① Séchehaye, Albert. “Les trois linguistiques saussuriennes.” *Vox Romanica* 5 (1940): 17-18（转引自 Jakobson, “Shifters and Verbal Categories” 92.）.

② Jakobson, “Shifters and Verbal Categories” 92.

③ Jakobson, “Shifters and Verbal Categories” 93.

④ 巴赫金在《马克思主义与语言哲学》（*Marxism and the Philosophy of Language*）一书中为“言语是社会的”这一命题辩护，他批评索绪尔语言和言语之社会面向和个人面向的区分，察觉到索绪尔没有注意到言语的社会面向的重要性，认为索绪尔对于语言系统的过度强调可能使得言语问题远离了理论关注（cf. Matejka, Ladislav and Titunik, I. R.. Preface. *Marxism and the Philosophy of Language*. By Vološinov, V. N.. Trans. Ladislav Matejka and I. R. Titunik. Cambridge, MA.: Harvard UP, 2006. viii.），在某种程度上也忽视了社会。从一个典型的马克思主义立场出发，巴赫金认为只有从一个更大的视域出发，从历史的视域出发，人们才能意识到“个体性和随机性”的重要性（cf. Vološinov, *Marxism and the Philosophy of Language* 61.）。注：这本书是巴赫金托同事沃洛希洛夫之名出版的。

⑤ Jakobson, “Shifters and Verbal Categories” 93.

牙牙学语现象的研究，确证了言语的对话本质。孩童的“咿咿”声看似是独白（monologue）形式的声音，事实上却是在演练与一个他者（此时没有人与物的区分）的对话（dialogue）[①]。

在此，我们已经基本完成了对雅各布森对索绪尔语言系统与言语概念的批判的论述。如果再进一步，我们不难意识到，其实这两处批判都是在“言语的语言学”——这个被索绪尔忽略不谈的领域里面展开的。雅各布森挖掘出个体的语言系统，是为了确认个体通过语言系统能够建立自己的独一无二的身份，也是为了确认个体能够通过语言行为与一个大的社会文化对话。雅各布森揭示言语的对话本质及其所体现的主体间性，是为了建立在发话者作为“我”与受话者作为“你”之间的人称呼应关系。雅各布森不是没有看到索绪尔言语循环中对话者位置的互换，但是他意识到，索绪尔对于语言系统与言语的过于严格与绝对的划分，其实已经形成了僵局。雅各布森在对该僵局的批判中，发展出了他自己的话语交流机制，这是下文笔者将要深入分析的对象。

二、雅各布森的话语交流模式及其衍生模式

在上一部分中，我们已经讨论过雅各布森对索绪尔语言结构与言语概念的批驳，以及他在批驳中提出的“主体间性”概念。笔者认为，在《语言系统与言语：符码与信息》这篇论文中，雅各布森关注的重心其实是言语的问题，他分析语言系统与言语的对立，其实是为了揭示属于言语的、还未被索绪尔语言学呈现出来的内容。比如，雅各布森注意到了言语中存在主体间性的空间，在这个空间里，言语中的社会性借由言语循环使得言语行为中暂时性的陈述不仅彰显了永久续存的主体（subject），也联系了主体与社会集体。

此外，我们也应该提到雅各布森对语言交际功能的重视，他认为语言首先是一种交际工具。雅各布森特别强调了言语循环双方的重要性，以及发话者与受话者的彼此依存关系，这可视作他后期发展出语言交流六元模式的基础。但是雅各布森是如何从索绪尔的言语循环两个图示中发展出语言交流的六个元素的呢？我们不妨先从语言系统与言语的关系说起。

巴尔特在《符号学基础》中特别提到，对于索绪尔来说，言语的语

---

① Jakobson, “Shifters and Verbal Categories” 95.

言学之所以不可能存在，就是因为任何言语一旦被理解为交流过程，就已经属于语言系统了[①]。这个论点很容易理解，因为个体实现的言语一旦被投掷于言语循环，并且该循环持续下去成为对话，那么，对话双方就都共享了一种集体性、一种潜在价值，即他们分享了语言系统。这里出现了一处看似悖论的现象：雅各布森在言语循环的基础上发展出了话语交流模式，但是在话语的交流中，所有言语的问题都因为社会集体性的需要而成为语言系统，所以，我们似乎可以说，雅各布森的话语交流模式同时容纳了言语循环与语言系统。

雅各布森在论文《总结陈辞：语言学与诗学》中，集中讨论了他的话语交流模式，这一模式包括六个元素。他将索绪尔言语循环的最低配置——两个参与者分配在交流的两端，成为发话人（addresser）与受话人（addressee），在交流中，二者的位置可互换。要形成言语循环或者其他语言交流，都需要有一条信息（message）由发话人发送至受话人，信息由发话人编码、由受话人解码，因此，他们之间部分地或完全地享有共同的语言符码（code），信息借由符码实现，符码与信息之间是潜在价值与该价值的实现的关系。符码与信息是雅各布森由索绪尔的语言系统与言语发展而来的。雅各布森在其交流模式中用符码与信息替换了索绪尔的语言系统与言语，使得言语能够实现语言系统的社会实践。此外，雅各布森增加了信息的相关语境（context）这一元素，使得交际双方的言语行为与语言背后的指涉物（referent）联系起来，简言之，交际的其中一个前提是交际双方在谈论同一个事物。此外还有一个媒介（contact）元素，即发话者和受话者之间用以交流的物理渠道或心理联系[②]。在这一元素这里，我们可稍微回视索绪尔与雅各布森的不同。索绪尔重视发声的器官，比如嘴与喉，却忽视听觉，他在声音的传递中叠加了影响，却没有提出影响是借发话人的声音施加于受话人的，影响也是一个主体间性的现象。而雅各布森的交流模式则包括了交流双方的发声器官与听觉的联合，尤其在受话者这里，发话人的声音所施加的影响直接影响了受话人在成为新的发话人时的语言陈述。

---

① Barthes, "Éléments de sémiologie" 94.

② Jakobson, Roman. "Closing Statement: Linguistics and Poetics." *Style in Language.* Ed. Sebeok, Thomas Albert. New York & London: The Technology Press of Massachusetts Institute of Technology and John Wiley & Sons, Inc., 1960. 353.

在任何一条信息的语言结构中，其组成部分六个元素分别对应六种语言功能①，发话人对应情感表达（emotive）功能，受话人则对应意动（conative）功能，媒介对应交际（communicative）功能，语境对应指涉（referential）功能，符码对应后设语言（metalinguistic）功能，而信息本身则对应诗学（poetic）功能。雅各布森的语言交流模式六元素与六个语言功能的综合图示，如图3所示。

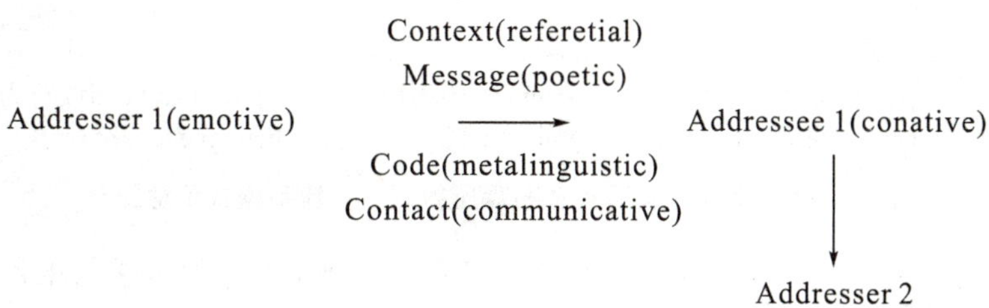

图3　笔者整理的雅各布森语言交流模式六元素及其功能综合运作示意图

有两点需要特别说明：第一，尽管任何一条信息都涉及这六个元素和它们关联的功能，但是在一个交流过程中，只有一个元素和一种功能是要被强调的；第二，雅各布森的整个六元交流模式可被复制，第一个言语行为中的受话人在循环中成为新的发话人。雅各布森吸收了卡尔·布勒的三元语言交流模式，将索绪尔的言语循环发展为六元语言交流模式，他以信息与符码的互动替换了语言系统与言语的对立，又以发话人和受话人位置的互动强调了人在言语行为中的主体性，六个元素分别对应的六种功能，则是在社会使用中的语言的基本功能。

张汉良将雅各布森的语言交流模式发展为一个包含表意活动（signification）与交际过程（communication）的模式②，见图4。

---

① 雅各布森所发展的六种语言功能有一个思想渊源，即卡尔·布勒（Karl Bühler，1879—1963）的语言传统模式中的三个功能项。第一人称的发话人、第二人称的受话人以及第三人称的被谈论的某人或某物，构成了这个模式的三个顶点，它们分别对应情感功能、意动功能和指涉功能。

② 张汉良：《符号学与诠释学——比较文学研究的基础》，第11页。

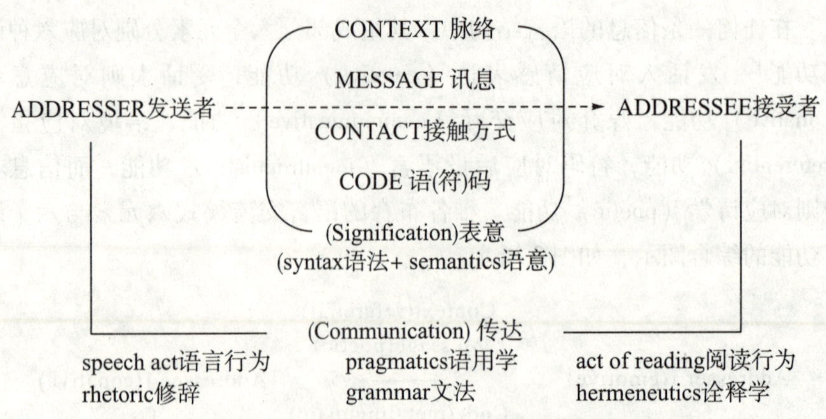

图4　张汉良补充发展雅各布森所得语言交流新模式示意图①

笔者认为，张汉良发展后的模式实质上是将索绪尔语言学与雅各布森的语用学联结起来。索绪尔的语言系统与言语的对立，基本上是意指活动的问题，即具有社会集体性的语言潜在价值如何在个体的言语活动中得以实现的问题，也是信息透过语码在相对而言封闭的语法（syntax）和语义（semantics）场域内产生意义、彰示意义的生产过程（procès de sens）的问题；而雅各布森通过其交流模式所发展出的社会语言学还包括了语用学（pragmatics）部分，即信息透过认知活动与语言行为，使得发话人和受话人能够交流。

索绪尔语言学不处理言语语言学的问题，因此也没有进展到处理话语的问题。索绪尔的语言学终止于句子，而话语是句子的联合。那么雅各布森能否在他的语用学中处理话语问题呢？答案是肯定的。雅各布森的交流模式首先是一般意义的语言学层面的，它的基本配置是一组言语循环，但是，这一交流模式也适用于处理话语问题。雅各布森在《总结陈辞：语言学与诗学》这篇文章中指出："语言学试图研究话语（discourse）与话语的世界（universe of discourse）之间的关系：世界的哪些内容能被哪一种话语言说（verbalize），以及话语如何言说世界。"② 这里的语言学显然是超越一般意义的语言学，是将对话语问题的研究也包括在内的语言学；在这种语言学内部，词与物的关系不仅仅涉及语言结构，也涉及了话语的结构。

① 张汉良：《文学的边界》，第16页。

② Jakobson，"Closing Statement：Linguistics and Poetics" 350.

伊文－左哈（Itamar Even-Zohar）认为，雅各布森交流模式的创新之处在于：雅氏把那些以往被视为阻碍交流的系统之外的因素，比如交流发生的背景，或影响交流的社会语境因素，都纳入了交流系统内部①。这种说法并不十分完备，基本上也是为伊文－左哈提出自己改写后的文化交流图示而服务的。但是，伊文－左哈代表了那些在文化交流领域发挥雅各布森的话语交流模式的研究，某种程度上也证明了雅各布森六元交流模式处理文化中的话语问题的能力。然而，雅各布森交流模式之所以能够处理话语的问题，最根本的原因还在发话者和受话者这里。按照张汉良的区分，发话者的语言行为是修辞实践，而受话人的阐释行为是诠释学实践②，在发话者和受话者的位置互换中，话语的修辞伦理与对话语的认知阐释，同时被语言使用者个体实践。

索绪尔区别了语言系统与言语，雅各布森对索绪尔这两个概念的修订与补充说明，通过其《普通语言学论集》（*Essais de linguistique générale*，1963）直接影响了巴尔特《符号学基础》的写作。比起对表意过程的重视，巴尔特看似不那么关注交流问题，但是，如果我们研究20世纪60年代后期他对读者（reader/readership）问题的思考，会发现巴尔特并非不关注受话者（读者）如何阐释发话者（作者）的言语活动，而是在理论架构和书写实践中，以受话者为导向，统一了作者与读者的身份；作者作为发话者，其先在身份也是一个受话者，他言说其他人的声音。巴尔特在《作者的死亡》中写道：

> 于是，写作的完整状况便昭然若揭：一个文本是由多种写作构成的，这些写作源自多种文化并相互对话、相互滑稽模仿和相互争执；但是，这种多重性却汇聚在一处，这一处不是至今人们所说的作者，而是读者：读者是构成写作的所有例证部分得以驻足的空间，无一例外……我们已经知道，为使写作有其未来，就必须把写作的神话翻倒过来：读者的诞生应以作者的死亡为代价来换取。③

---

① ［比利时］菲利普·科德：《再探多元系统理论：以比较的视角来阅读》，吴慧敏译，载于杨乃乔（主编）：《比较诗学读本（西方卷）》，北京：首都师范大学出版社，2014，第400－401页。

② 张汉良：《符号学与诠释学——比较文学研究的基础》，第16页。

③ ［法］罗兰·巴特：《作者的死亡》，载于《罗兰·巴特随笔选》，怀宇译，北京：百花文艺出版社，2005，第301页。

我们可以认为，巴尔特在《作者的死亡》中，将索绪尔的言语循环以及雅各布森发展后的话语交流模式，发挥成为以读者为导向的文本传递模式和文化传递模式。

雅各布森的话语交流机制被爱沙尼亚学者莫斯科－塔尔图学派的奠基人之一尤里·洛特曼发展为文化交流机制（cultural communication model），后者将前者的六元素交流模式发展为“我－她/他交流”（I-s/he communication）与“自我交流”［I-I communication（autocommunication）］两个模式，处理“非语文形式”（nonverbal）和“语文形式”（verbal）的文化文本[①]。或以信息为导向，或以符码为导向，这两种交流模式参与文化的交际、传承与创造，也参与文化认同（cultural identification）意识的形成与人的自我塑造（self-reformulation）。就雅各布森的话语交际思想这一脉络来看，洛特曼的文化交流机制与巴尔特的话语符号学在某种程度上拥有相似相通的理论基础，此外，他们二者所处理的问题也多有重叠。洛特曼的文化符号学以文本为核心，巴尔特的话语符号学以话语为核心，前者的文本概念包括话语，后者的话语概念包括文本。对这二者符号学思想的统一考察，对于建立话语符号学地形图来说是必不可少的。因此，在本书第四章第二节，笔者尝试分析洛特曼的文化交流机制，并且以巴尔特的文本测试这种机制的有效性与实用性。

三、雅各布森的失语症研究对索绪尔语言结构的深化

雅各布森对索绪尔语言系统/言语二元关系的批判性发展，不仅表现在他对索绪尔言语循环模式以及语言系统/言语辩证关系的补充上，也体现在他对索绪尔组合关系/联想关系两轴的深化应用上。前二者使得雅各布森发挥了索绪尔存而不论的言语语言学，借由分析语言在社会中的使用而建立了社会语言学；后者则在雅各布森的失语症研究中得到了发展心理语言学的机会。雅各布森在索绪尔的组合轴与联想轴之上发展出了转喻主导型话语和隐喻主导型话语，从而使得在失语症研究中发现的话语组织规

---

① 这里我们只是权宜性地区分了语文形式的文本，比如文学作品，以及非语文形式的文本，比如城市文本；按照巴尔特的理论，人类社会的符号系统与言语活动不可分割，按照本维尼斯特的论述，人通过言语活动建立人与社会的关系，我们可以认为，实质上没有所谓语文形式和非语文形式的区分，在此笔者勉强分之，只是为了较为清晰地区分纯自然语言表征的文本以及自然语言参与建码的文化文本。

律，能够被用来讨论文学风格、艺术空间、电影甚至心理学等领域的问题。在这一层面，可以说，雅各布森不仅发展了索绪尔搁置不论的心理语言学，也扩展了话语符号学在文学系统和非语文形式的符号系统中的应用。下文笔者将要对雅各布森的《语言的两个面向和两种失语症》一文进行细致讨论，阐述雅各布森借由失语症研究所发展的话语符号学。

雅各布森对语言交流功能的重视，在某种程度上推动了他对失语症的研究。将失语症视为一种语言障碍、停止运作的特殊的沟通模式，从根本上要求着语言学家对失语症研究的参与。但是，雅各布森注意到，脑神经学、病理学、精神分析、临床医学都参与了失语症研究，反倒是语言科学在对失语症这一领域的研究中被忽视了，他试问：是否能够从语言学的角度对各种类型的失语症的临床数据进行系统化的解释或分类？如果可以，这项工作又能够对语言科学本身与言语障碍的研究带来什么样的突破呢？[①] 怀着这样的疑问，雅各布森将失语症这个语言现象还原至索绪尔语言学语言系统与言语的关系中，即还原至符码与信息的相互作用中；他试图在失语症患者个体的语言行为中，探视到语言符码对信息的两种规约与压制行为，即我们在后文即将讨论到的语言符号组织的两种方式：组合（combination）与选择（selection）。

作为言语障碍的失语症，也是话语实践中的一类，话语则意味着对特定语言实体的选择与结合。雅各布森在论文中指出，在词汇的层面，说话者选择词语并且依据他所使用的语言的句法系统对词语进行组合，将之组合为句子，再将句子组合成言论陈述，即话语；话语实践的效能取决于话语实践的参与者符码共享的程度，在信息的最佳交换过程中，说者和听者几乎具备同等的“预构词句库”（filing cabinet of prefabricated representations）。[②]

---

① 有学者对雅各布森在语言学模式下所从事的失语症研究是否准确、能否推广应用持怀疑态度。笔者简要回应如下：雅各布森的《语言的两个面向和两种失语症》之写作初衷，是希望能以语言学家的身份介入“失语症”这种语言现象的分析。诚然，脑神经学、病理学等已经就“失语症”这个问题研究得极为深入了，但是在雅各布森书写这篇论文的当下，语言学家还未参与到这场讨论中来，因此雅各布森尝试书写一篇“essai”（尝试文）：“我尝试从语言学的立场，对失语症这个问题发表一点儿看法……”雅各布森自 1939 年提出了“失语症研究”这一课题之后，一直未间断对这个课题的研究，他后来也参与了脑神经科学对失语症的研究，并且最新研究结果证明，脑神经科学和雅各布森的语言学研究在这个问题上其实是殊途同归。

② 笔者从郭西安使用“预构词句库”，见：［俄－美］罗曼·雅各布森：《语言的两个面向与两种失语症》，郭西安译，载于杨乃乔：《比较诗学读本（西方卷）》，北京：首都师范大学出版社，2014，第 15－30 页。

符码既是话语双方能够进行话语交流的基础，也是阻碍话语使用者对语言单位进行自由结合的原因。符码规定语言单位的结合过程在自由度上存在一种上升趋势：虽然对于言说的个体来说，他们没有在音位结合层面上的自由度，同时，在把音位结合为词时，除了在造字的特殊状况下，符码不赋予言说个体自由结合音位的能力，但是，在连词成句以及连句成言的过程中，强制性的句法规则减弱，个体在言论层面的自由度有所上升①。然而，不论个体在语言实践中、在各层级语言单位层面的结合的自由度如何，所有语言符号的结合包括话语的组织都可归纳为两种组织模式：组合与选择。

雅各布森的话语组织的两种模式搬演自索绪尔的“句段关系”（rapports syntagmatiques）与“联想关系”（rapports associatifs）。一项特别有意味的事实是，索绪尔对语言单元之间的这两种组织关系的论述不是在音位的层面展开的，而是在话语的层面展开的。索绪尔指出，在话语内部，字词之间的联结依据线性原则体现在说出的言语中，线性规则排除了在同一时间里说出两个字或词的可能性。这种组合关系就是句段（syntagmata）。句段关系总是包括至少两个语言单元，彼此的价值依赖与对方的位置对立而确立。在话语语境之外，具有相似性的字词在记忆中联结，这种联结不建立在线性基础之上，而是建立在脑中，一并组成个体大脑中的语言形式库的部分。这种联结关系被索绪尔称为联想关系。索绪尔特别声明，句段关系体现为在场（in praesentia）形式，将两个或以上的语言单元确立为在一个序列中共存，但是，联想关系正好相反，它以不在场（in absentia）的形式显现，语言单元都在记忆中储存。索绪尔将一个单独的语言单位比喻为一座建筑物的一根廊柱，它与它所支撑的轩椽构成句段关系，而与联想中其他风格的柱子之间构成联想关系②。由此，语言线性特征所标示的句段关系以及记忆所标示的联想关系，构成了索绪尔语言符号组合的双轴系统。

我们特别注意到，这个双轴系统在索绪尔所特别标明的话语系统内外，不仅支配了字词组合、字词复合与派生、句子组合、句段组合，甚至

---

① Jakobson, Roman. “Two Aspects of Language and Two Types of Aphasic Disturbances.” *Language in Literature*. Ed. Krystyna Pomorska and Stephen Rudy. Cambridge: Belknap-Harvard UP, 1987. 98.

② Saussure, *Cours de linguistique générale* 171.

支配了更大的话语片段的组合。同时，这两轴关系也标注了人类心理活动的两种模式以及心理活动和语言生命之间的两种关系。可以说，句段关系与联想关系建构了人类语言行为的组织模式。不仅如此，索绪尔还特别举了廊柱的例子，更是将话语系统从人类的自然语言实践扩展到人工语言，包括建筑语言中去。因此，我们也不难理解，巴尔特为何将城市居住实践视为一种语言行为；索绪尔对非语文文本的两种组织关系的暗示，可能对巴尔特也有直接的影响。

我们回到雅各布森的《语言的两个面向和两种失语症》这篇论文。雅各布森用“组合”与“选择”替换了索绪尔的“句段关系”与“联想关系”，他在每一种组织模式中又发挥出两个面向：语言单位的聚集包括组合与构文（contexture）两个面向，语言单位的选择包括选择与替换（substitution）两个面向。雅各布森指出，选择关系即替换关系，与符码中语言实体的结合有关，而与特定信息无关，而组合关系与符码实体和信息都有关。一个受话人所接受的话语（信息）是一系列音素、字词、句子的组合，而这些成分都是在可能性的符码的形式库中选择出来的。语境中的语言单位之间的组合关系是由毗连性（contiguity）所标注的，而替换组中的语言符号则是因为相似性（similarity）而联结在一起。这两种运作过程使得每一个语言符号都有两套符解（interpretant），一套指向符码，另一套指向语境。符码倾向的符解，能够清晰表述同一个符码范围内的符号，语境指向的符解能够借助与其他符号在语言序列中的联系表述该符号。雅各布森认为前者与转喻（metonymy）的机制相仿，而后者与隐喻（metaphor）的机制相仿。

雅各布森将毗连性与相似性引申至话语交流模式中，认为话语双方之间存在某种毗连性。这即是说，话语双方虽然有空间以及时间上的隔离，但是他们之间能够建立语境关联，同时话语双方之间也存在相似性，发话人使用的符号与受话人所用来阐释的符号具有相似性[①]。但是他并不讨论在话语的发送-接受两条路径上的失语症现象，而是回到患者个体的语言行为，试图通过定位患者对话语的组合能力或选择能力的损伤，来定位失语症的类型。他因此区分出两种基本的失语症类型：相似性言语障碍和毗连性言语障碍。

① Jakobson, “Two Aspects of Language and Two Types of Aphasic Disturbances” 99 - 100.

雅各布森使用了德国学者戈尔德希坦（Kurt Goldstein）的数据对这两种失语症的状况进行了研究。他发现，相似性言语障碍是患者选择与替换能力的损伤，但是有相对稳定的组合与构文能力；在症状上，这类患者对语境的依赖度高，能够根据既有的语境进行回应，但是，患者既无法发起话题，也无法对事物进行命名、定义或翻译，他们丧失了双语能力，被局限于使用一种语言的某一种方言。而毗连性言语障碍的患者，虽有相对正常的选择与替换的记忆能力，却在组合与构文能力方面有缺陷；在症状上，该类患者无法掌握将字词组织为更高语言单位的句法规则，此外，他们的词法构造能力也损伤了，因此无法掌握成套的词性变化①。

雅各布森认为，隐喻和转喻是对话语展开的两条语义学途径（semantic lines）的最适合的表达，前者通过话题的相似性展开，后者通过话语的毗连性展开；与之相应的是两种句法结构，前者是语义上的相似替换，后者是述谓式的（predicative）语境陈述。以隐喻和转喻机制重新透视失语症，我们发现，在失语症中，隐喻与转喻这两种方式中总有一种被遏制或是完全阻塞了，但是在一般的语言行为中，这两种方式总是在持续地起作用，尽管文化模式、个性、语言风格与偏好会使得其中一种机制处于优势地位。

雅各布森分析了语言艺术中的这两种话语，他看到隐喻与转喻的机制覆盖了从词素（morphemic）、词汇（lexical）、句法（syntactic）到表达方式（phraseological）等所有层面上的组织法则：当隐喻机制处于优势地位时，便会形成隐喻主导型话语，反之，则会形成转喻主导型话语。比如俄国抒情诗中隐喻结构占据主导，而英雄史诗中转喻结构拥有优势。此外，雅各布森还注意到，在隐喻与转喻两极之间的振荡现象同样也发生在语言之外的符号系统中。在1910年代末期，他已经开始研究绘画领域的转喻倾向。在这篇关于失语症研究的论文中，雅各布森将绘画史上的立体主义（Cubism）定位为转喻主导，超现实主义（Surrealism）则有明显的隐喻倾向。雅各布森在30年代也开始研究电影中的转喻倾向，在本篇失语症研究的论文中，他也简要地提到了艾森斯坦（Sergej Eisenstein）的蒙太奇

① Jakobson, "Two Aspects of Language and Two Types of Aphasic Disturbances" 100 - 07.

(montage) 就是隐喻的技术[①]。

事实上，雅各布森通过失语症研究，将话语的组合功能和选择功能从语言结构的领域扩展到所有的语言现象中去，就是打通了话语语言学与话语符号学在组织结构上的相通性。索绪尔的句段关系和联想关系被雅各布森用来演绎符号学系统中的组合关系与聚合关系，从而将意义的陈述都统归于这两轴的相互作用。失语症的现象揭示了人类话语实践固着于隐喻或转喻某一极的状况，同时也演绎出人类思维方式固着于某一极的现象。在某种程度上，雅各布森的失语症研究已经触及了索绪尔所搁置不谈的心理语言学的部分。

索绪尔用两个人头表述的言语循环模式，包括一个心理 (psychique) 现象、一个生理 (physiologique) 过程以及一个物理 (physique) 模式。一个概念在脑中引起一个声像的回应，这是完全心理的部分；脑根据这个声像传递给发声器官一个神经冲动，这是生理过程；从发话人的口中发出的声音传递到受话人的耳中，这个则是物理过程[②]。索绪尔的心理学属于处理心智的认知哲学，与现代学科中的心理学关系不大。索绪尔并没有发展他的语言学的心理面向，或者说，他的语言学本来应该也包括一门社会心理语言学，但是他对这个问题搁置不谈。当索绪尔发展出符号学的定义时，他认为在他的时代，人类表达观念的系统，即符号学系统还未建立，这门科学应当构成社会心理学的一部分，因而也是普通心理学的一部分[③]。但是，对这门社会心理学，索绪尔也并没有进行讨论。

索绪尔在话语的层面提出了话语组织的组合关系与联想关系，但是索绪尔的语言学最关注的依然是语言结构的问题，组合轴和联想轴也因此在

---

① 保罗·利科 (Paul Ricœur, 1913—2005) 对雅各布森隐喻/转喻两极提出批评，演绎了隐喻/转喻/提喻三元关系，参见：Ricœur, Paul. *The Rules of Metaphor*: *The Creation of Meaning in Language*. Trans. Robert Czerny, Kathleen MaLanghlin and John Costello. London and New York: Taylor & Francis Library, 2004. 210 - 11. 利科的批评未必中肯，进一步的讨论可参见德里达的《白色神话》和艾柯 (Umberto Eco, 1932—2016) 对隐喻的讨论，参见：Derrida, Jacques. "White Mythology: Metaphor in the Text of Philosophy." Trans. F. C. T. Moore. *New Literary History* 6.1 (1974): 5 - 74. 法语原文见：Derrida, Jacques. "La mythologie blanche." *Poétique* 5 (1971): 1 - 52. 这篇文章后收录入，Derrida, Jacques. *Margins of Philosophy*. Chicago: U of Chicago P, 1982. 207 - 71；一并参见：Eco, Umberto. *Semiotics and the Philosophy of Language*. London: Macmillan, 1984. 87 - 129.

② Saussure, *Cours de linguistique générale* 28.

③ Saussure, *Cours de linguistique générale* 38.

索绪尔的语言结构思考中占据了重要位置。而雅各布森的失语症研究，把索绪尔语言结构的两轴搬运到了言语、话语的层面，把社会生命的语言事件压制到个体的心理机制中去，在心理学的无意识层面发展出人类话语实践中对隐喻与转喻两极的固着或在两极间游弋的行为。由此而来，人类的话语行为就是在实践索绪尔所不谈的那个社会心理学的问题。话语是个体的社会实践，也是心理实践，一个言说主体的语言实践是社会心理认知的冰山一角。

雅各布森对失语症的研究，将索绪尔的语言结构两轴发展为话语两轴，也可以说打通了话语结构与语言结构，将话语语言学的基石奠定于索绪尔的语言系统语言学。雅各布森将隐喻与转喻两种话语主导类型引申至其他非语言学系统的符号系统中去，从而开发了他的话语符号学的研究模式之一。事实上，雅各布森早就注意到了失语症是精神病学、教育学、医学领域共同关注的对象，比如弗洛伊德在做精神分析之前就在做失语症研究①。雅各布森也注意到，语言科学并没有通过分析失语症的现象给自身带来任何进展，因此，他才以语言学的组织模式来分析失语症，并由此开发出在话语领域和其他符号领域的隐喻主导现象与转喻主导现象。雅各布森对失语症的研究又与拉康等人精神分析学领域的语言实践平行发展，可以互补，也对巴尔特的话语符号学实践有重要的影响；更有意味的是，雅各布森的隐喻与转喻两极被他们转换为符征的组合轴与聚合轴，这使得拉康可以打通潜意识的结构与语言结构，也使得巴尔特可以讨论内涵系统符号学的问题。在本书的第三章，笔者讨论巴尔特的爱之言谈的话语实践时，将会连通拉康的精神分析与巴尔特的话语实践，再次讨论话语符号学的心理面向，在此不再多论。

四、雅各布森转换词研究与话语分类思想

在前面一节中，笔者曾简要提及过，在话语语言学的立场上，雅各布森的话语交流模式也能够涵括话语结构的功能分析。事实上，这一模式中的符码元素以及它所对应的后设语言学功能，也可以用来透视话语分类的

---

① 弗洛伊德的失语症研究是其精神分析的基石，其研究成果集中体现在《关于失语症的批判研究》（*Zur Auffassung der Aphasien*：*Eine kritiche Studie*，1891）一书中，参见英译本：Freud，Sigmund. *On Aphasia*：*A Critical Study*. Trans. Erwein Stengel. Whitefish：Literary Licensing，LLC. 2011.

问题。笔者认为，符码元素与后设语言学功能或对应于雅各布森在《转换词和话语分类》（“Shifters and Verbal Categories”）一文中提出的双重结构（duplex structure）[①] 四种特殊类型之一——信息指涉符码（M/C）。在雅各布森交流理论和信息理论的框架下，符码与信息替代了语言结构与言语，双重结构所关涉的是符码与信息关系中的某些特殊情况。在《转换词和话语分类》这篇论文中，雅各布森提出，符码与信息都是自然语言交际的工具，但是这二者是在双重结构中行使其功能的，即无论符码还是信息都可以同时作为符征和符旨。一方面，某信息可以指涉（该）符码或指涉其他信息；另一方面，某符码单元（a code unit）的一般意义可以指涉（该）符码或者（该）信息。因此他提出要区分四种类型两大类的双重结构：（1）两种（信息）流通（circularity）——信息指涉信息（M/M），即转述的话语或者信息中的信息；符码指涉符码（C/C），即专有名词；（2）两种重叠（overlapping）——信息指涉符码（M/C），即自指话语；符码指涉信息（C/M），即转换词[②]。在正式讨论转换词之前，我们可以简要地对信息指涉符码的情况做一点分析。雅各布森交流模式中后设语言学功能的体现，指向以承载信息的语言为对象语言的后设阐释语言的存在。雅各布森双重结构中的自指话语与之同质，是对字词、句子以及任何表述的阐明性解释（elucidating interpretations），包括婉言、同义词以及翻译等[③]。

---

① 雅各布森有关双重结构的论述，可见其《普通语言学论文集》第九章。

② Jakobson, “Shifters and Verbal Categories” 387.

③ 雅各布森在《翻译的语言学诸面向》（“On linguistic aspects of translation”, 1959）一文中讨论了翻译的三个语言学面向：语言内部（intra-linguistic）翻译、语言间的（inter-linguistic）翻译以及符号间的（inter-semiotic）翻译（Cf. Jakobson, Roman. “On linguistic aspects of translation.” *Selected Writings*. Vol. II. The Hague: Mouton, 1971. 260 - 66.）。第二与第三个面向关涉话语的问题，尤其第三个面向关涉的是如何以非话语的符号系统来阐释话语符号系统的问题，即以非话语的形式表达话语形式的信息，是以信息为要（information-oriented），而非以符码为要的（code-oriented）。如果我们将这种翻译作一逆转，以话语符号系统来阐释非话语的符号系统，这种阐释可以做到以信息为要，却在完美关联所有话语交际元素的层面和完整表达非话语符号系统的所有意义层面，多少有所缺失。当然，我们不得不承认，所有的交际都是非完美的，所谓可以作为所有翻译的中介语言的上帝语言也是不存在的。克里斯蒂安·麦茨（Christian Metz, 1931—1993）援用了雅各布森的翻译思想，在影片与语言学之间建立“转译”关系，这种关系实则并非是“转译”，而是以语言学内部的转译来同质类比影片的符征与符旨之间的对应。麦茨认为，影片没有“第二分节”，因为“分节”发生在符征的层面，而对于影片来说，对于符征的切分势必引起符旨相应的意义段落的切分。因此，影片的符征与符旨之间的对应就如同语言学内部的转译（参见：［法］克里斯蒂安·麦茨：《电影：纯语言还是泛语言?》，《世界电影》，03（1992）：187）。

转换词分析是雅各布森语言学中对巴尔特有重要影响的一个部分。巴尔特在《符号学基础》中专辟一节讨论雅各布森的双重结构，他特别指出，“转换词大概是最值得关注的双重结构”[①]，并且着重解释了最容易理解的转换词——人称代词。在《历史的话语》一文中，巴尔特融合了雅各布森的转换词分析以及话语分类，与本维尼斯特的陈述的历史层面（histoire）和话语层面（discours）结合，来分析历史学家的话语。巴尔特对转换词的重视，可从他的这一观点中窥出缘由，“也许（这只是研究工作的一种假设），就是应该从转换词也就是皮尔斯的术语‘指示性象征符’（indexical symbol）那里入手，去探讨如何为处于语言疆界上的那些信息，尤其是文学话语中的某些形式进行符号学界定”[②]。

在下文中，笔者首先要考察雅各布森在《转换词与话语分类》这篇论文中对转换词的探讨，然后再关联分析雅各布森自己所提及的本维尼斯特对人称和时态问题的思考。在本书第二章第二节，笔者将通过对《历史的话语》的评述来透视巴尔特对这二者在人称这一转换词类型上的融合式应用，在此先搁置。

雅各布森的《转换词和话语分类》一文，因为建立了一种基于话语语用学的关于语法分类的理论，因而被认为对于一般形态学（general morphology）有重要意义。在笔者看来，一方面，这篇论文中讨论的语法分类（也是话语分类）为叙事学分析提供了非常完备的框架要素和分析视角；另一方面，也因为疏通了雅各布森语言学与本维尼斯特话语语言学的某些关键环节，因而对于建立一门以话语语言学为模式的普通话语符号学有重要意义。

雅各布森以语法分类衍生出话语分类，从中可以看出，雅各布森的话语语言学就嫁接在语言系统语言学的基础之上。雅各布森认为，双重性在语言系统与语言在社会中的使用（即话语）中扮演着重要角色，如果要对语言进行语法分类并对话语进行分类，就必须仔细地对转换词进行辨别[③]。在《转换词与话语分类》这篇论文中，雅各布森不仅定义了转换词

---

① Barthes, “Éléments de sémiologie” 97.

② Barthes, “Éléments de sémiologie” 97.

③ Jakobson, “Shifters and Verbal Categories” 389.

这一语法单位的一般分类[1]，也通过四个与自然语言交际（linguistic communication）相关的元素的组合，建构起了对话语诸类别（verbal categories）的一种普遍分类。这四个元素就是话语事件、话语的参与者、被叙述的事件以及该被叙述事件的参与者。雅各布森认为需要率先识别话语与事件，话语包括话语自身（^{s}）及它的主题，即被叙述物（^{n}）[2]，而事件包括事件自身（E）[3] 及任何事件的参与者（P）。区分这二者是话语分类的基础。在此基础之上，进一步言之有四个项目可被识别：被叙述的事件（E^{n}），话语事件（即言谈事件）（E^{s}）[4]，被叙述的事件的参与者（P^{n}），以及话语事件的参与者（P^{s}），包括发送者和接受者。

根据被叙述的事件的参与者即故事人物是否存在，话语类别可以被归类为两大类，一类是存在（participant involved）故事人物，另一类是不存在（participant not involved）。又根据话语类别是仅仅与参与者（故事人物）（P^{n}）有关或者仅仅与被叙述的事件（故事主题）（E^{n}）有关，还是与参与者以及该事件的关系（故事人物与故事主题的关系）（$P^{n}E^{n}$），或者与该事件与其他被叙述的事件（两个或几个故事主题的关系）（$E^{n}E^{n}$）的关系都有关，话语类别可以被细分为四类，即 P^{n}类型（针对故事人物的）话语、E^{n}类型（针对故事主题的）话语、$P^{n}E^{n}$类型（针对故事人物与故事主题之间关系的）话语以及 $E^{n}E^{n}$类型（针对各个故事主题之间的关系的）话语。在此话语分类基础上，如果被叙述的事件（故事主题）或其参与者（故事人物）与一个言语事件（陈述）或言语事件的参与者（发话人与受话人）相关，那么，就是雅各布森所谓的转换词概念所意指

---

① 指示词和主体性的讨论于 19 世纪初已经开始，雅各布森引述其先行者耶普生（Otto Jespersen），参见：Jesperson，Otto. *Language：Its Nature，Development，and Origin*. London：Allen and Unwin，1922.

② 即话语的形式与内容。

③ 事件分为被陈述的事件（narrated event）与言谈事件（speech event），雅各布森特别使用了两个法语词分别指代这两个事件：procès de énoncé（被陈述的事件）与 procès de énonciation（陈述行为这个事件），我们也可以透过这两个概念把雅各布森的转换词与本维尼斯特的陈述分析联系起来。

④ 即叙事学中的两种事件：故事事件与言谈事件。

的内容；如果无关，就是雅各布森所命名的非转换词（nonshifters）[①]。转换词有四大类：人称［Person（P^n/P^s）］、[②] 语态［Mood（P^nE^n/P^s）］、时态［Tense（E^n/E^s）］和证据转换词［Evidential（E^nE^{ns}/E^s）］[③]。

雅各布森认为，伯克斯（Arthur Burks，1915—2008）在研究皮尔斯的符号三分类——象征符（symbol）、指示符（index）以及象似符（icon）时，就已经探究到了转换词的符号学本质，即转换词从属于"指示性象征符号"，同时承担了皮尔斯符号分类中的象征与指示功能，前者展示一种规约（convention）所维系的符号与通过符号再现出来的物体的关系，后者展示符号与该符号所呈现的物体的实际存在的（existential）关系，也即是说，作为指示性象征符号的转换词作为一个符号，与它所呈现的事物之间同时有契约与实存两种关系。伯克斯以人称代词作为"指示性象征符号"的典型证据。以第一人称"I"（"我"）为例，一方面，

---

① 雅各布森用两个表格详细陈列了转换词和非转换词分别对应的话语区位，见表1与2（cf. Jakobson，"Shifter and Verbal Categories" 391）。

表1　雅各布森所作话语范畴（Verbal categories）表

Reference to narrated item	Participant involved		Participant not involved	
	Designator	Connector	Designator	Connector
Nonshifter	Qualifier：Gender，	Voice	Qualifier：Status，	Taxis
	Quantifier：Number		Quantifier：Aspect	
Shifter	Person	Mood	Tense	Evidential

表2　雅各布森所作转换词（shifters）和非转换词（nonshifters）表

Reference to narrated item	Participant involved		Participant not involved	
	Designator	Connector	Designator	Connector
Nonshifter	P^n	P^nE^n	E^n	E^nE^n
Shifter	P^n/P^s	P^nE^n/P^s	E^n/E^s	E^nE^{ns}/E^s

② 人称转换词是雅各布森最为关注的一类转换词，同时也是本维尼斯特与巴尔特的关注重点。本维尼斯特对人称代词的研究参见本章第三节，而巴尔特对人称代词的实践参见第三章第一节。在此，我们可以举一个近代小说苏曼殊《碎簪记》的例子，来对雅各布森的人称转换词作一应用性解释。该小说用第一人称书写，第一人称"余"（曼殊）既担当故事人物角色又作为言谈的声音出现，所以属于P^n/P^s类型。

③ Jakobson，"Shifters and Verbal Categories" 388－89.

人称代词“我”是一个不纯粹的象征符号，因为“我”意指一个正在称述自己为“我”的个体，这是受到了某种传统规则的规约，但在不同符码的作用下，这个人称代词可以在不同的语言学序列中指涉同一个概念，比如“I”可以是“ego”“Ich”“je”或者“我”；另一方面，作为符号的“我”如果与它所指涉的对象之间没有一种实存的关联就不能自称为“我”，换言之，表示说话者的“我”这个词必须与说话者本身有实际关联，因此，“我”这个人称代词作为符号也可以视为指示符号。

雅各布森在伯克斯的研究基础之上，结合了其他学者，包括现象学学者胡塞尔（Edmund G. A. Husserl，1859—1938）对“我”的分析[①]，以及卡尔·布勒、伯特兰·罗素（Bertrand Russell）等人对转换词的分析指出：“事实上，将转换词与其他语言学符码的组成成分区别开来的唯一特征是：转换词与既定的某信息之间有强制性的指涉关系。”[②] 雅各布森意识到，转换词尤其是人称代词因为属于符码与信息交叠的现象，因此是一个非常复杂的范畴。通过对儿童早期语言实践中对人称代词的使用的分析，雅各布森注意到，在儿童的语言习得中，对人称代词的习得属于儿童语言习得的后期阶段，而且儿童对第一人称“我”有垄断性使用，在交谈中对发话人和受话人各自对“我”与“你”的使用不甚清楚，也会使用自己的名字代替人称代词“我”。同时，雅各布森还注意到，人称代词也是失语症患者早期丢失的那部分语言。这两项事实证明，显然，在转换词与既定信息之间的强制性关联，不仅标示了话语使用者对语言与语言表述事物能力的把握，也表现了话语使用者与话语所表述的事物本身之间的联系，而作为重要转换词的人称代词则标示了主体意识的存在。

除了人称代词，还有三类转换词我们尚未讨论到，它们是语态、时态与证据转换词。在下文中，笔者先简要地解释语态与时态转换词，再来分析证据转换词。在雅各布森的话语分类系统中，语态这一类转换词所指涉的是：与陈述这个事件本身有关的、被陈述的那个事件与那个事件的参与者之间的关系，换言之，语态转换词即言谈者视角中的故事人物与故事主

① 现象学观点认为，包括人称代词在内的转换词缺乏一个独立的、恒固的以及普遍的意义，因为正如胡塞尔所说：“I”这个词在不同的案例中表示不同的人，这是借助新的意义（的诞生）运作的。

② Jakobson，“Shifters and Verbal Categories” 387.

题的关系①。时态这类转换词则体现了被陈述的事件与陈述这个事件之间的关系，因此，过去时态告诉我们被陈述的事件是发生在陈述这个事件之前的。证据类转换词涉及三个事件：被陈述的那个事件、陈述这个事件以及包含了被陈述那个事件的陈述这个事件（narrated speech event），换言之，即在陈述中声称的、被陈述的那个事件的来源。由于巴尔特在《历史的话语》中联合了雅各布森的转换词分析与本维尼斯特的话语分析，因此，笔者将该部分相关的具体的讨论留置于下章第二节与《历史的话语》一并讨论，并尝试剖析巴尔特对雅各布森与本维尼斯特二人的话语分类思想的吸收与阐述。

第三节　本维尼斯特的话语研究及其对巴尔特的影响

论及本维尼斯特的普通语言学研究对巴尔特的影响②，我们可以随手举出许多例子：本维尼斯特关于语言分析的“层级”（niveau）的概念直接影响了巴尔特的叙事学结构分析，尤其是巴尔特对叙事话语的层级分析。本维尼斯特的人称代词分析也影响了巴尔特对叙事话语的功能层（le niveau des « fonctions »）的分析。在《〈使徒行传〉10—11 节的叙事结构

① 依然以《碎簪记》为例，我们可以来探视语态问题。话语范畴下的语态问题不是简单的主动、被动语态，而是发话人/受话人如何看待故事人物与人物作为之关系的视角问题，比如苏曼殊（“余”）如何看待庄湜在莲佩、灵芳二妹之间的爱情抉择。

② 巴尔特在《为什么我们热爱本维尼斯特》一文中，特别强调了本维尼斯特对人称代词中主体性的分析，乃至于试图以“交谈语言学”（linguistique de l'interlocution）来统摄本维尼斯特的语言学研究。我们应该更为谨慎地意识到，巴尔特所援用的“interlocution”概念并不指涉“communication”，而是指涉本维尼斯特所谓的广义的话语（discours）概念。本维尼斯特认为，话语必须从其最广泛的意义上去理解，即话语陈述包括一个发话者（locutor）与一个受话者（allocutor），前者总是试图影响后者。从这一点来说，在发话者和受话者之间的对话以及他们对人称的互换使用，标注了话语的本质以及话语中的主体间性。如此看来，巴尔特所谓的“交谈语言学”我们应该理解为“话语语言学”。我们特别声明：本维尼斯特的确通过人称代词等的研究发展了社会语言学，但是如果将他的语言学等同于“交谈语言学”甚或“交流语言学”，其实是将其拘囿于言语交流研究。对于本维尼斯特来说，交流是次级系统。他在《言语活动中的主体性》（“De la subjectivité dans le langage”）一文中明确地抨击那些将言语活动降级为交流，将语言视同于交流工具的思想与实践。他认为，人与语言的关系是互生互存的，这一惊人的发现远远超越了“交流”。那么，如何定位本维尼斯特的语言学研究呢？本维尼斯特研究语言系统也研究话语和言语活动，但是他沿袭索绪尔使用了“普通语言学”这个概念，因此，我们也以“普通语言学”或“一般语言学”来指代他的研究，“结构语言学”“理论语言学”亦可。后两个概念也是沿袭索绪尔而来，但是经历了马尔蒂内与梅耶（Antoine Meillet，1866—1936）（本维尼斯特的导师）的发展与深化。

分析》（“L'analyse structurale du récit：À propos d' *Actes* 10－11”）中，巴尔特指出：本维尼斯特关于言语的分析，为属于超语言学范围内的叙事结构分析指出了一些方向[①]。这一部分我们在后文讨论巴尔特的叙事学思想时会再度论述。同时，本维尼斯特对人称代词这一转换词的分析着重影响了巴尔特的后结构主义自传书写。其实早在1968年，巴尔特就在论文《语言学与文学》（“Linguistique et littérature”）[②] 中指出：本维尼斯特关于陈述与人称代词的研究，被证明与作家们自己在实践中所获得的发现非常接近[③]。而更早在1966年的“结构主义之争”会议上，巴尔特已经在其报告《书写，一个不及物动词?》（“Écrire，verbe intransitif?”）中[④]，应用了本维尼斯特对时间和人称系统以及陈述行为的论述成果，去探究语言学与文学的结合和互为后设语言与对象语言的关系。本维尼斯特对动词时态和陈述的话语/历史层面的区分，也影响了巴尔特对“历史的话语”这一特殊话语类型的研究。上述几个部分，笔者在第二章和第三章的多节内容中会重新谈到。此外，本维尼斯特将文化语言化的认知，影响了巴尔特“反自然”“反起源”的观念[⑤]。巴尔特认为，本维尼斯特在多个方面对索绪尔有所超越，比如他对索绪尔的语言符号任意性的修订，以及他对索绪尔语言结构的社会性这个部分的大力发展等，都属此类，可以说，本维尼斯特将语言学扩展成了一门广义的社会性科学。

事实上，“我为什么热爱本维尼斯特”，这不仅是巴尔特为本维尼斯特1974年出版的《普通语言学问题（第二卷）》撰写的评论的标题，也

---

① Barthes，“L'analyse structurale du récit：À propos d' *Actes* 10－11” 457.

② 1968年法国《言语活动》(*Langages*) 杂志第12期出版了“语言学与文学”（“Linguistique et littérature”）专号，在这一期上出现了巴尔特、雅各布森、巴赫金、克里斯蒂娃的论文，巴尔特的同名论文《语言学与文学》是其中一个非常重要的文献。

③ Barthes，Roland. “Linguistique et littérature”. *Langages* 12（1968）：4－5.

④ Barthes，“Écrire，verbe intransitif?” 617－26；Barthes，Roland. “To Write：An Intransitive Verb?” *The Languages of Criticism and the Sciences of Man: The Structuralist Controversy*. Eds. Richard Macksey and Eugenio Donato. Baltimore and London：The Johns Hopkins UP，1970. 134－56.

⑤ 巴尔特在《罗兰·巴尔特自述》“对起源的破坏”（“La défection des origines”）这一片段中如此论道：“为了破坏起源（l'Origine），他首先彻底将自然（la Nature）文化化了，没有什么东西，也没有什么部分是自然的，不过是历史的罢了；随着这种文化（他像本维尼斯特一样确信任何文化都只不过是言语活动），而后他把它回置于话语的无限运动之中，话语（不是再生的，而是）一个叠加在另一个之上，就像在玩叠手游戏那样。”（Cf. Barthes，*Roland Barthes par Roland Barthes* 142.）

是巴尔特在多个场合剖析自己的学术渊源时尝试回答的问题。本维尼斯特与巴尔特的渊源，在本维尼斯特执教于法兰西公学院时已经开始，巴尔特曾是他的讲座的听众①。在《符号学冒险》（“L'aventure sémiologique”）一文中，巴尔特指出，在其符号学研究的第二阶段（1957—1963），本维尼斯特的学术思想极大地推动了他自己的符号学研究②，至1966年本维尼斯特的首卷《普通语言学问题》出版之际，他与雅各布森、普洛普（Vladimir Propp，1895—1970）等学者一起，已经成为这一时期衍射巴尔特研究的主要学术资源③。在索绪尔之后，巴尔特赞赏许多语言学家，比如乔姆斯基。然而，巴尔特直言他虽赞赏乔姆斯基，却与他没有情感上的联系：“我们阅读其他的语言学家（应该如此），但是我们热爱本维尼斯特。”④ 在巴尔特接受“20世纪档案”（*Archives du XXe siècle*）系列纪录片的采访时，他明确提到：在他读过的所有语言学家的著作中，本维尼斯特的研究占据了最重要的地位，虽然在1970年之后“可耻地”（巴尔特自己的表述）不再走本维尼斯特的道路，但是本维尼斯特在他的学术生涯中所引起的震动如“水之沸腾”，将他对语言科学的兴趣托举至了“书写”的高度⑤。从上述文献来看，本维尼斯特诚然是巴尔特最钟爱的语言学家。那么，本维尼斯特的著作究竟在哪些具体问题的讨论上影响了巴尔特呢？这些影响对巴尔特建构自己的话语符号学来说又有怎样的理论帮助呢？我们不妨依然从《我为什么热爱本维尼斯特》这篇评论，以及巴尔特在本维尼斯特逝世后为其写的悼文《本维尼斯特》（“Benveniste”）说起。

2008年王东亮主持选译本维尼斯特的两卷普通语言学论文集时，也以巴尔特的《我为什么热爱本维尼斯特》这篇评论代为中译本序言。在这篇评论中，巴尔特从两个角度回顾了本维尼斯特的语言学研究和广义话语研究带给学术界和世人的思想财富：（1）本维尼斯特的语言学研究证明，语言无法脱离一种社会性（une socialité）而自立，对语言学的研究必须包括对与语言相伴生的材料的研究，比如历史、文化、制度等，因为

① Barthes，“Leçon” 429 -30.

② Barthes，“L'aventure sémiologique” 523.

③ Barthes，“Dix ans de sémiologie（1961 -1971）and La théorie du texte” 191. 注：在1960年前期与中期，本维尼斯特和雅各布森，巴尔特以及巴尔特的朋友格雷马斯与艾柯，以及更为年轻的学者布雷蒙（Claude Bremond，1929—）和麦茨都是推动这一时期符号学发展的核心力量。

④ Barthes，“Réponses” 515.

⑤ Barthes，“Réponses” 1033.

它们构成了人的实存（le réel de l'Homme）；（2）本维尼斯特为“陈述”这个前卫性的概念赋予了科学的肉身，将陈述定位为人的言说行为，而非言说物，人在言说中确立为主体，甚至没有主体，只有交谈者（interlocuteur）①。

在悼文中，巴尔特将本维尼斯特的贡献归纳为三个方面：第一，本维尼斯特建立了语言学与其他领域，比如精神分析、符号学之间的关联；第二，本维尼斯特尝试建立关于人称代词的新语言学，其结果是，研究陈述的行动（l'acte d'énonciation）或者说交谈（l'interlocution）、主体间性（l'inter-subjectivité）的语言学，取代了对被陈述物［死的对象（objet mort）］进行研究的语言学；第三，本维尼斯特确立了语言与社会之间的一体性，比如他通过研究印欧语系的字词的体系化（institutions），以比较词源学（l'étymologie comparée）的方式发现了一个古风社会（une société archaïque）②。

如果我们将这两篇文稿做一个归纳总结，会发现巴尔特认为本维尼斯特的研究成就之核心是：发现和发展了语言是社会性的语言、人是言说的人、语言学与其他学科有互通之可能、语言学在所有人文学科中占据一个重要且特殊的位置等这样一些认识。然而，读者或许会问，为何在巴尔特看来，上段所论三大部分足以归纳本维尼斯特的学术成就？或者，读者可能再反问之，巴尔特的评论是否合理？这三个部分对巴尔特本人来说又产生了哪些影响呢？我们尝试来回答这些问题。

本维尼斯特提醒我们，语言学有两个对象，言语活动与语言系统，语言学既是言语活动的科学，也是诸语言系统即诸自然语言（langues）的科学。言语活动是人类特有的语言能力，而自然语言则是各个语言共同体所使用的各有区别的语言③。巴尔特认为本维尼斯特的研究横跨了这两个语言学领域，但是其研究倾向于呈现从研究自然语言的语言学家逐渐变成研究言语活动的语言学家的过程。那么，本维尼斯特的研究道路如何体现

---

① Barthes, “Pourquoi j'aime Benveniste” 513 - 14.

② Barthes, Roland. “Benveniste.” *Œuvres complètes*. Tome 4. Paris: Éditions du Seuil, 2002. 947. 注：在古典研究中，“archaïque (archaic)”（古风）应该与“classical”（古典）区别开来，后者特别指代公元前 5 至前 4 世纪的雅典。本维尼斯特主要研究的是前印欧语言（Proto-Indo-European languages），因此，我们勉强可以认为他的研究属于古风语言研究。

③ 参见王东亮译者注，见：［法］埃米尔·本维尼斯特：《普通语言学问题（选译本）》，北京：生活·读书·新知三联书店，2008，第 4 页。

这些发展呢？根据巴尔特在悼念本维尼斯特的文章以及 1974 年他对本维尼斯特的评论，我们展开以下三个方向的讨论。在第一个方向即“语言的/与社会性”这个方向下，笔者尝试从两个角度讨论本维尼斯特对“语言的/与社会性”发展：其一，本维尼斯特对言语活动的研究（见下文第一点）；其二，本维尼斯特对索绪尔的语言系统中社会性的面向的发展（见第二、三点）。第二个方向是本维尼斯特对“陈述”“人称代词”等的研究，见下文第二点讨论。第三个方向是本维尼斯特对语言学与其他学科的沟通，见下文第三点讨论。

一、从回归对言语活动的讨论走向话语语言学

在此，我们不妨借助本维尼斯特的视角，再度回溯索绪尔所“发明”的语言学研究的对象：语言系统。在《语言学发展一瞥》（“Coup d'œil sur le développement de la linguistique”）[①] 这篇论文中，本维尼斯特回顾了西方语言学的发展历史[②]。西方语言研究产生于希腊哲学研究，并在之后的几个世纪里，成为前苏格拉底学派到斯多葛学派及亚历山大学派、亚里士多德学派的思辨对象，后者将希腊思想延伸至拉丁化的中世纪文艺复兴时期，但是在这漫长的历史过程中，学者们从未将语言作为直接对象进行研究，也并不关注语言中的语法现象，这是语言哲学研究时期。在 19 世纪初，由于梵文的发现，学者发现了印欧语言之间的亲属关系，以比较语法（la grammaire comparée）为主要研究视角的语言学开始建立，这一语言学被本维尼斯特视为一门语言生成学（une génétique des langues），其任务是研究语言形式的演变（l'évolution）。在前两个阶段之后，索绪尔的《普通语言学教程》开启了第三阶段的语言学研究，直到这一阶段，语言学作为一门科学才真正成立。这门科学研究的是一门自然语言（une langue）的构成以及它如何运作的问题[③]。

---

① Benveniste, Émile. “Coup d'œil sur le développement de la linguistique.” *Problèmes de linguistique générale*. Paris: Éditions Gallimard, 1966. 19. 注：笔者在阅读时参考了王东亮先生的译文《语言学发展一瞥》，载于《普通语言学问题（选译本）》，第 3 – 19 页。

② 同时参见本维尼斯特接受盖·迪穆尔（Guy Dumur）的访问稿《造就历史的语言》，cf. Benveniste, Émile. “Ce langage qui fait l'histoire.” *Problèmes de linguistique générale*. Paris: Editions Gallimard, 1974. 30 – 31.

③ Benveniste, “Coup d'œil sur le développement de la linguistique” 18 – 21.

在这第三个阶段，语言学家们从语言事实与广泛的语言现象中识别出了“语言系统”。在索绪尔的启发下，语言学家们意识到了现代语言学的根本性原则：语言系统形成一个*系统*（la langue forme un *système*）[①]。语言系统是所有自然语言所共有的一种特质：“语言系统是语言各层级内容的系统性配置”（la langue est un arrangement systématique de parties）[②]，它由分节发音的形式成分（éléments formels articulés）按照某一结构原则联结而成。在语言系统内，每一个单位都通过它与其他单位的关系（relations）以及它所在位置与其他单元所在位置的对立（oppositions）来界定自己。因此受索绪尔的《普通语言学教程》所启发的结构主义语言学，是这样一种研究语言系统的语言理论：它将语言系统视为符号系统和等级关系之下的语言单元的组合。这一理论的核心要点之一是：“语言系统是形式，而非实体”，语言学纯粹是研究形式的科学，而非研究语言实体的科学。本维尼斯特如此评论道：在索绪尔语言学理论的视域中，语言的实体仅仅因为进入语言系统而被确定，关系的观念取代了语言事实的观点，“原子主义”让位于“结构主义”[③]。本维尼斯特特别指出，不仅要考察语言系统的形式问题，还应该同时考察言语活动的功能问题[④]。正是

---

① 笔者有意区分了“la langue”与“une langue”两个概念。这两个概念不可统一以“语言”或“语言系统”言之，前者是任何自然语言的本质，即语言作为一个系统，所以“la langue”我们可以称为“语言系统”，而“une langue”则是单独一个语言系统，比如汉语或者法语，我们可称之为“一门自然语言”。

② Benveniste, “Coup d’œil sur le développement de la linguistique” 21.

③ Benveniste, “Coup d’œil sur le développement de la linguistique” 22.

④ 在讨论语言学的形式与言语活动的功能这个问题时，王东亮先生的译文并没有特别处理“le langage”与“la langue”的区别，统一以“语言”代之。王东亮先生在译注中已经说明，除非特别注明，所译“语言”指称“la langue”。在此先附上本维尼斯特原文与王东亮先生译文。原文如下：“Ce n’est pas seulement la *forme* linguistique qui relève de cette analyse; il faut considérer parallèlement la *fonction* du langage. Le Langage *re-produit* la réalité.”（Benveniste, “Coup d’œil sur le développement de la linguistique” 24 - 25.）译文如下：“属于这一分析的不仅是语言的形式，还应该同时考察语言的功能。语言再生产（re-produit）着现实。”（本维尼斯特，《语言学发展一瞥》，第11页）笔者认为，有必要在“语言学形式”与“言语活动的功能”中做一区分。举例言之，本维尼斯特认为“je”（我）在语言系统的形式范围内仅仅作为词汇材料而存在，与其他材料无甚差异，但是一旦“je”被用于话语，说话人便把“je”占为己有，而且“je”把人的在场引入了话语之中，如果没有人的在场，也就没有言语活动了（cf. Benveniste, Émile. “Le langage et l’expérience humaine.” *Problèmes de linguistique générale II*. Paris: Éditions Gallimard, 1974. 67 - 68）。从这个例子我们可以看出，本维尼斯特强调人的话语实践是在言语活动的范围内行使言语活动的功能，而非语言系统的功能，并且在言语活动的功能实现中，人的主体身份得以显现。故而，笔者认为，在此区分“语言学形式”（即语言系统形式）与“言语活动的功能”是有必要的。

在这里，本维尼斯特从索绪尔的语言系统研究过渡到了言语活动研究。

为何本维尼斯特要回到对言语活动的讨论呢？在言语活动的领域内，本维尼斯特关注的是语言系统在社会中借助个人的语言行为得以实现的问题，以及人的语言行为对人自身与人所在的环境产生的影响问题，这即是本维尼斯特所要考察的言语活动的功能。本维尼斯特将言语活动与社会的关系表述为："因为言语活动总是在一门自然语言中、在一种特定的及个别的语言学结构中实现的，它不能脱离特定的及个别的社会。"[①] 我们从这一表述中能够体察到，本维尼斯特对言语活动的功能的关注关涉他对语言与社会关系的认知。将语言回浸于社会（或社会性）中，语言与文化的关系、语言与人的关系将被重新表述。正是在这里，我们意识到，正是因为本维尼斯特走向了对言语活动的研究，他才能够开发出被索绪尔搁置不谈的言语、话语的系统研究。

那么，本维尼斯特对言语活动功能的研究主要表现为哪些核心观点呢？本维尼斯特特别指出了"象征"能力（la faculté de *symboliser*）的重要性，他将"象征"能力定位为：人们通过一个符号再现现实以及将这个符号理解为对现实的再现的能力，也即是说，"象征"能力就是人在此物与他物之间建立意指关系的能力[②]。"象征"能力使得人与动物得以区别，人的出现或可源于其身体结构及神经组织的发展，但根本还是在于人有"象征"能力，而在言语活动中，"象征"能力得到了最好的实现。因此，言语活动能够中介人与世界以及人与思想的联系，甚至于说，人与世界都借助言语活动的中介才得以可能存在。作为特殊的"象征系统"，言语活动由于其双重性结构（物质的声音与非物质的概念），使得思想既能够被替换为言语活动又能够被表达出来，从而使得对话者能够把握对方的内心体验。由于言语活动的实现总是在一门自然语言中、在一种特定的及个别的语言学结构中实现的，并且它无法脱离特定的及个别的社会而存在，因此，人们对特定社会的把握也是通过言语活动来实现的，也即是说："现实借由言语活动*重生*。"（Le langage *re-produit* la réalité）[③] 语言学之所以能够在社会领域中占据首要地位，正是因为言语活动是"所有社

① Benveniste, "Coup d'œil sur le développement de la linguistique" 29.

② Benveniste, "Coup d'œil sur le développement de la linguistique" 26.

③ Benveniste, "Coup d'œil sur le développement de la linguistique" 25.

会生活”（toute vie de relation）的基础，当然，语言学也能够为那些材料难以客观化的科学提供一些分析模式，从而使得这些科学随着语言学的模式得以形式化①。

然而，言语活动不仅体现为人们交流的工具。在对话中，对话双方因为依据和实践了“我”“你”的人称极性，在言说“我”的时候将言语活动占为己有，因此自立为主体。由此看来，个体与社会都通过言语活动得以确立自身的存在。与此同时，文化也无法脱离语言而被理解。在儿童的语言习得中，儿童的“象征”能力以及对世界的认识是同步习得的。通过“命名”行为②，儿童得以理解、接受和改造文化③。在本维尼斯特看来，文化是一个完全的“象征世界”，文化的全部机制都是“象征”的机制④。人们在文化中确立“有意义”或者“无意义”，都是通过“象征”能力的发挥得以实现，而作为“象征”能力的最高体现的言语活动，就是“意义”的领域。

从根本上来说，本维尼斯特讨论的“象征”逻辑即符号学。言语活动是所有符号系统的典型体现，而语言学所研究的语言系统实则在其纯粹的形式性中包括了言语活动所桥接的文化与社会，故而成为特殊的符号系统。本维尼斯特对“象征”能力的论述，对巴尔特影响极大。更有意味的是，巴尔特从本维尼斯特的“象征”能力这里发展出了文学符号学批评中的这样一项规则：从文学作品中抽取出来的每个独立功能单元与其他单元能够产生关联的根本性的结构规则，就是“象征”规则。这正是巴尔特在1966年的作品《批评与真理》中题为“批评”（Critique）的这一节里，所讨论的文学批评中的“象征逻辑”（la logique symbolique）⑤。除此之外，“象征”逻辑也是巴尔特认为在精神分析与语言学之间存在沟通性的其中一个基础，而这也是本维尼斯特在用话语语言学思想透视弗洛伊德的精神分析时思考过的问题。下文第三部分，笔者会重新讨论到这个问题。

---

① Benveniste, Émile. “Structuralisme et linguistique.” *Problèmes de linguistique générale II*. Paris: Éditions Gallimard, 1974. 26.

② 对事物的“命名”是一种集合了行动、改造和接受的能力，是处于语言和文化之间的人类关系的关键所在。

③ Benveniste, “Coup d'œil sur le développement de la linguistique” 30; Benveniste, “Structuralisme et linguistique” 24.

④ Benveniste, “Structuralisme et linguistique” 25.

⑤ Barthes, *Critique et vérité* 794 - 95.

二、陈述、人称与时态：本维尼斯特话语研究的核心

在上一部分，笔者已经尝试就本维尼斯特对言语活动的研究做了一些讨论。本维尼斯特认为，言语活动与文化、社会之间存在一致性。在本节中，笔者尝试在语言系统内部，就本维尼斯特所发展的语言系统的社会、文化成分进行研究。在这里，笔者将要讨论到几个核心的概念：陈述、话语、时态以及人称代词。本维尼斯特的研究的一个核心问题是区别被陈述物（l'énoncé）和陈述行为。本维尼斯特开创性地将“陈述”定位为一种行为，而非话语文本，这深入地影响了语言学、符号学以及其他人文学科。对本维尼斯特的“陈述”概念的研究，能帮助我们厘清本维尼斯特对索绪尔语言系统之社会性面向的发展。

在《陈述的形式配置》（“L'appareil formel de l'énonciation”）一文中，本维尼斯特指出，对语言学形式的使用（l'emploi des formes）与对语言系统的使用（l'emploi de la langue）全然不同。前者是句法条件下的固定规则的集合，在这个集合中，只要在这套规则下运作，形式就能够或应该正常出现①；而后者完全是另外一回事，它关系到一个整体性的、恒定的机制，而这个机制又以这样那样的方式影响着整个语言系统②。这一机制为何物呢？它是人们每一次说话，每一次在社会生活中运用语言系统所产生的话语，也即本维尼斯特定义的“陈述”概念的外现：“陈述就是通过个体使用行为实现的语言系统的功能。”（L'énonciation est cette mise en fonctionnement de la langue par un acte individuel d'utilisation）③“话语的使用者出于自身需要灵活运用语言系统这一事实才是陈述的行为。说话者与语言系统之间的关系决定了陈述的语言学特征。”④ 我们必须把陈述看作以语言系统为工具的说话者的行为，并且把它放在标志这一关系的语言学特征中来考察。

本维尼斯特特别强调要区别被陈述的文本与陈述这一行为，后者才是他的研究对象。这一区分其实也有助于我们理解索绪尔的言语和本维尼斯

---

① Benveniste, Émile. “L'appareil formel de l'énonciation.” *Problèmes de linguistique générale II*. Paris: Éditions Gallimard, 1974. 79.

② Benveniste, “L'appareil formel de l'énonciation” 80.

③ Benveniste, “L'appareil formel de l'énonciation” 80.

④ Benveniste, “L'appareil formel de l'énonciation” 80.

特的话语之间的区别。索绪尔的言语概念指的是个体实现的语言系统，也即被陈述物，但是言语循环指涉的是对话行为的最小配置，该行为的参与者最少为两人。本维尼斯特的话语概念，与他的人称系统结合在一起，指的是言说者在“我”/“你”两种人称的交换使用中即主体间性的条件下所实现的语言系统[①]。由此可见，本维尼斯特的话语概念是从索绪尔的言语循环概念发展而来的，他继承了索绪尔“话语使得语言系统进入行动”这一观点，并且通过对陈述的开创性发挥，将语言系统在社会中的使用——话语，界定为在行动中实现的语言系统。

陈述概念是本维尼斯特的话语思想的核心之一。陈述作为行为，率先引出了说话者（le locuteur）。在个体的陈述行为之前，语言系统只作为语言系统的可能性而存在，但是经由个体的陈述行为，语言系统就通过话语的一个时位（une instance de discours）得以实现了。陈述行为来自一个说话者，以声音的方式到达一个受话者，并且启发了受话者以新的陈述行为作为回应。在陈述行为中，我们注意到了三个现象：其一，陈述是说话人借助语言学标志将语言系统占为己有（appropriation）的过程；其二，说话人的陈述行为预设了一个受话者的存在，无论后者事实存在与否；其三，说话人和受话人在各自的陈述行为中指涉同一，故而通过话语建立了与外部世界的联系[②]。

我们注意到，一些语言符号承担了表征陈述行为的上述三个现象的任务，比如“人称代词”和“指示词”。人称代词“我”和“你”分别指示了陈述个体与预设的受话者，而诸如“这里”“那个”之类的指示词，与人称代词一起，从每一次陈述这一单个事件中生产出来，并且每次都带来新的意义。此外，与陈述有关的语言符号还包括动词时态，动词的现在时匹配陈述行为发生的这一时刻。本维尼斯特认为，时间性并非超验性存在，而是在陈述中生产并借助陈述体现出来。陈述时刻是现在时，也是人存在于世界中的标志，人要经历现在并将其变为现实，只能通过话语介入

---

① Benveniste, Émile. “De la subjectivité dans le langage.” *Problèmes de linguistique générale*. Paris: Éditions Gallimard, 1966. 266. 注：此文原发表于1958年七月的《心理学杂志》(*Journal de Psychologie*)。笔者在阅读时参照了苗馨女士的译文《论语言中的主体性》，见于王东亮等选译《普通语言学问题》，第291－301页。笔者特别注意到，这里标题中的“le langage”不应该与“la langue”混同，人是在言语活动中而非在语言系统中自立为主体的。

② Benveniste, “L'appareil formel de l'énonciation” 81－82.

世界的方式来实现，因此，陈述的现在时也是存在本身的现在时[①]。本维尼斯特对动词现在时的分析深刻地影响了巴尔特，在第二章第三节笔者分析巴尔特在“结构主义之争”会议的报告《书写，一个不及物动词?》时会对此进行深入讨论。在这里，我们先对本维尼斯特对人称系统和时间系统的分析进行重述与分析。

本维尼斯特看到，语言中的某些范畴只有当人们将其放在语言实践和话语生产中来研究时才能清晰呈现出来。这些范畴不受任何文化的限定，我们从中察觉到在言语活动中安身立命的主体的主观体验。本维尼斯特讨论了其中两种基本的且必然相连的范畴：人称系统和时间系统。在本维尼斯特看来，“人称代词”是一种根本性的话语体验。人称代词“我”和“你”，与“他”对立，这些人称代词与它们在言语活动中的位置之间存在对应关系，并且在这一关系中反应出话语的固有结构：说话人每一次自称为“我”的话语行为都使得说话人进入新的时刻、新的情境和新的话语内容，唯一不变的是说话人将“我”占为己有这一事实；与此同时，受话人在听到“我”时将它与“他者”联系起来，同时在转换为新的说话人时又以“我”来指称自己[②]。而时间系统属于动词人称的上层，一方面，它借助对陈述的两个面向历史与话语的区分，创造出动词人称和时态两个次级系统，另一方面，它也包括了不属于时态的时间概念，比如现在时和完成时[③]。

在这里，笔者特别补充一点本维尼斯特对陈述的历史层面和话语层面的论述，这一论述是巴尔特、托多罗夫等人讨论叙事话语的功能层的基础，深刻地影响了结构主义叙事学的发展，对巴尔特研究“历史的话语”和“书写”概念有极大助力。本维尼斯特认为，法语动词的全部时态，从陈述的层面来看，可以分为历史的层面和话语的层面。所谓历史陈述（l'énonciation historique）是对过去某一时刻发生的事件的客观描述，因此将所有自传性的语言学形式排除在外，时态外在于叙述者，是事件本身的时态，比如一般过去时，其中的人称是第三人称；而话语陈述是指发话人

---

① Benveniste,“L'appareil formel de l'énonciation”83.

② Benveniste,“Le langage et l'expérience humaine”67 –68.

③ Benveniste, Émile.“Les relations de temps dans le verbe français.” *Problèmes de linguistique générale*. Paris: Éditions Gallimard, 1966. 249 –50. 注：此文原刊于：*Bulletin de la Société de Linguistique*, LIV (1959), fasc. I.

有意以某种方式影响受话人的陈述形式，其中的时态系统是话语系统，包括现在时、将来时和完成时，而人称则是“我”／“你”。

在下文中，笔者要对本维尼斯特的人称系统和与人称系统相关的时间系统进行分析。本维尼斯特指出，动词无法脱离人称而存在。他研究了韩语中动词人称的情况，其研究结果表明：人称的形式表达的确可能没有显示于动词之中，但是在深层结构上，人称依然存在并且被强调存在。而从其他语言例子中也可以看出，任何语言中动词的形式都显示出人称的区别：“人称范畴的确属于动词的最基础且必需的概念。”本维尼斯特的论述提请我们注意两项事实：三个人称由于彼此对立而能够界定自己，并且人称的区别体现在动词的形式上面。三个人称之间并非是同质的，而是分为两类：人称（第一、二人称）和非人称（第三人称）。其中只有第一人称是主体性的人称，以对“我”的占据为符号；第二人称是非主体性的人称，并且与第三人称、第一人称复数一起构成“非我”（non-I）。具体见图 5。

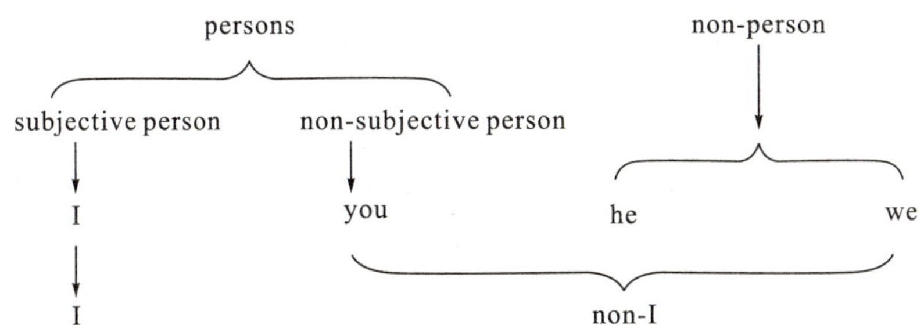

图 5　笔者据本维尼斯特人称系统论述所作人称系统结构图

此外，话语使用也离不开人称关系。在第一与第二人称中，都有一个人称和该人称的话语存在，但是第三人称不是人称，是表达非人称的动词形式。换句话说，人称的存在是为了表征话语的参与，话语只在“我－你”之间存在，而“他”仅仅是“我－你”的话语中谈到的对象。“我”的使用意味着说话者的参与，也意味着一段与“我”有关的陈述，而“你”能够被指称和被构想的前提是因为“我”的确立，但第三人称的结构特征决定了它是动词的非人称形式。我们还可以用形态学特征分析来透视三个人称之间的区别，动词变位不能体现第三人称的个体性的特征。统一言之，人称只存在于“我－你”的位置上。

在这里，我们简要地总结一下人称与非人称的区别性特点。第一，每一次主体自称为“我”时都同时构建了独一无二的“我”和被“我”构想的“你”，而“他”可以是无数个主体或者谁都不是。第二，第一人称和第二人称可以相互转化，但是“我”或“你”都无法与“他”转化。第三人称可能在言语中有特殊的用法，比如尊称或贬称，但是无论哪一种，都以距离与人称间隔开来。本维尼斯特将第一人称与第二人称可互换的关系称为“主体性关联”（corrélation de subjectivité），将它们与第三人称的关系，称为“人称性关联”（corrélation de personnalité）。

我们也特别提到兰波（Jean N. R. Rimbaud，1854—1891）对人称代词“je”所做的异化实验。本维尼斯特认为，兰波在自己的诗歌中提出的“Je est un autre”（“我”即他者），以剥夺“我”的主体身份的方式异化了言说者的精神属性。张汉良指出，兰波的实践是对“je”作为人称代词的“他者”本质的实践，当“je”作为人称代词时，它与自我［self（moi）］割裂，仅仅作为一个空无的词汇，无法启发和再现主体性，只能通过一个语法错误“Je est（应该是 suis）un autre”来呈现这种空无。象征主义诗人兰波关注的是人称代词背后的符旨，因而对“形式”即作为符征的人称代词提出质疑。相比较而言，巴尔特淡化了甚至否定了符旨的可得性与稳定性，代词“je”和“tu”在话语实践中，作为“转换词”可以互换，“我”可以变成“你”，“你”可以变成“我”，作者和读者的身份可以互换，精神分析师和病人的角色也可互换。巴尔特在自己的后结构主义自传书写《罗兰·巴尔特自述》中有意识地转换使用人称代词“je”“il”以及读者所在的“tu”，笔者认为，这既是对作者/读者身份的同化，也是对书写作为符征的游戏而非符旨确定的诉求。

我们明确意识到，本维尼斯特彻底地推翻了“将语言视为交流工具”的这种认知，代之以“言说的‘自我’就是存在的‘自我’（Est « ego » qui dit « ego »）”①。在《言语活动中的主体性》这篇论文中，本维尼斯特明确地指出：“人只有在言语活动中和通过言语活动，才能自立为主体；因为言语活动才是现实的基础，言语活动所生产的现实就是：言语活动即存在，即‘自我’的概念之所本。”② 本维尼斯特讨论的“主体性”概念，指涉说话者自立为“主体”的能力，这是由人称的语言学地位所决

① Benveniste, “De la subjectivité dans le langage” 260.

② Benveniste, “De la subjectivité dans le langage” 259.

定的。在前文中，我们已经指出，每个说话者在自称为“我”的时候都将语言系统占为己有，通过这种言说行为，语言系统以言语的方式被实现，故而整个言语活动都由此建立起来。

在索绪尔的“发声－倾听”（Vocalisation－Hearing）循环图中，我们观察到三个现象：言语循环包括外部部分（声音从嘴到耳）以及内部部分（脑中部分）；言语循环也包括心理部分和非心理部分，而后者联系了器官方面的生理事实和声音传播的外部事实；言语循环同时还包括主动部分和被动部分，前者包括从一个个体核心到他者的耳朵这一部分，后者包括一个个体从耳朵听音到以他自己为核心的所有内容。而在脑中心理部分，主动部分又被称为执行部分，被动部分称为接受部分。本维尼斯特对“我”与“你”的相互逆转，可视为是对主动部分、被动部分的相互逆转，主体性事实上是对执行部分的特殊重视。或者说，所谓主体性其实是在场性（subjectivity ＝ presence），而所谓主体间性则是建立起来的在场性（inter-subjectivity ＝ established presence）。

人称的极性（polarité）是本维尼斯特的又一创新。本维尼斯特指出，“我”相对于“你”来说总是具有超越性的，因此，极性并不意味着平等或者对称，但是由于“我”和“你”可以互相转换，因此，“我”和“你”之间的极性表现出了在言语活动中悖论性的一种现象：辩证的平等概念建立于语言交流中人称的不平等基础之上。本维尼斯特的极性概念，笔者认为可以回溯至索绪尔的言语循环图示，“主体”的言说以“主动”声音与“被动”声音的对立得以界定。索绪尔的言语循环图提示我们有两个个体互相对话，“我”和“你”分别为其中之一，并且彼此可以位置互换，换言之，“我”与“你”在交谈、在言语循环中，但“他”在言语循环外。

当本维尼斯特讨论到“我”总是超越于“你”时，他提供给我们一种独特的视角去探究“对话”。他打破了对话中的平等性这一幻觉，重新阐释了“自我”与“他者”的关系。按照本维尼斯特的思路，“我”天然具备了相对于其他人的“超越性”，但是这与意识形态或者暴力无关，而仅仅是语言使用天然地赋予“我”的权力。“自我”与“他者”之间的关系是“我”与“你”的可互换的辩证位置所决定的。正如巴尔特所说的：“今天，书写并非‘说’，而是表示某人在说，因而使得整个指涉

（‘所说之事’）与语言行为密不可分。”①

在比较文学研究中，我们已经见惯了那些讨论文学和文化对话的平等性的幻觉性言语，也见惯了他们同时贩卖并获利于所谓讨伐文化中歧视现象的行动。相比之下，本维尼斯特的见解更为彻底和可信。依据人称代词的极性，本维尼斯特彻底地解决了文化对话中的根本性问题：对话双方的人称互换意味着对平等的需求，而这一措施建立于对文化言说者言语中本质上的超越性之认知的基础上，这样的认识从来都不会局限于国别或者种族。本维尼斯特与巴尔特承继了索绪尔的符号学思想，符号从本质上关涉相关性和个别性，同时也关涉历史和文化的传统。在他们的对立面，我们找到了意识形态以及反意识形态，后者假装是实现了的自然符号。巴尔特吸收了本维尼斯特的人称的极性研究，从而避免了在自己的书写中贯彻古典书写的“作者”权威，以“读者”/“作者”可逆的方式，实现了后现代书写或对话的平等。因此，笔者在本书的第四章第一节部分，大力地应用了本维尼斯特关于人称极性、主体性问题的思想，来建立研究巴尔特的中国书写（“罗兰·巴尔特与中国”）这个课题的理论基础。

最后，笔者要说明，本维尼斯特的人称系统研究与时间系统研究其实是不可分割的。在《代词的性质》（“La nature des pronoms”）一文中②，本维尼斯特指出，代词的问题既是一个言语活动的问题，又是一个语言系统的问题，因为一部分代词属于语言系统的句法系统，而另外一部分代词则具有“话语时位”的特征。所谓“话语时位”是指“离散且每一次都是独一无二的行为，一个说话者借此以言语的方式实现语言系统”③。第一人称“我”指涉正在陈述包含“我”这一语言学载体的那个当下话语时位的人，这一时位是独一无二的，第二人称“你”是构成“我”的受话方的那个包含“你”这一语言学载体的当下时位的人。“我”和“你”既是语言学载体，也属于言语活动的范畴，并且以它们在言语活动中的地位为

① Barthes, Roland. “Introduction à l’analyse structurale des récits.” *Communications* 8 (1966): 86. Recherches sémiologiques: l’analyse structurale du récit.

② Benveniste, Émile. “La nature des pronoms.” *Problèmes de linguistique générale*. Paris: Éditions Gallimard, 1966. 251 - 57 (Extrait de *For Roman Jakobson*, Mouton & Co., La Haye, 1956). 笔者在阅读中参考了苗馨女士的译文《代词的性质》，参见：王东亮等选译《普通语言学问题》，第283 - 290页。

③ Benveniste, “La nature des pronoms” 251.

参照。[①]“话语时位”也将“我”/“你”与一系列的指示词（indicateurs）联系在一起，比如“这里”（ici）和“现在”（maintenant）这两个指示副词，它们在与“我”连用时标注了与“我”所在其中的这个话语时位所共生的空间以及时间。指示词在话语时位中实现而存在，并且在话语时位中标注了说话者将言语活动占为己有的过程。此外，当人称代词“我”和“你”与指示词联系在一起时，它们共同构成了只能在话语中构造且呈现的人以及人与所处时空之间的关系。

因此，我们从本维尼斯特的代词研究就可以看出，他以行动中的话语囊括了时空、时空下的社会与文化以及其中的人。人因言说而存在，因言说而构建世界，并建构与安抚自身的存在。这样的观点在他的主体性研究中也可以明确地找到对应，可以说，“话语时位”构成了用于界定主体的全部坐标：“一旦个体占用了言语活动，以‘我’为核心的内部参照物作为其特征，言语活动就转化为话语时位，并且通过个体作为说话人在陈述行为中承担的特殊语言学建构来界定个体。”离散的时位构成了话语，因而引发了主体性的显现，故而本维尼斯特这样界定了他的话语概念：话语“是言说的人在主体间性的条件下所承担的语言系统，是使得语言交流成为可能的唯一基础”[②]。

三、本维尼斯特对话语语言学、精神分析及符号学的通化

在这一部分，笔者主要讨论本维尼斯特的语言学与精神分析以及符号学的关联。笔者在这里着重要分析两篇论文：《论弗洛伊德之发现中的言语活动的功能》（“Remarques sur la fonction du langage dans la découverte

① Benveniste, “La nature des pronoms” 252－53.

② Benveniste, “De la subjectivité dans le langage” 266.

freudienne”）与《语言系统的符号学》[1]。之所以要着重讨论本维尼斯特对精神分析和符号学的分析，并讨论他对这二者与语言学之间的关联表述，是因为，这不仅是巴尔特关注的问题，更是巴尔特接受了本维尼斯特的影响的重要部分，对我们建构巴尔特的话语符号学的理论、分析其话语符号学的实践具有重要价值。举例来说，本维尼斯特对精神分析中精神分析学家和病人的双边话语行为的研究，对梦的语言与自然语言两套象征系统的区分性研究，是巴尔特在20世纪60年代中后期思考某种超越性的修辞之形式的思想来源[2]。此外，本维尼斯特在《语言系统的符号学》中提出要区分符号在封闭领域内的意指活动和符号二阶系统在开放领域内的意指性，即区分符意学和语义学，并提出了语言系统同时作为解释系统和被解释系统的论述。这些思想直接影响了巴尔特在20世纪70年代对音乐、视线（le regard）等的分析，可见于《声音的颗粒》（“Le grain de la voix”）、《急速》（“Rasch”）等文章[3]。更不论说，本维尼斯特的一整套关于陈述和话语的论述，在巴尔特的话语符号学模型之声明性论文《话语的语言学》中处处可见踪迹[4]。

我们首先来看本维尼斯特如何打通了弗洛伊德的精神分析言谈治疗与

---

① Benveniste, Émile. “Remarques sur la fonction du langage dans la découverte freudienne.” *Problèmes de linguistique générale*. Paris: Éditions Gallimard, 1966. 75－87. 该论文原出版于拉康主编的《精神分析》期刊创刊号：*La Psychanalyse*, I (1956)。笔者在阅读时也参考了靳晴女士的译文《精神分析与语言的功能》，见：王东亮等选译的《普通语言学问题》第七章，第97－112页。屠友祥在《批评与真理》中译本的脚注中将本维尼斯特的这一篇论文的题目译为“关于弗洛伊德所发现的语言功能的几点看法”。综合全文来看，这一译法有所偏颇，本维尼斯特将他自己对言语活动的分析延伸应用至对弗洛伊德的精神分析的一些发现的补充阐释，因此，该论文不止讨论了弗洛伊德发现的语言功能。倒是靳晴简约地总结译为“精神分析与语言的功能”可以达意。笔者综合题目字面义和文内语境，译为“论弗洛伊德之发现中的言语活动的功能”。同列三个译名以供读者参考。

② 在《图像修辞学》中，巴尔特指出：“不可避免地，修辞学要根据其所依赖的实质（分节的声音、图像、姿态或者其他手段）而不是其形式发生变化；甚至于，可能存在一种单独的修辞形式，为图像、文学乃至梦所共享。”巴尔特通过脚注告诉读者，他的参考文献正是本维尼斯特的《论弗洛伊德之发现中的言语活动的功能》。Cf. Barthes, “Rhétorique de l'image” 49－50.

③ Barthes, Roland. “Le grain de la voix.” *Œuvres complètes*. Tome 4. Paris: Éditions du Seuil, 2002. 148－56.（此文原刊于：*Musique en jeu*, novembre 1972.）笔者也参照了该文章的英译文，参见：Barthes, Roland. “The Grain of the Voice.” *Image-Music-Text*. Trans. Steven Heath. New York: Hill and Wang, 1977. 179－89. 同见：Barthes, Roland. “Rasch.” *Œuvres complètes*. Tome 4. Paris: Éditions du Seuil, 2002. 827－38.

④ 关于这一点，我们在下一章第三节专门讨论巴尔特的《话语的语言学》这篇论文时会进行深入解释。

他自己的言语活动研究。在《论弗洛伊德之发现中的言语活动的功能》一文中，本维尼斯特指出了精神分析有别于其他所有学科的特点：精神分析的所有过程都通过语言这一媒介来进行的，通过与病人的对话，精神分析学家尝试解释病人的病源动机从而进行精神治疗。本维尼斯特在这篇论文中引述了拉康对精神分析的定义，他特别注意到了这个定义中对言语活动的重视。拉康如此界定道：精神分析，“它的方法就是赋予个体功能以意义的言说的方法；它的领域就是作为主体的个体关系现实的具体话语领域；它的操作就是在现实中使真相现身的历史操作”①。本维尼斯特从拉康的这个定义中看出：言语活动既是精神分析的活动领域，也是精神分析的操作手段。

从精神分析学家的角度来看，他对病人进行治疗的依据就是病人的语言行为，病人在其话语中或表述了、或回避了、或编造了其作为主体的某些经历，这些经历本身的真实性对于精神分析学家来说并不重要，话语行为背后的某个动机才是精神分析学家所关注的内容。但是只有通过倾听病人的话语，精神分析学家才能看到作为动机的、埋藏于病人无意识中的情结（complex），如果他能够揭示这个情结并进行解释，那么治疗就是成功的，反过来也能证明他的推断是正确的。而从病人的角度出发，病人发出的言辞首先是言语，是一个个体的语言表达，是用言语构造一个主体性的世界。病人在做自我描述时，他按照自己所渴望的方式进行自我构建，并试图获得他者的认同。病人将一般意义上的语言系统用作言语，来传达自己的主体性，并且用以与聆听者交流。但是，精神分析学家将病人的话语作为另外一种“语言系统”的媒介。这种“语言系统”在弗洛伊德精神分析学中就是无意识的动机，梦境中形成的联想是其中的一个类别。

弗洛伊德认同卡尔·阿贝尔（Karl Abel）的见解，认为梦的构造方式与某些原始语言系统的构造方式之间存在一致性。在弗洛伊德看来，了解语言系统的演变或许会帮助精神分析学家理解梦的语言系统。但是，本维尼斯特通过历时语言学分析指出，阿贝尔的研究是有谬误的；他又通过共时语言学分析指出，弗洛伊德忽视了语言结构的多样性与特殊性，他认为弗洛伊德关于语言系统与梦的联想之间的同质类比存在问题。那么，在

① 转引自本维尼斯特，《精神分析与语言的功能》，第100页；cf. Benveniste, “Remarques sur la fonction du langage dans la découverte freudienne” 77.

语言系统与弗洛伊德的无意识动机这种“语言系统”之间，最本质的区别在哪里呢？本维尼斯特在指出区别之前先提出了它们的共同点：它们都是象征机制，“精神分析建立在一整套象征理论之下，而言语活动则完全就是象征机制”①。无意识的象征机制与语言系统的象征机制之间的区别，就是这两种语言系统之间最本质的区别：前者不是习得的，后者则是习得的，与人对世界、对知识的习得共存；前者具有普适性，没有民族、人种差异，而后者则具有个别性，彼此区别；前者与其相关物之间的关系可指代为复数的符征与唯一的符旨之间的关系，并且不受固定句法和逻辑的束缚，而后者的符征与符旨受到的是整体语言系统的约束，因此不是任意的②。

在《造就历史的言语活动》（“Ce langage qui fait l’histoire”）一文中，本维尼斯特将弗洛伊德梦的语言系统解释为一种特殊的修辞学。弗洛伊德

---

① Benveniste，“Remarques sur la fonction du langage dans la découverte freudienne”85.

② Benveniste，“Remarques sur la fonction du langage dans la découverte freudienne”85－86. 注：本维尼斯特在《语言符号的性质》（“Nature du signe linguistique”）一文中，修订了索绪尔关于语言符号的任意性的认知。他指出：索绪尔对语言符号之任意性的判定之所以是错误的，是因为索绪尔将客观现实作为参照物，拉入符征/符旨之间的关联中去。当索绪尔在讨论“概念”（concept）时，他一直在联系的是现实中物的表现形式，因此可以得出符号与所符指的物的联系是任意的，但无法得出分别作为符征和符旨的声音与思想之间的联系是任意的。本维尼斯特论述道：按照语言学纯粹是形式科学这一原则，事物应该被排除在对符号的理解之外；在纯粹形式的领域内，语言符号的符征与符旨之间的联系不仅不是任意的，反而是必然的。他认可索绪尔将语言系统比作一张纸，思想和声音分别是其正反面，无法切开正面而不同时切开反面，声音与思想彼此无法分离，思想只能接受那些“用于承载其可辨识的某表现的声音形式”。但是，本维尼斯特也指出，作为语言系统的基本元素的语言符号，其符征与符旨的关系是必然的，因为他们是共生共存的：“语言之所以不是由漂移的观念和偶然发出的声音组成的意外的一团，那是因为有一种必然性存在，这一必然性是语言的结构以及所有的结构所固有的。”（Benveniste，Émile. “Nature du signe linguistique.” *Problèmes de linguistique générale*. Paris：Éditions Gallimard，1966. 55.）本维尼斯特的这一修订十分重要，用他自己的话说：“通过将符号的真正性质修订为系统的内在制约，我们超越了索绪尔，巩固了索绪尔思想的严密性。”（cf. Benveniste，“Nature du signe linguistique”49－55. 笔者参见了张洪浩先生的译文《语言符号的性质》，见：王东亮等选译的《普通语言学问题》第七章，第79－87页。）本维尼斯特对索绪尔符号任意性认知的修订，直接影响了巴尔特在《符号学基础》中对语言学中任意性与理据性问题的讨论（参见巴尔特《符号学基础》II. 4.3节），同时也直接影响了巴尔特对服饰系统符号的讨论。在《时尚系统》中，巴尔特区分了语言符号的制度与时尚符号的制度，他指出，语言符号的符征与符旨之间是必然性联系，语言符号是一种社会集体与历史的契约行为（un acte contractuel），而时尚符号的符征与符旨之间则是任意性联系，它是一种专制行为（un acte tyrannique），时尚符号不是由“言说大众”（une masse parlante）即使用者来决定的，而是由时尚集团（fanship-group）以及时尚杂志的书写者来决定的（cf. Barthes，*Système de la Mode* 1113－14.）。

发现了梦在言说，这种言说表征了被压抑的、潜伏的某些意指，但是只有精神分析学家才能理解梦的语言系统。在本维尼斯特看来，弗洛伊德所谓的未被言说的无意识语言，类似于“大的意指单位”，或者一个完整的话语，它的深层意义与字面意义有巨大差异，并且正是这个深层意义作用于情感。本维尼斯特把弗洛伊德所发现的无意识中那些具有暗示性的意象对于情感的作用，称为“梦的修辞学”（la rhétorique onirique）（弗洛伊德自己并没有使用这个名称）①。本维尼斯特看到，弗洛伊德发现的无意识的象征机制与话语所使用的象征机制之间存在共性的地方是：它们都使用一些类似修辞手法的文体（genre）②，而不是所谓系统。这一点也被巴尔特吸收了。

巴尔特在《批评与真理》之“批评”一节中讨论到了文学批评中的“转换”（transformations）问题，也即如何确定作品中某些成分的结构功能价值问题。巴尔特认为，这些“转换”受到了“象征逻辑”的约束。依据一些模式，人们可以研究象征，试图去解释根据哪些程序可以建立象征符号（symbole）的链条，在精神分析和修辞学领域都会遇到的文体，就是理解这种象征逻辑的关键③。在巴尔特看来，批评者要理解这一逻辑，就要寻找有规律但不是偶然的关联，从而能够在两个看似有距离的对象之间建立实则合理的转换。同时，巴尔特也在《文本理论》［“Texte（théorie du）”］一文中④，再次揭示了“象征逻辑”是解释文本与解释梦的工作的同质之所在⑤。

本维尼斯特从话语语言学的角度对弗洛伊德的精神分析所进行的批判性论述，不仅对于巴尔特有重要影响，从某个角度也可以被认为是遥遥呼应了雅各布森对失语症的研究。同时他们二人对人称代词作为转换词的研究，都揭示出他们二者将心理机制与语言结构连接起来，从而发展了被索绪尔搁置不论的心理语言学。我们可以认为，当人称代词转换词被用于精神分析中时，它在倾诉治疗中完美地契合了发话人［the analysand（叙说的、被分析的病人）］与受话人［the analyst（聆听的分析师）］之间的移

---

① Benveniste, “Ce langage et l’expérience humaine” 36.

② Benveniste, “Remarques sur la fonction du langage dans la découverte freudienne” 86 - 87.

③ Barthes, *Critique et vérité* 795.

④ Barthes, “Texte (théorie du)” 443 - 59.

⑤ Barthes, “Texte (théorie du)” 453.

情（transference）。但是，巴尔特将这个现象明确地在文学语用学（比如《罗兰·巴尔特自述》）中与读者和作者的关系关联起来了，在有意的书写和阅读行为之间存在一个接触面，但那只是海上的冰山在水面之上的部分，而人格互为主体的移情这种无意识的机制却在水面之下，是冰山之大体。我们在此看到了雅各布森对失语症的研究与本维尼斯特对无意识的语言系统之象征机制的研究的重要性，他们二人超出了索绪尔演示给我们的图示，提示了未来可能在巴尔特的话语符号学那里存在的话语结构的心理机制的超越性位置。不仅如此，本维尼斯特对语言系统的分析也超越精神分析进入了其他人文学科，比如历史研究和符号学分析。巴尔特引用本维尼斯特对陈述的历史/话语两个面向以及时态系统的分析，讨论了作为一种特殊的话语类型的历史的话语。关于这一点我们将在第二章专辟一节进行讨论，在此不再多论。

下文，我们尝试探视本维尼斯特的话语符号学对索绪尔语言系统符号学的超越。本维尼斯特的话语符号学思想集中见于《语言系统的符号学》一文。他在该文中提出要区分两种意指性（signifiance）：符号意指和语义意指，这对巴尔特在20世纪70年代研究音乐、视线等非语文文本和脱离言语活动的符号系统有特别重要的影响。同时，在这篇论文中，本维尼斯特还提出了三层符号学构想[①]。第一层即索绪尔的语言符号层面的符意学，第二层研究句子之上的话语层面，即本维尼斯特所谓的语义学。这两层都属于语言学内的分析（l'analyse intra-linguistique），即在语言符号/言语/话语层面进行意义分析，也即对被言说物进行分析。第三层在对文本、作品的超语言学分析（l'analyse translinguistique）中，以陈述的语义分析为基础，建立后设语义学（méta-sémantique），笔者称之为"陈述的符号学"（sémiotique de l'énonciation）。这是建立在对陈述/言说行为的语义分析基础上的后设语义分析。笔者认为，后面两种符号学都可以被统一于广义的话语符号学之下，因为本维尼斯特的陈述行为包括在话语行动之内，陈述是话语的基础。这三种符号学分别以语言系统、话语系统和陈述系统作为分析模型。

《语言系统的符号学》发表于1969年国际符号学学会官方杂志《符号学》创刊号，其实在1968年，在与皮埃尔·戴克斯（Pierre Daix）的

---

① Benveniste,"Sémiologie de la langue" 65 - 66.

访谈稿《结构主义与语言学》中，本维尼斯特已经区分过了符意学与语义学。本维尼斯特指出，符意是一个直接意义，不受历史/环境的影响，因此是一个自身封闭，也可以说拘囿于自身的意义，但是，语义学是无法预见的、向世界开放的意义，它是由语流、对情境的呼应以及不同符号之间的配合产生的意义[①]。或者我们可以说，符意学是外延系统符号学，而语义学是内涵系统符号学，也即巴尔特所谓的超语言学。

我们不妨再回顾一番本维尼斯特提出符意和语义区分的原因。在《语言系统的符号学》一文的开篇，本维尼斯特首先对现代符号学两大先驱皮尔斯和索绪尔的工作做了总的评析。他认为，皮尔斯没有区分作为研究对象的符号与作为解释其他符号的工具的符号，而索绪尔对语言系统的“发明”则是一项创新，这是因为“语言科学可能是唯一一门通过发现自己的对象而最终得以确立的科学”。索绪尔的方法论基础正是他对作为语言学对象的“语言系统”的发明。但是，随即本维尼斯特就批评索绪尔，认为他虽然界定了语言学的对象，将语言系统确立为相比其他系统更重要的系统，但是“过于肯定语言系统与符号诸系统之间的关系，却没有厘清语言学与符号学，这门针对符号诸系统的科学之间的关系”[②]。本维尼斯特意识到，符号系统并非都是封闭的世界，并非只有偶然的共存关系，符号系统之间的关系具有等级性，有些符号要作为系统被建立起来，就必须借助语言的中介，“被语言生产并阐释”，比如神话与仪式就是这样一些符号系统，因此，语言系统与其他系统的关系不止于语言系统是一个典范系统。可以说，厘清这些关系将重新设定语言系统在各种符号学中的等级地位。

本维尼斯特认为，符号系统之间所设立的关系本身必须具有符号的性质，而所谓符号的特点就是具有能够意指的能力，即“意指性”，并且由能够意指的单位即符号组成。他区分了两种意指性，其中一种意指性在组成一个封闭世界的各种关系中显示出来，另外一种意指性则是符号本身所固有的。本维尼斯特发现，只有语言系统的意指性是符号本身所固有的，任何非语言系统的符号系统都必须借助语言系统这个媒介，通过语言系统

① Benveniste, “Structuralisme et linguistique” 21 - 22.

② Benveniste, “Sémiologie de la langue” 49.

符号学以及在语言系统符号学中才能存在[1]。因此语言系统是其他一切符号系统的解释系统。本维尼斯特认为，解释性关系是符号系统最基本的关系，“它把系统分为两类，一类是言说的系统（systèmes qui articulent），因为它们能表现自身的符号学特征；另一类是被言说的系统（systèmes qui sont articulés），它们的符号学特征只有通过另一种表达方式才能显现。因此，人们可以引入语言系统，并证明语言系统是所有符号系统的解释项（interprétant）”[2]。这即是说，只有语言系统既能作为解释系统又能作为被解释的系统，其他任何符号系统都无法解释自身。本维尼斯特也引入了他对言语活动与社会之间的一致性的研究，将社会系统也纳入了被语言系统解释的系统范围之内。

在本维尼斯特看来，语言系统被赋予了双重的意指性（une double signifiance），一种是符意学方式的，另外一种语义学方式的。前者是语言符号所特有并将语言符号组成单位的意指方式，其关键在于识别单个符号单位，一个符号单位与其他符号单位之间纯粹的差异性是这一意指性的基础，这是语言系统的意指基础。而后者不能化简为单个可识别的符号单位，而是必须从整体上进行意指，这就是话语生成的意指方式，或者说是陈述的意指。正是因为语言系统具有这样的双重意指性，因此，它才能够对意指性本身再度进行意指阐述，这也正是它能够解释其他一切符号系统的根本原因[3]。

本维尼斯特指出，索绪尔的符号首先是一个语言符号，因此，当他把语言系统定位为“诸符号的系统”（système de signes）时，他虽然为一种语言学符号学（la sémiologie linguistique）（即语言系统符号学）奠定了基础，却不能继续讨论到在句子及之上的层面上会出现的话语的符号系统。正如本维尼斯特所批评的那样，索绪尔不是没有意识到句子，而是很显然，句子对他来说是一个障碍，他只能将句子降级为“言语”。故而，在本维尼斯特看来，索绪尔的语言学符号不能作为语言系统在执行话语功能（fonctionnement discursif）时的独一无二的准则。事实上，符号的世界是封闭的，无论是用意群的结构组合方式，还是用其他方式，从符号到句子

① Benveniste，“Sémiologie de la langue” 59 - 60.

② Benveniste，“Sémiologie de la langue” 61.

③ Benveniste，“Sémiologie de la langue” 63 - 65.

之间的过渡都无法实现①。本维尼斯特故而发出了振聋发聩的呼声："语言系统的符号学被阻塞了，吊诡的是，阻塞它的正是它的创造者：符号。……我们必须超越那个独一无二的原则——索绪尔的符号概念。"②如果要超越索绪尔的语言系统符号学，从对字词的表意活动的研究进展到句子、言语，进而开拓符号学在语义学方面的发展，本维尼斯特认为要通过两个渠道来达成，这正是我们在前文一开始就已经提到的语言学内分析和超语言学分析两个渠道。

在这一节中，笔者随着巴尔特自己对本维尼斯特思想的方向性的概括，回顾了本维尼斯特的普通语言学（本维尼斯特的话语语言学包括在其普通语言学内）与他的话语符号学思想，并梳理了本维尼斯特对巴尔特的影响与巴尔特对本维尼斯特的接受。这一节将与前面两节一起构成笔者撰写巴尔特自己的话语符号学系统的理论基石和思想背景。

在此，我们简要地回顾一下本章的主要内容。在第一节中笔者主要界定了索绪尔的语言系统的"阵地"地位，也重新思考了索绪尔以语言系统语言学为模式的符号学思想。笔者发现，巴尔特在1964年的《引言》以及之后的文学研究、大众文化研究中，补进并质疑了索绪尔的语言学模式，他提出要用超语言学来统摄符号学。换言之，巴尔特提出了以话语为对象的超语言学，即内涵系统符号学，来涵括包括索绪尔的语言系统符号学在内的符号系统分析。这一时期巴尔特开始注意话语的意指活动以及能够解释对意指活动进行叠加意指的后设话语理论。在第二节和第三节中，笔者分别梳理了雅各布森和本维尼斯特对索绪尔语言学的发展。雅各布森率先发展了被索绪尔搁置不谈的言语的语言学，批判性地重述了索绪尔对语言系统/言语的形式二分，以包含主体性行为的话语交流模式发展了索绪尔的言语循环模式，同时他在失语症研究中深化了索绪尔语言结构的句段与联想两种关系，挖掘出人类话语实践固着于隐喻模式或转喻模式的极端状况，一并将社会生命的语言事件压制到个体的心理机制中去，在心理学无意识的层面发展出人类话语实践的隐喻主导类型与转喻主导类型，以及在两极间的话语游弋行为。

在本章中笔者也将雅各布森的转换词研究与本维尼斯特的人称代词研

① Benveniste, "Sémiologie de la langue" 65.

② Benveniste, "Sémiologie de la langue" 65.

究联系起来，试图展示二者通过对语言系统中某些范畴的分析，对索绪尔未曾深入讨论的社会语言学的开发。事实上，在整个第三节，笔者都在分析本维尼斯特的陈述概念、人称代词研究、时态研究，试图理解本维尼斯特将言语活动与社会性沟通、在语言结构内部通过人的陈述行为实现语言系统与现实以及文化的联结，以及以话语的语言学作为基本模式投射到精神分析和符号学的领域，从而发展出他的语义学与后设语义学等一系列的学术创举。这一章将作为巴尔特的话语符号学思想的理论萌芽的思想基础，为后文笔者描绘巴尔特的话语符号学系统以及实践巴尔特的话语符号学奠定基础。

第二章　巴尔特话语符号学的对象领域、基本内涵与模式演进

在笔者看来，巴尔特的话语符号学思想是一个需要被建构的系统。在这个系统内部，运作着作为对象的各种类别的话语与作为后设语言的话语分析，话语语言学规定了其运作规律，各类别的话语与各类别的话语分析彼此构成互动互涉的关系。巴尔特在这个系统内部，专注于研究话语的初度意指、二度意指的能力及规律。在其研究过程中，巴尔特在吸收了索绪尔、叶尔姆斯列夫、雅各布森、本维尼斯特等人有关“从言语到话语”的建构思想之后，又借助与语言哲学的对话，对话语符号学的系统进行了一定程度的反思。笔者在本章尝试通过对巴尔特的话语分析以及其分析模型的后设批评，着力描绘巴尔特话语符号学理论的发展历程，界定其具体内涵，一并描述这一理论系统内部各种话语分析之间互动互涉的内在关系。

笔者从研究巴尔特的《叙事作品结构分析导论》开始，尝试通过分析巴尔特对叙事话语的研究，来描述巴尔特的话语符号学初期的形貌；之后笔者通过对《书写，一个不及物动词?》以及《历史的话语》两个文本的分析，尝试投射巴尔特对本维尼斯特话语语言学的吸收、应用与反思，以及借此逐渐发展成型的话语符号学。此外，笔者要以德里达对书写与语言之关系的论述，引出第三章分析巴尔特对其话语符号学进行自我反射式文本实践的原因。最后，笔者将对巴尔特话语符号学在成型期自主确立的话语语言学模型进行研究，主要通过阐述《话语的语言学》一文来进行，并在分析巴尔特的旧修辞学研究的过程中，对照巴尔特的话语语言学模型与旧修辞学的话语模型，在补进与反思前者的同时，作为引出下文第三章文本实验的预告。

在正文开始之前，笔者需要回答这样一个问题：为何从叙事话语的结

构分析开始，而不从社会神话研究和时尚系统研究开始，尝试建立巴尔特的话语符号学系统？是因为巴尔特在《罗兰·巴尔特自述》中将《神话》（*Mythologies*，1957）归于其符号学活动之外[①]，而《时尚系统》研究开始于1957年结束于1963年吗？[②] 答案并非如此简单。确切地说，本章的研究活动主体的确是从1964年开始的，这是因为，正是从这个时间节点起，巴尔特自觉向学界发出了明确的信息：他开始反思索绪尔的语言学模式，开始接受雅各布森对索绪尔的发展，他已经看到了本维尼斯特对话语和言语活动的研究并为之所吸引。而《时尚系统》虽然在1967年才出版，但这一项目的主体研究工程，是在1957—1963年间进行的，我们认为，这一阶段是发生在一个非明确意识下的对索绪尔语言学的应用阶段，当然巴尔特在后来回顾《时尚系统》研究时承认他虽然继续使用了索绪尔的术语，但是实际上他所做的工作是补进了索绪尔的符号学研究[③]。在本书的写作中，出于对巴尔特的话语符号学这个核心问题的聚焦程度的考虑，对《神话》和《时尚系统》的整体性研究我们只能暂时搁置，存而不论，只是在正文中偶然需要的地方稍有触及。笔者在此再补充一句：对《神话》和《时尚系统》的研究对于分析巴尔特在符号学研究初期所践行的意识形态批判目的非常重要。虽然意识形态批判是巴尔特贯穿一生不曾放下的工作，也是符号学整体研究未来必须挖掘的重要分支，但是我们不得不承认，巴尔特在上述两部作品中表现出来的意识形态批判如他当时的符号学理论一样，依然处于初级阶段。

第一节　从叙事话语结构分析看巴尔特话语符号学的理论雏形

为什么我们要分析巴尔特论叙事话语？这对我们重建巴尔特的整个话语符号学体系有什么帮助？这是笔者在这一节需要回答的两个关键问题[④]。笔者首先引入巴尔特在1966年《交流》杂志第8期上发表的《叙

① Barthes, *Roland Barthes par Roland Barthes* 148.

② Barthes, Roland. *Système de la Mode*. Paris: Éditions du Seuil, 1967. 7.

③ Barthes, "Sur le *Système de la Mode* et l'analyse structurale des récits" 1297 - 98.

④ 本节内容的简化版，发表于《中国文学研究》，见：韩蕾：《话语符号学视角下的〈叙事作品结构分析导论〉》，《中国文学研究》，1 (2017)：10 - 14。

事作品结构分析导论》这篇论文[①]。在下文中，笔者主要通过研读这篇论文，并辅佐以其他相关文献来尝试回答开篇提出的两个问题。其他文献将包括：《〈使徒行传〉10—11 节的叙事结构分析》与《与天使摔跤：〈创世纪〉第 32 章第 23—33 节的文本分析》（“La lutte avec l'ange：Analyse textuelle de *Genèse* 32. 23 – 33”）[②]，以及《对埃德加·坡的一则故事的文本分析》（“Analyse textuelle d'un conte d'Edgar Poe”）。在这里，我们特别指出，巴尔特的叙事话语分析有结构分析（l'analyse structurale）和文本分析（l'analyse textuelle）之区分。除上述 1972、1973 年两个文本分析之外，《S/Z》是巴尔特对一个完整叙事所进行的文本分析。笔者无意综合归纳这两种分析，但是尝试在话语符号学这一更为宽广的领域内整合这二

① Barthes，“Introduction à l'analyse structurale des récits” 1 – 27. 注：笔者在研读该文献时亦参考了其英译文及中译文，参见：Barthes，Roland and Duisit，Lionel. “An Introduction to the Structural Analysis of Narrative.” *New Literary History* 6. 2（1975）：237 – 72. On Narrative and Narratives.［法］罗朗·巴尔特：《叙事作品结构分析导论》，张裕禾译，《外国文学报道》，4（1984）：17 – 31。这是大陆第一个《导论》的译本，也是笔者所参考的译本，该译本译自法语原文。后在赵毅衡主编的《文学符号学论文集》一书中刊载了谢立新由英译文转译的译本，见：［法］罗兰·巴尔特：《叙述结构分析导言》，谢立新译，载于赵毅衡选编：《文学符号学论文集》，天津：百花文艺出版社，2004，第 403 – 438 页。该译本的原英译文选自巴尔特英译文集《图像 – 音乐 – 文本》（*Image-Music-Text*），参见：Barthes，Roland. “Introduction to the Structural Analysis of Narratives.” *Image-Music-Text*. Trans. Steven Heath. New York：Hill and Wang，1977. 79 – 124.

② 巴尔特选择以《圣经》文本作为结构分析的对象，这十分值得思考。中世纪释经学（exegesis）以及其他解释学类型的文学批评，试图发现文本的确定意义或者按照假定隐藏着的那种真理来解释文本，而在巴尔特的文本分析视域下，《圣经》作为一个可操作的文本，其意义的呈现有多种可能。在这一时期文本概念已经经历了极大的改变，按照巴尔特的文本理论，文本被他理解为是“一种意指性生产”（une production de signifiance），而不是语文学（la philologie）的对象：文字的持有者（détenteur de la Lettre）。巴尔特认为他的文本分析或者结构分析并不与中世纪释经学存在方法论上的冲突，他的分析不欲求得一个“结果”，比如文本来自何处，或彰显一种方法，比如文本如何建构而来，而仅仅体现为一种对文本的“处理方式”（manière de procéder），即文本的意指性（la signifiance）如何借助处理分解和组合文本的意义单元而呈现出来（cf. Barthes，Roland. “La lute avec l'ange：Analyse textuelle de *Genèse* 32. 23 – 33.” *Œuvres complètes*. Tome 4. Paris：Éditions du Seuil，2002. 158.）。在《与天使摔跤：〈创世纪〉第 32 章第 23—33 节的文本分析》文末，巴尔特再次强调，他的研究是“对文本的阅读、传播，而不是诉求真理”，这使得文本从某个可能的符旨那里解放出来，维持了文本意指性的开放（cf. Barthes，“La lute avec l'ange：Analyse textuelle de *Genèse* 32. 23 – 33” 169.）。事实上，巴尔特在《与天使摔跤：〈创世纪〉第 32 章第 23—33 节的文本分析》中，已经显露了他在文本时期对文本开放性的观照，而这种观照与他在结构主义符号学研究时期对意义问题的关注是一脉相承的。

者，统一为对叙事话语的意指活动的符号学分析①。

一、叙事话语结构分析与超语言学的关系

巴尔特在另外一篇典范的结构叙事文本分析，即《〈使徒行传〉10—11节的叙事结构分析》中直陈："至少我们可以假设，叙事话语的结构分析、叙事的语言系统，属于未来的超语言学的一部分。"② 巴尔特在别处曾将超语言学定义为"言语的符号学"③，而每一个叙事作品，在巴尔特看来都是"索绪尔意义上的言语，一种叙事话语的一般语言系统的信息（le message d'une langue générale du récit）"④。这种叙事话语的语言系统（la langue du récit）与语言学家以自然语言为研究对象的严格意义下的语言系统不同，它在句子之上的范围活动，因此属于第二级语言学即超语言学的领域。因此，我们要研究巴尔特的超语言学（也即我们定义的话语符号学），他的叙事话语结构分析是一个不可忽视的部分。但是，比起巴尔特对具体某个叙事话语的结构分析/文本分析来说，笔者更关注巴尔特的《导论》这篇论文，这是因为，在笔者看来，巴尔特的这篇论文不仅较为集中地体现了他的叙事学思想，也从中可以抽象出一些我们在讨论其话语符号学思想时必须仔细研究的主题，比如巴尔特如何吸收了雅各布森、本维尼斯特的话语思想，再比如，巴尔特如何通过叙事话语分析来建构超语言学分析的一般模式。

我们不妨先从介绍第8期《交流》杂志开始对巴尔特的叙事话语结构分析的思想进行重述和后设批评。这一期是"叙事学研究"专刊，其研究论题为"符号学研究：叙事话语结构分析"（"Recherches sémiologiques：

① 笔者并不特别强调巴尔特的"结构主义时期、后结构主义和解构主义时期"等大众意见，而是以话语符号学整合他从20世纪60年代中期到70年代中期的结构分析、文本分析以及理论锤炼。笔者所遵循的一个基本认知是：在这一时期，巴尔特的关注点都可化约为对话语的意指活动的研究，也即其话语符号学的活动范围。巴尔特自身也意识到在符号学内部存在两种分歧也是两种倾向，其中一种试图建立一种形式模式，比如叙事结构、叙事语法，另外一种则在"文本"概念下，在一个开放的空间中探视话语的意指性，将话语视为生产过程而非产物，从而与其他的文本相关联。在后者的认知下，不存在文本的决定论，文本关系就是"援引"（citation）。因此，巴尔特提出了区分结构分析和文本分析（cf. Barthes, Roland. "Analyse textuelle d'un conte d'Edgar Poe." *Œuvres complètes*. Tome 4. Paris：Éditions du Seuil, 2002. 413）的看法。

② Barthes, "L'analyse structurale du récit：À propos d' *Actes* 10－11" 458.

③ Barthes, "Recherches sur la rhétorique" 747－49.

④ Barthes, "L'analyse structurale du récit：À propos d' *Actes* 10－11" 457.

l'analyse structurale du récit"）。该期杂志充当了这一时期叙事学分析的集中论域，集合了当时一大批优秀学者的重要论文，包括热内特（Gérard Genette，1930—）的《叙事的边界》（"Frontières du récit"）、克劳德·布雷蒙的《叙事诸可能性之逻辑》（"La logique des possibles narratifs"）、艾柯的《詹姆斯·邦德：叙事的组合操作》（"James Bond：une combinatoire narrative"）、格雷马斯的《神话叙事的阐释理论基础》（"Éléments pour une théorie de l'interprétation du récit mythique"）、克里斯蒂安·麦茨的《叙事性电影的大句段》（"La grande syntagmatique du film narratif"）以及托多罗夫的《文学叙事诸范畴》（"Les catégories du récit littéraire"）①。巴尔特的论文充当了这一期杂志的导论。在论文中，他不仅对该期杂志的主要论文的核心思想进行了讨论，也将之融合进了自己的叙事学思想。这篇论文堪称叙事学分析的集大成之作，引发了小说研究的叙事学转向。读者在这篇论文中能够读出巴尔特在叙事话语结构分析问题上所接受的历时与共时的思想源流，也能够读出巴尔特借由叙事分析对其自身的话语语言学模式、话语符号学系统所着力进行的建构性工作。这篇论文因此对于我们重建巴尔特的整个话语符号学系统、确立话语语言学分析方法极为重要。

我们首先需要对"叙事话语的结构分析"这一术语进行清晰表述，至少先消除一些基本误区。在巴尔特的视野中，叙事话语的结构分析并非是定位明晰的学科，相反，仅仅在法国结构主义这里，各个学者所采用的结构分析的方法也不尽相同，甚至在意识形态立场上大有相左。只能说，叙事话语的结构分析勉强算一种方法，绝非一门科学②。但是叙事话语的结构分析存在于一个正在生成的符号学领域中③，这个领域就是言语的符号学，也即话语符号学。巴尔特提出有三项一般原则，在 1970 年时已经被所有关心叙事结构分析的人认同，即形式主义原则（principe de formalisation）、相关性原则（principe de pertinence）与多元性原则（principe de pluralité）。第一个原则来自索绪尔语言系统与言语的对立，

① 在该期论文中，热内特对叙事这种话语类型进行了定义，布雷蒙主要研究了叙事话语"功能"（fonction）层级的逻辑问题，艾柯对"詹姆斯·邦德"系列电影进行分析，麦茨研究电影叙事的句段组合，托多罗夫接受俄国形式主义和本维尼斯特的影响，区分了文学叙事的故事与话语两个面向。

② Barthes，"L'analyse structurale du récit：À propos d' *Actes* 10 – 11" 456 – 57.

③ Barthes，"La lute avec l'ange：Analyse textuelle de *Genèse* 32. 23 – 33" 157.

叙事作为索绪尔语言学意义上的言语，是一种被叙事自身的语言系统编码的信息；这一高于自然语言系统的语言系统属于超语言学的范围。第二个原则来自音位学，声音的区分关涉意义的区分；这一原则引申应用于叙事作品，则有了“功能”区分，即以一种相关关系（或内涵指涉关系）来确定意义。第三个原则指涉叙事结构分析中对意义的多元现象或多元性的意义所在位置的确定；在这种分析方法看来，所谓“真理”或文本深层结构中的“谜底”只是与其他符码并列的其中一个符码①。

二、叙事作品的语言系统与语言学语言系统之同质关系

现在，我们回到巴尔特的《叙事作品结构分析导论》，来探究叙事的语言系统。事实上，我们可以认为巴尔特是从索绪尔的语言系统概念中，衍生出了“叙事的语言系统”这个概念，并且由此开始了他对叙事作品的符号学结构分析。这种衍生其实是一种假设的同质类比。对叙事作品进行结构分析的对象是话语片段，而索绪尔语言学的对象是语言系统，在话语片段和语言系统之间为何能够存在同质类比呢？其实这个问题的答案已经涉及了巴尔特的话语语言学与索绪尔的语言系统语言学之间的区别与联系。巴尔特在这篇论文中指出，结构语言学的研究终止于句子，句子是其研究对象的最大单元，在句子之上只有其他的句子，而无句子的组合整体，故而有马尔蒂内所言：“句子是话语的既完美又系统的体现的最小切分单元。”话语本身则是有组织的句群，在高于结构语言学家的研究对象“语言系统”的层面上运作，因此，涉及话语自身的单位、规则、“语法”的语言学是一般意义上索绪尔模式下的结构语言学之外的语言学，巴尔特将之称为“话语的语言学”②。这也即是说，叙事的语言系统是话语系统，而以话语系统为对象的语言学是话语的语言学。要对叙事作品进行结构分析，就要率先厘清话语语言学的结构成分与运作规则。

巴尔特察觉到，假设话语语言学与语言系统语言学之间存在同质关系，这是进行话语语言学分析的前提。这一假设前提其实基本遵从了一个以自然语言为一级系统，在此基础上发展出人工语言、文学语言、叙事语

---

① Barthes, “L’analyse structurale du récit: À propos d’ *Actes* 10 - 11” 457 - 61.

② Barthes, “Introduction à l’analyse structurale des récits” 3.

言乃至文化的二级系统这样一个逻辑过程[1]，但是，巴尔特的叙事话语研究实践最终落点在以句子为一级系统发展出话语这个二级系统这里，可以说，还是以结构语言学作为叙事作品结构分析模式的基础模式。那么，这里似乎就产生了一处矛盾：巴尔特既然认为话语系统是在高于语言系统的层面运作的，那他为何又要沿用语言系统的形式逻辑与运作基础呢？他的话语语言学与语言系统语言学的实际区别又在何处呢？巴尔特自己显然意识到了这个矛盾，因此他借评析格雷马斯的语义符号学对叙事话语的分析来进行自我解释。格雷马斯提出了人物行动元类型系统（typologie actantielle），他指出：叙事中众多的人物与语法分析的基本功能是同质的，这就说明了语言与文学之间也是同质的[2]。此外，巴尔特也找到了能够将叙事作品视为一个大的句子的证据，即句子层面的主要范畴主语与谓词能够在叙事中找到相应范畴，虽然这些范畴已经经过了相应的改造。比如与动词这个句子核心紧密相关的时态（les temps）、状态（les aspectes）、语态（les modes）、人称（les personnes）等，以及句子的“主语”（sujet）与话语的“主体”，都能在叙事作品中找到对应[3]。然而，更有意味的一点是，巴尔特特别化用了马拉美（Stéphane Mallarmé，1842—1898）的“文学是语言的后设语言”这一说法，隐秘暗示了关于话语的话语，即作为话语语言学始祖的古典修辞学（而非美文学）的复苏。巴尔特并没有直接提到这一点，但是联系到1966年巴尔特的主要研究项目是开设古典修辞学课程，我们不难将他的话语语言学与他的修辞学分析联系在一起。笔者将在本章最后一节讨论巴尔特的古典修辞学研究与其话语符号学的关联。

巴尔特能够将话语符号学建基于索绪尔的语言学和本维尼斯特的语言学研究之上的其中一个关键点是，他认为语言系统语言学为话语语言学提供了一个核心概念：描述的层级（niveau de description）。正是这个概念，使得人们得以解释，为何叙事不是句子的总和，并且能够回答如何对叙事的成分进行分类。巴尔特如此论道：“理解一部叙事作品，不仅仅是要理

① 关于巴尔特有关语言学与文学以及文化之间的建模关系，参见本书第四章第二节；在这一节中，笔者也对比分析了巴尔特的建模关系与洛特曼所代表的莫斯科－塔尔图学派的自然语言为一级建模系统、文化为二级建模系统的理论差异。

② Barthes，“Introduction à l'analyse structurale des récits”4.

③ Barthes，“Introduction à l'analyse structurale des récits”4.

解故事的展开，也是要辨别故事的层级”，“不仅要一个词一个词地读（lire）［听（écouter）］，而且要一个层级一个层级地读（听）”①。巴尔特明确指出，他的“层级”概念是从本维尼斯特的研究中借鉴而来的。在此，我们再度简要地将本维尼斯特所区分的语言分析的层级归纳如下：本维尼斯特认为“层级”概念说明了语言的分节性质（la nature articulée du langage）和构成要素的离散特征（le caractère discret de ses éléments）；根据语言的这两项特点，对语言符号进行切分（segmentation）以及替换（substitution）的操作，就能够考察语言符号与其所在环境的两种关系：组合关系（被切分出的成分与其他能够同时出现于陈述同一部分的成分之间的关系）与聚合关系（该成分与其他可以替换该成分的成分之间的关系）②。在这里，笔者特别要指出，巴尔特的“层级”概念不仅仅直接取自本维尼斯特，这其中还有在本维尼斯特“层级”概念之前的索绪尔与雅各布森的两轴概念。在后文中我们讨论巴尔特所发展的叙事层级时，组合/聚合的关系将是我们理解叙事层级的核心要素。在此，我们可稍微回视这两个关系的历史。

在索绪尔语言学中，句子的层级包括语音的、音位学、语法学以及语境的层级。在每一层级内部都有各自的组成单位和组合原则。但是所有的组合原则都可以归纳为组合关系和联想关系两类，这两种关系统摄了意义产生的两种方式。雅各布森将索绪尔的两轴概念发挥为话语的两种组合方式（相应的有两种主要的话语类型）以及符号系统的两种意义生成过程，同时雅各布森又将话语实践压缩到个体的两种心理机制的层面，从而连通了话语的语言学与后来的精神分析。事实上，巴尔特对叙事话语这种类型的划定本身就受到了雅各布森的影响。巴尔特在一处脚注中指出，对叙事的一般语言系统的分析是建立话语类型学的任务之一，他暂时性地将话语分为三个类别：转喻话语（叙事）、隐喻话语（抒情诗、智者话语）省略三段论（enthymématique）话语（学术话语）。我们对话语本身的分类暂且不多谈，先来看巴尔特如何对叙述话语的层级进行分析。

在句子之上，在话语层面，层级概念的分布呈现为何种形态呢？要对

---

① Barthes, “Introduction à l'analyse structurale des récits” 5.

② Benveniste, Émile. “Les niveaux de l'analyse linguistique.” *Problèmes de linguistique générale*. Paris: Éditions Gallimard, 1966. 119－20.

既有的话语层级概念进行研究，巴尔特首先提及的是在古典修辞学那里已经高度发展了的两个层级："la disposition"（造句布局）与"l'elocutio"（遣词）。其次，巴尔特注意到他的学生托多罗夫区分了文学作品的两个面向："（文学作品）在同一时间，既有故事性（une histoire），又有话语性（un discours）"①，前者包括行动的逻辑（une logique des actions）和人物的一种句法关系（une « syntaxe » des personnages），后者则包括叙事中的时态、体态以及语态关系②。托多罗夫对文学作品的分类有两个思想来源：一个是本维尼斯特所区分的两种话语和话语中的两种时间系统，另一个则是俄国形式主义的思想，而后者最初区分了"故事素材"与"题材处理"，在他们的术语系统中，这两个概念分别是"fable（fabula）"与"sujet（sjuzet）"③。

巴尔特接受了本维尼斯特及托多罗夫的分类，并且整合了普洛普的神话分析、格雷马斯的语法分析，最后发展出叙事的三个描述的层级："功能"层（le niveau des « fonctions »）、"行动"层（le niveau des « actions »）以及"叙述"层（le niveau de la « narration »）。在此，笔者再多言一笔巴尔特的叙事学思想渊源。除了前文我们已经提到过的雅各布森与本维尼斯特，这里"功能""行动""叙述"（即"话语"）这三个概念分别来自普洛普、格雷马斯和托多罗夫，不仅如此，在对这三个层级每个层级的具体论述中，巴尔特都吸收了这三人的叙述学术语。在某种程度上，巴尔特在《叙事作品结构分析导论》这篇论文中集中地呈现了他在叙事学领域对前人普洛普以及同仁格雷马斯与托多罗夫思想的吸收与化用，也集中体现了他将语言学领域的研究挪用于分析叙事话语的能力。

三、话语语言学模式下的叙事作品层级分析

回论巴尔特的三个层级的叙事分析，这三个层级并不是并列平行的，而是在运作层面存在等级关系。除了叙述层，其他两个层级的每一个层级

---

① Todorov, Tzvetan. "Les catégories du récit littéraire." *Communications* 8 (1966): 132.

② Todorov, "Les catégories du récit littéraire" 125－57.

③ 下文（本章第二节）中笔者会在讨论巴尔特的《历史的话语》时再度分析巴尔特对本维尼斯特的"历史"与"话语"两个系统的吸收与化约。在此笔者先抛出数个问题，以作预告（或广告）：是历史，还是故事？是大写的历史，还是小写的历史？到底是故事的话语，还是历史的话语？如果有故事的话语，岂不是说话语已经统摄了历史？也岂不是说历史就是故事？或者说历史的话语就是讲故事？

都依靠比它自身高级的层级运作：一种功能只有当它在一个行动元的全部行动中占有地位时才具有意义，而行动元的全部行动也由于被叙述并成为话语的一部分才获得最后的意义，而话语有自己的编码系统。那么，故事的展开又是如何投射在这三个层级中的呢？每个层级内部又有什么运作特征或运作模式呢？

首先我们来看功能层。巴尔特的“功能”这一概念取自普洛普的神话形态分析，但普洛普又是从人类学研究中引进了这个概念。普洛普用“功能”这个概念表示他所分析的民间故事中的人物行动，而行动之所以能够成为功能单位是因为它们能够推动故事的发展。在《民间故事形态学》（*Morphology of the Folktale*）中，普洛普如此定义“功能”：“功能”是“故事中人物的一个行动，根据该行为在整个故事的发展过程中的意义来决定它是一个‘功能’”①。托多罗夫的“功能”概念等同于“意义”的单元，他认为：“作品的一个成分的意义（即功能），就是它能够与该作品的其他成分以及该作品整体之间有所关联的那种可能性。”② 此外，格雷马斯从聚合关系（替换性）以及功能单元所在句法关系的内部位置，对“功能”进行了定义。巴尔特吸收了普洛普、格雷马斯与托多罗夫的定义，用“功能”表示最小的具有意义的叙述单位。他指出，叙事中别无其他，只有功能，所有的功能都是有意义的，叙事与作者的艺术关系相较于它与叙事作品本身的结构关系而言不那么重要③。

巴尔特认为，从语言学的角度来看，功能是内容单位而非表达单位，也即是说与被陈述物有关，而与陈述的方式无关④。如果将这个被陈述物作为符旨，它所对应的符征可能是多个且完全不同的。也即是说，功能单位看似可以通过语言单位的划分来确定，但其实它所关联的是这些语言单

---

① Propp, Vladimir. *Morphology of the Folktale*. Trans. Laurence Scott. Austin: U of Texas P, 1968. 21.

② Todorov, “Les catégories du récit littéraire” 131. 注：托多罗夫对于“功能”的认识参考了俄国形式主义学者尤里·特尼亚诺夫（Yurij Tynianov）的论文《论文学的演进》（“De l'évolution littéraire”）（cf. Todorov, Tzvetan. *Théorie de la littérature: textes des formalistes russes*. Paris: Éditions du Seuil, 1965. 123.）。与“意义”相对立的是“阐释”（l'interprétation），托多罗夫认为，“阐释”与批评家有关而与作品内部的结构关系无关，“为了被阐释，成分必须被批评家的系统吸纳而非被作品自身的系统吸纳”（cf. Todorov, “Les catégories du récit littéraire” 131 - 32.）。

③ Barthes, “Introduction à l'analyse structurale des récits” 6 - 7.

④ 格雷马斯认为，“（超越句子的）句法单位（syntactic units），事实上是内容单位”，因此，对功能层的研究其实是一般语义学（general semantics）的一个部分。

位的内涵系统，也就是说，功能单位是内涵系统语言学的问题，即话语语言学的问题，而非语言学的问题。文学是一种内涵系统，文学符号学就是一种内涵系统符号学，话语在更为广义的层面包括了文学，因此，话语符号学当然也包括了文学符号学。

在这里，我们以巴尔特提示我们的话语的语言学作为叙事作品结构分析的模式来讨论他的叙事学思想，这使得我们在叙事这一话语类型中，触及了话语符号学的一个根本性特征：话语符号学的结构研究模式是话语的语言学，话语符号学同时也是内涵系统符号学。巴尔特也特别指出了，叙事的语言系统（la langue du récit）不同于表述出来的语言信息的语言系统（la langue du langage articulé），也即是说，叙事的结构与语言的结构存在实质的差异，研究叙事的模式与研究语言系统的模式有实质的差异。简言之，叙事研究的模式是话语的语言学，这一模式与语言系统语言学存在根本性差异。如果我们将巴尔特在这里的论述与他在同一时间段（1966—1967）所关注的修辞问题联系在一起，我们就会发现，巴尔特的叙事话语分析是其话语符号学的一个重要且典型的部分。之所以重要，是因为巴尔特通过叙事话语搭建了其分析内涵系统的结构模式，而之所以典型，是因为叙事分析集中了巴尔特在结构主义时期对其他学者相关思想的融合与重铸。这些问题在此处暂且一提，笔者还是继续回到对叙事问题的分析上来。

我们也注意到，巴尔特对“功能”的形式（即功能单位之间的关系）进行了分类，将之分为两种类别，在他看来，普洛普和布雷蒙所发展的“功能”概念只是其中之一，另外与功能有关的因素是“指示词”（indices），比如人物的个性特征、气氛的说明等，要理解“指示词”，需要进入人物行动层以及话语层。这两种语言单位分别指向两种意义联结方式，普洛普等人的“功能”的联结方式是句段关系，而“指示词”的联结方式则是聚合关系。“功能”单位之间的关系是分布式的（distributionnel），“指示词”单位之间的关系则是整合性的（intégrative）①。我们从《符号学基础》中已经观察到了巴尔特对索绪尔的组合/联想两轴关系、雅各布森发展索绪尔而来的组合轴/聚合轴，以及叶尔姆斯列夫对索绪尔语言学的形式化改造之关系（relation）/关联（corrélation）的吸收与转化，巴尔

① Barthes, “Introduction à l'analyse structurale des récits” 8 - 9.

特归纳为句段关系与系统关系。在这里，巴尔特将这两种关系引入对叙事作品类别的辨识，将叙事作品分为句段关系体现的“功能”主导型叙事与系统关系体现的“指示词”主导型叙事，比如民间故事就是功能主导型，而心理小说则是指示词主导型。而在功能主导型叙事中又可以区分出两个子类，有一些功能单位是核心要素（noyaux），还有一些单位只承担催化作用（catalyses）。核心要素是维持故事发展的主脉，是用以维持故事之概述的核心成分，而催化作用则体现对故事发展过程中的填充行为。巴尔特在分析《使徒行传》的10—11节时，特别对催化作用进行了说明，他指出：正如人们可以在不改变句子结构的基础上对句子增加衍义一样，人们可以通过催化行为对叙事作品进行填充，填充行为的无止境表征了叙事作品在意义上的无限①。核心要素的改变意味着故事展延的改编、被陈述物的改变，而催化作用的改变意味着陈述方式的改变。除了核心要素、催化作用、指示词，还有一类功能性单位，它们属于信息事实（informations）。与“指示词”相关联的含蓄意指活动（内涵意指活动）不同，信息关涉直接意指（外延意指活动），是虚构的叙事中具有真实性的成分，因此在话语层面而非故事层面具有功能性②。

在巴尔特看来，这四类功能单位之间的关系，体现了叙事话语的其中一个结构上的特点：催化、指示词和信息事实都是对核心要素的展延（expansions），核心要素在逻辑支配下，集合了虽是有限数目的，但是既必需又足够的项目，其他要素对核心要素进行补充、重复、修饰等操作，叙事作品正是依靠这些要素对核心要素的种种催化性作用才得以增殖，正如我们在简单分句的基础上形成了复杂句。这种特点的确是叙事框架的根本特征，但是，在这个框架内部，是什么样的话语“语法”规则制定了功能单位的组合模式呢？巴尔特指出，叙事话语的句法规则之核心问题，是要处理时间性与逻辑性在叙事话语内部的矛盾与混合现象。他对普洛普所重视的时序之不可逆性（l'irréductibilité de l'ordre chronologique）、亚里

---

① Barthes, “L'analyse structurale du récit: À propos d' *Actes* 10 - 11” 473 - 74.

② Barthes, “Introduction à l'analyse structurale des récits” 11. 注：巴尔特在脚注中提及了热内特所区分的两种描述：一种是意指性的（significative），另一种是修饰性的（décoratif）。巴尔特认为前者是故事层面的，后者是话语层面的。他将热内特修饰性描述与在新修辞学（neo-rhétorique）那里已经得到完善编码的话语操作“ekphrasis”/“discriptio”（语言对艺术的塑造）联系起来，认为前者很好地解释了后者的成功。

士多德在悲剧和史诗故事的比较研究中发现的逻辑优先性，以及列维－斯特劳斯在人类学研究中确立的非时间性矩阵（matricielle atemporelle）对时间顺序的消融（résorber）等，进行了综合分析，他认为，这些当代叙事结构分析的问题意识之实质是使叙述内容“去时序化”（déchronologiser）和“再逻辑化”（relogifier），即在结构上对时序的幻象进行描述，为的是使得叙事时间（le temps narratif）而非事实时间在叙事逻辑（la logique narrative）中得以厘清[①]。

时间性（la temporalité）的确是结构主义叙事学分析的核心问题之一，但是，巴尔特在这里将叙事逻辑中建立的时间性作为叙事话语中的一个结构类型，这涉及被本维尼斯特极致发挥过又被德里达极力批判的问题：话语语言学视野下话语对时间的建构。在后文中，笔者在讨论巴尔特的《书写：一个不及物动词?》一文时，会着力讨论巴尔特对本维尼斯特的话语语言学系统中的时态研究的接受以及德里达对巴尔特背后的本维尼斯特的语言行为理论的批判。在这里笔者对这个问题不多言，只是简要提及一点儿影响问题作为预告。巴尔特在“结构主义之争”会议之后的确受到了德里达的影响，这种影响在巴尔特1967年撰写的论文《历史的话语》中深入可见。巴尔特这篇《叙事作品结构分析导论》虽然出版于1966年11月，晚于巴尔特1966年10月在约翰·霍普金斯大学与会，但是明显是写于会议之前，因此依然只看得到本维尼斯特的话语语言学与普洛普、格雷马斯、布雷蒙及托多罗夫等人的影响。

我们回到叙事逻辑与叙事时间的问题上来。巴尔特提问，是何种逻辑规定着叙事话语的那些主要功能呢？他提到了三种论述。巴尔特认为布雷蒙的方法是逻辑方法。布雷蒙认为，叙事话语的逻辑体现为故事人物在故事发展节点上由于潜在理性而可能选择的行为的句法，他称之为“能量逻辑”（une logique énergétique）[②]。巴尔特也提到了列维－斯特劳斯和格

---

① Barthes,“Introduction à l'analyse structurale des récits”12.

② Cf. Bremond, Claude.“La logique des possibles narratifs.”*Communications* 8（1966）：60－76. 巴尔特认为：“这个概念与亚里士多德的‘行动’（proaîresis）这个概念相似，意为对潜在行为的一种理性选择，是‘实践’（praxis）的基础。”（cf. Barthes,“Introduction à l'analyse structurale des récits”13.）巴尔特从“proaîresis”发展出《S/Z》中的“行动语码”（the proairetic code 或 code of action）。此外，关于布雷蒙在中国文学研究中的应用，可见：张汉良：《唐传奇〈南阳士人〉的结构分析》，载于张汉良：《比较文学理论与实践》，台北：东大图书出版股份有限公司，1986，第182－214页。

雷马斯二人的语言学方法，这种方法主要是建立功能单位之间在聚合层面的关系，然后按照雅各布森的诗学研究的办法，将这些单位投射于叙事作品的句段组合关系轴上①。托多罗夫继承了普洛普，他的方法基本属于叙述语法层面的，他试图在人物的行动层面找出叙事话语中对谓语加以组合、变化和转换的规则。巴尔特并未在这三种论述中选择赞同某一种，而是委婉地批评这三种方法都只处理大的分节，而没有掌握到叙事的最基本的单位。

我们在前文中已经提过，巴尔特将“功能”视作最小的意义单元，这里的意义不是语言学的意义，而是“功能”单位在整个叙事话语中的作用，而“功能”单位中最为关键的一类就是核心要素。巴尔特暗示，对“功能”的语法规则足够详尽的解释应该从核心要素着手，叙事的基本单位就是一小群功能，尤其是一组核心要素，它们可分布在传统语法所谓的片语、句子、段落所构成的“序列”（séquence）上，由简入繁，由下往上发展。“序列是一连串合乎逻辑的、由连带关系结合起来的核心要素的链条，序列始于与前面没有连带关系的项，终于另一个没有后果的项。”②“序列”是一个有限的链条，为了将“序列”投入叙事分析就需要先对“序列”进行“命名操作”（l’opération nominative）。

巴尔特借用雅各布森交流模式中的后设语言学功能来分析“命名操作”。他察觉到，这种操作作为一种后设语言学导向下的语言行为，不仅关涉叙事话语的符码，也关涉在阅读（听）故事的过程中话语在个体读者（听者）那里的流动。作为话语交际中的符码，“命名操作”意味着使得读者能够与叙事者分享编码故事的方式；事实上，与其说是分享符码，不如说是创造语言，叙事话语的读者（听者）用以阐释叙事话语的单元来自他/她制造的逻辑链条。“命名操作”规定了故事展延的可能性，也规定了在功能层内部展开的叙事结构的等级关系网。例如“行动语码”便是“命名操作”的一个例子。

至此，我们已经基本破解了巴尔特所论的“功能”层的形态分类和句法规则，然而，“功能”层必须要通过更高的层级“行动”层才能完

---

① 格雷马斯在论文《神话叙事的阐释理论基础》（“Éléments pour une théorie de l’interprétation du récit mythique”）中修订完整了他的聚合方法［cf. Greimas, A. J.. “Éléments pour une théorie de l’interprétation du récit mythique.” *Communications* 8 (1966): 28-59.］。

② Barthes, “Introduction à l’analyse structurale des récits” 13.

成。"行动"这个术语取自格雷马斯的"行动元"（actants）[1]，这也预示着，巴尔特所谓的"行动"层，其实是通过人物来实现其作用的，或者说，"行动"层就是"人物"层。格雷马斯对人物的描述和划分所依据的是人物的行动而非人物的其他特质。布雷蒙则认为人物就是他自己所在的那个行动序列的主体。这二人的描述都遵守了结构主义将人物视为"参与者"（participant）而非"生命个体"/"心理个体"（being/psychological essence）的视角。巴尔特的"人物"层同样也采用了同一视角，他认为人物参与行动域（une sphère d'actions）因此构成"行动"层，"行动"这个词不应该被理解为"功能"层中的肌理组织性存在，而是要理解为对实践即对格雷马斯所谓的"交际"（la communication）、"欲求"（le désir/la quête）以及"考验"（l'épreuve）的较大的分节表述[2]。

在"行动"层上还有一点需要特别注意，即叙事作品的主体问题（le sujet d'un récit）。谁是叙事作品的主体［或普洛普所说的"英雄"（hero）］？是否有一类行动者在叙事作品的结构中占有优势地位？叙事作品中人物的结构分类学又如何确定呢？格雷马斯认为，人物是三个主要语义轴即交际、欲望或追求以及考验的组成部分。这三大语义轴与三种句子成分正好对应，分别是：主语/宾语、表语和状语；与此同时，众多的人物之间的关系投射于叙事作品中的聚合结构中，构成了一个六元模式，也是叙事人物分类学的一个母式，这个母式包括三组成员：主体（Sujet）与客体（Objet），施惠者（Donateur）与受惠者（Destinataire），辅助者（Adjuvant）与反对者（Opposant）[3]。格雷马斯的这个母式被巴尔特认为是一个有效的叙事人物的分类模式。在笔者看来，格雷马斯的人物分类学是将叙事结构压缩为语法结构；从作为主体与作为主语的"sujet"以及作为客体与作为宾语的"objet"两组概念的化约统一中，我们看到格雷马斯的符号学叙事结构分析的模式是结构语义学的语法与语用分析模式。

巴尔特的叙事学人物分类法的确接受了格雷马斯的结构语义学分析，但是，他自己的最终模式的确立还是有待于对本维尼斯特的话语语言学关于人称问题的研究的接受。他看到，作为行动主体的故事人物在叙事话语

---

① 古典戏剧并没有使用"personnage"（人物）这个概念，只有"acteur"（演员）。

② Greimas, A. J.. *Structural Semantics: An Attempt at a Method.* Trans. Daniele McDowell, Ronald Schleifer and Alan Velie. Lincoln, Nebraska: U of Nebraska P, 1983. 197－221.

③ Barthes, "Introduction à l'analyse structurale des récits" 20.

中被标记为单数、双数、复数人称的“我/你”“我们/你们”，以及非人称的“他/她”。人称代词属于语法范畴，因此人称关系能够确立话语的主体而非实际的主体，只有在第三个层级，在“叙述”层即话语层中，主体的身份才能通过话语在行动中显现。那么，巴尔特是如何将格雷马斯的六元母式与本维尼斯特的人称研究结合在一起的呢？

首先，巴尔特提出了叙述的交际问题。正如在叙事作品内部存在施惠者与受惠者的交际一样，在叙事作品外部，也存在作品的发送者与接受者的交际，或者说叙事话语的叙事者和受话人（读者）的交际。人称代词直接关涉表示叙事者和读者的存在的符码，“I”向“you”发送的信息是“I”已知而“you”未知的，因此在发话人这里，意义的缺失产生了标示阅读的符码。巴尔特意识到读者的符号接近于雅各布森交流模式中的意向功能，但是，他没有做更多挖掘，而是转而先讨论叙事作品的授予者的问题。他提出要将一部叙事作品的实际作者与该作品的叙事者区别开来：“（在叙事作品）中说话的人不是（在生活中）写作的那个人，写作的那个人也不存在。”［Qui parle（dans le récit）n'est pas qui écrit（dans la vie）et qui écrit n'est pas qui est.］①

叙述者所使用的用以定位说话声音的符码，是语言中的两个符号系统：人称系统和非人称系统。在笔者看来，巴尔特吸收了本维尼斯特的人称系统来透视叙事作品中的作者问题与话语的言说者的问题。以人称来定位叙述者的声音，实则是以纯粹语言学的形式（人称在话语中的地位），来打破传统理解下的叙事的陈述表演性（performative）的单一定位，从而根据言语的意义（即言说所产生的行为这一原则），将叙事的陈述性转变为叙事的行动性。借由本维尼斯特的人称系统，巴尔特将叙事作品由故事陈述变为关于陈述行动的也是关于“交谈”与“主体间性”的话语实践②。巴尔特说：“今天，写作不是‘讲故事’，而是在交谈行为（acte de locution）中叙述‘所言之物’（ce qu'on dit）。”③ 他将格雷马斯的语法叙事学与本维尼斯特的陈述叙事学结合，从而开发出“交谈/话语语言学”模式下的叙事行动论，并且发展出当代文学的传递论而非陈述论。

① Barthes, “Introduction à l'analyse structurale des récits” 20.

② Barthes, “Benveniste” 947.

③ Barthes, “Introduction à l'analyse structurale des récits” 21.

在讨论过“功能”层与“行动”层之后，我们再来看“话语”层，即巴尔特所定位的叙述层。正是在这个层面，功能单位与行动单位被纳入叙事话语的交际圈，能够共同作用产生意义。在叙述层，巴尔特特别思考了三个问题：什么是叙事的符码？什么是叙事的情境？叙事作品的创造性来源于何处？讨论到叙事的符码，我们先会意识到叙事性符号（les signes de la narrativité）的存在，它们是诸如“once upon a time”（曾经）这样的符号，也是在“话语的形式”这一名目下被我们意识到的一类符号。叙事的符码所承担的功能正是要将这样的叙事性符号组织为言语或话语的片段。事实上，叙事的符码是在古典修辞学那里已经得以深度研究过的内容，巴尔特在讨论古典修辞学时对这一问题有诸多讨论。古典修辞学的目的从根本上来说就是要建立能够对言语进行编码的符码系统①。叙事符码是叙事结构分析的最后一个层面，超过了叙述层，就进入了其他体系，比如社会体系、经济体系或意识形态体系。正如语言学以“语境”规定了句子的界限，叙事作品的语境也到话语为止②。

那么，叙事作品是如何通过其语言系统来实现创造的呢？我们通过对叙事作品的形式和意义的研究来进行区分③。在形式上，叙事作品的两种能力标注了其形式的基本特征：扩展故事（expansion）和容纳扩展中的变异（distortion）的能力。变异所遵守的是纯粹逻辑的条理④，从而在“功能”层上，使得因为“功能”的序列变异而被分割所造成的阅读断层、焦虑等得以缓解。同时，逻辑性使得叙事作品被简化为几个行动元和几个较大的功能元之后，依然能够建立该作品的语言系统（结构框架）。

---

① 参见本章第四节。

② 在《话语的语言学》一文中，巴尔特对话语情境也进行了分析。他接受了本维尼斯特所说的语义层与“符指物”（referentiel）的说法，认为叙述层一方面与叙事作品语境有关，因此打开了通向外界的门，即叙事作品展现的外界的大门，但是同时，叙述层又封上了叙事作品的大门，使之成为一种语言的言语，这种语言规定着和包含着自己的后设语言（cf. Barthes, “Introduction à l'analyse structurale des récits” 20.）。

③ 巴尔特在这里也吸收了本维尼斯特对语言系统的形式与意义的说明。本维尼斯特认为，语言系统有两种基本特征：分节是形式，组合是意义（Cf. Benveniste, “Les niveaux de l'analyse linguistique” 119 - 20.）。

④ 巴尔特认为，支持行动序列的这样一种文化逻辑（la logique culturelle），不是心理逻辑或者人类学上的逻辑，而是一种“逻辑的表象”（une apparence logique），它来自已经写出的内容（déjà écrit），或者说，来自一种“俗套话语”（定式话语）（cf. Barthes, “L'analyse structurale du récit: À propos d' *Actes* 10 - 11” 470）。

故事展开、冒险、结束一整个系列的发展需要，以及由于该需要所产生的形式上的逻辑性，使得叙事功能的序列呈现出真实，但是，这仅仅是语言的真实；同时，逻辑解放了叙事作品，人们可以不断地把自己的知识和经验注入叙事作品，至少是注入作品的形式中，因为在形式这里，变化已经建立了。然而，叙事作品这种自生的创造性不仅体现在形式结构上，同时也体现在其话语片段的组合之中。巴尔特将句子层级之下的运作符码称为语言学符码，将句子之上话语层级上的运作符码称为超语言学符码，句子成为勾连语言学与超语言学的一个“合页”。以句子为界线，向内语言学符码有严密的规则，而向外超语言学符码则相对有更为灵活的规则。因此，巴尔特认为，叙事作品的创造性或许就在这两种符码之间。由此，叙事作品形式上的两种能力指导读者对其进行“横向”阅读，而在超语言学层面上的组合自由，则指导读者对其进行“纵向”阅读。

四、巴尔特叙事话语结构分析的内在逻辑演进

巴尔特对叙事作品的结构分析以“功能”层、“行动”层和“叙述”层展开，表面看来，他指出了话语符号学视域下对叙事话语的新认知，以及话语符号学所配置的叙事话语的分析方法，即以功能元、行动元的组合与三个层级的聚合关系来定义、维系结构主义叙事话语分析。然而，从内在逻辑来看，我们不禁要问，为何巴尔特要截取普洛普的“功能”概念、格雷马斯的“行动”概念以及本维尼斯特的“话语”概念系统（包括陈述的历史/话语系统、人称代词、时态系统等）来组成他的叙事学逻辑层级呢？这三个概念（或系统）之间是否存在一种发展式的衍变历程（或衍变逻辑）？

普洛普的“功能”概念根据语言学中语言单元的区分原则，在叙述的“被陈述物”中区分和描述了最小的叙述单元，而格雷马斯的语义符号学将这些叙述单元还原于句子内部的句法、语法、语义系统中去，通过叙事单元与叙述主体的配合，以组合/聚合的两种组织关系建立起叙事模态。普洛普与格雷马斯的叙事理论之从表层到深层的发展，可以通过区别“acteur”（扮演者）与“actant”（行动元）来透视，虽然这两者都通过功能来定位，但是前者是在被陈述物中可以识别的各个故事角色，而后者是句法主体。我们尤其要注意与格雷马斯的“行动”概念相匹配的“行动元”这个概念。格雷马斯在《论意义》中如此定义了行动元：“在一个

给定的叙述程序中，主体行动元可以呈现为多个行动元角色，定义这些角色的是行动元在叙述话语的逻辑链条中的位置（其句法定义），以及它们的模态赋值（其形态定义）。"① 而引入本维尼斯特使得巴尔特可以讨论叙述者而非故事人物的声音，尤其是讨论第一人称叙述的问题。正如张汉良在分析苏曼殊的《碎簪记》时所指出的那样："在许多叙述作品中，作为前景的是陈述式言谈（discours）而非故事，言谈发自参照陈述（énonciation）的第一人称叙述者与被陈述的（énoncé）的一个角色。在这种情况下，叙述者的语言行为（speech act）引导着读者的认知，因此作为被呼唤对象（addressed allocutor），或隐或显地参与了语言行为的情景。"② 巴尔特从本维尼斯特的故事（历史）/言谈（话语）二分的两个时态系统中发现，西方语言为叙事作品设计出一套时态系统，就是为了消隐说话者的现在，而今天，我们可以反过来还原说者与听者的符号在言谈中的作用，陈述说话者的现在："今天，书写并非'说'，而是表示某人在说，因此使得整个指涉（'所说之事'）与语言行为密不可分。"③ 对话语本身的探求，使得巴尔特触摸到了话语的特殊功能：话语将时间、人、社会乃至空间凝聚于自身，"在道说（discours）中道理（raison）被传递"④，即希腊人所理解的"话语"（logos）。这既是巴尔特所说的："为了把握话语中的当下时间，整个话语都以传递话语的那个行为来定义，话语被减低（或延增）至词汇的层面"⑤，也是本维尼斯特所说的："思想的'形式'被语言的结构赋予了形状。"⑥

在《导论》的最后，巴尔特虽没有进入分析叙事作品的起源，但是

---

① Greimas, A. J.. *On Meaning: Selected Writings in Semiotic Theory*. Minneapolis: U of Minneapolis P, 1970. 110.

② 张汉良：《苏曼殊的〈碎簪记〉：爱的故事/言谈》，第 217 页。

③ Barthes, "Introduction à l'analyse structurale des récits" 86.

④ 王东亮特别将这里的"discours"处理为"道说"，而非"话语"。

⑤ Barthes, "Introduction à l'analyse structurale des récits" 21. 在《叙事的边界》一文中，热内特区分了话语（Logos）与词汇（Lexis），前者是心智对世界的语言再现（l'acte de représentation mentale），后者是语言的再现（l'acte de représentation verbale）（cf. Genette, "Frontières du récit" 155.）。热内特也追溯了柏拉图对两种叙事类型的区分。在柏拉图《理想国》（*Republic*）对语言应用的讨论中，言说的方式是词汇，与之相对的话语，指向那个言说者的话语，而言说方式又在理论上区分为两个类型：直接叙述［diègèsis（simple récit）］和摹仿（间接叙述）［mimèsis（imitation proprement dite）］（cf. Genette, "Frontières du récit" 153. 但需注意热内特的解释并不是很清楚）。

⑥ Benveniste, "Coup d'œil sur le développement de la linguistique" 25.

别有深意地提到了儿童在语言习得时期对句子的创造与精神分析学上的俄狄浦斯情结。而本维尼斯特虽然没有就弗洛伊德的俄狄浦斯情结进行论述，却通过研究弗洛伊德精神分析建立了言语活动语言学与精神分析之间的联系。这一点我们在前文分析本维尼斯特的话语语言学时已经讨论过，此处不再论述。

至此，我们完成了对巴尔特叙事话语结构分析的重述与后设批评，我们清理了巴尔特在结构叙事学领域所承继的思想渊源，也综合演绎了巴尔特自己创造的对叙事话语的独特认识。以结构分析的方式，巴尔特不仅把握了叙事话语的形态与结构运作规则，更在语言学与超语言学之间建立了形态上的同质性。

第二节　文学/历史两种话语的分析标记
巴尔特话语符号学的发展

巴尔特在1964年写作《符号学基础》时对索绪尔、雅各布森与叶尔姆斯列夫极为推崇，而他在1966年之际最为热爱的语言学家却是本维尼斯特。在本维尼斯特的《普通语言学问题》一书出版之际，巴尔特为该书撰写了题为《语言学家的境遇》（“Situation du linguiste”）一文。他在文中对本维尼斯特的陈述分析、人称代词与时态分析评价极高，也指出本维尼斯特的作品回应了文化的迫切需要去建立一门新的科学，其对象与言语活动交织在一起①，使得人们开始反思索绪尔语言学与符号学之间关系的主张。在1966年10月18—21日，巴尔特参加了在美国约翰·霍普金斯大学（Johns Hopkins University）召开的“结构主义之争：批评的语言与人的科学”（The Structuralist Controversy：The Languages of Criticism and the Sciences of Man）会议②。在该会议上，他以本维尼斯特的话语语言学为模型发表了自己关于文学的理念以及关于文学与语言学的关系的认知的

① Barthes，“Situation du linguiste” 814－16. 注：该文是巴尔特为本维尼斯特的《普通语言学问题（第一卷）》一书出版所作，原文发表于1966年5月15日《文学半月刊》。

② 这次讨论在1970年结集出版，见：Macksey，Richard and Donato，Eugenio（eds.）. *The Languages of Criticism and the Sciences of Man: The Structuralist Controversy*. Baltimore and London：The Johns Hopkins Press，1970.

报告，该报告题为《书写，一个不及物动词?》[1]。

一、本维尼斯特话语语言学模式下的文学与书写概念

巴尔特在《书写，一个不及物动词?》这篇报告中，首先指出了当下语言学与文学之间的融通现象，他认为这可以归功于这样一些作家和学者的努力，比如马拉美、乔伊斯（James Joyce，1882—1941）、普鲁斯特（Marcel Proust，1871—1922）等人对后设书写（méta-écriture）的实践，雅各布森在语言学研究中发挥出的诗学研究等[2]。这样一种文学与语言学之间融通的背景，使得巴尔特对于书写活动如何能够在语言学范畴的帮助下得以发展充满期待。巴尔特试图展望一种他自己命名为“符号学批评”（semio-criticism）的书写活动，这一命名意味着巴尔特将书写视为一个符号系统，而这个系统与修辞学和文体学不同。在某种程度上，巴尔特认为这种书写实则是一种后设语言系统，其对象是“抄写者”（scripteur）[而非“作家”（écrivain）]与语言之间的关系[3]。

巴尔特提出，“符号学批评”的基础是三条来自现代语言学的原则：其一，笔者认为来自索绪尔的语言系统研究的共时性基础，即每一个剖出的语言阶段（état de la langue）都可作为一种原初的参考对象；其二，来自本维尼斯特“人在语言中”的发明，巴尔特继承了这种观点，认为是语言定义了人，而非人定义了语言；其三，来自索绪尔语言学建立的组合/聚合两轴上的区分与组合原则，这一原则经过了雅各布森与本维尼斯特的发展，后来被巴尔特用于叙事话语的功能区分与层级分析。

巴尔特沿用了他在《叙事作品结构分析导论》中已经确立的一种“同质类比”原则，即语言系统与话语系统之间存在同质性，他不将话语视为句子的集合，而是将之视为一个大的句子。因此，语言学的范畴可以同质应用于描述书写者与他的书写之间的关系。巴尔特也同时沿用了本维尼斯特将文化机制视为象征机制的理念，认为“文化，从各个面向上来

---

① 罗兰·巴尔特的论文及德里达的评议见上书：Barthes, Roland. “To Write: An Instransitive Verb?” *The Languages of Criticism and the Sciences of Man: The Structuralist Controversy*. Eds. Richard Macksey and Eugenio Donato. Baltimore and London: The Johns Hopkins Press, 1970. 134 - 56. 笔者也参考了巴尔特这篇论文的法语原文，但在正文中主要引用了英文版。

② 参见：Jakobson, “Closing Statement: Linguistics and Poetics” 350 - 77.

③ Barthes, “To Write, An Intransitive Verb?” 135.

说，都是一种语言系统”和一个“象征”的系统[①]。符号学批评的三个原则都可以被容纳于文化系统的运作中，“符号学批评将是这门（文化系统）研究的一部分，或者更像是关于文化的一种话语”[②]。

在《书写，一个不及物动词?》一文中，巴尔特探视了时态范畴。他从本维尼斯特陈述的历史/话语系统的二分入手，并特别关注了陈述的现在时位这个核心，他视现在为时间系统的原初时刻（moment générateur），由此可以透视过去与未来。陈述的历史系统表现出非人称特质，因而排除了自传形式的陈述，表现在时态上是不定过去式，陈述的话语系统则由人称系统所标注，预设了言说者对听者的影响。巴尔特特别以加缪（Albert Camus，1913—1960）和米什莱（Jules Michelet，1798—1874）的书写为例进行分析。加缪的《局外人》（*L'Étranger*）“使用了一个复合过去式，不仅表现为叙述者而非作者的完美自传形式，也使得我们得以分析一些非常态案例”[③]。米什莱的历史话语并没有使用不定过去式，这是一种特殊的历史书写，他将自己的时代代入了历史写作，这样一种话语并非是客观的历史书写，而是当下境遇中的去人称化（depersonalization）、非人称化的陈述。在这里，巴尔特并不是简单地区分本维尼斯特陈述的历史客观性和话语主观性，而是将这二者发挥为陈述者与书写的参照物关系，以及陈述者与其陈述行为的关系，在后者这里，话语系统的时态是核心。

巴尔特提出，另外一个在语言学和文学中都等同重要的范畴是人称。巴尔特全盘接受了本维尼斯特有关人称的分析，尤其是本维尼斯特有关人称与非人称的分类，以及他对人称的极性、人称中存在的时位、人通过对“I”在现在时位中占为己有而标注自己为主体等问题的分析。巴尔特从这种人称的话语语言学分析入手，将文学话语作人称系统和非人称系统二分，他认为“每一个叙事文本或叙事片段都与人称系统或非人称系统这两极之一联系在一起”[④]。巴尔特以这种二分法分析了古典书写和布尔乔亚中产阶级书写，认为西方人所习惯的古典文本或可读的文本，经常通过人称代词和描述性动词的复杂游戏，在人称系统和非人称系统的陈述之间

---

① 将文化视为“象征”的系统，显然这是引自本维尼斯特的“象征能力”分析，参见：Benveniste，“Structuralisme et linguistique”26.

② Barthes，“To Write：An Intransitive Verb?”136.

③ Barthes，“To Write：An Intransitive Verb?”137.

④ Barthes，“To Write：An Intransitive Verb?”140.

变换，这就产生了“一种模糊的自觉”，“虽然在陈述物中保留了人称的质料，却破坏了陈述物中陈述者的参与”[①]，也即是说，这种书写比起“谁”在说而言，更为关注“说了什么”。巴尔特对文学语言人称的分析有助于我们在第三章分析巴尔特的自传书写中“je”与“il”之间的转换策略。巴尔特认为古典书写试图联通叙述者和故事行为主体，因此罔顾了在话语时位中人的常新，而在索莱尔斯（Phillipe Sollers）这样的现代作家的人称现在时位的书写实践中，人被确立为“现在－自我中心主义”（nyn-egocentrisme）的产物[②]，因此能够“作为武器打击话语的‘坏的信仰’，这种信仰使得文学形式沦落为外在于语言以及先在于语言的内心的表达”[③]。

人称代词“I”是巴尔特的关注焦点，他追随本维尼斯特的眼光，意识到言说者对“I”的每一次言说行为都是新的，然而，对于受话者来说，“I”这个符号是一个重复符旨的固定符征，“写作‘我’那个人的‘我’不是‘你’读到的那个‘我’”[④]。在这里，我们也可见雅各布森对“转换词”信息与符码重叠形式的研究对巴尔特的影响。本维尼斯特和雅各布森对“人称”的研究，帮助巴尔特意识到，人称是文学中的一个难题，这个难题征显了主体间性以及交谈“只能通过意义的迷宫以曲折迂回的形式实现”这一事实[⑤]。

从人称问题出发，“说了什么”让位于“谁在说”，书写者不再是“写了什么”的那个人，而是“正在写作”的那个人，“书写”（écrire）这个动词因此呈现出不及物性（intransitive）。巴尔特引入了语态（voice）来分析这个问题，语态也是雅各布森和本维尼斯特曾共同处理过的问题。巴尔特援引了梅耶和本维尼斯特对宗教中的“牺牲”（to sacrifice）这个动词的分析：“当祭司在我的地盘为我而献祭的时候，‘牺牲’是一个主动语态，如果我从祭司手中拿起刀为我自己而献祭的时候，‘牺牲’就是一个中性语态。”巴尔特认为这里的中性语态并没有排除及物性，因为它通过主体的行为对主体产生了影响，也即书写这个动词的语态，但是，“今

---

① Barthes, “To Write: An Intransitive Verb?” 139.

② “Nyn”来自希腊语“nun”，表示“现在”（now）。

③ Barthes, “To Write: An Intransitive Verb?” 141.

④ Barthes, “To Write: An Intransitive Verb?” 141.

⑤ Barthes, “To Write: An Intransitive Verb?” 141.

天，书写使得某人立于言语行为的中心；是通过影响自身来影响书写；是将书写者留置于书写行为之中，不是作为一个心理主体……而是作为一个行为的承担者"[①]。与此同时，巴尔特又将书写的语态与助动词联系在一起，描述了书写这个动词的复合过去式中助动词的变化所生发出的"被书写"概念。法语中有两个助动词，分别是"是"［être（be）］与"有"［avoir（have）］。在巴尔特看来，"J'ai écris un livre/je l'ai écrit"（我写了一本书/我把它写完了）这个陈述要变形为"je suis écrit"（我被书写书写），同时"je suis écrit"无法转变为"on m'a écrit"（我被某人书写，某人书写了我）。书写这个动词的中性语态形式，因此使得语言与书写者之间的距离逐渐减小乃至消失[②]。这正是普鲁斯特在《追忆似水年华》（*À la recherche du temps perdu*）中所实践的内容：书写者的价值存在于（走向）书写行为的过程中。

雅各布森的转换词研究以及本维尼斯特的动词人称系统和时间系统研究，都推动了巴尔特将以话语语言学为模式的话语符号学，确立为文学话语实践之核心的理论建构行为。话语和语言系统都不再是工具，而是言语契约（pacte de parole）、话语实践。巴尔特写道："文学自身就是一门科学，或至少是一门知识系统，不再是'人的内心'而是人的话语。"[③] 通过人的话语实践，语言学、精神分析、文学对语言的探索与对宇宙的探索应和，遥遥呼应了中世纪七艺（septenium）传统所区分的两个领域——自然之秘密与话语之秘密[④]。

在上述的讨论中，我们已经逐渐察觉到，巴尔特以本维尼斯特的话语语言学范畴为蓝本描绘出书写概念的核心，就是话语语言学对动词"书写"的分析；时态、人称、语态都是动词的领域，以动词为核心行为主体才能建立，因此从话语语言学的动词体系中发展出的巴尔特所认为的当代文学的目的是：建立正在书写的那个人书写的状态与环境——话语时位和话语空间；现实参照物将被话语时空取代。这一目的继而生发为巴尔特在《罗兰·巴尔特自述》和《爱的言谈——片段集》中所实践的两大核心问题：话语时空以及该时空内的陈述行为的主体。我们将在第三章着力

---

① Barthes, "To Write: An Intransitive Verb?" 142.

② Barthes, "To Write: An Intransitive Verb?" 143.

③ Barthes, "To Write: An Intransitive Verb?" 144 -45.

④ Barthes, "To Write: An Intransitive Verb?" 144.

进行文本分析，我们的分析在某种程度上也回应着巴尔特对书写的中性语态的定义，我们在话语行为中将自己确立为批判主体和实践主体。

二、巴尔特对本维尼斯特“历史/话语”二分法的修订

在下文中，我们要对巴尔特 1967 年的文本《历史的话语》进行分析。我们特别提到这个文本，不单单是要体现巴尔特对雅各布森、本维尼斯特话语分类思想的吸收，更是要体现出他对他们思想的发展。巴尔特在这个文本中颠覆性地发展了本维尼斯特的历史/话语二元对立。

从形式而非文本内容来看，“历史的话语”这个题目，似乎微妙地显示出巴尔特与本维尼斯特的话语分类之间的距离。本维尼斯特将陈述分为两类，一类是“有我的”、由“我/你”关系搭建起来的话语陈述（discours），另一类则是“无我的”（apersonal）的历史陈述（histoire）。因此，如何能谈历史的话语呢？在历史话语中的话语到底是有我的还是无我的？历史的话语向来掌握在历史学家的手中，按照本维尼斯特的分析，这样话语要尽力表现出历史陈述的客观性，摈除话语陈述的主观性，要让事件自己陈述。那么，历史学家的话语中是否依然存在话语陈述呢？如果存在，这种陈述又该怎样表现呢？《历史的话语》写于 1967 年，离 1966 年约翰·霍普金斯大学召开的“结构主义之争”会议不远，在该会议上巴尔特以本维尼斯特的话语语言学为模式发表了研究论文《书写，一个不及物动词?》，德里达从语言哲学的立场，对巴尔特及其背后的本维尼斯特话语语言学进行了批判。德里达的批判对巴尔特有很大的影响，但是，巴尔特 1967 年写作《历史的话语》时是否已然是受了德里达影响的产物？我们认为，巴尔特在《历史的话语》一文中融合鞣制了雅各布森与本维尼斯特二人的话语分类思想，同时也加入了他所吸收的德里达对本维尼斯特的批评。《历史的话语》一文对于我们理解巴尔特的话语符号学的成型极为重要，因为它不仅体现了巴尔特从话语语言学中吸收的营养，也明显地表现出了巴尔特走向后结构主义和解构主义时期对话语和书写的理解。

我们不妨先从巴尔特对雅各布森的转换词研究与本维尼斯特的话语/历史分类的嫁接谈起。事实上，这种嫁接得以成功源自一个词源学的基础。在西方主要的自然语言中，“历史”一词包含两个方面的内容：（1）过去发生的事件，（2）对这些事件的记录、陈述与批评。套用雅各布森转换

词的思想来看，“历史”在词源上就包括了被陈述的历史事件与陈述历史这个事件之间的关系，也包括了两个事件的参与者——历史人物与言说历史的人物。而套用本维尼斯特的陈述的历史/话语两个层面的区分思想来看，“历史”本身就是陈述的两个层面整合的典型体现。从以上角度来看，一方面，对“历史的话语”的研究，的确可以充当巴尔特融合雅各布森与本维尼斯特思想的有效且合理的基点；另一方面，对“历史的话语”的研究也成了巴尔特结合雅各布森、本维尼斯特的话语分类思想，进行话语研究的典型文本。

我们首先对本维尼斯特所区分的历史与话语进行简要的表述，再进入对巴尔特所使用的“历史的话语”这一标题的分析。本维尼斯特在《普通语言学问题》中专门讨论过法语动词的时态问题，他通过对法语动词的时态分析区分了话语的两个层面：历史叙述和话语叙述。本维尼斯特认为一个法语动词的时态属于两个系统，这两个系统既相互区别又相互补充，它们在话语发表时可被说话人自由支配，但彼此之间也互相竞争，更重要的是，这两个系统分别有不同的陈述层面，即历史的层面和话语的层面。历史层面是将所有“自传性”语言形式排除在外的陈述方式，因此，从来不提及“我”或“你”，也不说“这里”“现在”，第三人称代词贯穿这一层面的始终。陈述的历史层面所依据的是不定过去式，即事件时刻。在历史叙述那里，没有人说话，似乎是事件自己讲述，讲述者不参与其中，历史叙述剔除了主体性。而陈述的话语层面则以“我 - 你”关系构成，话语必然预设着一个说话人和一个受话人，前者有意以某种方式影响后者，由于发话人和受话人的位置可以互换，主体间性就在话语中显现出来了；话语的语言系统的时间参照是话语时刻[①]。有了这样一个基础认识，再加上前文我们已经分析过的雅各布森的转换词概念，接下来，我们就要解读巴尔特对雅各布森与本维尼斯特二者话语分类思想的融合所生产的话语符号学分析的典型文本。

《历史的话语》一文原出于同名课程“历史的话语研究”（“Recherches sur le discours de l’Histoire”），然而，别有意味的是，课程的题名强调的是大写的“历史”（Histoire）的话语，而此论文则使用了小写的“历史”（histoire）一词。在大写的“历史”的话语与小写的“历史”

① Benveniste, “Les relations de temps dans le verbe français” 237 - 50.

的话语之间存在什么样的区别呢？我们先看大写的“Histoire”与小写的“histoire”之间的区别。这二者是20世纪初以来历史哲学的两个主流研究趋势，大写的历史是思辨的历史，是历史规律论，小写的历史则是分析的历史，是历史认识论。那么，巴尔特对两种历史的话语的区分是否也是历史哲学角度上的区分呢？在某种程度上的确是这样。在课程中，巴尔特要研究的是古典历史学家们［希罗多德（Herodotus，约484 B. C. E.—425 B. C. E.）、马基雅维利（Niccolò Machiavelli，1469—1527）以及米什莱等人］的话语，其中或有大写的历史，而在写作《历史的话语》这篇论文时，历史学家的话语成了巴尔特的对话对象，他要对历史学家的话语进行后设的话语分析。从上述的讨论来看，巴尔特的“历史的话语”这个标题特别彰显了对关于历史的话语这一话语类型的后设的、分析性的第二层级的书写实践。巴尔特有意地区别了大写与小写的历史的话语，他所要展示的是两种话语分别作为对象话语与后设书写的区别，前者是对历史哲学立场上的大写历史的书写，因此，巴尔特所区别的大写的“历史”的话语（le discours de l'Histoire）就是小写的“历史”（histoire），而他的小写的“历史”的话语（le discours de l'histoire）是对“小写”的历史这种话语的分析性书写。

然而，如果仅从本维尼斯特的话语二分思想来看，巴尔特的“历史的话语”这一标题非常具有颠覆性。乍看之下，“histoire”与“discours”是本维尼斯特所区分的陈述的两个层面，历史层面被第三人称与历史时刻标示，而话语层面则被“我－你”关系与话语时刻刻写。从本维尼斯特的区分体系来看，如何能够讨论历史的话语？历史学家的话语难道不应该就是第三人称所贯穿的完全剔除了说话人即历史学家的自传性因素的历史/故事吗？何来话语层面的历史话语呢？如果有这样一种历史的话语，岂非是话语的层面统摄了历史的层面，这岂不是解构了本维尼斯特的话语系统二分法？那么，本维尼斯特对陈述的两个层面的划分是否还有必要？在此，笔者先搁置这些问题。

巴尔特在“历史的话语”课程说明中指出，历史的话语包含两种类型的符号，而这两种符号使得历史学家们能够进行两种陈述行为。符号类型之一是“道听途说的符号”（les signes d'écoute），与之对应的陈述行为是“对来源素材的提及”（mention des sources）；另一种类型是“组织符号”（les signes d'organisation），与之对应的陈述行为包括序言（préfaces）、开场白（exordes）、通知（annonces）、回想（rappels）等[1]。在论文《历史的话语》中，巴尔特将上述两种符号表述为历史话语中的两种标准接合转述语［embrayeurs（shifters）］。第一种转述语就是雅各布森所谓的证据转换词。巴尔特指出，这种话语形式是把被陈述的事件、在历史学家的陈述行为中参考（提到）的言语以及历史学家的陈述行为组合在一起。因此，证据转换词标示了历史话语中的来源、术语和所有道听途说。巴尔特认为，因为这种话语形式中涉及一种"选择"行为，即历史学家可以择取他所需要的素材，因此，将历史学家与人种学联系在了一起，比如希罗多德的历史话语便是如此。时态（本身也是转换词）在该话语中的参与，则标志着历史学家个人经验对其陈述的渗透，比如米什莱对法国历史的主观解释[2]。第二种转述语，巴尔特认为也是一种转换词，即话语的组织转换词（le shifter d'organisation），它通常以时间与地点的指示词"voici"（这里）、"voilà"（那里）来表示。这类转换词指出了在陈述时间与被陈述材料的时间之间的冲突性共存。

此外，巴尔特还注意到了一类特殊的话语形式，即历史话语的言说者同时也是所描述事件的参与者，语言行为的行动者同时也是历史事件的行动者，或者说，历史事件的行动者成了历史学家。这里我们又回到了雅各布森的人称代词转换词上。巴尔特以恺撒（César）著作中有关人称代词"他"（il）的用法为例，说明"他"是过去的行动者（acteur passé），也是现在的叙述者（narrateur présent），选择非人称形式（即第三人称）只是一种修辞学的托词，叙述者的真实处境在他选择来表达其过去行为的组合段中是一目了然的。恺撒所使用的第三人称代词看似与其他历史人物无二，故而被看作客观性最高的符号，但是由于这个人称被限用于几个关于领导能力相关的组合段中，比如发令、祝贺、阐释、思考等，因此在话语执行上接近于语言与行为合二为一。这看起来似乎与本维尼斯特的历史/话语二元对立不甚吻合，因为在本维尼斯特的历史/话语的区分体系中，陈述的历史层面是第一人称贯穿始终的，任何自传性的语言形式都被排除在外，但是，显然在巴尔特的分析中，恺撒所使用的第三人称并没有排除

---

① Barthes, Roland. "Recherches sur le discours de l'Histoire." *Œuvres complète.* Tome 2. Paris: Éditions du Seuil, 2002. 1293 – 94.

② Barthes, "Le discours de l'histoire" 1251.

陈述者自身主体意识的投射，或者简而言之，在陈述的历史层面中依然存在话语层面。

在此，我们不得不反思本维尼斯特建立在动词人称的语言学区分基础上的历史/话语的二元区分。本维尼斯特曾借用阿拉伯语法学家对三个人称的定义来阐述他自己对人称的研究。在阿拉伯语中，第一人称叫作“al-mutakallimu”，意为“说话者”（celui qui parle）；第二人称叫作“al-muhātabu”，意为“对话者”（celui à qui on s'addresse）；第三人称是“al-yā'ibu”，意为“缺席者”（celui qui est absent）。本维尼斯特认为这些命名非常准确，它们揭示出第三人称与前两个人称的根本性差异：第一人称与第二人称都是人称，而第三人称是非人称①。本维尼斯特指出，第三人称在言语的领域有一些特殊的用法。他举了两个意义相反的例子。其一，出于敬意，我们不愿意把面对面的交谈者纳入第二人称，此时对话人被置于人称条件与人称关系之上；其二，出于轻视，不屑于将某人纳入人称关系②。然而，无论是哪一个例子，我们都从中可以看出，第三人称意味着一种距离，一种客观性，与“我-你”的人称关系搭建起来的话语形式以及话语中的主体性的距离。在本维尼斯特所区分的陈述的历史层面，第三人称标志着一种陈述的客观性。如此一来，巴尔特对恺撒这位历史学家的话语中第三人称“他”的分析不就颠覆了本维尼斯特的历史/话语二元对立了吗？

巴尔特又如何看待历史话语中的作者与读者问题呢？历史话语的发话人与受话人有什么特别之处呢？巴尔特注意到，历史话语如果不是特别以训诫为目的的话，其作者总是试图避开自己的话语让历史自行写作，这即是所谓的历史话语的客观性。巴尔特认为，历史话语的作者依然拥有主体身份，但这是一个客观的主体。这又做何解释？显然，根据本维尼斯特的话语分类思想，主体性只有在陈述的话语层面才会涉及，通过话语中“我”与“你”的人称交换，话语引发了主体性的显现，换言之，话语就是言说者在主体间性的条件下所支配的语言。巴尔特指出：历史学家对于“我”的压抑，正好体现了“我”的存在，因此，历史学家的客观性只是一种幻觉。如此一来，巴尔特几乎消解了本维尼斯特所谓陈述的历史层面

① Benveniste, "Structure des relations de personne dans le verbe" 228.

② Benveniste, "Structure des relations de personne dans le verbe" 231.

的纯粹性，在他看来，历史层面无法剔除话语，这两个层面（或者说两个话语系统）的关系绝非是全然对立，而是历史系统中也包含着话语系统，或者说话语系统无所不在。巴尔特通过对古典历史学家的话语的分析，提出了对本维尼斯特历史/话语二元对立的颠覆，可谓是“对症下药”或者“针尖对麦芒”。如果我们要追溯这一颠覆的可能的外因，我们可能就要讨论到德里达对巴尔特的影响。

三、德里达对本维尼斯特的批判对巴尔特的影响

巴尔特在1966年“结构主义之争”会议上发表了他的论文《书写，一个不及物动词?》之后，他的评议人之一德里达发表了批评意见。德里达从书写学（元书写）（grammatology）的角度批判了巴尔特及其背后的本维尼斯特的话语行为理论，他对话语的现存性（现在主义）（present）表示怀疑。在德里达看来，一旦“现在”是建构之物，那么，话语的行为就无从谈起。德里达指出，他并不能在本维尼斯特的话语时间那里看到“现在”，他发现，这个“现在”不是从陈述的时间中截取的，而是从一种瞬时化（temporalization）运动中得到的，这一运动呈现差异（difference），因此使得“现在”成为某种更为复杂的内容物，某种最初的综合体的产物。这也意味着只有在瞬时化运动对“现在”的维系以及抹去中，“现在”才发生并存在。其结果就是：如果没有纯粹的“现在”，就如纯粹陈述的时态那样，那么，话语时间和历史时间之间的区别就可能变得十分脆弱。事实上，陈述的历史时间已经暗含话语时间①。

德里达特别就人称“je”（我）的问题，对巴尔特以及本维斯尼特提出异议。他质疑巴尔特（及其背后的本氏）所言“当我在话语中使用‘我’（je）时，对于我而言，这个‘我’一直是新的（即未经编辑的），而对于读者或者听众而言则不是”。德里达的疑问是：是否对于我来说，为了成为语言（进入语言系统），这个“我”必须是已经重复过的“我”？是否相应地，当我发声为“我”时，我有没有在处理绝对意义上那个原初的单数性（singularity）？在德里达看来，“我”总是已经缺席了“我”的语言系统，或者也可以说，我已经缺席了这种新的经验，这种单数性。为了使得我对“我”的发声成为一种语言活动（an act of

① Barthes, “To Write: An Intransitive Verb?” 155.

language)，“我”必须成为一个信号词（signal word)，必须一开始就是重复过了的。如果没有这种重复性，那么，我的发声就不能行使作为语言活动的功能。如果这种重复性具有原初性，那么“我”就不再是在处理语言中新的［未经编辑的（inédit)］内容。因此，人们说“我死了”的时候得谨慎点儿，因为要使得“我死了”成为真正的语言活动，就需要人们能够说“我死了”。

德里达回顾了胡塞尔区分的语言中意义缺乏的两种情况。第一种情况如“The worm is off”所示，这个句子不符合胡塞尔所说的纯粹逻辑语法的规则，胡塞尔认为这样的说法不是语言。第二种情况如“The circle is square”所示，这个句子尊重了语法的规则，可以说它是“反意义的”(contre-sens)，却不能说它是无意义的（nonsense)，这个句子因此是一个假句子，因为不存在这样的对象实体。这即是说，即便对象缺席，语言也可以因为遵守纯粹语法的规则而生成意义；这就意味着语言意义的力量有独立于对象的可能性。“我死了”只有在明确是个假句子的时候才有意义，但它是个可以理解的句子。因此，“我死了”不仅仅对某个活着的人来说是个难题，它也是对这个人能够有意义地说出此言的条件的悖论性质疑。一旦“语言的不平衡性”(dissymmetry of language）与“言语的契约”(pacte de la parole）联结在一起[①]，前者的安全性就会令人质疑，要么可能被损坏，要么可能需要与后者保持距离。

事实上，索绪尔的语言学作为纯粹的形式学问，有意剔除了事实物，比如人的作用，以至于“言语”和“话语”的问题都被搁置了。而本维尼斯特认为，语言系统的形式契约中已经包含了“人”的问题，人在语言中，语言建构了人；一个语言符号需要被习得而非天生就能获得，因此，人在社会中使用话语的行为以及人的话语结果能够将人与社会、与外界现实联系在一起。巴尔特也在1964年的《引言》中特别强调了人的外界现实、社会生命都与人的言语活动交织在一起。德里达则质疑，当人发声为“我”时，“我”的“陈述现在”这个“形式”下流淌的“质料”到底是什么？如果“我”的言说要在“语言的契约”和“话语的契约”

① 本维尼斯特根据法语的使用规约指出，法语可以区分出第一人称、第二人称和第三人称，但其他语言中可能不止这三个人称，在某些语言中，还有可能人称被指示代词取代，再比如拉丁语的 ill（ille)、iste，还有 hic 等，是根据距离说话者的远近亲疏关系来定义的。

中共存，是否意味着“我”必须要作为现实参照物的那个单数性而存在？一旦“我”因为言说而时时更新，那么，“我”是否还是“我”，至少还是单数的那个“我”呢？本维尼斯特补充修订了索绪尔关于符号任意性的说法，认为索绪尔的符号任意性的分析并非建立在符征与符旨之间，而是引入了现实参照物，符号与物的联系是任意的，至于符征与符旨的关系，不但不是任意性的，反而是契约性的；比如，“我”作为一个“人称代词”符号，人群中的每个个体都可能陈述为“我”或者“je”或者“Ich”等，而每一次个体称述为“我”时，/wo/这个声音与作为概念的“我”那个心智认知之间存在契约，每一次言说意味着因为陈述时刻的变化，/wo/这个声音引发了不同的心智认知。如果我们浅浅提及巴尔特在《罗兰·巴尔特自述》《爱的言谈——片段集》与《明室》中对自我单数性的否定证明，我们就会意识到，巴尔特虽然受到了德里达的影响，但他还是坚持了本维尼斯特的“人称”研究。

德里达认为，本维尼斯特的人称代词以及时间研究，其实在根本上预设了“话语的契约”是活着的“话语的契约”，“幻想”（phantasm）不包括在内。话语是活的，对话是实存的（existential）、现存的，是在生存论层面上的，“I'm alive, because I'm speaking”。但是对于德里达来说，所谓现存，不过是语言规约建构出来的假象，所谓的生存是语言建构的，实存是虚构的。德里达的矛头对准了“话语是活的”这一概念。“话语是活的”才能推论出来“我”与“你”是在场的，这对普罗大众来说似乎是一个事实，但对德里达来说，这是建构出来的一个概念，就像没有人（活着的人）可以说“我是死的”/“我死了”。

德里达提问：是否能够将“话语的契约”与“幻想”区分开来？①活着的人只有在“幻想”的情境下，才能言说/书写“我死了”，在绝对的虚构，比如虚构小说中，作者可以在开篇就写下“je suis mort”，埃德加·坡（Edgar Allan Poe, 1809—1949）或许会喜欢这样的开篇。在西方文学史中，我们可以找到许多例子，其中最有名的莫过于但丁（Dante, 1265—1321）的《神曲》（*Divine Comedy*）。但丁书写了他游历阴间，经由炼狱，进而到达天堂的故事。他在书中写道，当他醒转，发现自己身处黑暗的森林，十分可怖。这种写作方式形成了一个永远的谜团：是活着的

① Barthes, “To Write: An Intransitive Verb?” 155 - 56.

但丁在书写，还是身为死者的但丁在言谈？如果但丁没有死而复生，《神曲》从何而来？我们可以说，但丁的《神曲》开辟了文学创造的一大悖论，一个难题（aporia）。从德里达的观点来看，没有一个话语的契约关系，也没有严格意义上的话语行动。既然所有的话语都是被说过的，并非某个人独创，那么，话语本身也就不包括行动。似乎只有死者才能言说“I'm dead”，但这是个悖论（paradox），因为说话的当下证明此人依然活着，这个荒谬的陈述不能在活的人和活的话语之间建立一一对应关系。德里达用这个句子解构了巴尔特的 I/you、je/tu 的关系。

在这里，我们必须意识到两点：第一，德里达的批判立场和本维尼斯特的“辩护”立场的思想基础并不一致，前者是语言哲学立场，后者是语言学立场，本维尼斯特的方法是语言学的方式，德里达的方法是语言哲学的方法；第二，德里达敏锐地看到了本维尼斯特话语理论中话语中心主义（logo-centrism）的暗线，并且对之发起了猛烈的抨击。从批判形而上学语言理论的立场出发，德里达对本维尼斯特的批判是正确的，他提出了一个知识论的、根本的问题，那就是所有的历史叙事看起来都是跟现在切断的，是“无我”的，没有“你”跟“我”，但是这是假象，因为既然这一切都是被人言说的，就不可能在时间、历史中切断，不可能没有说话人的参与；因此所有的历史陈述，都已经根植在、建筑在（embedded in）“有我”的、“我”与“你”的话语陈述系统里了。因此，德里达认为，历史陈述与话语陈述的二分法并不成立，这二者无法切断，所有的历史陈述都是话语陈述的一部分，都是话语陈述触发的。同时，“你”“我”“他”的人称，第一人称现存的“我”，在场的“我”，都是一些已经存在的规约，一些传统（conventions），因此也没有在场/不在场的区分，一切都是被建构起来的，“我”也可以不在场。严格来讲，时间的现在也是不存在的，是虚构的，说话当时时间已然流逝，每一秒，甚至每千分之一秒，都是已经过去的时间，现存的现在并不存在。既然时间不能分割，现在时、过去时和未来时的区分又如何能成立呢？时间永不停歇，人们勉强把时间稳定在动词的现在时中，但是，所有的现在时在进行时已经变成了过去，因此，现在唯一存在的可能就是在与过去、未来的互动中，或者说，根本没有现在，现在是过去与未来之间的辩证关系产生的一个假象，现在是虚幻的，随时都会流失，所谓现在正是“逝者如斯夫，不舍昼夜”或者“抽刀断水水更流”的意味所在。

与1966年会议事件同期，德里达不但把箭头瞄准了法国以本维尼斯特为代表的话语理论，也瞄准了英国的J. L. 奥斯汀（J. L. Austin, 1911—1960），以及奥斯汀在美国的弟子约翰·瑟尔（John R. Searle, 1932—）的理论——言语行为理论。这两种理论都是建立在语言的在场和现存这一假设的前提之下的，如果没有这一前提的话，所有的语言行为理论都不能存在。1966年正好是德里达反话语中心主义长期工程的一个中间阶段，本维尼斯特之所以被攻击，是因为德里达认为，本维尼斯特的话语理论暗含了“话语中心主义”：“我”是现存的，“我”是在场的，这不正是话语中心主义吗？德里达纯粹从一个哲学家的立场，从语言哲学的立场出发，要来瓦解所有的话语中心主义。

在《论文字学》（*De la grammatologie*, 1967）中，德里达在西方的“语音中心主义”（phonocentrism）书写传统之外发展出“文字学”元书写的概念。前一种书写是一种语音表征的语言的工具性质的、辅助衍生性的存在方式，这种语言以“活的话语”的方式表征自己的存在以及中介人的思想。这种书写通过声音与意义的统一，生产了主体在活的话语中的存在，一并将这种话语投入了对“神圣性”进行刻写的领域。对于德里达来说，语音中心主义是“存在即为当下”这种理念的支柱，也是话语最深层最核心的内容。德里达对这种形而上学的语言学观念的解构，主要通过扭转符征/符旨之间单向意指的关系来进行，他指出，符旨总是在自立为新的符征的基础上才能实现它的功能。德里达通过解构符征/符旨的纯粹区分，在“trace”这个概念中延展出符征的无穷反射（mis-en-abîme）①。

在德里达与本维尼斯特的分化这里，我们找到了后期巴尔特的书写所在的位置。巴尔特与同时代的其他人，比如热内特、托多罗夫等人，都在叙述学中研究借用了本维尼斯特的话语陈述/历史陈述二分法，但巴尔特自己的文本书写实践并没有硬性地搬用这种二分法。巴尔特热爱本维尼斯特，同时在写作中也实践着德里达的解构主义思想。在德里达看来，“我”是可以被解构的，巴尔特的《罗兰·巴尔特自述》也不谈现存的

① Wortham, Simon Morgan. *The Derrida Dictionary*. London: Continuum International Publishing Group, 2010. 111 - 12; Derrida, Jacques. *Of Grammatology*. Trans. Gayatri Chakravorty Spivak. Baltimore: The Johns Hopkins UP, 1976.

"我"，"我"已经被分裂了、变成符征了，以断笺残篇的方式散落于思想的宇宙中，失落了核心。故而，我们可以谈两个层面的巴尔特：一个是继承了本维尼斯特的话语符号学那个传统的巴尔特，他发展出话语语言学模式下的书写系统；另一个是在语言哲学的立场上实践德里达思想的巴尔特。我们并不认为既然巴尔特部分地接受了德里达思想，就要全盘否定本维尼斯特，而是看到，巴尔特的理论建构与文本书写都体现出对多种理论甚至相互悖立的理论的接受，但他并不纯然接受，他是反思、揉捏、裁切、重塑。

借助 1966 年这个会议，我们不仅可以反思话语符号学对于语言的实存与否问题的诸种论断，也可以重写巴尔特的思想转向的分期。自 1966 年会议之后，他所写的所有文本，包括《S/Z》，后来的《罗兰·巴尔特自述》《爱的言谈——片段集》，甚至《好吧，我们来谈谈中国吧?》等，基本上已经开始在实践中反思并超越本维尼斯特的话语语言学。巴尔特在走向德里达的反话语中心与解构主义的过程中发展出新一阶段的符号学。在这个阶段中，话语中的"主体"并不先验永固，"主体性"本身摆荡摇曳，一个话语建构的空间而非话语单个的行为，成为巴尔特的书写所关注的焦点。在这个空间中，多维主体的声音嘈杂喧哗，"书写"在文本中书写主体，自传成为想象、小说，"我"与"你"之间的超越性之争开始退席，而书写的声音开始自为运行。巴尔特新一阶段的话语符号学在书写的话语空间中开始对自己这个理论系统进行反思与补充。

第三节　话语语言学模型的完善标志着巴尔特话语符号学的成熟

在这一节中，我们要讨论标志着巴尔特话语符号学思想之成熟期的到来的话语语言学模型的完善，并讨论该模型的性质以及运转规则①。在 1964 年第 4 期《交流》杂志的引言中，巴尔特已经梦想过一种新的语言学（超语言学）的出现，它视研究符号的科学——符号学，为自身的一

① 这里我们借用本维尼斯特对一个符号系统之特征的描述的两个术语，来界定巴尔特的话语符号学，这两个术语是："性质"（la nature）和"运转类型"（type de fonctionnement）［即联结各种意指单元（符号）并赋予它们不同功能的关系］。（参见：Benveniste，"Sémiologie de la langue" 62 - 63.）

个组成部分；[①] 这种语言学研究所有经语言表述的文化的表意现象，具有意指能力的话语片段是其研究对象的基本形式。巴尔特对索绪尔语言学与符号学关系之主张的逆转，显示出他的符号学将不再模仿实践索绪尔的语言系统符号学，而是尝试创立自己的以话语现象为对象的符号学研究。1969 年本维尼斯特的《语言系统的符号学》一文的出现，使得我们清晰地意识到：这门符号学是“第二代”的符号学，它的有效范围是陈述的世界、话语的领域；它超越了索绪尔的符号观，其研究对象从作为语言单元的符号过渡到句子、言语和话语，它揭示了两种语义学的存在——一种语义学关涉话语层面的意指，另外一种则关涉文本、作品中的意指；后者通过陈述的语义学研究建立了一门后设语义学，从而使得“对意指性进行意指阐述（tenir des propos signifiants sur la signifiance）成为可能”[②]。

对于巴尔特来说，语言系统符号学是以语言学为研究模式的、研究人类社会中的符号及符号生命的科学，而巴尔特的超语言学，以所有被语言陈述的符号文化的表意行为为对象，它的模式又是什么呢？本维尼斯特提示了一门关于陈述的语言学的存在，将关于人类的语言使用行为的语言学作为话语符号学研究的后设语言。巴尔特在本维尼斯特的影响下，在 1970 年的重要论文《话语的语言学》中建立了他的话语符号学的话语语言学研究模式[③]。

巴尔特理论框架中的话语语言学与本维尼斯特的陈述语义学同质，其超语言学则与本维尼斯特的语义学同质，至少我们根据 1964 年的《引言》来看，这种说法是可以成立的。根据对《巴尔特全集》中涉及“话语语言学”与“超语言学”部分内容的分析，我们认为，巴尔特所谓的“话语语言学”的对象同时包括话语产物（texte de l'énoncé）与陈述行为，后者是前者的外现[④]。这也是话语分析（l'analysis du discours）、文本语言学（textlinguistique）的范围，在更为古老的命名体系中，我们将之归属

---

① Barthes，“Présentation”2.

② Benveniste，“Sémiologie de la langue”65.

③ 巴尔特经常混用“话语语言学”“言语语言学”“内涵系统语言学”，它们基本是等同的概念，此外巴尔特也混用“超语言学”、内涵系统符号学、修辞学，这一组也基本是等同概念。有时候巴尔特甚至混用话语的语言学与话语的符号学。但是，此处我们强调这样的区分：巴尔特的话语语言学是其话语符号学的模式。

④ 托多罗夫认为对话语的分析离不开对陈述的讨论，参见：Tzvetan，Todorov.“Problèmes de l'énonciation.”*Langages* 17（1970）：3－11.

为修辞学（rhétorique）的领域。

在公元前5世纪的修辞学这一研究话语最古老的系统诞生之初，我们就发现，话语与人类社会生活的其他文化系统交织在一起，关于话语的话语（修辞）最早被商人用来维护自己的财产①。在文化实践中，即在人与社会的交际互动中，人的言语活动不仅体现为以言语的形式对语言系统的实现，也包括以更大的话语片段（言语以及阐释覆盖了其他符号系统的话语系统）对简单意指进行二度意指②。巴尔特更为关注这种二度意指以及承担这一意指活动的内涵系统。

下文中，我们将分析巴尔特的话语符号学模型之基本形式，抽象出话语语言学对话语符号学的规模作用，并与索绪尔语言学对语言系统符号学的规模作用做一简要对比，由于修辞学被巴尔特视为话语语言学的始祖，且巴尔特的修辞学思想甚为复杂，因此笔者在该节之后专辟了一节来讨论这个问题，并以修辞学的视野联通巴尔特的话语符号学理论与文本实践。在此节中，我们将巴尔特的话语语言学定位为其话语符号学的模式，是因为我们意识到：巴尔特提出话语语言学，是为了能够从符号学分类法的角度，将关于文学的既往的结构主义研究方法统一起来。结构主义试图建立起一种关于文学的科学，巴尔特认为这门科学就是“话语的语言学”（linguistique du discours）。在这门科学诞生之前，对文学的研究方法，还只是一种边缘性的、试图接近“科学性”的对作品、作家、学院、文本等进行研究的方法。

我们通过《从科学到文学》（“De la science à la littérature”）这篇文章的分析可以知道，既有的结构主义文学研究主要涉及对文学作品的三个层次的研究③。第一个层次是内容的形式层（la forme des contenus），包括内容的言说、各个符号单元的识别以及各个单元之间的联系逻辑；在这里，形式尝试建立起被叙述的历史的“语言系统”。第二个层次是纯粹形式层（les formes），结构主义关注一种分类学（taxinomie），所有作品、机构或书籍，经分配后被置于恰当位置，这一位置的原型，就是结构主义对象的实质。这种分类学享有盛名的始祖就是修辞学。巴尔特认为修辞学

---

① Barthes,“L'ancienne rhétorique (aide-mémoire)” 175.

② Barthes,“Présentation” 2.

③ Barthes,“De la science à la littérature” 1263 - 70.

是一个帝国（l'empire rhétorique），这一帝国的幅员与时延远比历史上任何政治帝国更为强大[①]，它本是一种文化分析以及分类其言语的形式，也是使得语言的世界可被理解的强大的力量。第三个层次是字词（les mots）层，即语义层[②]。句子中不仅有符意和语义两个层面上的表意活动，还充斥着补充性的意指活动，并且字词与文化的指涉物（référents）之间通过语义学建立了联系。通过这所有的层面，结构主义在文学中重获了语言的各个面向以作对象。这三个层次紧密地结合在一起，使得“文学的”（littéraire）一词成为一处空间，在这里，个体在社会中的语言使用行为，同时成了古典的修辞学、现代的内涵系统与外延系统以及陈述三种话语语言学的分析对象。

巴尔特将结构主义试图建立的这种关于文学的科学，命名为一门“话语的语言学”（实则是话语的符号学）[③]，文学的形式与内容的双重系统都被包含在内。那么，巴尔特话语语言学的运转类型是什么呢？换句话说，话语符号学如何联结作为符号的话语并且赋予其不同功能呢？为了回答这个问题，笔者查证了《巴尔特全集》中所有有关巴尔特话语语言学的直接论述，其中发表于1970年的《话语的语言学》一文，最为集中地对话语语言学的运转类型进行了分析。在下文中，笔者将以这篇论文为主，以其他话语语言学相关的片段性论述为辅，对巴尔特的话语语言学的具体内涵与操演方式加以阐述。

1970年出版的《符号、言语活动和文化》（*Signe, langage, culture*）

---

① Barthes，“L'ancienne rhétorique（aide-mémoire）”174.

② 本维尼斯特在《语言系统的符号学》中指出：语义学（le sémantique）“把我们引入由话语生成的特定的意指方式。这里提出的问题，与作为信息生产者的语言有关，而信息不能被简化为一系列需要分别辨认的单位。并不是符号的叠加产生意义，相反是从总体上构想的意义（‘意向性’）被实现，被划分为个别的‘符号’，这些符号就是词。其次，语义学必定要涉及所有的指涉物，而符意学（le sémiotique）从原则上讲与任何指涉无关。语义范畴与陈述世界和话语领域是同一的”。（参见：本维尼斯特：《普通语言学问题（选译本）》，第139页；原文见：Benveniste，“Sémiologie de la langue”64.）

③ 巴尔特指出：“这一计划足够新，因为在此之前，文学还仅仅是在作品、作家、学院或文本中的，一种边缘性的、试图接近‘科学性’（scientifiquement）的方法。”因为新，所以这一计划并不令人满意，它凸显出来一个问题，就是文学与科学之间的对立。结构主义者要变成“作家”，不是为了实践优美的风格，而是为了重现所有陈述的棘手的问题（cf. Barthes，“De la science à la littérature”1265－67.）。

一书收录了巴尔特的《话语的语言学》一文①。在这篇论文中，巴尔特重提了他在 1964 年《符号学基础》中提出的重要概念"超语言学"，并且，通过分析语言系统语言学与话语语言学的联系与区别、话语语言学的对象、句子与话语的联系与区别、话语的情境以及构建话语符号学的两个必要的原则、话语语言学与修辞学的关系等一系列的问题，对"话语语言学"这个概念进行了充分的界定。虽然在此文中，巴尔特将"话语语言学"等同于"超语言学"和"后设语言学"（métalinguistique），但是笔者还是勉力区分作为研究模型的话语语言学以及从该模型基础上发展出的整体理论话语符号学。

《话语的语言学》这篇论文深刻体现了巴尔特所受本维尼斯特的影响。巴尔特在该论文中指出，话语语言学的自我界定需要借助语言系统语言学来进行，这是因为它们二者的对象都属于同一语言实质：言说出来的言语活动（langage articulé）。然而，不应将这两种语言学相混淆。毫无疑问，语言系统语言学研究的对象要受到纯粹交际（pure communication）目的（即信息的完美传递）的限制，可能话语语言学的研究对象也有这样的问题，因为它们（对象）的实质也是语言学的；但是，在话语语言学领域里的交际，其功能与语言系统语言学领域的不同，它还有第二层级的目的，这是因为除了有语言学原则对话语语言学的对象进行编码，社会也对话语语言学的对象进行编码。因此，巴尔特将话语——这个话语语言学的对象，界定为"言语的有限领域，从内容上来看是统一的，都是被第二层级的交际目的发送并结构化的，同时也被语言系统之外的其他因素所文明化了"②。

话语语言学的领域植根在句子的领域内，而语言系统语言学止步于句子，句子是语言系统语言学的最后一层级的综合形式，一个句子仅仅靠其组成部分来自我定义：我们可以将句子进行切分，却无法将句子进行综合。从句子层面往上，我们在语言系统语言学之外获得了一个新的描述，这就是话语，句子是前一种语言学组合的最后一层，也是话语语言学组合的第一层。在话语的层面上，句子才整合为一个整体；句子是话语的单

---

① 此文原载于：Greimas，A. J.，Jakobson，Roman and Mayenowa，Maria Renata，et al.（eds）. *Signe，langage，culture*. The Hague/Paris：Mouton，1970. 本节所参照的文献来自《巴尔特全集》，cf. Barthes，"La linguistique du discours" 611－16.

② Barthes，"La linguistique du discours" 612.

位、话语的片段，句子“同时负载着意义（sens）和指涉（référent）：负载意义是因为它被赋予了意指，负载指涉是因为它涉及一个特定的情境”[1]。因此，句子就成了文本和话语之间的一个合页，一个结合点。本维尼斯特在《语言分析的层次》（“Les niveaux de l'analyse linguistique”）中指出：“句子不单单意味着语段的延展，有了句子，我们就越过了一个界线，进入了一个新的领域……只有在实现为句子的话语中，语言才得以形成、才得以成型。言语活动就是从这里开始的。用一句拉丁成语说，那就是：*nihil est in lingua quod non prius fuerit in oration*（语言中的一切无不首先存在于话语之中）。”[2]

我们可以用同类替换原则（commuter）来考察句子和话语的不同[3]。在语言系统语言学层面，在（假设的）纯粹交际情况中，对话者可以在信息畅通的前提下置换字词和表达。但是，在超越句子的层面，在话语的世界，意义变得极为具有指涉性，它受限于一种情境，在情境之外，同类替换法无法发挥作用。这即是说，被言说物确有其意，但是这个意义仅仅是语言系统语言学上的意义，而在话语语言学的范围内，被言说物的意义不过是一个补充的意义。从话语的角度来说，如果不在情境中，言说就保持在一种简单的命题功能里，无法发挥符征的作用（in-signifiant），但是，在叙述的情境中，言说将能提供信息的一种同类替换，它将决定是否要发挥其他可能的作用，也可能使得我们将此时的言说定义为分节性符号（segment-signe）。就此，巴尔特提出要清晰地描绘话语情境的普遍的结构性价值，因为，一方面，这些情境决定着组合层次的某些等级，而另一方面，它们又允许一种新的话语语言学的同类替换法存在。这里尤为值得注意的一点是，话语最原初的情境就直接关涉交际，而交际将话语的发送者

---

① 本维尼斯特，《普通语言学问题（选译本）》，第198页。

② 本维尼斯特，《普通语言学问题（选译本）》，第195，198页。

③ “commuter”是“commutation”的动词原型，此处的“同类替换”正是巴尔特在《符号学基础》中解释过的“对比替换检验”（l'épreuve de commutation）。这一概念是叶尔姆斯列夫与乌达尔（H. J. Uldall，1907—1957）在1936年第5届国际语音学大会上提出的，其定义为：“对比替换检验法是在表达（能指）层面上人为地造成一种改变，以观察这种改变是否在内容（所指）层面引起相应的变化。总而言之，它指的是在‘无限文本’的某一点上创立一种任意的同构关系（homologie）即双重类比，以证实两种能指的相互替换是否会由此引起所指的相应替换。如果两种能指的对比替换产生了相应的所指的对比替换，我们就在予以检验的组合段内得到一个组合单位。如此，最初的符号便被切分了。”参见：罗兰·巴尔特：《符号学原理》，王东亮等译，北京：生活·读书·新知三联书店，1999，第58页。

（叙述者）与话语的接受者（倾听者）联系起来。叙述的情境组成一种自主的描述层次，它（情境）尽可能地部署恰切的符征，因此，关于话语情境的系统性分析可能能够修缮传统的文类区分法。

在这篇论文的最后一部分，巴尔特提出了一个新的概念——“话语符号学”（sémiotique du discours），我们统观《巴尔特全集》后发现，这是巴尔特唯一一次将其以话语语言学为研究模式的、对言说的文化进行的符号学研究，命名定性为“话语符号学”，但这不妨碍本书大胆启用“巴尔特的话语符号学”的说法。巴尔特使用了“sémiotique”或是受本维尼斯特的《语言系统的符号学》的影响，或是接受了当时学界对“sémiologie”与“sémiotique”的化约，我们无法得知，但是这并不妨碍我们将巴尔特的话语符号学锚定在法国“sémiologie”这一传统内部。

在该论文中，巴尔特也提出了构建话语符号学的两条原则。第一条原则是：超语言学的方法从语言系统语言学而来。尽管“上下文”（contexte）或“语境”（situation）越来越多地开始进入语言学的考量，但是语言系统语言学还是止步于句子，因为句子在情境中负载指涉，但这一旧语言学无法在意义之外对指涉物进行编码。话语语言学这个概念最基础的任务就是要对指涉物进行编码，可以说，话语语言学的始祖——旧修辞学①，数世纪以来就是把建立对言语的编码作为目的的。而为了建立这种代码，修辞学已经仔细区分话语的诸种情境［比如模仿（mimétique）、决议（deliberative）、司法审判（judiciaire）等］。一言以蔽之，“指涉物”既外在于语言学（extra-linguistique）又内在于符号学（intra-sémiotique）。同时，巴尔特在一次采访中，特别提示我们，话语语言学虽然编码指涉物，但是，它同时也使得我们可能避免那些社会学至上论和历史学至上论带来的僵局，它们过度地将历史化约为“指涉物的历史”（l'histoire des référents），而不是话语所塑造的历史②。

构建话语符号学的第二条原则也将我们引回到语言学问题上。通过两

① 巴尔特对“旧修辞学”和“新修辞学”的区分需要引起我们的注意。巴尔特的旧修辞学特指从公元前5世纪延续至公元19世纪以前的修辞学，其中17世纪以前的修辞学等同于“古代/古典修辞学”，17—19世纪的修辞学是较为近代的沦为辞格研究和研究文体学的次级的语文学训练（a secondary philological discipline）的修辞学。19世纪中后叶之后，随着新的知识论的发展，语言学和文学有再度联姻的趋势，巴尔特用本维尼斯特的交际语言学和他自己的话语语言学颠覆了前面两种修辞学，建立并实践了自己的新修辞学。

② Barthes, “Sur le *Système de la Mode* et l'analyse structurale des récits” 1232.

个方面，话语系统复制了句子系统的方法：替换词、分节以及各分节之间的结构联系都在同一个层级上；每一层级内部有单元结合，上下层级之间存在聚合，其中后者生产意义。我们似乎又看到了巴尔特对叙事话语的结构分析，隐约也看见了雅各布森、本维尼斯特对索绪尔的发展。巴尔特提出，不能仅仅把话语视作结构性的集合（这就是普洛普的问题，他是在一个单独的层级上发展了他的“功能”说），而是要把话语视作一个综合型的集合。这种综合原初包括两方面的内容：其一是结构性的，因为它允许了对意义的理论描述以及对话语的操作性分割；其二，普遍来说，它允许对系统的范围的状态进行描述，这个时候正是系统在社会历史实践中言说的时候。这种关于初始综合的符号学涵括了符号学与符号学之外的学科比如历史学、心理学以及美学等学科合作的机会①。

第四节　模型对照：巴尔特的旧修辞学批判与新修辞学实践②

我们要研究巴尔特的话语符号学，即超语言学，就必须对其修辞学思想进行深入的理解。稍微罗列一些证据，我们就能看出，研究巴尔特的修辞学思想，对于补充我们对巴尔特话语符号学的理解极为重要。首先，巴尔特将旧修辞学定位为结构主义文学研究方法的始祖，可见于《话语语言学》③《从科学到文学》④；其次，巴尔特认为旧修辞学为话语分析提供了方法，见“历史的话语”课程的说明；⑤ 再次，巴尔特将旧修辞学与话语语言学理解为话语分析的两个历史阶段，见《历史的话语》⑥，以及《叙事结构分析导论》⑦。但是，笔者认为更值得注意的是，在 1964 年《交流》杂志第 4 期符号学专刊上的三篇文章中，巴尔特提出，修辞学是

① Barthes, “La linguistique du discours” 611 - 16.

② 这一节的部分内容已经发表，参见：张汉良、韩蕾：《罗兰·巴尔特的“中性”修辞学》,《当代修辞学》, 3 (2015): 16 - 24。

③ Barthes, “La linguistique du discours” 616.

④ Barthes, “Recherches sur la rhétorique” 1265 - 67.

⑤ Barthes, “Recherches sur le discours de l'Histoire” 1293.

⑥ Barthes, “Le discours de l'histoire” 1250.

⑦ Barthes, Roland. “Introduction à l'analyse structurale des récits.” *Œuvres complètes*. Tome 2. Paris: Éditions du Seuil, 2002. 831 - 32.

内涵系统的符征形式，而意识形态则是内涵系统的符旨的公共领域，此观点见于《图像修辞学》[1]《符号学基础》[2]，以及后来他接受杂志有关“结构主义”定性的采访时的谈话（“Réponse à une enquête sur le structuralisme”）[3]。

在前三个面向上，我们可以统一认为：旧修辞学是话语语言学的基础，为其提供了初步的操作指南，正如巴尔特在“历史的话语”这一课程的说明中所传达的那样，“我们可以从旧修辞学那里看到话语分析的模式”[4]。而在最后一个面向上，旧修辞学作为“话语的后设话语”[5]，使人们意识到，在社会中使用的言语的是经过编码的言语，传达了其背后的意识形态与权力游戏的操纵。克里斯蒂娃所谓“每一意识形态活动均呈现于综合地完成了的语句形式中”可谓切中了话语与意识形态的直接联系。巴尔特逆反重述了克里斯蒂娃这一思想，将句子视为“意识形态之物”并进行披露[6]。

事实上，从1957年出版的《神话集》中，我们已经可以看出，当时的巴尔特也已经看到了作为内涵系统符征形式的修辞学的重要性。他在当时已经以叶尔姆斯列夫的内涵系统与语言实质观念补充了索绪尔的语言学；他意识到，对于文学的研究是在内涵系统的层面上进行的，而意识形态作为内涵系统的符旨集合，属于符号学的一个研究部分[7]。内涵系统的符号学也因此就是修辞学。在1964—1965年间的“修辞学研究”课程中，这一说法被巴尔特重申，并且有了一个别名——“言语的符号学”[8]，后来，言语的符号学又被话语符号学吸收。

巴尔特提示我们，结构主义的文学批评，其主要原则是将一部文学作品（或多部作品）当作意指活动的系统进行研究。这个系统包含两层意

---

① Barthes, “Rhétorique de l'image” 585. 注：前文出现了两个版本的《图像修辞学》，为了区分，笔者在引用《巴尔特全集》所收录的该文章时采用简写，引用发表于期刊《交流》上的该论文时采集全部出版信息。

② Barthes, “Éléments de sémiologie” 131.

③ Barthes, Roland. “Réponse à une enquête sur le structuralisme.” *Œuvres complètes*. Tome 2. Paris: Éditions du Seuil, 2002. 715 – 17.

④ Barthes, “Recherches sur le discours de l'Histoire” 1293.

⑤ Barthes, “L'ancienne rhétorique (aide-mémoire)” 173.

⑥ Barthes, *Roland Barthes par Roland Barthes* 108.

⑦ Barthes, “Réponse à une enquête sur le structuralisme” 715 – 17.

⑧ Barthes, “Recherches sur la rhétorique” 747.

指：第一层意指体现为说出来的语言所包含的信息集合；第二层则是叶尔姆斯列夫所说的内涵系统，这也是一种真正的后设语言，但是这样一种内涵符号学还没有被深入研究过。旧修辞学不可避免地要被内涵符号学吸收，也正是在内涵符号学的领域中，在话语语言学的交际领域，高层级的意指活动成了结构主义文学研究的对象，这一层级发生在话语［被陈述物的集合（l'ensemble des énoncés）］及其之上的话语片段中。从旧修辞学中借用来的话语分析模式，依然可以延用于新的话语分析，但是，我们也看到，从19世纪后半叶开始，新的知识论驱使人们在修辞学之外的领域研究文学，这一视域提出要讨论语言的基本范畴：人称、时态等。巴尔特认为，这一新的知识论带来了对旧修辞学的颠覆，人类话语使用的真实空间使得这一里程碑式的颠覆得以实现："文学不再作为话语的简单线性的组合，为逻辑真实而服务，而是作为多重题材（polygraphisme）力求在文学话语（les écritures）与逻辑话语（les logiques）之间达成对话。"① 在这一点上，巴尔特承认，他的话语符号学概念接受了巴赫金和克里斯蒂娃的理论援助。可以说，巴尔特独立而自觉地提出了"超语言学"概念，并且很早就意识到了超语言学与修辞学的同质关系；在克里斯蒂娃将巴赫金的话语概念引入他的课堂之后，他接受了巴赫金的概念以补充自己的超语言学并逐渐演绎，逐步走向最后成型的话语符号学。

在上述认知的基础上，我们清晰地看到，有必要区分旧修辞学与巴尔特自己所实践的新修辞学，即"交谈语言学"/话语语言学。巴尔特在《书写，一个不及物动词?》开篇提出：今日，西方文化视文学为对作品、作者、学派的研究，但是从高尔吉亚（Gorgias，约483 B. C. E. — 375 B. C. E.）至文艺复兴，在两千年的历史中，文学在西方文化中被视为一种关于语言的真正的理论，这种理论即修辞学②。这即是巴尔特在《旧修辞学（记忆术）》［"L'ancienne rhétorique（aide-mémoire）"］中所研究的旧修辞学。但是，这种修辞学从16世纪开始至19世纪，已经沦落为一种"研究文体学的次级的语文学训练"③。巴尔特重提旧修辞，是为了他在后文讨论文学与语言学的联合而作铺垫，在《书写，一个不及物动词?》

① Barthes, "Recherches sur le discours de l'Histoire" 1293.

② Barthes, "To Write: An Intransitive Verb?" 134.

③ Barthes, "To Write: An Intransitive Verb?" 134.

中，巴尔特讨论到中世纪七艺（*septenium*），认为七艺规定了两种对世界的探索：对自然之秘的探索［四科（*quadrivium*）］，以及对语言（言语）之秘的探索［三门（*trivium*）：语法学（grammatica）、修辞学（rhetorica）、辩证法（dialectica）］；但是，从中世纪末期开始，这种对立消失了，语言仅被理解为是“为理性或心灵服务的工具”[①]。巴尔特认为，现在这种古典对立又恢复了，“由语言学、精神分析和文学所引领的对于语言的探索，与对于宇宙的探索相呼应”[②]。作为一门学科（或至少作为知识体系）的文学，也不再是“人之心灵书”，而是人之语言，文学不再研究原属于16至19世纪修辞学的对象——次级形式或辞格，而是研究语言的最基本的范畴，比如人称、时态、语态。

在文学中研究语言的基本范畴，“交谈”就成了文学的核心问题意识，这是因为这些范畴切实关涉作为言说主体的“我”（je）与实我之间的关系。文学不但重新成为关于语言真实的理论，而且成为关于“交谈语言学”即话语语言学的真实的实践。巴尔特认为，只有在本维尼斯特这里才存在的“交谈语言学”，使得全世界都以“我/你”这一形式结合在一起[③]。显然，实践这一语言学的文学，也成为演绎以及反思“我/你”形式的最好注解，《爱的言谈——片段集》和《罗兰·巴尔特自述》即为最好的例子。

我们不难看出，在公元前5世纪至文艺复兴时期的旧修辞学那里，巴尔特看到了文学与言语的语言学之间最初的联姻，同时，旧修辞学也为巴尔特提供了一套传统的对于言语的编码法则，而且，因为旧修辞学已经含纳了对于指涉物的编码，它也建立了人与世界通过语言联结在一起的初步印象。回顾巴尔特在多篇文章与多次访问中所定位的旧修辞学，我们发现，一方面，巴尔特将旧修辞学视为话语语言学的前身；另一方面，他在旧修辞学中看到了一种“大众意见话语”对于西方文明史的强势编码。而话语符号学则是他用以替代旧修辞学的新修辞学，在1970年已经在理论架构上步入成熟，只待在书写实践中被反思与应用。

事实上，话语语言学正是超出语言系统语言学的、以话语为对象的研

① Barthes, “To Write: An Intransitive Verb?” 144.

② Barthes, “To Write: An Intransitive Verb?” 144.

③ Barthes, “Pourquoi j’aime Benveniste” 514.

究文学问题的模式，同时也是以“人在语言中并通过语言确立为主体”为标志①，将文学视为人与世界的高级交际形式的新修辞学的后设模型。话语语言学将旧修辞学带入内涵符号学，同时话语符号学替代旧修辞学成为新修辞学，实践它的今日文学也因此成为关于语言的新的真正的理论。

至此，我们已经论述过了旧修辞学对于巴尔特整个话语符号学体系的重要性。话语语言学是话语符号学的研究模式，而修辞学却是话语语言学的始祖，修辞学的目的就是建立能够对言语进行编码的代码系统，话语语言学是颠覆了旧修辞学的新修辞学。但是，为了更清晰地理解巴尔特的话语语言学，以及更深入地分析巴尔特的新修辞学书写实践，我们必须返回研究巴尔特的旧修辞学思想，我们也希望可以从中厘清旧修辞学话语分析的基本模式。

一、巴尔特的旧修辞学研究的对象、目的与策略

修辞学自公元前 5 世纪在古希腊诞生，从高尔吉亚开始直至文艺复兴时期，修辞学一直统治着西方文化，这一统治在文艺复兴之后开始衰退，至 19 世纪末期消失；但是辞格继续统治了从古典时代（l'Antiquité）到 19 世纪后期的整个法国文学②。在 19 世纪末的时候，人们注意到，辞格在文学批评上的统治地位消失了，而一种历史与结构并存的观念开始侵入文学批评③，在索绪尔的一般语言学中，这种观念被命名为“历时性的”（diachronique）研究和“共时性的”（synchronique）研究。

在 1964—1966 年间，巴尔特在巴黎高等研究院共开设了两门与修辞学相关的课程。第一门课程是 1964—1965 年间的旧修辞学研究，是对从公元前 5 世纪至公元后 19 世纪的修辞学的历时与共时的研究。另一门课程在 1965—1966 年间开设，涉及从福楼拜（Gustave Flaubert，1821—1880）、马拉美、瓦莱里（Paul Valery，1871—1945）、普鲁斯特、卡夫卡（Franz Kafka，1883—1924）、萨特、布朗肖（Maurice Blanchot，1907—2003）到米歇尔·布托尔（Michel Butor，1926—）这一时期内的文学研

① 本维尼斯特，《普通语言学问题（选译本）》，第 293 页。

② Barthes，“Réponse à une enquête sur le structuralisme”716.

③ 在 20 世纪以前，西方文化并不将“文学”理解为与作品或作者相关的语言实践，而是认为“文学”就是关乎言语的真正的理论。

究、文学批评以及作家研究①。前一课程的讲稿，经整理发表于1970年12月《交流》杂志第16期“修辞学专号”，题为《旧修辞学（记忆术）》②。巴尔特在旧修辞学课程的说明中表示，为了研究话语语言学，必须从旧修辞学开始，在旧修辞学之后，何物取而代之，则是第二次课程试

---

① Barthes, Roland. “Recherches sur la rhétorique (suite).” *Œuvres complètes*. Tome 2. Paris: Éditions du Seuil, 2002. 875.

② 该论文的中文译者李幼蒸将标题译为“旧修辞学”，译者在“古代”“古典”与“旧”之间选择了“旧”，用以翻译“ancienne”，这应该是考虑到了巴尔特在“前言”部分所提到的“新修辞学”与“旧修辞学”之间的对立。“古典/古代修辞学”在历史学中已经有了很清晰的界定，它并不包括17世纪及以后的修辞学。因此，我们不应该将这里的“L'ancienne rhétorique”译为“古代修辞学”或“古典修辞学”。笔者的疑问是：巴尔特该论文是否真的是“旧修辞学”的研究，还是巴尔特在书写自己的“新修辞学”？通过前文论述，笔者已经得出结论：巴尔特的旧修辞学是与新修辞学相对的，而他的新修辞学正是话语语言学，话语语言学也正是巴尔特论析旧修辞学的后设视野。显然，巴尔特的“L'ancienne rhétorique”之“L'ancienne”是与新修辞学相对应的旧/老修辞学，在标题的“旧”与内容的“新”之间形成的矛盾，正是巴尔特刻意设计的效果。故而无论使用“老修辞学”还是“旧修辞学”都是适合的。在此，笔者沿用李幼蒸“旧修辞学”这一译法。副标题的“aide-mémoire”在文化史上涵盖面十分广泛，我们至少可以从以下几个面向上去思考。在初民社会中已经有了“aide-mémoire”这一形式，它是帮助人们记忆的一种手段，后来书写出现，取代了口述传统，“aide-mémoire”即为书写的一种形式。柏拉图在《裴德罗篇》的末尾讲述了一个埃及故事：埃及有位名为塞乌斯（Theuth）的神明发明了文字（grammata），他向当时的埃及王萨姆斯（Thamos）展示文字，将文字称为一种使人更智慧（sophōsteroi）并增加记忆力（mnēmonikōteroi）的“药”（pharmakon）。但是萨姆斯对文字持反对态度，认为文字是提示的“药”，而不是记忆的药，人们会因为依赖外在的文字符号而不再依赖内在的记忆。事实上，在《裴德罗篇》的开头，“药”的比喻已经出现了，苏格拉底将裴德罗藏在袍子底下的吕西亚斯关于爱的演说稿比喻为药，引诱他走出雅典城，来到城郊的河边。苏格拉底更倾向于同意萨姆斯的认识，文字作为一种“药”可能并非良药，一旦文字成型，除了作为备忘录来提醒人，再无别的好处。柏拉图借苏格拉底编织的神话，道出了真理与记忆的关联，真理是人们对于理念的回忆，文字的出现不但不能增强记忆，反而制造了遗忘，因此，文字与真理就是对立的。既然文字无法到达真理，那么，是什么能够到达真理呢？柏拉图借苏格拉底之口说出，比文字更好的是“伴随着知识的谈话，写在学习者的灵魂上，能为自己辩护，知道对什么人应该说话，对什么人应该保持沉默”，比文字更好的是活生生的话语。也正是在这里，相比于在《高尔吉亚篇》（*Gorgias*）中，将修辞看作不道德的、危险的、不值得严肃对待的事物，在《裴德罗篇》中，柏拉图在辩证法的名义下，给予修辞学一个温和的地位。在活生生的话语实践（尤其是师生的爱的言谈）中，“辩证法家会寻找一个正确类型的灵魂，把自己建立在知识基础上的话语种到灵魂中，这些话语既能为自己辩护，也能为种植它们的人辩护，它们不是华而不实的，而是可以开花结果的，可以在别的灵魂中生出许多新的话语来，生生不息，直至永远，也能使拥有这些话语的人享受到凡人所能享受的最高幸福”（参见：柏拉图：《裴德罗篇》，载于《柏拉图全集》，王晓朝译，人民出版社，2003，第134－204页）。在上述讨论的基础上，我们再回视巴尔特的副标题“aide-mémoire”，并且将之与巴尔特通过旧修辞学批判所实践的交谈语言学以及巴尔特对柏拉图爱之修辞的继承结合起来，我们认为这里的“aide-mémoire”并非是备忘录或者塞乌斯的“药”，也不是吕西亚斯的“药”，而是等待“交谈”的种子，是治疗遗忘的“药”。

图回答的问题。在下文中，我们将主要围绕巴尔特的旧修辞学研究的成果论文，来体察他的旧修辞学的内涵，分析他研究旧修辞学的视域，并探析他的旧修辞学研究与其书写实践的关系。

1. 巴尔特《旧修辞学》的研究对象

在《旧修辞学》一文中，巴尔特明确指出，他研究的旧修辞学的范围是："从公元前5世纪到公元19世纪统治西方（仅包括雅典、罗马和法国）的后设语言（其对象语言是话语）。"[①]《巴尔特全集》中所收录的该课程的课程说明，可以与该论文做一对照分析。巴尔特在课程说明中声称，该课程要分析西方19世纪之前（包括19世纪）的修辞学的七个发展阶段：(1) 公元前5世纪至公元元年，西西里（Cicile）时代修辞学的诞生；(2) 高尔吉亚的修辞学；(3) 柏拉图的修辞学（la rhétorique platonicienne）；(4) 亚里士多德的修辞学（la rhétorique aristotélicienne）；(5) 新修辞学（la néo-rhétorique）；(6) 中世纪三艺：修辞学、语法学和逻辑学；(7) 从笛卡尔（René Descartes，1596—1650）至帕斯卡尔（Blaise Pascal，1623—1662）时代的旧修辞学[②]。但是，巴尔特也看到，这个世界仍然不可思议地充斥着旧修辞学。

此外，巴尔特提示我们，与他的"旧修辞学"相对应的，是一项尚未完成的工作：关于新修辞学的写作。然而，通向新修辞学的其中一个方式，就是"要明确这一工作要从什么地方出发，以及与什么内容相对立，因此，它面临着这样的问题：要操演新的符号学书写，来处理数世纪以来我们在修辞学的名义下所遭遇文学语言中的旧实践"[③]。这里的"操演新的符号学书写"就是操演话语符号学。

通过前文对1964年《引言》和《符号学基础》中有关内涵系统的分析，我们得知：巴尔特将修辞学看作内涵符征之集合的语言学。从现代符号学的角度来看，旧修辞学为何能够成为一门关于言语的语言学呢？巴尔特有如此主张：旧修辞学的内涵就是使得西方人的古代文化成为这一文化中的文学性言语活动的对象[④]。我们可以理解，巴尔特将旧修辞学等同于

---

① Barthes，"L'ancienne rhétorique (aide-mémoire)" 173. 注：中文译者李幼蒸将"régner"一词译作"流行"，但是根据上下文语境和该词本意，应该译为"统治"。

② Barthes，"Recherches sur la rhétorique" 748.

③ Barthes，"L'ancienne rhétorique (aide-mémoire)" 172.

④ Barthes，"Recherches sur la rhétorique" 747.

一种“真正的后设语言”；也正是在这一点上，巴尔特的旧修辞学研究并非是要研究作品中的修辞策略（la rhétorique en acte dans les œuvres），而是要研究修辞学家的话语，或者说，要研究一种“后设修辞学”（méta-rhétorique）。

2. 巴尔特为何要研究旧修辞学？

巴尔特在 1964 年的《图像修辞学》一文中写道：有必要在结构主义视域中研究旧修辞，这也是当时他正在做的一项工作，因为这一研究将使得他有可能建立一种总体修辞学（la rhétorique générale），或内涵系统之符征的语言学。这一总体修辞学可用来分析言说的声音、图像、姿势等[①]。从这一表述中，我们可以明确看出，巴尔特从两个方面接受了叶尔姆斯列夫的影响，这种影响促成了巴尔特走出自然语言在句法分析层面的语言学研究，能够从事对语文和非语文话语及文本篇章的修辞学（或/即符号学）分析。其一，巴尔特接受了叶尔姆斯列夫关于内涵系统和内涵符征的思想；[②] 其二，巴尔特受叶尔姆斯列夫影响，引入语言实质和语言旨在（purport）的概念，从而使得以自然语言为基础的语言学模式对符号系统的分析，能够包括对与非自然语言在结构上类似的结构/系统的分析[③]。

《旧修辞学》以“修辞学实践”开篇，别有意味，因为巴尔特的历时分析涉及的是各个历时时期关于“修辞学”的话语实践。这样的话语实践之广泛，证明了一个“修辞帝国”的存在，其幅员与时延比任何现实帝国都强大。巴尔特所谓的“修辞帝国”建立在“修辞学建立了一种文明之上的文明”这一认知的基础上，认为修辞的帝国是西方唯一的文化实践，它确立了语言在人类社会中的绝对主权，因为这样的话语实践所赋予人类的分类法，不仅体现了历史上各个历史集团的意识形态，也发展出了整体社会的、在内容与形式两个层面上的意识形态[④]。因此，巴尔特对旧修辞的研究也是对公元前 5 世纪至公元 19 世纪的西方整体文化的意识形态的回视与分析。巴尔特希望能够通过其旧修辞学研究，去解开这样一

① Barthes, Roland. “Rhétorique de l'image.” *Communications* 4 (1964): 5.

② Barthes, “Éléments de sémiologie” 130 – 31; Hjelmslev, Louis. *Prolegomena to a Theory of Language*. Tran. Francis Whitfield. Madison, Milwaukee, and London: U of Wisconsin P, 1969. 114.

③ Hjelmslev, *Prolegomena to a Theory of Language* 101 – 14.

④ Barthes, “L'ancienne rhétorique (aide-mémoire)” 174 – 75.

个谜题：为何在19世纪，后设修辞学消失，被话语或作品中的修辞研究这一对象修辞学（la rhétorique-objet）取而代之了？[①] 换言之，巴尔特希望从修辞学实践的角度探视19世纪之后西方意识形态上的巨大转向。

3. 巴尔特的旧修辞学研究策略

巴尔特所谓的“在结构主义视域中研究旧修辞学”，其核心在于重建旧修辞学的研究对象，并且在重建中表现这一对象发挥作用的规律（或发挥的各种功能），也即是说，要有指向性地模拟出这一对象的“假象”[②]。那么巴尔特划分了七个阶段的研究对象之实质到底是什么呢？巴尔特在《旧修辞学》开篇讲道，他的研究对象是：从公元前5世纪到公元19世纪统治西方（仅包括雅典、罗马和法国）的后设语言（其对象语言是话语）。为了重建这一对象，巴尔特选择勾勒历时性的西方旧修辞学的七个阶段，然而对每一阶段的解读都在共时的、系统的面向上进行。那么，又该如何理解巴尔特的这种历时性勾勒与共时性读解结合的研究策略？巴尔特以“旅行与网络”（“Le voyage et le réseau”）为题，对其研究策略做了说明：（1）不重建修辞学史；（2）在修辞学两千年历史中隔离出几个时段作为其“旅途”上的“日程”（journée）；（3）对每一时段修辞家（rhéteur）所操用的分类法进行搜集整理。以上的三项工作，旨在将旧修辞学重建为一种用以进行话语生产的“程序”（programme）[③]，这正是七个阶段的研究对象的共象。

巴尔特使用了两个比喻辞格：“旅行”与“网络”。“旅行”隐喻“历时”追溯，在这一部分，巴尔特对他在课程说明中提出的七个阶段中修辞家所生产的话语进行了概述，“网络”隐喻“共时”研究，说明修辞学的历史并非仅仅是历时的。巴尔特的历时研究与共时研究的区分源于索绪尔对语言阶段（état de langue）的分析。在索绪尔看来，在实际中，语言某一阶段不是一个点，而是一段时间，在这段时间里，变量的变动范围

---

① Barthes, “Recherches sur la rhétorique” 747－48.

② 参见巴尔特的《结构主义活动》：“任何结构主义活动的目的，不论是反射式的或是诗学的，都是要重建一种‘对象’，为的是能够在这一重建中征显对象运作的规律（即‘功能’）。因此，结构，实际上是对对象的拟象（simulacre），但是，这一拟象是有指向性的以及在联系中的，因此被模拟的对象使得我们可以看见不可见的对象，或理解难以理解的对象。”（cf. Barthes, Roland. “L'activité structuraliste.” *Œuvres complètes*. Tome 2. Paris: Éditions du Seuil, 2002. 467.）

③ Barthes, “L'ancienne rhétorique (aide-mémoire)” 175.

较小。对这一阶段的共时研究，一方面使得语言学家们能够研究语法领域的各种关系，另一方面，能够确立单个共时系统之间的一般原则[①]。巴尔特选择修辞学历时状态中的一个阶段而非某一修辞学家的修辞实践作为其研究的基本素材，也正是出于这样的考量。对各个时段的修辞学实践进行分析，不仅能够发现它们之间的一般性的修辞学代码，也能够准确把握修辞学操作的技艺。甚或更有意义的是，当对各阶段的修辞学家话语的研究，被回置于修辞学历时的进程中时，研究者更容易观察到修辞学的演进过程，并且能够帮助研究者分析出现这样的演变的原因及后果。

巴尔特提示我们，对于语言赋予文化的修辞学代码的认知，将使得人们能够理解和解释其文化，并且修辞学代码所具有的共时性的特质，在亚里士多德修辞学与贯穿西方的文化法则和当时的大众文化之间的内在一致性那里，已然得到了证明。我们可以说，巴尔特重建旧修辞，其中一个目的在于重建公元前 5 世纪到 19 世纪西方文化的言说方式与言说背后的意识形态；修辞学尝试对这种言说进行解析，因此，超越了语言的句法层面，不仅将语言的语义分析包括在内，也容纳了语言的语用分析，人类话语的表意与交际都成为修辞学的考察对象。从这一视域出发，再看巴尔特为这篇《旧修辞学》添加的副标题“记忆术”，我们发现，这里的记忆术并非是西塞罗修辞技艺（techné rhétorikè）五艺之一的“记忆术”（memoria），而是将修辞作为记忆，在历时和共时的交汇处，从事对话语的后设话语分析；这也正是巴尔特的书写所要传达的信息之一：对于言说中的话语与被言说的话语二者的符号学分析，将与修辞学密不可分。

在下文两个小节的写作中，我们将对巴尔特的旧修辞学做整体评析。笔者声明：巴尔特的《旧修辞学》论文其包孕之大，在本小节中，恐无法巨细靡遗地进行分析，因此，笔者希望在下文的分析中，能够找到巴尔特的旧修辞学研究与巴尔特试图通过这种研究获得的西方古代文化社会学二者之间的关联。此外，笔者在下文中也要考察巴尔特的修辞学思想与其话语符号学理论与实践之关联。

---

① Saussure, *Cours de linguistique générale* 141 - 42.

二、旧修辞学的历时面向与巴尔特的共时性话语实践

巴尔特的《旧修辞学》主体分为两大部分，即“旅行”部分和“网络”部分。在这两个部分中，巴尔特就其划分的七个时期的每一时期修辞家的话语实践都做了概述，然而，修辞学史实并不是本节关注的问题。在该节的写作中，笔者所关注的是另外三个面向上的问题：（1）各历时阶段修辞学家的话语与其背后的意识形态或文化的关联是什么？（2）巴尔特如何分析这些修辞家的话语实践？（3）巴尔特为何要分析这些修辞家的话语实践？这与巴尔特自身的话语实践有何关系？

1. 修辞学的诞生与修辞学技艺的两轴

巴尔特对旧修辞学的研究首先展示为他对修辞学之诞生的关注。巴尔特注意到，修辞学最早是作为一种“*虚假*的言语”（la parole *feinte*）在公元前5世纪时诞生的[①]。之所以为“虚假”，是因为修辞学是人们（尤其是商人们）为了追讨财产权的归属，雇用辩论家进行法庭言说，这种史前修辞学（proto-rhétorique）的代表是克拉斯（Corax）。此时的修辞学表现出言语艺术与所有权占据之间的直接关系，却并不关注语言本身的特质。因此，高尔吉亚（Gorgias）的修辞学视野，随后成为巴尔特的研究对象，因为高尔吉亚更强调语言本身的特质，他在“韵文”（le verse）与“散文”（le prose）之外，生产了一种具有夸饰效果的“演说文”［l’épidictique（une prose décorative）］,[②] 从而“把散文置于修辞学之语码（le code rhétorique）之下，将其作为一种知识语言、一个美学的对象、‘至高无上的言语活动’以及‘文学’的始祖”[③]。

克拉斯和高尔吉亚成为巴尔特修辞旅途中最初的两站，是因为此二人的修辞实践分别体现了修辞学技艺的两个轴向：克拉斯及其法庭雄辩术，体现了组合轴向，即对话语的组成成分进行布局（la taxis/dispositio），总体而言属于“句法学”（syntagmatique）；而高尔吉亚的修辞学提出的是聚合轴上修辞学的前景，他的修辞学语码包括一些辞格、词汇以及添加辞藻

① Barthes,“L’ancienne rhétorique (aide-mémoire)”176.

② 笔者尝试对《旧修辞学》原中文译者保留的拉丁文词汇/术语进行翻译，该翻译的来源可能但不完全包括：（1）对现有他者译法的沿用；（2）笔者根据该术语产生和使用的历史语境自行翻译；（3）个别术语的翻译可能来自对该术语所用词汇的字节分析，即按字意进行翻译。

③ Barthes,“L’ancienne rhétorique (aide-mémoire)”176.

和词汇的方式，即“话语择选”（elocutio）。巴尔特认为高尔吉亚的修辞学实践，“使得散文走向修辞学，并且促使修辞学成为‘风格学’”①。高尔吉亚作为诡辩修辞家，强调以言语能力支配他者的思想与情感②。柏拉图在《高尔吉亚篇》中批评高尔吉亚的修辞学技艺虽能用辞藻说服他者，却并不占有真理。与柏拉图的道德意图不同，巴尔特在《旧修辞学》中认可高尔吉亚促使修辞学走向“风格学”的事实，也部分地认可高尔吉亚的修辞实践在语用层面上的成果。事实上，高尔吉亚的修辞实践已经包括对话语发送者修辞能力和对话语接受者接受效果的考量。但是，我们也必须明确地体察到：高尔吉亚预设了良好的交际对话的固定前提，即发话者和受话者思想上的一致，然而，由于这一前提无法实现，高尔吉亚的修辞实践也因此只是强调了发话者的修辞能力对受话者的影响与支配的效果。

2. 柏拉图的爱情修辞学

对高尔吉亚的讨论结束之后，巴尔特在讨论柏拉图的修辞学时区别了两种修辞学，一种是柏拉图式的（la rhétorique platonicienne），一种是高尔吉亚所代表的智者式的（la rhétorique sophistique）。这种辨析来自对柏拉图的两篇对话《高尔吉亚篇》与《斐德罗篇》的分析。我们先用一个表格认识一下巴尔特对上述两种修辞学的辨析（见表3）③。

表3　笔者根据巴尔特论述所作“智者修辞学”与“柏拉图的修辞学”对照表

智者修辞学	柏拉图的修辞学
坏的修辞学（la rhétorique mauvaise）	好的修辞学（la rhétorique bonne）
法庭修辞术（logographie）	精神导引（psychagogie）
逼真性/幻觉（vraisemblance；illusion）	真理（vérité）

① Barthes, “L'ancienne rhétorique (aide-mémoire)” 176.

② 高尔吉亚在其诗性片段《海伦颂》（*Encomium of Helen*）中为海伦辩护，认为海伦之所以会出走特洛伊，原因不外乎四者：神力鼓动、武力驱使、爱之魔力或被言语说服。尤其在第四点上，从言语能够支配他者的思想及行为来看，《海伦颂》表现了他所赋予修辞的至高地位。（cf. Diels, Hermann and Sprague, Rosamond Kent (eds.). *The Older Sophists: A Complete Translation by Several Hands of the Fragments in Die Fragmente Der Vorsokratiker*. Columbia: U of South Carolina P, 1972. 50-54.）高尔吉亚现存有关修辞的片段几乎仅剩《海伦颂》，后人希望了解高尔吉亚的修辞学思想也主要（几乎只能）通过柏拉图的《高尔吉亚篇》。

③ Barthes, “L'ancienne rhétorique (aide-mémoire)” 177.

续表3

智者修辞学	柏拉图的修辞学
修辞术者、修辞教师、高尔吉亚、诡辩者的修辞学	哲学修辞学（la rhétorique philosophique）辩证法（la dialectique）
尽是谄媚、奉迎与虚伪之言	拒绝谄媚之言与粗鄙之言
不是艺术（n'est pas un art）	艺术（les arts）
经验主义（les empiries）与老生常谈（routines）；对“善”的低劣模仿，对正义的伪造，对分类知识的误用	需要一种无利害的（déintéressé）、综合总体的知识、一种好的“总体文明”（bonne “culture générale”）
写作物（ecrits）①；人身攻击（l'*adhominatio*）	个体的对话（l'interlocution personnelle）

我们从巴尔特的这种辨别性论述中可以察觉到：巴尔特推崇柏拉图的修辞学，但并非是在道德意图上与柏拉图站在同一阵地，而是认同柏拉图的修辞学所体现出的话语对发话者与受话者双方之间的“灵性之爱”（“l'amour inspiré”）（或通俗而言，共同思想/共同获得真理）的呈现与实践。巴尔特认为柏拉图的修辞学所要求的这种总体性的、纲领性的知识，“关涉灵魂的空间与话语的空间之间的应和”②。柏拉图的修辞学显示，话语最基础的模式是师生之间的对话，而这种对话统一于“灵性之爱”。因此，柏拉图的师生对话修辞学是“爱的言谈”。

巴尔特的经典书写《爱的言谈——片段集》是柏拉图修辞学的典型表征。我们可以在该著作中处处发现柏拉图“爱情修辞学”（la rhétorique érotisée）的影子。在此处，作者仅仅考察《爱的言谈——片段集》的“言谈”这一形式与柏拉图的爱之言谈的应和。《爱的言谈——片段集》由在场的情人［ἐραστής（erastes，lover）］和匿名（anonymous）且缺席的爱人［ἐρώμενος（eromenos，beloved）］之间的对话引发。虽然在表面上，

① 我们需要厘清诡辩修辞家的“书写”（écrits）、中世纪的书写以及巴尔特自己的书写实践（écriture）之间的区别。诡辩修辞者的“书写”是将声音固定于一种形式之中，指向一种意义。在学术“三门”这一节中，巴尔特特别指出：（中世纪的）书写并不像现在意义上的书写那样，掌握一种“原创性”，“作者”的概念也还未诞生［Barthes，“L'ancienne rhétorique（aide-mémoire）”184］。而巴尔特的书写实践既反对固定的符旨与意义，也反对作者成为意义的赋予者。巴尔特作为作者并不是任何声音的起因，不赋予任何声音固定的意义指向，而是抄写文化与文本，将自身汇入读者（cf. Barthes，Roland.“La mort de l'auteur.”*Œuvres complètes*. Tome 3. Paris：Éditions du Seuil，2002. 40－45.）。

② Barthes，“L'ancienne rhétorique（aide-mémoire）”177.

《爱的言谈——片段集》体现为情人的窃窃私语与喋喋不休，爱人的声音始终缺席，然而，正是因为爱人“看不见的”（invisible）的存在使得年长的情人的声音“可见（xiàn）”，“如果不是为了谁，没有人愿意谈论爱”[①]。在古希腊的历史文化语境之中，年长的情人与年轻的爱人之间的关系正是一种指导者与学生之间的关系，因此他们之间的言谈是最为纯粹的话语/言谈。情人与爱人之间的言谈由爱来启发，或者说因为爱而陷入癫狂（erotic mania），因此可以说爱之癫狂是维系言谈的基础。

3. 亚里士多德修辞学及后亚里士多德修辞学

对于柏拉图来说，话语首先是对合理的、真理的信念，即对知识在形而上学层面上的诉求，因此，他对发话者和受话者双方的重视，建立在通过对话使得双方碰触真理的前提下。在亚里士多德这里，话语生产的学问属于技艺（techné），这一技艺由发送者决定而非由信息本身决定，但是话语既不源于发送者也不源于信息本身，相反，话语有三个面向：在发送者这里，话语根据演说者的论证与其对演说对象和场景的规划适应，可区分为法律话语、审议话语和夸饰话语；在接受者这里，话语关涉接受者的情绪（对接受者在情感上的陶冶/影响作用）以及对论证的理解；在信息本身这里，话语才关涉克拉斯修辞学以及高尔吉亚修辞学的问题，即关涉话语组成成分在句法学上的布局，以及修辞学语法（比如辞格）在聚合层面对话语进行的择选[②]。这三个面向正是亚里士多德《修辞学》（*Rhetorica*）三部分各自讨论的对象。亚里士多德把修辞学定义为：（1）修辞学是一门技艺，该技艺用以在主题中择取含有说服力的成分。（2）修辞学是一种才能，挖掘有说服力的证例的才能。由此我们可以认为，亚里士多德的修辞学主要关注的是发话者的能力（包括技艺），这一能力既包括对话语的组织与对辞藻例证的择选，也包括设想与适应、协理受话者对话语的反应。巴尔特认为亚里士多德修辞中的“似真性”（vraisemblable）这一概念，使得这种修辞学特别适合用来讨论大众文化的产品，因为所谓“似真”就是言说公众能够接受为可能的话语，无论它是否真的可能[③]。

---

① Barthes, Roland. *Fragments d'un discours amoureux*. Paris: Éditions du Seuil, 1977. 88.

② Barthes, “L'ancienne rhétorique (aide-mémoire)” 179.

③ Barthes, “L'ancienne rhétorique (aide-mémoire)” 179, 180.

在亚里士多德之后，西塞罗［Cicéron（Marcus Tullius Cicero），106 B. C. E. —43 B. C. E.］将亚氏的修辞学实用化，他的话语实践使得修辞学与政治联姻，同时，西塞罗却反对修辞学的学校教育与职业化；后来，作为修辞学教师的昆提连［Quintilien（Marcus Fabius Quintilianus），约35—约96］，开发了被西塞罗反对的修辞学的教育过程，确立了“话语书写”理论[①]。关于这一时期修辞学的教育及其程序，巴尔特认为，这种教育对言语有一种强迫作用，它通过一整套完整的教育程序使得学生脱离沉默、得以言说。巴尔特察觉到，似乎这种教育的结果是：修辞学的学生能够通过言语把握与世界和他者的关系，甚至掌握世界和他者[②]。的确，某种程度上，无论是这种教育还是这种教育所生产的言说者及他们所使用的言语，都过于强调言语的执行，从而违背了言语之循环的特质所赋予的话语发送者与接收者双方的平等地位。

在巴尔特看来，亚里士多德视修辞学与诗学为话语的两种相异相对立的技艺，昆提连依然延续了这一观点，但是，在奥维德（Ovide）、贺拉斯（Horace）、普罗塔克（Plutarque）和塔西佗（Tacite）的时代，修辞学已经开始与诗学融合，逐渐衍变为有关“创作”的诗学技艺［une techné poétique（de « creation »）］[③]。在贺拉斯等人的话语实践中，修辞学衍变成一门（现代意义上的）艺术，一种文学形式的宝库，但同时也是写作的一种理论。修辞与优美的写作以及文学风格学之间的关系，在新修辞学（Neo-rhétorique）实践的雄辩术（declamatio）与语言对艺术的塑造中也得到了体现[④]。此外，巴尔特注意到了这样一个细节：新修辞学时代的两个派别，雅典派（atticism）和亚细亚派（asianisme）对“风格”的设想有争议，前者讲究纯净语汇（vocabulaire pur），后者讲究辞藻欲丽。巴尔特指出，雅典派的讲究体现了一种种族优越感（ethnocentrisme），一种阶级种族主义（racisme de classe），“古典主义”一词本身就意味着社会上层对财产和权力的占有[⑤]。笔者不敢断定，雅典派对纯粹语汇的讲究是否也

---

① Barthes，“L'ancienne rhétorique（aide-mémoire）” 180 - 81.

② Barthes，“L'ancienne rhétorique（aide-mémoire）” 181 - 82.

③ Barthes，“L'ancienne rhétorique（aide-mémoire）” 178.

④ “ekphrasis” 既是一个艺术学的术语，指造型艺术，也是一个修辞学术语，指用语言描述一个艺术作品，因为艺术是无声的（mute），一个修辞家用语言描述艺术代之发声，即为“ekphrasis”。

⑤ Barthes，“L'ancienne rhétorique（aide-mémoire）” 184.

体现了对语言/言语以及话语的占有，但是，古典时代修辞学的教育目的的确彰显了上层社会对语言的占据和通过语言支配他者的欲望。

4. 巴尔特对亚里士多德修辞学的批判

巴尔特将所有认同亚里士多德修辞学与诗学之对立的修辞家都归纳在同一个修辞学传统中，统称为“亚里士多德修辞学”（la rhétorique aristotélicienne），这一修辞学是巴尔特讨论旧修辞学的重要站点。在“网络”部分开篇，巴尔特指出，一切旧修辞学，尤其是后亚里士多德时代的修辞学都指向一种含有意识形态选择的分类学，在分析这些分类学的源头与机制之前，我们需要注意巴尔特在《旧修辞学》“后记”中指出的重要信息：“亚里士多德和我们的大众文化之间有一种牢固的一致性……亚里士多德确立的‘圣经’（vulgate）①，依然是贯穿西方历史的一个种类，一种‘公众意见的’（endoxa）的文明。”②

在柏拉图的思想系统中，“Doxa”指一般人的（或流行的）意见，与“Épistémè”（被证实的真知）对立③，亚里士多德的传统也不接受将“Doxa”作为知识。在《写作的零度》和《罗兰·巴尔特自述》中，“Doxa”被巴尔特用来表示资产阶级的意识形态，或者大众舆论，这是使得作者感觉到疲倦的东西，言语活动的更新则是这种疲倦的解毒剂④。巴尔特将自己置于知识分子的立场，因此需要与大众舆论保持距离。一方面，巴尔特认为知识分子写作参照的是知识，但是写作并不因知识而沉淀为固定的内容：“在他致力于某篇正在进行中的文本的时候，他喜欢在一些知识性书籍中寻找补充内容和准确的表述……但愿知识能在我周围围住我，由我安排；但愿我只需查阅它，而不是吞下它；但愿知识被定位在写

---

① 大写的“Vulgate”表示从4世纪晚期至16世纪天主教所流行的用拉丁文翻译的通俗本《圣经》，而此处小写的“vulgate”则表示亚里士多德修辞学在西方历史上被尊为修辞学的“圣经”。

② Barthes，“L’ancienne rhétorique（aide-mémoire）”223.

③ “Épistémè”与技艺（techné）相区别，它是从古希腊词汇“ἐπιστήμη”［知识/科学（knowledge/science）］衍化而来，而“ἐπιστήμη”来自动词“ἐπίσταμαι”［认识、知道（to know）］，“ἐπιστήμη”与“λόγός”［logos（discours/discourse）］一起又衍生出了“épistémologie”［知识论（论知识）］。

④ Barthes，*Roland Barthes par Roland Barthes* 92 - 93.

作补充内容的位置上。"[①] 另一方面，知识分子对"Doxa"所做的行为并不是破坏它，破坏意味着知识分子在资产阶级意识形态之外，从外在来破坏资产阶级的意识形态，事实上，知识分子并非外在于资产阶级意识形态，而是试图在资产阶级意识形态内部分解这种意识形态[②]。简约言之，知识分子与"Doxa"的关系是若即若离的，知识分子经常从"Doxa"出发，然后又回避它，操弄一种纯粹的言语活动的策略。这正是巴尔特以"paradoxa"为名从事书写活动的策略。

回论巴尔特所论述的亚里士多德修辞学"圣经"。在巴尔特看来，亚里士多德的修辞学不仅是关于大众意见的修辞学，更是发现并支配证据（pisteis）的技艺修辞学。修辞学家操用逻辑演绎，把作为素材的话语转换为具有说服力的话语。这种逻辑领域的策略包括例证归纳（exemplum）和逻辑演绎（argumenta/enthymème），前者从一个对象推出类别，从类别反推出新对象的方式，是一种普通民众所喜欢的较为温和的操作；后者用确定之物之确定证明不确定之物之不定，这种操作得益于亚里士多德三段论（syllogisme）。逻辑演绎的操作前提是人为的确定性，主要包括三个部分：通过所见所闻而确立的符号（tekméron），已经在民众中形成共识的规律（eikos），以及通过语境和证明消除了多义的符号（séméia）[③]。

逻辑演绎的内容就是主题/惯用话题（Topique）。我们需要思考主题与地形学（topography）术语地点（lieu）、处所（topos）在词源学上的联系。对于主题的地形学隐喻层面的研究，之所以比主题的抽象涵义更为重要，就是因为这一隐喻使得论证空间化了，主题成为论证空间中用以排列论证的"隔间"（compartiments），收获了三个面向上的功能：作为一种方法的主题，作为空洞形式之栅栏的主题，以及作为被内容充满的形式的储藏地的主题。在第一个面向上，主题是以可能性（le probable）为基础的三段论的公共场域的汇集；在第二个面向上，主题是说服话语生产和消费的形式，它将内容言说出来，因此产生了意义的片段、可理解的单元；在第三个面向上，主题成了俗套话语（stéréotype）、约定俗成的主题

---

① ［法］罗兰·巴特：《罗兰·巴特自述》，怀宇译，天津：百花文艺出版社，2006，第110页；Barthes, *Roland Barthes par Roland Barthes* 161.

② 知识分子并不认为资产阶级意识形态是坏的意识形态，在它之外的便是好的意识形态。如果的确有好的意识形态，知识分子又从什么立场上来跨域呢？

③ Barthes, "L'ancienne rhétorique (aide-mémoire)" 200, 201, 204 - 05.

（thèmes consacrés）以及充实的片段（“morceaux”pleins）之储存之所[①]。而在对这些惯用主题的实践层面，逻辑演绎指向一种大众的推理，它等同于实践中的三段论，旨在发现对手言语中与人为的确定性以及与自身的实践自相矛盾的地方，因此这种操作使得言说者的言说行为生产出了裹挟（rapt）与暴力[②]。

亚里士多德技艺修辞学所开发的领域包括逻辑和心理两个领域；前者关涉证据（Probatio）所依据的（似）逻辑的［（pseudo-）logique］脉络，后者关注目标听众的情感与心理活动；前者试图通过证明信息的正确性使听众相信，后者试图通过在主观的、道德层面上对证据的操作，使得听众产生情感动荡[③]，我们可以称之为心理修辞学（la Rhétorique psychologique）领域。在心理修辞学领域，柏拉图的爱情修辞学倾向于寻找适合灵魂的话语，帕斯卡尔倾向于寻找他人思想内部的运动，而亚里士多德则尝试寻找公众相信在他人脑中的内容，也即是说，亚里士多德尝试寻找一种投射于公众脑海中的投射心理学（une psychologie « projetée »），巴尔特称之为“大众意见的”心理修辞学，亚里士多德将激情与论证维系于一种似真性中，他以人们是其所是之是来确定言说者在言说中所展示出来的性格（ethè）以及言说者所想象之听众的情绪（pathè）[④]。从亚里士多德的投射心理修辞学视角来看，在公众意见之外，这一修辞学再无别的对象。

这即是巴尔特所意识到的亚里士多德技艺修辞学在西方文明史中刻写的内容：它自身就是关于大众意见/俗见的修辞学。巴尔特从自身知识分子的定位出发，看到了亚里士多德修辞学的深远影响，同时展示出自己的批判立场。他在1956年的《神话》中，批判小资产阶级的大众神话及其背后的意识形态，在《符号帝国》中撕扯西方文明的象征系统和语义场。在这两个文本中，他所采取的书写策略虽然有对意指过程的科学分析与对“生活/生命文本”（Texte de la Vie）的书写体验之区别，但是，从根本上来说，在两部作品中，巴尔特都摒弃了大众修辞所生产的“大众意见”话语。作为书写者，被大众文化确立为“话语发送者”，巴尔特所生产的

① Barthes, “L'ancienne rhétorique (aide-mémoire)” 206 - 08.

② Barthes, “L'ancienne rhétorique (aide-mémoire)” 199, 204.

③ Barthes, “L'ancienne rhétorique (aide-mémoire)” 198, 199.

④ Barthes, “L'ancienne rhétorique (aide-mémoire)” 211 - 13.

却并非是“似真”的产品，而是对“似真”产品之似真性来源的裂解与反思。

此外，我们从巴尔特对中世纪三门的论述中也可以察觉到他对亚里士多德技艺修辞学的批判。在中世纪，在经营性技艺（artes mechanicae）之外，人文教育（Arts libéraux）取代一般文化之技艺（techné），成为当时社会文化分类学的主要依据。自由艺术包括七种类型，又称“七艺”，七艺又分三门言语学科与四科自然科学，分别是语法学（Grammatica）、逻辑学（Logica）、修辞学（Rhetorica）、音乐学（Musica）、算术学（Arithmetica）、几何学（Geometria）和天文学（Astronomia），医学（Médicine）后来也加入进来了。巴尔特意识到，这一时期关于三门的划分实质上是中世纪人对于言语的一种分类，它体现出“人们坚持不懈地试图把言语在人类、自然与创造中的地位固定下来的努力”①。言语在此时没有被用来中介人对他物的知解，或表达人与他物的关系；在三门这一结构性系统的内部，修辞学与语法学、逻辑学互动互塑，使得言语体现为一切精神活动之构造。

而在逻辑学内部，言语活动体现为一种更具侵略性的思想活动，这正是巴尔特用来反驳亚里士多德三段论生产的“大众意见”话语的第二个层面：亚里士多德三段论在“活的言谈”［“discours vivant”（话语的社会使用）］中产生一种对言谈一方之话语的破坏。中世纪的辩证法（Dialectica）搬演亚里士多德的三段论，在两名辩者之间展开辩论。这样一种论辩的目的，是迫使某一方辩者的话语出现自相矛盾，巴尔特称之为“一方试图阉割另一方”（se châtrer l'un l'autre）②。这一破坏不仅直达辩论失利一方的精神，更产生了一种“阉割”（castration）（失声）效果③。巴尔特将这种话语修辞与柏拉图的爱情修辞学对立起来，前者是一种竞技，

① Barthes, “L'ancienne rhétorique (aide-mémoire)” 186.

② Barthes, “L'ancienne rhétorique (aide-mémoire)” 191.

③ 张汉良将巴尔特对这种中世纪常见的唇枪舌剑攻击的批评与其中性修辞学思想联系在一起，他指出：“‘AD HOMINEN’是针对特定的、论辩对方的人身攻击，一个非正式的谬误，或者说是‘非正式逻辑’的谬误，它的对立面就是诉诸权威（appeal to the authority）。如果有人要因巴尔特是同性恋而抨击他，这个人就是做出了人身攻击式的论证（argumentum ad hominen）。这种唇枪舌剑在中世纪的学术训练中可能会流于恶毒。因此，巴尔特拐弯抹角地提到了‘阉割/被阉割’（châtrant/châtré），通过玩弄分词，也阉割了、中性化了（neutralizes）他自己的批评。”（引自：张汉良2014年12月9日来函）。他具体地戏称“阉人者人恒阉之”！参见：张汉良：《编辑前言》，第13页。

目的是对论辩对手进行精神阉割，而后者则是通过言语交合以获得共同思想，到达真理。我们可以通过对柏拉图《会饮篇》（*Symposium*）中一幕的再思，来反射巴尔特对爱情修辞学的认可与对三段论阉割论辩的批判。

在《会饮篇》中，前来参与会饮的最后一位客人阿尔基弼亚德（Alcibiades）并未发表对美的看法，而是抱怨自己的美貌在苏格拉底面前毫无作用，倒是他自己受了苏格拉底的言辞的奴役，时常感到羞愧。苏格拉底之所以不为阿尔基弼亚德所动，是因为苏格拉底的言语碰触智慧以及不朽的美，但是阿尔基弼亚德所奉献的言语只类似美的身体，这两种言语在对话中产生了不平衡。阿尔基弼亚德承认自己受到苏格拉底言语的“奴役”，并且承认苏格拉底对其正面的影响，作为“被爱者”，他表示出对导师的服从。在这一过程中，身体言语受智慧言语的拉扯，体现出上升（对真理的追求）的欲望，因此，富于孕育美的可能性。巴尔特在《爱的言谈——片段集》中将《会饮篇》中“身体”与“言语”的关系进行整合，他如此写道：“我使得我的语言与他者摩擦，这就好像我在语言与手指之间选了语言，或者说在我的言语之尖上立着我的手指。”[①] 言语的对话犹如手指肌肤的摩擦，在色情性的隐喻之置换中，言谈双方的发声在精神上达到了和谐。

巴尔特对亚里士多德修辞学在两个面向上的隐形批判，体现了对“话语”之“支配”（tenir）本质的揭露。巴尔特在文本实践中对话语双方在位置互换、发声往来以及肌肤摩擦过程的展延性表达，消解了话语生产中的阉割行为，并将之逆化之为话语的生育性（fertilité）以及欢乐（jouissance）[②]。在后文转论巴尔特的《爱的言谈——片段集》一节时，

---

① Barthes, *Fragments d'un discours amoureux* 86.

② 大陆学界一般按照屠友祥的译法，将“plaisir/jouissance”译为“悦/醉”，前半部分无可厚非，但是将“jouissance”译为“醉”，笔者认为不大恰切，“jouissance”更贴近于身体之“欢”。《文之悦》（*Le plaisir du texte*）中的“jouissance”概念与弗洛伊德、拉康的精神分析有关，也承载了巴尔特自己特殊的文学批评理念。首先，在与精神分析相通的层面，“jouissance”与身体的性欲有关，是一种身体层面销魂蚀骨的欢乐［在拉康的精神分析学说中，“jouissance”的一个侧面就是与无法言喻的性欲（身体的欢乐），尤其是女性的性欲联系在一起的，参见拉康1972—1973年间的课程“Encore”］；其次，在文学批评层面，巴尔特认为“plaisir”与“jouissance”分别属于文本的两种效应，这两种效应又分别与两种文本相关，前一效应呼应可读的文本（le texte lisible），后一效应呼应可写的文本（le texte scriptible）。可读的文本并不使得读者的主体身份位移，而可写的文本则使得主体分裂；“jouissance”的文是反常的、有欲的、不可言说的、欢乐的、神秘的、新的……

笔者将展开更多细致的讨论，此处不再多论。

在讨论到亚里士多德三段论论辩术时，巴尔特特别谈到：帕斯卡尔竭力避免那些在三段论论述中可能产生的、使得论辩某方陷入自相矛盾的成分。帕斯卡尔实践的劝说艺术，即其心灵修辞学（une rhétorique mentaliste），不要求言语在外在形式上符合某种规则，而要求言谈者有一种敏感性精神（l'esprit de finesse），从而能够从直觉上应对复杂的事物。这种修辞话语基于思想的脉络而非形式上的程序而延展，发话者在发送话语时，重复自身获得思想的过程，使得受话者在接收话语时仿佛凭据自己之力获得了真理[①]。事实上，帕斯卡尔的心灵修辞学与其箴言书写方式有很大的关系。箴言书写属于泛义的断章书写（aphorisme），后者最早发端于古希腊，文艺复兴后有所演化，16 世纪蒙田首创"尝试文体"（essai），帕斯卡尔在某种程度上也是蒙田的私淑。张汉良认为，尝试文体"反映出文艺复兴时代世界观的改变，以及人类发现与探究新知识、新世界、新宇宙、新科学方法时候的一种心态……一种'寻根究底'的心态（inquisitive mind）"[②]。巴尔特所实践的断章书写［或称片段书写（fragments）］，是在形式上比尝试文体更为微小的文体，固化了作者思考某一瞬间出现的吉光片羽。然而，无论是箴言书写，还是片段书写，它们共同的特点是："在逻辑认知上打破传统的线性逻辑，打破了由前提到结论的一个非常顺畅的推理过程"[③]，片段的路线"可能是迂回的、跳跃的，却正是这种形式的实践，在某一种意义上，其实吻合了后结构主义者的看法"[④]。

我们推断，巴尔特讨论帕斯卡尔的心灵修辞学，不仅仅是意识到了在修辞学学科历史之内部这种修辞学对言谈双方的柔和的精神劝说力量，应该也意识到了帕斯卡尔的修辞实践在文类学上的创新。帕斯卡尔的箴言书写展现了断章书写打破固定的形式 - 内容单线联系特征，重现了对符

---

① Barthes, "L'ancienne rhétorique (aide-mémoire)" 192 - 93.

② 韩蕾、张汉良，第 181 页。

③ 韩蕾、张汉良，第 181 页。

④ 在日常话语对话形式的访谈稿《"罗兰·巴尔特与中国"：关于影响研究的对话》中，张汉良曾论及片段实践是在某种意义上符合了"后索绪尔符号学的看法"。后来他在与笔者对话时，特别修订了这一"日常话语"，指出：索绪尔在早年从事拉丁诗的字谜（anagram）研究时，就用到了非线性的方法，后来他自己放弃了这个方式，但是这个方法被克里斯蒂娃和德里达等人发挥，反倒成为后结构主义者的重要策略。

征-符旨单线联系的反驳与跃进，一并搬演出了片段内外的互文场域所彰显的思辨范围。巴尔特后期的作品基本都属于片段书写，他在《罗兰·巴尔特自述》中更是将这种片段修辞发挥至极限："我将自己抛散于四处，我的宇宙化为碎片，在中心的，是什么呢？"① 在巴尔特的片段书写中，书写不包含任何劝说的成分，没有任何确定的指向，思想与言语都失去固定中心，失去固定方向，呈现出相当的开放性。巴尔特将作为劝说艺术的修辞学发挥为读者/听众自己的思想的催化剂（catalysis），而不"推销"任何思想（或意见），这是对修辞学赖以成型的意识形态要素的摒弃。

三、旧修辞学的操作代码与巴尔特后设批评的理论体系

《旧修辞学》一文的"旅行"部分，并不仅仅代表一篇整理后的有关旧修辞学的讲稿的时间轴，而是巴尔特通过一种新的思考方式重写的一部简要旧修辞学史。但是这一简要的历史追溯，并不讨论旧修辞学的技艺，也不讨论其在美学和道德劝说层面的效用，而是对曾经的话语进行重写（re-write）。我们注意到，在巴尔特的后设语言和作为对象的旧修辞学的话语实践之间存在批评上的距离，这正是巴尔特通过新的思考方式对旧修辞学史进行的拓展。我们已经在讨论高尔吉亚的散文修辞学、柏拉图的爱情修辞学与亚里士多德修辞学、中世纪修辞学、帕斯卡尔的心灵修辞学时，部分地触及了巴尔特以话语语言学的思维探视旧修辞学的尝试，并且进行了一些文本的分析。在下文中，我们将尝试论述巴尔特旧修辞学分析的共时面向（"网络"部分），一方面描绘巴尔特所分析的旧修辞学的话语支配方式②，另一方面，透视巴尔特的旧修辞学批判话语，一并补充巴尔特对旧修辞学的颠覆，也即建立新修辞学（交际/话语语言学）的工程。

1. 技艺修辞学的运作

西塞罗给我们提供了有关技艺修辞学的五个基本运作，它们分别是：

---

① Barthes, *Roland Barthes par Roland Barthes* 96.

② 事实上，巴尔特在"网络"部分为旧修辞学划分的形态与学界所普遍接受的［e. g. 肯尼迪（George A. Kennedy, 1928—）的］修辞学的古代、现代划分之间有所不同（cf. Kennedy, George A.. *A New History of Classical Rhetoric: With Additional Discussion of Late Latin Rhetoric.* Princeton: Princeton UP, 1994.）。

话语材料发现（Inventio）、话语组合（Dispositio）、话语修饰（Elocutio），话语搬演（Actio）与记忆术（Memoria）。我们需要注意到，这五个基本运作并不各自成为某一（话语）结构的成分，而是统一于一种话语之结构化进程（une structuration progressive）中的言说行动（actes）。书写文明（écrits）在西方文化中逐渐取代了口述文明（oratio），虽然口述文明并未完全消失，但是，对于话语的戏剧化的、歇斯底里的表达已经让位于书写/作品（œuvres），与此同时，话语的记忆术也在书写那里失去了阵地，因此，巴尔特仅讨论了包括前三种运作的技艺修辞学。巴尔特认为，这些运作，“它们（尤其是话语修饰）也滋养着旧修辞学之外的修辞学”[①]。此外，巴尔特特别提示我们，在修辞学的技艺与话语的修辞操作之间，还存在一层台阶，这就是话语的“实质”材料（matériaux « substantiels » du discours）：意（Res）与言（Verba）。巴尔特认为它们就是话语层面的符征与符旨，前者允诺一种意义，后者则是研究意义的形式。巴尔特将“意”与“言”分别置于修辞学机器的两端，其中间虚拟的联系分割了修辞学技艺与技艺修辞学运作的三个方面，见图7。

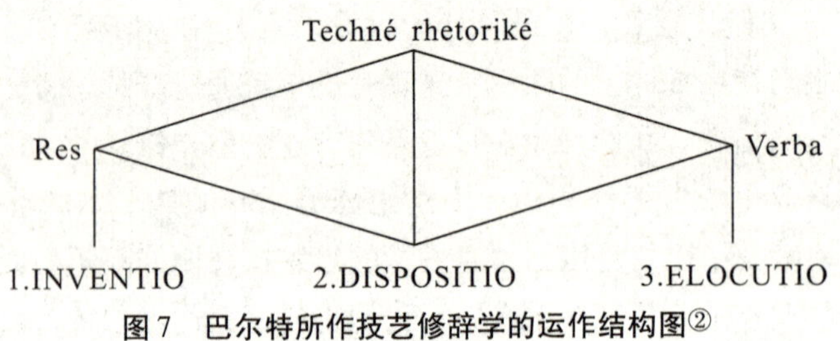

图7　巴尔特所作技艺修辞学的运作结构图[②]

如果我们将图7顺时针旋转90度，并加以简化，我们就得到了索绪尔的符征与符旨的关系图：符旨位于符征之上，一条实线分割了符征与符旨之间的意指过程。这条实线正是话语组合所在的位置，话语组合联系话语的实质材料的言与意，它表示：话语的修饰表述经过话语的组合，实现命题发现所允诺的意义。如果我们将索绪尔的图式转化为图7的话，我们会发现，话语修饰与命题意义之间的关系是：命题意义指向何处，这完全依赖于话语修饰的选择与话语组合之间的互动，也即是说，话语的意义由话语的聚合轴向组合轴的倾斜来决定。但是，仅仅是话语修饰并不能将一

---

① Barthes, “L'ancienne rhétorique (aide-mémoire)” 197.

② Barthes, “L'ancienne rhétorique (aide-mémoire)” 198.

个言语活动转变为诗性的艺术活动，而只有在话语的全部成分与话语表述之各要素之间的互动中，言语信息才有成为艺术作品的可能[①]。然而，如果能够将对话语修饰的分析从辞格分析上升至陈述分析，我们或许就能理解，为何雅各布森在所有修辞格中，仅保留了隐喻与换喻来作为语言的两轴。

通过历史追溯，巴尔特不仅仅是把亚里士多德发明的技艺修辞学当作了旅程中的驿站，也描述了亚氏的修辞学对后来修辞学者的影响，而在“网络”部分，即在共时研究的层面上，巴尔特提出，亚里士多德技艺修辞学的三个基本运作，包含了西方书写文明中所蕴含的基本的修辞学代码，而这些修辞学代码又与话语在实际操作中的变形息息相关。可以说，修辞学代码对话语原初形式的改变，不仅是对言语的二级编码，更开发出了话语的二级甚至更高层级的意指活动。

2. 西方文化修辞学代码的网络

“Inventio”是与“Oratio”对立而存在的，前者是发现话语的材料［发现“证据”（pisteis）］，后者是表述话语的材料，包括话语组合和话语修饰，话语素材的意义通过话语表述呈现出来。我们可以认为，话语材料包孕这意义诞生的可能性，但是没有话语表述，就没有最终的意义的呈现。在前文中，我们暗示过，巴尔特所言的话语材料发现，已然包括了“意”：“如果不从其言语中生产些什么的话，人们就不能言说”[②]，这即是说，话语材料发现需要的技艺是“inventio”（话语材料发现），相对应的，话语组合和修饰的技艺分别对应“dispositio”（话语组合）与“elocutio”（话语修饰）。

传统上，证据（pisteis）分两类，分别是“与技艺无关的证据”（pisteis atechnou）以及“与技艺有关的证据”（pisteis antechnou），前者不经过言说者的技艺操作就可以直接进入话语，后者则完全依赖于言说者运用逻辑推理将话语素材转变为说服力的实践。我们在前文中讨论巴尔特对亚里士多德技艺修辞学的批判时，已经论述过亚里士多德技艺修辞学的逻辑演绎及其开发的心理修辞学面向。在此，我们用图8来重新展示。

---

① Cf. Jakobson, “Closing statement: Linguistics and Poetics” 350 – 77.

② Barthes, “L'ancienne rhétorique (aide-mémoire)” 198.

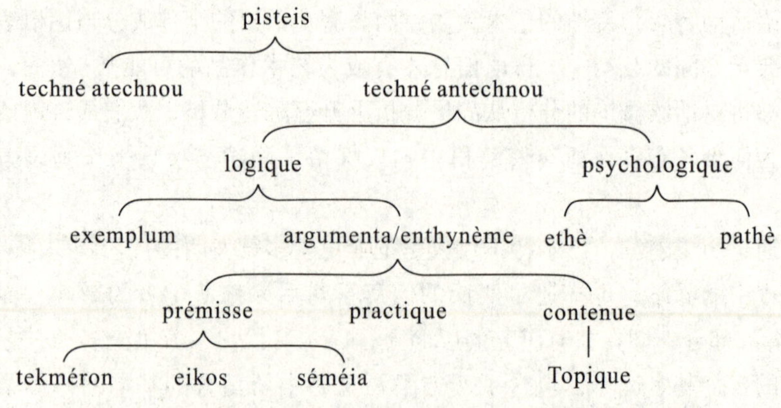

图 8　笔者根据巴尔特论述所作旧修辞学的证据类别结构图

巴尔特通过对技艺修辞学话语材料的发现的分析，确证了亚里士多德的技艺修辞学是大众意见修辞学。他认为，无论是在逻辑演绎的领域，还是在心理道德的领域，民众在知识、知觉和心理上的共识组成了旧修辞学最原始的话语材料；亚里士多德的三段论和投射心理修辞学，使得大众意见成为话语暴力、话语霸权的根源，这是亚里士多德修辞学至今仍然延存于当代西方的社会文化实践中，并且发明出西方文明的一整套大众意见话语机制的原因。

要讨论旧修辞学的话语组合，其前提是要确立这一操作是建立在话语层面，而非句子和句子联合层面，也即是说，话语组合不是句子排列（compositio），不是句段排列（conlocatio），而是在句子、句段之上扩大了的话语的部分（grandes parties du discours）的组合。巴尔特认为，旧修辞学的话语组合方式在扩大的话语片段的排列层面上，含纳了四个步骤：开场白（exorde）、事实陈述（narratio）、论证陈述（confirmatio）以及结语（épiloque）。两种陈述组成论证整体，而开场白与结语都关涉情感资源的生发与显露，故而，话语组合可以被认为是：“两处情感的切片之间夹裹着一个论证的整体”[①]，激情部分与证明部分之区分的实质是“使感动”（animos impellere）与“使知使信”（rem docere）的区分，如图 9 所示。

① Barthes, “L’ancienne rhétorique (aide-mémoire)” 214.

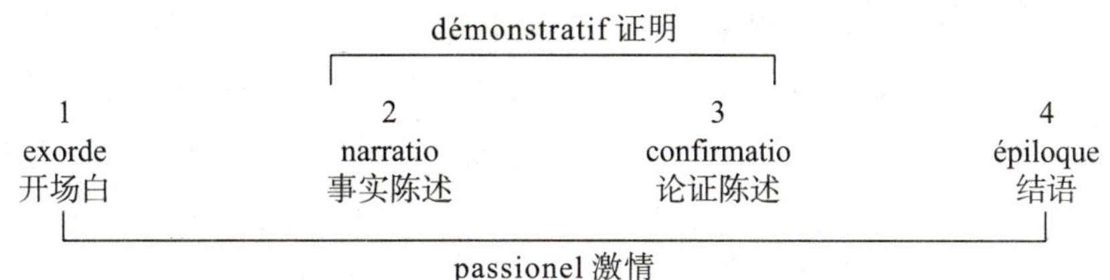

图 9　巴尔特所作旧修辞学的话语组合操作步骤图①

这一图表中所显示的话语组合之顺序是一个传统形式，但是，在具体的话语使用情况中，这样的形式会遭遇破坏。从话语组合这个部分来看，旧修辞学所提供的话语组合范例是以产生说服力为最主要目的的话语组合实践。事实上，话语自发的、偶然的、天然的特性，并非表现为旧修辞学的话语组合所演示的这一传统形式，这种四位一体的组合方式，反倒是一种人为的、文化的印记②。

如果以这种传统的话语组合为出发点，窥视巴尔特书写中的话语组合，我们就会发现，巴尔特的话语生产在很大程度上是对话语自发性、偶然性和天然性的遵守，片段与片段之间的联系既非受到线性时间的约束，也非受到人工的干扰。比如，在《罗兰·巴尔特自述》中，被陈述的事实并不按照个人生平的线性时间来排序，生物人与自传主体之间的强制性关联被解除了，自传书写因此是与复数意义上的对话者所进行的言谈；在《爱的言谈——片段集》中，各个话语片段以字母顺序排序，而非以恋爱事件的时间排序，激情的即发性与话语的偶然性结合在一起，爱的言谈因此不是罗曼故事的套话，而是话语中的吉光片羽的闪现；《符号帝国》中的文化景象同样偏离了任何秩序，只接受视线扫射所捡拾起来的对于异文化系统意义生产方式的体验；《文之悦》的顺序是身体在愉悦/欢乐之间摇摆的轨迹；《S/Z》少见地以五种确定的符码对文本了进行切分（découpage），然而在与原文本《萨拉辛》的合并（agencement）中，体现出话语的无序运作。可以说，巴尔特的话语实践是对亚里士多德旧修辞话语系统之组合方式的颠覆，通过这种方式，他打破了在大众意见基础上的俗套书写。

在话语材料发现与话语组合之外，我们再来讨论话语修饰部分的问题，尤其是辞格的问题。近代以来，由于人们对修辞格最感兴趣，使得整

① Barthes, "L'ancienne rhétorique (aide-mémoire)" 148.

② Barthes, "L'ancienne rhétorique (aide-mémoire)" 216.

个修辞学在某种程度上被化约为修辞格的学问。事实上，辞格只是修辞学之技艺的其中一种操作。如果我们考察辞格的诞生和发展，修辞格的独大可能并非是对修辞学的片面化，或许我们能够察觉到：在辞格中已然包含了修辞学的两轴，并且包含了书写与发音两个方面的语言实践。下文我们主要从辞格分类开始讨论话语修饰。

巴尔特认为，虽然辞格的内部分类众多，但是其基本的分类已然存在于字词择选［electio（字词替换），elogè（悼演颂辞）］与字词合并［synthésis（综合），compositio（句子内的字词的排列）］两种关系中[①]。如何理解这一论点呢？我们可以从区分两种替换着手：单个字词的替换（tropes）与组合段层面的替换（figures）。一方面，在交谈中，在字词替换层面中，人们使用一种符征来替换另一种符征，譬如同义词的择选就属于这种情况；另一方面，人们可能使用组合段层面的替换来实现两个符征的替换，但无论是哪种替换，这两个符征将指涉同一符旨，这一符指过程还能构成内涵系统的内涵符征，从而指向第二层意义[②]。因此，单词择选以及在组合段的择选，体现了直接意指和内涵意指的区别。从这一层面来说，内涵系统的语言学即为修辞学，也即有关言语的语言学。单词层面的语法替换（les tropes de grammaire）以及单词层面的修辞性替换（les tropes de rhétorique）（前者关涉语言的正常使用，后者关涉语言的非常态使用），也能够被内涵系统的语言学研究覆盖。

在字词的组合段替换（les figures de mots）与思想的组合段替换（les figures de pensée）之对立这里，巴尔特提示我们，前者是有尽的，而后者是无尽的。“无尽”意味着后者所在的意指活动更为活跃，符征与符旨之间的关系更为不稳定，甚至一方可以不依赖于另一方而存在。这一辞格分类体现了对“词与物”的秩序的重新分类，字词替换在固定“词与物”的关系之基础上实现新的意指行为，而思想替换则打乱了“词与物”的关系，在初级意指层面已然将意指行为自由化。可以说，在思想的组合段替换层面，索绪尔的符号之任意性法则，得到了最好的体现。

事实上，修辞格使得人们开始思考一种有关言语的语言学，这正是基于修辞格彰显了语言在社会中的使用所产生的语言活跃化效果这一事实。

---

① Barthes, “L'ancienne rhétorique (aide-mémoire)” 218.

② Barthes, “L'ancienne rhétorique (aide-mémoire)” 218.

我们可以从语言的两种状态来分析。这两种状态包括语言的基本状态（état proper du langage）和修饰状态（état orné du langage）（辞格所在的位置）。前者是日常沟通的基础，在此基础上，才有可能发展出更复杂的表达，而后者与前者保持一定距离，它是语言的波动状态（hiérarchie fluctuante）。语言的修饰状态是“活着的语言”之体现，因为这一状态维系人类的情感以及身体与语言的关系，使得言语呈现人类欲求，同时又中和了这类欲求的袒露，使之委婉动人①。可以说，对辞格的分类，体现了人们对言说方式（manières de parler）的精细掌握。

然而，语言的两种状态，归根结底是两种语言活动，一种是本语（le langage proper），一种是修饰语（le langage figuré）。按照亚里士多德的认识，在言谈对话中远离对前者的使用，犹如与陌生人相遇，这即是风格所在的位置。风格被亚里士多德称为“谜之话语”（énigmatique），它是引人关注的，然而也是疏异的（d'étrangeté）。辞格则体现为对本语的遮盖（比如避开禁忌）、陌生虚幻化以及娱乐化的人工操作，但是，拉辛（Jean Racine，1639—1699）却认为辞格来自“普罗大众”的语言使用②，即是说，辞格有其自然的始源。巴尔特因而质问：为何有着自然始源的辞格，却在语言中处于第二层的构造？经过分析，他自答道：从心理上来说，辞格是人类激情的产物，激情是自然的，因此，辞格也是自然的，然而，道德强求将激情疏远至“错误”（faute）的位置，对于古典时代的人们来说，辞格与自然性的关联反尔使得它成为被怀疑的对象③。我们在今日思考并重视辞格，在某种程度上，反倒是因为辞格诞生于普罗之激情，并且经过对言语重新编码，而成为本语之基本表达的聚合对照，反而使得言说者能够表达复杂的情感，传达深入的思想。

在上述讨论的基础上，我们再来探究，为何巴尔特会认为话语的修饰操作应该等同于陈述甚至等同于交谈活动。一方面，话语修饰体现了言谈对语言的活的使用，辞格担当了这一活的使用之后设语码；另一方面，在言谈中，修辞使得话语的发话者所发送的信息更为合理，富于说服力，然而言谈的本质使得发话者位置不定，修辞不被某人（集体）操纵。因此，

---

① Barthes，“L'ancienne rhétorique（aide-mémoire）”218.

② Barthes，“L'ancienne rhétorique（aide-mémoire）”221.

③ Barthes，“L'ancienne rhétorique（aide-mémoire）”222.

在修辞学的自然性与人工性的结合这里，修辞一方面成为大众意识形态的话语范例，另一方面，也成为批评意识形态的后设话语。

巴尔特提示我们：旧修辞学的张力并不止步于句子，句子不过是“口头表达的部分和字词的小的组合段”①。事实上，旧修辞学涉及了两种句子构造，一种是亚里士多德的复合句所指向的“几何学”构造（une construction « géométrique »），另一种则指向“动力学”构造（une construction « dynamique »）：由言说者内造的意义所指引的运动中的复合句群、篇章甚至文本、作品，都属于这种“动力学”构造；换句话说，“动力学”构造指向言说者对话语的支配。在话语的层面上，语言之外的实质，比如情感、记忆、身体、文化、意识形态都能够在言语中被编码。我们因此意识到，正是在“动力学”构造的基础上，巴尔特在自己的书写实践中发挥了旧修辞学的遗产，从而能够将情感（比如“爱”）、记忆（比如“自传书写”）、身体（比如为文与阅读之愉悦/欢乐）、意识形态（比如西方小资产阶级神话）、同质文化、异质文化（日本与中国）等范畴，纳入言语的表达范围，因此，他后来发展的言语的语言学（话语的语言学/内涵系统的语言学），一方面是其文本与文化研究的新模式，另一方面，也成为其用以观照今日话语的后设话语，即今日修辞学，新修辞学。

3．话语符号学与旧修辞学的融合

纵观旧修辞学的历时进程，我们发现，旧修辞学是西方古代文明在其知识之洞见深处，意欲剖析其语言、权力工具、各历史进程中的历史冲突之场域中，以及最重要的，在剖析其文化的意识形态那里，所必须经历和必须掌握的手段。但同时，作为修辞学的批评者，一旦遭遇意识形态，就意味着要选择一种后设批评的策略，并且与意识形态保持距离。巴尔特注意到，从19世纪后期至结构主义时期，现代社会中的修辞学一直面临着定义模糊的问题②，而这种模糊性，却征显了现代修辞学（新修辞学）研究的必要性和研究修辞的特殊策略。那么，他自己的修辞批评，即新修辞学，在依然要面对意识形态并且又必须对意识形态保持距离的情况下，哪一种话语系统才是巴尔特进行后设批评所需要的呢？换句话说，巴尔特的新修辞学是什么呢？是话语符号学。

---

① Barthes，“L'ancienne rhétorique（aide-mémoire）” 222.

② Barthes，“L'ancienne rhétorique（aide-mémoire）” 194 –95.

在“修辞学终结”部分，巴尔特明确指出：在修辞学的历时进程中，它对自身的定义一直建立在与相邻学科的结构性互动之中。事实上，这一问题同样也是现代修辞学研究的核心之一。而现代语言学之所以能够与旧修辞学联系起来，一方面在于它们二者共同处理“文学性”的问题，另一方面在于旧修辞学的分类法依然能够应用于现代的交际沟通以及意指活动的领域，而这两个领域也是现代语言学的研究领域，尤其是话语语言学的研究领域。在前文中，我们已经分析过巴尔特基于本维尼斯特的话语语言学对旧修辞学的颠覆，因此，不难理解，巴尔特在讨论辞格问题时，为何会认为修辞学辞格的问题就是陈述（交谈）的问题。

在巴尔特的术语中，话语语言学领域即“超语言学”的领域，在1964—1965年间的修辞学研习班中，巴尔特又明确地将超语言学等同于内涵系统语言学，也等同于修辞学。旧修辞学不仅为新修辞学提供了话语分析的基本模式，也留存了问题。在结束其旧修辞学研究时，巴尔特写道：“来自修辞学帝国的一些问题依然存在于他当下的工作中，自研究修辞学之后，这些问题更是再也无法避免。”[①] 问题基本一分为二：其一是对于语言赋予西方文化的修辞学代码的彻底了解，将导向对西方文化的更深入的理解和阐释；其二是亚里士多德技艺修辞学延存于西方社会文化实践之领域，在历史和现实中两方面滋养着西方大众文化，规定着这一文化的大众意见的生产与消费的意指系统。巴尔特自己的话语实践虽然无法离开（或破坏）自己所处的意识形态，但是他试图分解这种意识形态，至少拖延意识形态强力的直接作用。在《符号学基础》中，巴尔特已经指出，修辞学是内涵系统的符征的形式，而意识形态则是符旨的形式，为了延迟意识形态，符征必须建立无限长的隐喻链条，这也即是说，要延宕符旨的作用就要不断地将符旨变成新的符征。在这一视角的影响下，修辞学永远不会是终极后设话语，也不能生产固定意义的所有人都接受的大众意见。我们也可以认为，巴尔特的新修辞学是后结构主义者的新修辞学。

总结而言，在这一章中，我们率先分析了巴尔特的叙事话语分析，以《叙事作品结构分析导论》为主体，我们勾连巴尔特所接受的普洛普、格雷马斯、本维尼斯特等人的话语分析方法。从普洛普根据语言学的语言单元的区分原则确立的“功能”概念，到格雷马斯以语义符号学在句子内

① Barthes, “L'ancienne rhétorique (aide-mémoire)” 222.

部的句法、语法、语义系统中通过叙事单元与叙事主体的配合建立的叙事模态，再到本维尼斯特的陈述的历史/话语系统二分，巴尔特逐渐将话语行为定位为叙事话语的核心，使得说话者的言说行为逐渐超越了陈述文本成为叙事文学的核心。巴尔特的叙事话语结构分析，不仅把握了叙事话语的形态与结构运作规则，更在语言学与超语言学之间建立了形态上的同质性，并且以叙事话语的陈述行为为核心，揭示了叙事者、故事人物在故事/言谈中建立的多维的话语时空。

在叙事话语结构分析之外的领域，巴尔特以本维尼斯特的话语语言学为基础的文学话语理论建构，以动词的人称、时态、语态为模式，描绘出书写行为的特殊属性：书写是中性语态下的不及物动词。这个行为确立了今日书写的问题意识："我被书写书写"，话语行为是唯一能够确定书写者身份的标志。巴尔特又将其所吸收的雅各布森的转换词研究与本维尼斯特的话语语言学研究融合在一起，在"历史的话语"这一话语类型的研究中发展出对本维尼斯特历史/话语二分法的改进。巴尔特指出，陈述的历史系统无法独立于话语系统，毋宁说，历史陈述本身就包含了话语陈述。巴尔特对本维尼斯特的修订或许是得到了德里达的启发。德里达从其文字学元书写的理念出发，视本维尼斯特的话语语言学为话语中心主义，在批评巴尔特的《书写，一个不及物动词?》报告时反驳了巴尔特及其背后的本维尼斯特关于陈述的二分，认为历史/话语无法切断，话语引发了历史陈述，因此后者是前者的一部分。德里达和本维尼斯特的分化，使得我们可以讨论两个巴尔特，延续本维尼斯特话语语言学从事书写实践的巴尔特，以及在语言哲学立场上实践德里达思想的巴尔特；我们因此在1966年的"结构主义之争"这个会议中，看到了重写巴尔特思想分期的可能性，我们甚至可以破除所谓20世纪70年代巴尔特步入了后结构主义的此类俗见。

在1970年的文本《话语的语言学》中，巴尔特依然以本维尼斯特的话语语言学为模式，建立了相当清晰完善的话语符号学的话语语言学模式，我们以这个模式为系统、成熟的模式，并联系巴尔特的书写实践，就可以反观巴尔特在同年发表的《旧修辞学》一文中逆转性地征显的新修辞学（即话语符号学）思想。在这两个模式的对照中，巴尔特进一步证明了当下的文学观念：文学与语言学的关系将更为紧密，文学将成为一门关于语言学的后设语言学，文学也将成为语言学的对象。文学因此既是对象语言又是后设语言，既是解释系统又是被解释系统。

第三章　巴尔特自我反射式的书写对话语符号学的实践反思

笔者在第一章讨论了巴尔特话语符号学的思想渊源，在第二章讨论了其具体内涵、演变历程及研究模型等，在第三章，笔者将讨论巴尔特在具体的文学体裁的书写中对话语符号学理论的实践与反思。在这里，笔者主要将讨论两部巴尔特晚期的作品，它们也是笔者认为巴尔特在文本时期最为成熟的两部作品：《罗兰·巴尔特自述》与《爱的言谈——片段集》[①]。围绕着话语符号学这个核心，这两部作品关联巴尔特书写中的一系列核心问题群落，它们包括但不限于：片段书写、主体问题、自我/他者、文本间性（互文性）、身体/性别、历时/共时、历史/话语、记忆、想象界、个人私语/社会公语、书写风格、中性书写等；此外，这些核心问题同时也涉及了话语语言学、精神分析研究、古典修辞学、性别研究等现代学科，关涉西方"爱的言谈"书写、片段书写以及自传书写的传统，反映出巴尔特对西方文学史上多个书写传统的承继与发展。可以说，这两部作品的复杂性和包容力，足以突出巴尔特的话语符号学理论沟通多个领域的潜力。更值得一提的是，巴尔特的书写实践具有强烈的自我反射特征，他的文本实践不仅与他的理论架构互涉互通，更体现出对其理论的有意识的修订。

以巴尔特的理论系统作为后设语言系统，来阐释作为对象语言系统的他的书写活动，不仅是对本维尼斯特"语言系统同时作为阐释系统和被阐释系统"的实践，也是对雅各布森所谓"言语中的语言系统"的实践，在某种程度上，也回应了本氏之"人们通过将言语活动占为己有而确立自己的主体地位"的观点。在这样一种思维的牵引下，本章的研究对象并没有局限在巴尔特理论与实践的成熟期，他早期的作品《写作的零度》

①大陆的译本将书题“*Fragments d'un discours amoureux*”译为《恋人絮语》，这值得商榷。“絮”在中文语境下有重复、烦琐、令人厌烦等意，元曲《梧桐雨》有“尽言词絮絮叨叨”之语，“絮语”是连续不断地说话、唠叨，这与法语原文的意味有些距离。就从字面意思入手，法语书名可以译为“关于爱的话语的片段”。“片段”这一形式并不包括“连续”或“重复”的状态，而是彰显了思维的“不连贯”“稍纵即逝”之特点。总而言之，“片段”更近乎“吉光片羽”而非“絮语”。该书的大陆译者之一汪耀进撰写了文章《罗兰·巴特和他的〈恋人絮语〉》以作中译本前言，文中指出：“巴特认为，对情话的感悟和灼见（vision）从根本上说是片段的、不连贯的。恋人往往是思绪万千，语丝杂乱。种种意念常常是稍纵即逝。”由此可见，译者也认同这些关于爱的言谈是“片段”而非“絮语”。相比之下，张汉良的译名“爱的言谈——片段集”更为恰切。何以言之？这一译名突出了两个信息：这本书是一处“言谈”，它的形式是“片段”书写。何为“言谈”？为何不是直译中的“话语”？“爱之话语”自然没有问题。在本维尼斯特的语言学思想中，“话语一词应当从最广泛的意义上去理解：所有的陈述都预设一个说话者和一个受话者，而说话者意欲以某种方式对受话者施加影响”（Benveniste，*Problèmes de linguistique générale* 241－242），巴尔特也接受这一定义。而“言谈”则是一个更为中国式的表达。我们注意到，在汉语，尤其是古代汉语中，“言谈”是多义词，其一意指对话行为，其二意指言论之内容与方式。比如《墨子·尚同中》有言：“助之言谈者众，则其德音之所抚循者博矣。”此为其一所指。《墨子·天志中》有言：“观其言谈，顺天之意。”此为其二所指。在笔者看来，“言谈”这一提法切中了中译本中所忽略未译的一处重要信息。我们注意到，在法语原文中，在正文之前、作者对本书的说明“如何构造这本书”之后，存在单独一页，此页上书：“C'est donc un amoureux qui parle et qui dit：”（因此这就是一位恋人在言说、对某人言说：），“parler”无特定内容，系指说某种自然语言，如说法语的能力（competence），如“Parlez-vous français?”（您会说法语么?），而“dire”则指“discours”的实践，属于实践（performance）这一面向，因此需要满足语用条件，具特定场合，有特定对象，有“语意和内容”（“le dit”），比如“dire quelque chose à quelqu'un（对某人说某事）（关于这门后结构研究，可参见受本维尼斯特启发的重量级语言学家奥斯瓦尔德·杜克洛的著作：Ducrot，Oswald. *Dire et ne pas dire*. Paris：Collection Savoir Hermann，1972；Ducrot，Oswald. *Le dire et le dit*. Paris：Les Editions de Minut，1984. 同时也可参见托多罗夫讨论“陈述”的论文：Tzvetan，Todorov.“Problèmes de l'énonciation.”*Langages* 17（1970）：3－11.）。“C'est donc un amoureux qui parle et qui dit：”这一页在日语译本中亦单独成页，在英译本中，此信息被置于“如何构造这本书”这一说明之后，但未单独成页。但在中译本中，这一信息全然缺失了。如果缺乏这一信息，我们就无法直观地意识到：这本书的全部正文就是一位恋人正在对着缺席的爱人言谈，言谈之内容组成了每一个片段，每一片段的源起无处追溯。汪耀进、武佩蓉二位译者所译《恋人絮语》文辞优美、意义明确，堪为典范，唯有未将“C'est donc un amoureux qui parle et qui dit：”这一页译出，令读者偶有遗憾，而“言谈”在中文语境下更为精确、堪称巧合式地表达出了“Fragments d'un discour amoureux”的重要信息，也恰好是那个被中译本忽略的信息。故而，在本书中，笔者从张汉良将 *Fragments d'un discour amoureux* 一书译为《爱的言谈——片段集》。笔者在研究《爱的言谈——片段集》时也同时参考了汪耀进的中译本和理查德·霍华德（Richard Howard）的英译本，参见：[法] 罗兰·巴特：《恋人絮语：一个解构主义的文本》，汪耀进、武佩荣译，上海：上海人民出版社，2009；Barthes，Roland. *A Lover's Discourse: Fragments*. Trans. Richard Howard. New York：Hill and Wang，1978.

以及其他一些晚期的作品比如《符号帝国》、课程讲义“中性”①（*Le neutre*, 2002）也都成了本章的研究对象。在第四章中笔者将以巴尔特的中国书写为研究对象，就“罗兰·巴尔特与中国”这个看似传统的比较文学命题，来实践巴尔特的话语符号学。因此，第三章和第四章，可以说是分别构成了作者的话语符号学实践与读者的话语符号学实践。

第一节　巴尔特如何书写自我？论自传书写的新面向

英文复合词“autobiography”（“自传”）由三个词根组成：autos［(αὐτός) = self］+ bios［(βίος) = life］+ graphein［γράφειν) = to write］。这个词最早由英国人威廉姆·泰勒（William Taylor）在1797年的英文刊物《每月评论》（*Monthly Review*）上引入人们的视野。从字面意思来看，“自传”这个词意味着某人以自身为对象从事写作活动，再现他/她的生活；更进一步来说，“自传”同时规约着自传书写这个文类的条件，比如“自我”“生活/生命”“写作”等必须被包含其中。然而，在现代文学观念下，生命既无法由写作创造，也不能被写作完美再现，在生命/生活与自传文本之间隔着无数的符号运作。这些符号运作中最为重要的符号是什么？最重要的符号活动是什么？语言作为连接个体生命/生活与文本的中介，它如何桥接人作为生命体的生物域（biosphere）与人作为社会性动物的主体世界（Umwelt）和符号壁龛（semiotic niche）？这正是巴尔特的自传书写实践所面对的问题。这些问题导引着巴尔特实践反传统自传的自传书写，以实践反思自传书写的理论，而这也正是本节尝试分析的对象。

一、自传书写的焦点变化与巴尔特的语言学模型

在历史上，自传书写的焦点发生了从“bio-”到“auto-”再到“graphy”的演化。早期自传研究主要关注“生命”（bio-），20世纪中期开始转向“自我”（auto-）研究，这一批评转向的背后是自传作为历史与

---

① 这里的“中性”之所以标示引号而非书名号，是因为，在读者面前，“中性”课程最后是以书籍的形式呈现的，但是巴尔特视“中性”为持续十三个星期之后就会“褪色”“死亡”的课程（cf. Barthes, Roland. *The Neutral: Lecture Course at the Collège de France (1977 – 1978)*. Trans. Rosalind E. Krauss and Denis Hollier. New York：Columbia UP, 2005. 13, 250.）［cf. Parvulescu, Anca. “The Professor's Desire.” *Diacritics* 37. 1（2007）：32 – 39.］。

自传作为文本两种观念的区分，随后的法国理论家们，比如巴尔特，则转向了书写（graphy）的问题。法国研究自传的学者菲利普·勒热内（Philippe Lejeune）因《自传的契约》（*Le pacte autobiographique*，1975）在20世纪70年代声名鹊起，他将自传定义为一种自我书写其生平的行为。然而，勒热内对这个定义不断地自我援引，这种沉迷行为被《德里达与自传》（*Derrida and Autobiography*）的作者罗伯特·史密斯（Robert Smith）批驳为在实践中混淆了自传本身与关于自传的理论[①]。勒热内证实了20世纪70年代自传书写研究与实践的乱象：关于自传书写的理论已经过于繁荣，以至于关于这些理论的后设理论也成为热点对象，自传批评成为另外一种形式的自传，自传因此既是主体又是对象，含混不清。后来迈克·赖恩（Michael Ryan）在评论勒热内《自传的契约》一书的文章《自我的证据》（"Self-Evidence"）中指出：在今日的自传实践中，其实是"自我－生命"（auto-biology）不断被"自我－书写"（auto-graphy）干扰和中介[②]。

当自传不被视为历史而被视为一个文本，以书写问题为核心时，自传没有先在的自我和生平，只是书写者的行为，是文本形成了它自己的生命/生活，开始了自己的"自传"，所有留下的只是书页上的文本特征，甚至文本本身也可以被解构以证实它们存在的虚无性。在这样的背景下，《罗兰·巴特尔自述》，作为一个实验性的文本书写，在20世纪70年代的西方学术界充任了一剂良药，但或许也是一记重拳。

巴尔特从语言符号学家的视域出发，充分利用了前辈语言学家埃米尔·本维尼斯特的话语语言学研究之成果，将之演化在了自己的反身自传中。在某种程度上，话语语言学充任了巴尔特实践自传书写的语言学模型，然而他并非单向地用自传实践为话语语言学背书，而是进行双向的实

---

① Smith, Robert. *Derrida and Autobiography*. Cambridge: Cambridge UP, 1995. 51－52. 勒热内将自传描述为"一种自己书写生平的行为"（an autobiographical act）："一个实存的个体关于他/她自己的实际存在的回顾性的叙述性作品，个体在这种作品中强调自己的人生，特别是自己个性形成的历史进程。"（转引自：Smith, *Derrida and Autobiography* 53. 原文见：Lejeune, Philippe. *Moi aussi*. Paris: Éditions du Seuil, 1986. 14. 这个定义最早出自勒热内更早的作品《自传的契约》。）

② Ryan, Michael. "Self-Evidence." *Diacritics* 10.2 (1980): 6. 事实上，"Self-Evidence"这个标题就是赖恩在玩弄双关语，"self-evident"是自明的、不必加以证明的，但是他在"self"上面大做文章又折射出他认为"self"既不能是自明的也不是一个"evidence"（证据）。

践，以自传书写补进了以话语语言学为模式的新符号学。可以说，巴尔特在自传中实践和发展了本维尼斯特提出的语言既是被阐释系统又是阐释系统这一观点①。故而读者面对《罗兰·巴尔特自述》这个文本时，也遭遇了类似的困惑：《罗兰·巴尔特自述》是否仅仅是自传形式的书写，还是对自传这一书写形式本身的反思以及理论设想？如果是后者的立场，那么书写是否显示出一种后设话语的属性？或者以巴尔特的术语，书写是否成了"修辞"（以话语为对象语言的后设话语实践）？② 在这个意义上，文学与语言学的关系又该如何面对？然而，要寻找这些问题的答案，必须得回到对巴尔特的语言学模型的讨论上去。

本维尼斯特的话语语言学理论对法语动词两个时态系统进行了深入研究。本维尼斯特指出，这两个系统既相互区别又相互补充，分别有不同的陈述层面，即历史的层面和话语的层面。这两个层面又分别与动词的人称系统与时态系统配合，从而划分出话语的人称系统与历史的非人称系统，历史事件时间与话语时间。具体言之，历史陈述是将所有"自传"形式排除在外的陈述方式，是有关真实存在的过去的事件的陈述，不提及"我"或"你"，也不说"这里""现在"，主要表现为第三人称陈述，即非人称陈述。这一陈述层面依据的是不定过去式，即事件时刻。以事件时刻和非人称陈述为标志，这一陈述层面剔除了主体性，似乎是事件自我陈述。相对照而言，话语陈述则由"我 - 你"的人称关系构成，发话人总是试图影响受话人，话语的语言系统的时间参照是话语时刻，并且发话人和受话人的位置可以互换，因此形成了对话的当下性，形成了言说中的自我与主体间性③。巴尔特在《历史的话语》一文中暗示本维尼斯特所谓的历史陈述其实已经包含了话语陈述，他在分析历史学家的话语时指出：历史学家尝试以对"我"的压抑来实现客观陈述，却反而以缺席的方式显示了"我"的存在，而且米什莱的历史话语也没有使用一般过去时，而是在去人称化的陈述中带入了自己的时代。换言之，现在时刻这个时间系统的原初时刻，统摄了历史陈述和话语陈述。

巴尔特的这一进展，我们虽未敢肯定与德里达对他在 1966 年在约

---

① Benveniste, *Problèmes de linguistique générale II* 43 - 66.

② Barthes, "L'ancienne rhétorique (Aide-mémoire)" 173.

③ Benveniste, *Problèmes de linguistique générale* 237 - 50.

翰·霍普金斯大学“结构主义之争”会议上发表的论文《书写，一个不及物动词?》的批评有关，但是，值得一提的是，德里达对巴尔特及其背后的本维尼斯特的话语研究与应用的批评，从语言哲学的立场上提示了巴尔特：所有的历史叙事看起来都是跟现在切断的，是无我的（apersonnel），没有“你”跟“我”，但是这是假象，因为既然这一切都是被人言说的，就不可能在时间、历史中切断，不可能没有说话人的参与；因此所有的历史陈述，都已经根植于、建筑在“有我的”、“我”与“你”的话语陈述（discours）系统里了。因此，可以说，历史陈述与话语陈述的二分法并不成立，这二者无法切断，所有的历史陈述都是话语陈述的一部分，都是话语陈述触发的。

让我们回到巴尔特的论文《书写，一个不及物动词?》，讨论他在本维尼斯特话语语言学的立场而非语言哲学的立场上，对今日书写的性质与宗旨的理解：“在另一个话语体验的极端，比如，以一个抒情形式的计划，当下的作家不再满足于他自己的现在时（his own present）。他必须学会区分说话者的当下（the present of the speaker），这一时刻建立于一种心理上的充实感以及交谈（la locution）中的当下，而交谈中的当下是动态的，事件与书写成为全然的巧合统一。”① 如果我们以这一段论述为透镜，来探视今日“自传”书写，我们可以认为：在巴尔特看来，自传书写的核心并非过去而是当下，并非传统作者与读者而是书写者与读者之间的互动，自传书写的轴心并非永固的真实，而是动态的事件。因此可以说，今日自传书写实则解构了历史/陈述二分，解构了故事/言谈二分，所有的故事都经由言谈讲述，故而“X 自述”（X par lui-même）这样的书写其实是一种双向言谈。

---

① Barthes, “To Write: An Intransitive Verb?” 138.

如果借助尤里·洛特曼的自主交流理论来理解这个问题①，“X 自述”的问题可转述为：内在的自我交流以及外在的“我－你”交流；但是，由于在对话中发话人位置的改变使得“你”可以置换为“我”，因此，“X 自述”最终统一为：“我”以话语实践的形式与广义的“我”交流。如此一来，新的问题又出现了：“我”是谁/什么？“我”为何需要以话语实践的方式认识自我与自我交流？以及最为关键的问题：自传如何书写“我”？我们不妨从回答最后一个问题开始尝试解答这一系列的问题。

二、自传书写中的人称代词“我”消解生物“我”对书写的影响

“我”是自传中最重要的符号。然而在生物“我”与书写的“我”之间是层层叠叠的符号活动。以话语语言学的视角来看，书写中的“我”首先是第一人称的问题。但是，有意味的是，巴尔特在《罗兰·巴尔特自述》中有一个题为“关于自我的书”（“Le livre du Moi”）的片段，却首先使用了第三人称陈述：“他的‘诸观念’与现代性，或者说与我们所称的先锋派，有某种关联（主体，历史，性别，语言系统）［*Ses* « idées » ont quelque rapport avec la modernité, voire avec ce qu'on appelle l'avant-garde (le sujet, l'Histoire, le sexe, la langue)］。”② 随即，在同一段落中，巴尔特变换为第一人称陈述：“它是关于自我的书，是关于我对我的观念的抵抗；这是一本后退的书。”（il est le livre du *Moi*, le livre de *mes* résistances à *mes* propres idées; c'est un livre récessif. ③④）这个片段中的“Moi”与暗

① 根据库尔（Kalevi Kull）2011 年整理发表的关于洛特曼的英文作品目录，洛特曼关于“自主交流”的论文英译篇目见：Lotman, Juri. “Two models of communication.” Ed. & Trans. Daniel P. Lucid. *Soviet Semiotics: An Anthology*. Baltimore, London: The Johns Hopkins UP, 1977. 99－101; Lotman, Juri. *Universe of the Mind: A Semiotic Theory of Culture*. Trans. Ann Shukman. London: I. B. Tauris, 1990. 20－35; Lotman, Juri. *Culture and Explosion*. Ed. Marina Grishakova. Trans. Wilma Clark. Berlin, New York: Mouton de Gruyter, 2009. 147－149；讨论洛特曼“自主交流”理论与巴尔特的书写问题的论文可参见：Lei, Han. “Juri Lotman's Autocommunication Model and Roland Barthes's Representations of Self and Other.” *Sign Systems Studies* 42.4 (2014): 517－29；本书第四章第二节。

② Barthes, *Roland Barthes par Roland Barthes* 123.

③ Barthes, *Roland Barthes par Roland Barthes* 123.

④ 巴尔特在这里使用“récessif”实则指涉“无穷倒退”（infinite regress）。这既是一个科学概念也是一个哲学概念，表示证明一个问题的论据本身还需要进一步论证，直至无穷论证。

藏的“il”（体现为复数所有格形式 ses）是雅各布森讨论过的转换词，是信息与符码重叠的双重结构之表征①，是作为书写者（scripteur）而非作家（是 écriteur 而非作家 écrivain）的“我”和被书写物“他”被统一于同一项话语实践中②。可以说，一方面，这本关于自我的书是书写者的陈述物（énoncé），是一个文本；另一方面，书写并不呈现为一个及物动词："to write a book"（写作一本书），而是自立为不及物动词："je suis écrit"（我被书写），因此“我”反倒成为“他”，成为被书写物。那么谁在写呢？还是“书写”在“书写”。

巴尔特在《S/Z》中提出了一组对立的文本概念：“可读的”（lisible）与“可写的”（scritible）文本。可读的文本体现为“一种套路、一种秩序、一种系统、一种结构化的知识系统”③，读者不能重写（réécrire）这个文本；而可写的文本则是对价值系统的破坏，意味着文本游戏可以绵延不绝地进行：“我们正在书写。”（nous sommes en train d'écrire）换言之，可读的文本之核心是“写了什么”，是作为物的文本话语，而可写的文本之核心是“谁在写”，是文本的编织本质的体现，是不断迂回曲折时的意义编码活动，是无穷演绎的符号运作。巴尔特认为，可读的文本之特征，就是人称系统与非人称系统之间的随意转换而不改变话语实质，“在这种类型的话语中，当叙述者很清楚地标注为‘我’时（这经常发生），话语主体和故事行为主体之间发生了混淆，就好像——这是一种常识——那个今日言说的他与昨日行动着的他为同一人。就好像在指涉物与话语之间通过人称贯通了彼此，就好像陈述只是指涉物的温顺的仆从”④。将巴尔特的可读的文本和可写的文本，与巴尔特在《罗兰·巴尔特自述》中提出的“关于自我的书”相对照，我们发现：巴尔特通过玩转人称代词，尤其是人称系统和非人称系统，将可读的文本转换为可写的文本，通过自觉地区分话语主体和故事主体，将自传书写的核心瞄准了书写行为本身的绵延性、文本的编织性以及书写者的动荡的属性。

---

① Jakobson, *On Language* 386－392.

② 巴尔特对戏剧家布莱希特的亲近性，也向我们提供了另外一种解读“il”／“je”（“我”／“他”）替代关系的视角，“il”可能是布莱希特式的，标示了“一种史诗间离（epic distancing）的模式”，“暗示着对自我的批判”（参见：Brown, Andrew. *Roland Barthes: The Figures of Writing*. Oxford: Clarendon Press. 1992. 124.）。

③ Barthes, *Roland Barthes par Roland Barthes* 122.

④ Barthes, "To Write: An Intransitive Verb?" 140.

回顾巴尔特 1968 年的文本《作者的死亡》，我们发现，巴尔特在《作者的死亡》中已然策动了后结构主义自传对“声音之起源”的裂解。《作者的死亡》的开篇，是巴尔特在研究巴尔扎克的小说《萨拉辛》（*Sarrasine*）中描述一个装扮成女人的老年阉伶。巴尔特先引述巴尔扎克的描写：“这就是女人，是她突然间的惊惧、毫无理智的任性、本能的忧虑、无缘由的脾气、虚张声势的个性以及她迷人的敏感，造就了她这个女人。”① 紧接着，他就巴尔扎克这段论述提出了一系列的问题：“因此，谁在说话？是那个不想知道这女人的皮囊下藏有阉伶这一事实的故事主角吗？是那个从其个人经历中抽象出关于女人的哲学的巴尔扎克吗？是尝试塑造文学中的‘女性’特质的那个巴尔扎克吗？是常识性的智慧吗？是罗曼蒂克的心理学吗？”② 巴尔特否定了这所有的疑问，将这个声音重置为一处书写行为，通过模糊声音的来源，来破坏作者声音的起源意义。他将书写行为定义为“中性的、混杂的、暧昧模糊的空间，在那里主体销声匿迹，从写作的这个身体而非身份开始，所有的身份都失落了渊源”③。显然，作者身份（authorship）已经从个体决定论这里死亡了，这同时将意义从固定指向、一处特定符旨中解放出来。书写本身指向一种多重性、不固定性、无法解码性。书写的身份是一个复杂、中性又模糊的身份，巴尔特在该文章的末尾，将这个身份与读者的身份同化了，而读者身份同样“没有历史、生物自传、心理学依据”，读者就是“将组成书写文本的那些痕迹集中于一处空间的那个人”④。

读者身份与作者身份，如果从后结构主义文学批评的视野走进话语语言学的视野，我们可以将之统一为“言语活动的主体”，或者说“言说的主体”。显然这个言说的主体不再是一个生物主体，作为言说的主体与巴尔特这个身体没有血缘关系，这个“关于自我”的书写自我的文本并不“再现”巴尔特。巴尔特的自传书写成为可写的文本，其目的不是表明一个真实的“巴尔特”的内心或者生平。当自传书写的原子核心从“写了什么”转变为“书写”行为时，就已经打破了一个先验的生物主体的真

① Barthes, Roland. “Death of the author.” *Image-Music-Text*. Ed. & Tran. Stephen Heath. New York: Hill and Wang, 1977. 142.

② Barthes, “Death of the author” 142.

③ Barthes, “Death of the author” 142.

④ Barthes, “Death of the author” 148.

实历史对书写文本的拘囿，因此，巴尔特将自己的自传与卢梭（Jean-Jacques Rousseau，1712－1778）的《忏悔录》（*Confessions*，1782）区别开来，他对卢梭的私生活（le privé）发出反动宣言：

> 这本书不是一本"忏悔录"；不是因为它不诚实，而是因为我们今日有了与昨日不同的知识系统，即是说，我所写的关于我的文字从来都不是最后的文字（le dernier mot）：我愈是诚实，就愈是可释；而古代的作家们认为只应该服从真实性（l'authenticité）的法令……我的文本向不同的未来开放（不这样还能怎样呢），我的文本彼此脱离，没有一篇可以覆盖另外一篇；这个文本不是别个，只是一个多出的文本，一个系列里的最后一本，但不是意义的终点：文本之上还是文本，从来都不空言。
>
> 我的现在有什么权利来诉说我的过去呢？我的现在能够超越我的过去吗？是什么"恩泽"让我言说？……①

当巴尔特将书写主体还原为一个言语活动的行为主体而非生物主体或心理主体时，他的自传并不参照一个作为正文之外的文本（hors-text）的生物过去的真实，而是试图在书写行为中建构一个动态发展的主体。或者，简言之，巴尔特借否定他的生物自传与他的自传书写之间存有血缘的神话关系，从而"在正文中使'自我'消失：'书写将声音和本源销毁'……它（巴尔特的'自传'）否认在书写（graphy）的范畴内使自己存活（bio）的企图，同时，在血缘衍生的观念未被逆转与置换之前，其衍生的地位无法确认或消弭"②。巴尔特意识到，自传书写彰显了人生与书写之间的距离，"作者重建生命的企图已由书写行为而受到怀疑"③，"书写摧毁了每一个声音、每一个起源"④。

在卢梭的《忏悔录》中，自称为"我"的声音将"我"占为己有，实则是将"我"与专有名词"Jean-Jacques Rousseau"等同，因此，"我"的发声试图为世人呈现在各个方面都遵守古典真实律、近乎真实的"我自己"——卢梭，而巴尔特将"我"作为形式符征，在书写中实践符征

① Barthes, *Roland Barthes par Roland Barthes* 124.

② 张汉良：《匿名的自传：〈浮生六记〉与〈罗朗·巴特〉》，第239－240页。

③ 张汉良：《匿名的自传：〈浮生六记〉与〈罗朗·巴特〉》，第239页。

④ Barthes, "Death of the author" 142.

的游戏，而非诉求那个最终的符旨。巴尔特的自传，因此是“想象物”，是小说：“没有比（对自我的）批评更为纯粹的想象物了。这本书的实质最终完全是小说性的。不指涉任何虚构人物的第三人称对片段形式话语（le discours de l’essai）的入侵，表明了重塑文类的必要性：片段几乎自识为小说，一部没有专有名词的小说。”①

在这里，我们可以再回忆起兰波的诗句“Je est un autre”②，并将之与巴尔特的《罗兰·巴尔特自述》做对比解读。兰波对作为形式的符征“je”提出质疑，认为它与自我割裂，无法启发与再现主体性，而巴尔特相当彻底地否定了符旨的稳定性。从这个层面来说，巴尔特同时回应了本维尼斯特话语语言学的人称研究、雅各布森的转换词研究以及德里达的文字学元书写，他实践了书写的不及物性，认同了德里达将书写视为对自我的遗忘的论述。在某种程度上，我们也认为巴尔特有意识地实践了陈述者与被陈述物互换，说话者与倾听者、书写者与读者、精神分析师与病人的角色互换。由此看来，巴尔特的自传书写反倒彻底解构了“自我”概念，消解了生物“我”对自传书写的影响。

三、《罗兰·巴尔特自述》作为后设自传

巴尔特将话语语言学的人称代词分析转化为符征的游戏，瓦解了自我生命与书写之间的关系，因此也就瓦解了专有名词的观念以及这种观念背后的布尔乔亚意识形态③。从这一点来说，巴尔特尝试通过他的自传书写打造新的文类，而这种文类率先反对再现性的文学观念，也即是说，巴尔特在《罗兰·巴尔特自述》中也包含了对自传书写理论的建构。但是，有趣的是这种新的文类反倒选择了一种传统的书写策略来建立自我，即片段书写。张汉良认为巴尔特所使用的片段书写，其先驱者是古希腊的希波克拉提斯（Hippocrates，460 B. C. E.—368 B. C. E.）的医学典籍《片段

---

① Barthes, *Roland Barthes par Roland Barthes* 124.

② “Je est un autre”［“我（这个代词）是（第三人称动词）某个我之外的东西”］，此句为讨论语法的后设语言，不宜就对象语言的字面“我即他者”解释，否则原句系明显的语法错误，应更正为“Je suis un autre”，然而大多数人都把它当作对象语言解读，而赋予了它错误的语义值。

③ 张汉良：《匿名的自传：〈浮生六记〉与〈罗朗·巴特〉》，第241页。

集》(*Aphorisms*)，在文艺复兴后有所演化[①]。而巴尔特所使用的片段形式近亲可以追溯到16世纪的蒙田（Michel de Montaigne, 1533—1592）首创的“尝试文”(*essai*)，其本原内涵为“尝试讨论一个问题”，反映了一种“寻根究底的心态”（inquistive mind）。蒙田以及稍晚的培根（Francis Bacon, 1561—1626）的“尝试文”逐渐发展为一种更为微小的文学类型：fragment（片段或断章）。这种传统一直承续到19世纪初的德国浪漫主义诗人以及20世纪的法兰克福学派的学者本雅明（Walter Benjamin, 1892—1940）的书写中，巴尔特在自己的书写实践中将这种形式发展到了极致[②]。

巴尔特将这种片段文类发展为符征的游戏：“以片段的方式写作——片段散落在圆圈周围，我躺成圆形：我的小小的宇宙碎裂了；在中心的，是什么呢？”[③] 片段本身成碎片状，与其他片段没有联系，片段中凝聚了一个特殊的话语时位，这一时刻书写者灵光一闪，一种欲望开启，因此“片段的萌芽以思想句子的方式从各处向你走来”，话语自动自为地陈述，似乎不是人在书写句子，而是句子自己在书写。因此，人们无法按照人为的逻辑线索或者人定的时间线索对片段进行排列组织。片段内部自我满足，片段以“中断”“裂缝”的方式挑动书写的欲望。同时，在巴尔特看来，在片段这一瞬间凝固的时位中，话语被打碎，因此自我关于自己的自夸、自恋的危险就减弱了，故而说，今日传统（自传体）“日记”已经失落了光辉，自传本身以片段的方式生产出来，并且自己反射沉思[④]。

与这种片段书写相对应的，是人们对于破坏意义之稳定性的兴趣。巴尔特的《罗兰·巴尔特自述》基本按照字母顺序排列，这种排列相当任意，因此显示出无动机性的逆向思维下的秩序。一个片段即一羽思想，这些原子的排列仅仅通过法语字母这个失去意义的对象来进行。每一个片段都包括一个命名，然而命名后于话语，因此，并不掌控片段的思想，并不给予片段一种符旨倾向。法语字母表顺序消除了任何起因，提示读者随意

---

① Han-liang, Chang. “Calendar and Aphorism: A Generic Study of Carl Linnaeus's *Foundamenta Botanica* and *Philosophia Botanica*.” *Sign and Discourse: Dimensions of Comparative Poetics*. Shanghai: Fudan UP, 2013. 415 - 18.

② 韩蕾、张汉良 181。

③ Barthes, *Roland Barthes par Roland Barthes* 96.

④ Barthes, *Roland Barthes par Roland Barthes* 96 - 99.

地或打断或停止或开始新的阅读；阅读和书写都被还原为字母，但是它们对起源的解构操作依然在运作①。既然时间性与逻辑性都被打散，那么，读者就可以自由组合每一个碎片，这同样具有游戏性，却并非是为了完成一幅关于巴尔特这个主体的拼图。

按照巴尔特早年的著作《写作的零度》所述，自传应该是在语言与风格之间但偏向风格轴的、对作者作为生物人的过去的回忆，同时也有整体文学的投射的影子②。换言之，自传是文化与文学的共时轴映射于生物人历时轴的书写。但是，到了1975年，巴尔特在《罗兰·巴尔特自述》中再论自传，他已将生物人对自传的影响降到了最低。他说，“我”不再召唤过去重建自身，“我”不要描述“我”自己，而是要“写作一个文本，我要称它为R. B. ……”③因为“我”的现在没有权利言说“我”的过去。巴尔特质疑道：现在难道一定就比过去更为进步吗？因此，《罗兰·巴尔特自述》永远不能成为第二个《忏悔录》。在巴尔特看来，今天的文学是非再现的文学，今日的“自传”也并不模仿生物人的发展历史，而是以符号的形式指涉以言语活动所言说的主体的经验。“自我”不是可被一维阐释的文本，而是一个可以永久阐释下去的文本，因此，关于自传的终极“真实”的问题已经走出了巴尔特自传书写的焦点；“自传”即虚构，自传的片段就来自一位或几位小说人物之口，是“想象物”以及“想象物”所受到的批评。简而言之，“自传”就是关于“自传”的写作。

总结而言，在巴尔特这部反自传的自传中，我们挖掘出自传的四个属性。（1）非关过去：巴尔特将个人生物学的过去“去价值”（devalue），将当下投射于过去的所有寓所，这是为了获得一种特殊的效果，“自我”失去了生物学和历史事实层面的参照，仅仅成为个人意识和言语活动的产物。（2）非关起因：片段书写消除了时间性与逻辑性，因此，无论是历时的顺序还是事件的意义顺序都失落了其优先性。（3）非关意义：这本书讲述无数的琐事却禁止从中获得一丁点意义④。（4）非关“自我”：

---

① Barthes, *Roland Barthes par Roland Barthes* 150 - 151.

② Barthes, Roland. *Writing Degree Zero*. Trans. Annette Lavers and Colin Smith. New York: Hill and Wang, 1977. 10 - 11.

③ Barthes, *Roland Barthes par Roland Barthes* 60.

④ Barthes, *Roland Barthes par Roland Barthes* 154.

“je”作为一个人称代词而非专有名词，可被“you”“he”替代，自传与生物自我无关，遗忘自我，自我被碎片化。综上，我们可以认为，《罗兰·巴尔特自述》旨在解构“自传”本身，巴尔特所试图建构的是一种话语的形式（discursive form），当自传从对过去的“思乡病”而引起的记忆（memory）或者再现倾向的传记（biography）那里解放出来的时候，个体的生物自传历史独立性被今日自传解构，自传就成了一种“废除的运动，而非事实”（a movement of abolition, not of truth），个体记忆在自传书写中的优先权被消解，想象取而代之。

当自传不再是叙事性的，而是吉光片羽式的，不是个人记忆的贮存之所，与生物性过去以及恋物的过去（思乡病）没有直接指涉，并且加入一个并不指向任何虚构人物的第三人称时，自传就成为无专有名词的小说。那个“自我”成为碎片，散落四处，没有中心聚焦；“自我”的命运被偏移、暂停，被分解。自传作为自主交流文本（a text of autocommunication），其记忆功能（mnemonic function）和交际功能（communicative function）被削减，而创造（creative function）和后设批评功能（meta-critical function）得以被强调[①]，使得今日自传成为一个开放的并且更具有创造力的文本。这种吉光片羽式的自传书写，不仅组成了符表的星系，失去中心，也代表着符码的不断侵袭，不断地延展自我对自我的结论，延展书写和阅读的愉悦。这种延展不仅是针对作者的，而且也是针对读者的。这种反自传式的自传相当于是读者自我反射式阅读的催化剂。自传不仅仅成为作者的自主交流，也转换为读者的自主交流。读者对他人的自传的阅读并非是为了解码而是为了建码，作者和读者都在这种自我表述（self-addressing）中获得重塑。个体融入整体文化的星河之内，以消解自身的独立性换取链接整体文化符号系统的门卡。可以说，《罗兰·巴尔特自述》取消自传书写对生物个人的历时考察，旨在以共时文本的此在，反射阅读与书写的增殖空间，最终实现重塑自我和他者。

四、照片/镜子/灵魂：他者的发明

在前文中，我们将巴尔特的反自传的自传书写称为“想象物”，是巴尔特想象自己的言语活动的产物。然而，巴尔特如何想象自己？他借助何

---

① Lotman, *Universe of the Mind: A Semiotic Theory of Culture* 11 - 19.

人、何物来想象自己?

在1975年出版的《罗兰·巴尔特自述》中，正文前有一些照片，其中一页上印有巴尔特青年与中年时的两幅照片（左1942年，右1970年，如图10所示)，旁边配着一则假设的对话：

图10　《罗兰·巴尔特自述》中罗兰·巴尔特青年与中年时的照片

> ——我从来不像这样!
>
> ——你怎么会知道?你像或不像的这个“你”是什么?你在何处找到——以何种形态学或表现的度量衡?你的真实躯体在何处?你是唯一一个只能以影像看自己的人，你永远看不到自己的眼睛，除非顺着驻留在镜子或镜头上的（只有它们注视你的时候我才有兴趣看自己的眼睛）眼光：对你的身体如此且特别如此，你被判处为想象①。

而在下页图11所示照片中，幼年的巴尔特在母亲怀中，母子共同望向镜头。巴尔特在旁边配上了这样的解说：“镜像阶段：‘那就是你’。”（Le stade du miroir：« Tu es cela. »)② 在镜像阶段，孩童借助母亲的形象以及镜中的自我形象来建构“自我”的概念，可以说，从精神分析的角度来评析，巴尔特首先借助母亲想象自己，他的《罗兰·巴尔特自述》与他的《爱的言谈——片段集》或许都有着与母亲的言谈互相映照的可能。更有意味的是，巴尔特主要借助母亲以缺席的方式存在这一事实来想象自己，这正是《明室》（*La chambre claire*）的内容。

---

① Barthes, *Roland Barthes par Roland Barthes* 40. 译文引自黄玛俐选译《巴特论巴特》，《电影欣赏》，1988年第35期，第42页。

② Barthes, *Roland Barthes par Roland Barthes* 25.

图 11　幼年巴尔特与母亲

巴尔特的弟子埃里克·马蒂认为："其实，母亲，就是巴尔特。按'是'这个词汇最根本的词义而言就是如此。"① 他察觉到，巴尔特母亲的言谈风格中贯穿着一种"巴尔特"精神，这也是巴尔特"从中汲取并付诸写作的真正的母性语言"②。在《爱的言谈——片段集》中，"巴尔特"喋喋不休地对着缺席的爱人言说，他的缺席的受话者是谁呢？极有可能是母亲，或者以母亲的形象出现的维特的爱欲对象夏洛特，可以说《爱的言谈——片段集》也有近乎自传的性质。

巴尔特与其母亲之间的爱，不可简单归结于俄狄浦斯情结。母亲不仅是巴尔特想象自我、建构自我的原初冲动，也是巴尔特认识自我、最终撤销自我的缘由。发表于 1980 年的《明室》，其表象是巴尔特在母亲去世之后所作的关于摄影的一系列论述，其内在驱动却是巴尔特对母亲的哀悼之情。巴尔特在《明室》中特别解读了其母孩童时在冬园所拍摄的一张照片："我在时光之流中溯流而上，发现了这张照片。希腊人是逆向而行步入死亡的，在他们前面的是他们的过去。我亦是如此追溯一个生命的足迹，不是我的生命，而是我心爱者的生命。"③

《明室》所采用的小说与散文结合的书写方式，我们已经在《罗兰·巴尔特自述》与《爱的言谈——片段集》中有所领略，同时，在上述三个文本中，我们都能观察到"情感"对言语活动的突入。我们看到，《罗兰·巴尔特自述》以图像与言语结合的方式，传达了借助"对母亲的爱"得以达成的自我想象；《明室》以为母服丧为心理动机，思辨"观看照片的我"与言说的"我"；而《爱的言谈——片段集》则以爱时忧郁憔悴

① ［法］埃里克·马尔蒂：《罗兰·巴特：写作的职业》，胡洪庆译，上海人民出版社，2011 年，第 37 页。

② 埃里克·马尔蒂：《罗兰·巴特：写作的职业》，第 33 页。

③ ［法］罗兰·巴特：《明室：摄影札记》，许绮玲译，台北：台湾摄影工作室，1997 年，第 88 页。

（languor）地“抱怨”为对话形式，印证了本维尼斯特在《论言语活动在弗洛伊德之发现中的功能》一文中为我们揭示的精神分析与言语活动的关系：病人的言说建构了他想象的自我，借助对话，治疗师与病人之间实现移情。

我们认为，“情感”突入言语活动，尤其是突入与自传相关的言语活动，其实暗合了结构主义发展至后来回视主体的趋势与对主体在言语活动中的地位的研究。巴尔特在《明室》和《好吧，我们来谈谈中国吧?》中指出，他的眼光是现象学的，在某种程度上，这也暗示了现象学与话语语言学、话语符号学在主体建构问题上互通的可能性①。

《罗兰·巴尔特自述》《爱的言谈——片段集》与《明室》三个文本，我们可以统一视为自主交流，这是因为：一方面，对情感进入语言这一现象的精神分析学解释，揭示了在母亲这个他者那里形成了“自我”；另一方面，后结构主义文学批评、话语语言学和符号学都揭示出，即便在“我－他”交流中或“我－你”交流中，一个泛义的“我”在书写者和读者那里都在从事自主建构。巴尔特把自己作为他者、被陈述物来对待，某种程度上反而加速了自我在他者处的成型。时间也在此处与陈述问题一起显现出来：自我对于现在的确认仅仅来自建构行为。

我们面对照片时，通过处理现在与历史的时间距离，来触及对自我或者他者的回忆或认知。巴尔特在其母亲去世后检视母亲的照片，意识到作为生灵的自己，与历史相对，“历史是歇斯底里的，只有当人们注视它时才存在——要想注视它，必得置身其外”②。从这一点延展开去，本维尼斯特的话语陈述与历史陈述提供了分析自我/他者意识的新的可能。巴尔特特别注意到陈述的现时位这个核心，他视现在为整个时间系统的原初时刻，从此可以透视过去与未来。既然历史陈述中无法隔离话语陈述的影响，那么，也可以说，对于历史时间的透视分析总是要通过现在来进行，反过来，只有存在历史时间的时候，现在时位的话语才能对历史进行分析。在这个意义上，我们或可模糊地意识到德里达关注死亡问题的原因：在德里达看来，死亡是对“现存”的形而上学确定论的反动，因此死亡

---

① 关于现象学与话语语言学、话语符号学在主体问题上的互通，可参见：［法］让·克罗德·高概：《话语符号学》，北京：北京大学出版社，1997 年。

② 巴特：《明室：摄影札记》，第 82－83 页。

是一个刺点（punctum）[①]，由此可以生发出观照他者同时反观自我的哲学诉求。我们认为，这也是他的文集《灵魂：他者的发明》（*Psyché: Inventions de l'autre*，1987）中收录他对已逝的朋伴思想家所写的悼文的一部分初衷。

德里达给巴尔特写的追悼论文《罗兰·巴尔特之死》（"Les morts de Roland Barthes"）于1981年首次发表在《诗学》（*Poétique*）杂志第47期，后重刊于德里达文集《灵魂：他者的发明》第一卷[②]。我们特别注意到，德里达对巴尔特的"死亡"使用了复数形式的"morts"来表示。如何理解德里达所谓的"复数的死亡"？一个简单明确但也有些冒险的说法是：巴尔特单数的死亡引发了德里达对自我的复数的投射。在这篇文章中，德里达选择了巴尔特最常用的片段书写（fragments/aphorism）的方式，来描述巴尔特的"复数的死亡"。德里达认为，他任由这些关于巴尔特的思考保持支离破碎的形式，是因为他觉得与这些形式相比，其所表征的思考的未完成性、可插入性、开放的中断性更为珍贵。然而，这样的思考并非为巴尔特的作品而作，而是为巴尔特此人所作，这意味着，这些思考不再能够触及他。这就涉及了德里达在书写死亡的实践中要处理的一个核心命题：哀悼可能包括两类，其一是在"我"这里发现了对"他者"的爱，即"投入"（introjection），"他者"被投入主体的人格之中，正如巴尔特在哀悼其母亲时所做的那样；其二是"合并"（incorporation），此类情况下，"他者"依然保持着与我之间的离散，抗拒着在哀悼过程将他者内化为自我[③]。德里达对巴尔特的哀悼显然也属于前者。德里达特别提到了巴尔特在《明室》中发挥的"刺点"概念，"它把自身投射给我"，他者将自己的独特性陈述于"我"，刺穿"我"，"他者甚至是我"，"我一直所是的我，我过去不得不是的我，在我的照片的先将来时和先过去时

---

① 巴尔特在《明室》中这样界定"刺点"："起初，当我探询我对某些相片的情感时（本书起头，距今已很遥远），我以为能够区分一个文化兴趣领域（知面）及偶尔穿越其中之意外交错，即刺点。我现在晓得还有另一种刺点（另一种'伤痕'），不是一个'细节'；这些新的刺点，没有形，只有强度，它就是时间，是所思（'此曾在'）教人柔肠寸断的激烈表现，纯粹代表。"（巴特：《明室：摄影札记》，第112页。）

② Derrida，Jacques. "Les morts de Roland Barthes." *Poétique* 47（1981）：262－293.

③ Wortham，Simon Morgan. *The Derrida Dictionary*. London：Continuum International Publishing Group，2010. 228－29.

中已经死去的我"[①]。刺点的单数性，引发了德里达关于自我的复数的映像。

德里达悼文中的每一则断章都向死者诉说，但是，由于死者永远无法回答，因此言说的回声只能在书写者这里回荡。德里达的悼文因此成为自我投射。巴尔特作为他者把其独特性借助于德里达书写死亡、哀悼友人的方式投射给德里达，巴尔特可以成为"我"，一直所是/在的我，过去不得不是的我，在照片里死去的我。因此，死亡，就如同灵魂，也即是镜子，"一片自我就如同一羽死亡"，这正暗合了德里达文集的命名：《灵魂：他者的发明》。"Psyché"是灵魂女神的名字，也是可以前后翻转的镜子，这意味着该文集是对沉思（reflection）的沉思，也是对被沉思者的回忆与沉思，同时，还是对镜中的沉思者自己的沉思。

德里达的论文以他者的身份尝试透视那个"我死了"的不可能性，因此将话语的契约的"话语现在"置换为历史，置换为镜中之象，将他自己与巴尔特二人，对书写中的回忆、回忆中的他者［l'autre（我中的他）/un autre（纯粹他者）］以及对于死亡的陈述等问题的互相回应，呈现于读者。这不仅是对话语功能的反思，也是在语言学和哲学层面，去反思一个书写的主体如何在读者身份中发现自身在他者之处的显现。或者说，自我（Self）与他者（Other）本互相辩证。在这里，我们似乎隐约触及了两个古老的命题："爱"与"死亡"。无论是友人之爱，母子之爱，还是友人之死，母亲之死，语言学与哲学都围绕这两个古老的命题展开了现代学术思辨，并且在思辨中尝试了融通。

总结来说，从话语符号学的理论视角出发，这一节主要通过对四个文本《罗兰·巴尔特自述》《爱的言谈——片段集》《明室》与《巴尔特之死》的解读，尝试分析了巴尔特自传书写的特征与理论效应，就此反思当代自传文类的新面向。巴尔特的自传书写尝试回应当代文论中以书写为核心的自传实践和理论，他以本维尼斯特的话语语言学为其符号学视域的模型，讨论了自传体系中人称代词"我"所建构的主体世界和引发的符号活动，认为自传无法也不应该再现人生，自传是想象自我的符号活动。巴尔特的《罗兰·巴尔特自述》就是这样一个反传统自传的后设自传书写，这种书写形式旨在成为一个书写者与读者共同重塑其身的开放的符号

① Derrida, "Les morts de Roland Barthes" 267.

域。《爱的言谈——片段集》与《明室》，德里达的《巴尔特之死》，通过情感对言语活动的突入，分别从正反两面指出书写中的主体如何在他者/读者那里建构自我，也具有类自传的特征，它们共同指出了当代自传文类对书写这一概念的发挥以及对自我的建构。

第二节 巴尔特爱之言谈中的互文性与主体间性问题

"爱之言谈"（treatise on love/la traité d'amour）是西方诗学史上极为重要的命题。对爱的思辨作为一种文类，从古希腊柏拉图《会饮篇》（*Symposium*）的"精神导引"［*ψυχαγωγία*（psychagogy）］开始兴起，历经文艺复兴时代但丁（Dante，1265—1321）、彼特拉克（Francesco Petrarca，1304—1374）等人的文学发挥，在德国浪漫主义时期被歌德（Johann Wolfgang von Goethe，1749—1832）的《少年维特之烦恼》（*Die Leiden des jungen Werther*）① 所表征的"罗曼蒂克之爱"推至高峰，又在晚近的弗洛伊德（Sigmund Freud，1856—1939）心理学探究和后索绪尔时代的罗兰·巴尔特的符号学书写中重焕光彩。"爱"无数次被西方文学和哲学"揉捏"，成为贯穿西方文学史乃至思想史的重要话语实践。

巴尔特以其后结构主义符号学者的敏感，察觉到了"爱的言谈"同时作为对象语言和后设语言的可能性，因此提出了用实践爱的话语的形式来思辨"爱"这一主题的书写策略，其成果就是《爱的言谈——片段集》。这部作品的前身是巴尔特 1974—1976 年间在法国高等研究院开设的一门课程，在课堂上，巴尔特着力研究一种特殊类型的话语："爱之话语"（le discours amoureux）；参加该课程的人是一些散文家以及研究话语问题和话语性（discursivité）的人，而最终编纂成书的《爱的言谈——片段集》自 1977 年发表之后立即成为法语畅销作品，因其讨论的是"爱"这个过于普适以至于流于滥俗的对象，受到了《她》（*Elle*）、《花花公

① 巴尔特所使用的《少年维特之烦恼》的法语译本是：Göthe. *Les souffrances du jeune Werther*. Trans. H. Buriot Darsiles. Paris：Montagine，1931. Collection bilingue des classiques étrangers. 巴尔特对《少年维特之烦恼》这个作品的历史性没有做过多考虑，而是偶尔向这个文本中添加其他关于"爱"的文本，比如 *Buch der Lieder*，*Lyrisches Intermezzo*，以及 *Le voyage d'hiver*，*Die Winterreise* 等。cf. Barthes，Roland. *Le discours amoureux: séminaire à l'École pratique des hautes études 1974－1976* suivi de *Fragments d'un discours amoureux: inédits*. Paris：Éditions du Seuil，2007. 55.

子》（*Playboy*）等杂志及其所代表的大众意见（doxa）的追捧。然而，正是在大众意见那里可见的滥俗与巴尔特自立的严肃目的之间巨大的张力，使得《爱的言谈——片段集》这部作品呈现出特殊的深度与厚度。本节的目的正是要解读巴尔特在《爱的言谈——片段集》中对西方“爱之言谈”书写传统的创新性回应所涉及的诸核心问题。

一、《爱的言谈——片段集》的文本特征与符号学阐释基础

在后结构主义语境下，谈论“爱”的理论立场和方法是什么呢？爱之言谈如何“谈”爱？爱之言谈的主体是谁？这些都是巴尔特思辨“爱之言谈”所遭遇的问题，它们也是巴尔特设计其“爱之言谈”诸片段与《爱的言谈——片段集》整体之呈现方式的基础。为何爱的言谈具有片段形式呢？巴尔特从词源学的角度对法语的“discours”（言谈/话语）一词进行分析，他指出，“discours”一词的拉丁语词源“discurro”意为向各个方向跑动，其前缀“dis”有“隔开”“向上偏离”之意，拉丁语动词“discursus”的本意也是来回跑动，它的现代意义则表示某种离轨、偏离。[①] 法语的习惯用语“tenir le discours”则流露出这样一种主张：话语受制于某种中心力的作用，却在运作中表现为时时可能脱轨，而话语的脱轨可能导致各种意义的颠覆。由此可见，话语的本质属性正是由片段表征出来的，是随时随地的脱轨、意义颠覆，也是随时随地的展开。在恋人的大脑中，话语更是流转不定，顺着偶然、微小的语言情境，在语言的爆发处展开[②]，故而可以说，恋人的话语体现了话语的本质属性。

如果用“可读的”与“可写的”这一对术语来剖析《爱的言谈——片段集》的文本属性，片段当属于“可写的”文本之代表。巴尔特在《爱的言谈——片段集》的书写中充分地发挥了书写者（发话人）的权利，用手指和言语触摸、揉搓、编码“爱”之主题，将文本的编织性本质表现得淋

---

① Barthes, Roland. *How to Live Together: Novelistic Simulations of Some Everyday Space*. Trans. Kate Briggs. New York: Columbia UP, 2013. 144 - 45.

② Barthes, Roland. *Fragments d'un discours amoureux*. Paris: Éditions du Seuil, 1977. 7.

漓尽致[①]。在“本书如何构成”一节中，巴尔特特别指出：《爱的言谈——片段集》素材广泛，不仅包括柏拉图的《会饮篇》、歌德的《少年维特之烦恼》等，也包括禅宗思想、拉康（Jacques Lacan，1901—1981）的精神分析、尼采（Friedrich Wilhelm Nietzsche，1844—1900）的思想等。这种广博性充分说明，《爱的言谈——片段集》远非一个纯文本（pure text）形式的罗曼蒂克故事，而是一个在强大的互文空间中运作着的话语结构。

如果读者通观全书每一个片段的形式构造，将会发现，《爱的言谈——片段集》有堪称完美的形式设计，它内造了互文阅读的需求：每一个片段都包括一个正标题、一个点题（或称“题注”）、一段正文，偶见脚注，有时直接引用前人所言；片段内每一个部分都与其他部分相互关涉，构成互文阅读，每一个片段也都与其他片段互文；与此同时，在这部以“爱之言谈”命名的作品中，“爱之言谈”这个命题（Topique）还涉及与其他诸多命题的互文关联。因此，阅读《爱的言谈——片段集》的读者必须跳出纯文本阅读的经验，不仅要关注《爱的言谈——片段集》文本内的互文空间，也应该关注《爱的言谈——片段集》正文文本外的互文空间。

克里斯蒂娃生造了“互文性”（intertextualité）这个概念，用以表述词语乃至话语、文本的彼此反射、互织关系，她的导师巴尔特反受弟子的影响，提出了“似曾相阅”（déjà lu/already read）概念，以演绎话语本身的无穷指涉过程；此二者都分享索绪尔语言学的思想渊源，即言语向语言系统的符号化过程（semiosis）所指示的符号无法溯源的本质[②]。“互文性”概念表明：在历时（diachrony）与共时（synchrony）两轴之汇合处的文本，作为一处广袤的话语空间，将文本事件的指涉活动体现为匿名的话语事件和无法溯源的符号指涉共同作用的结果。因此，当下文本总是呈

---

① 20 世纪六七十年代的“如是派”，以德里达为代表，认为文本（text）不仅仅是视觉的，也是触觉的，是编织的概念［“συμπλοκή”（symploce）=interweaving，blending］，文的密度极大，犹如一层层的网交织。阅读文本不仅仅是用眼睛读过，也是用手指去触摸，文本的物质性是触摸出来的。阅读的乐趣就在这里，抽丝剥茧。其实巴尔特给《旧修辞学》的副标题“aide-mémoire”可作此理解，因为从起源而论，书写本来就是记忆的援助，独立于语言之外。布尔乔亚的小说，所谓“可读的”文本，一目十行，眼睛看过即可，而“可写的”文本必须用手去拨弄、梳理纹路。我们可以说，巴尔特的《爱的言谈——片段集》作为对前人爱之言谈作品的阅读与再书写，无异于在用手指解析密密麻麻编织网络的过程中，又把新的一层纤维编织进去了。治丝益棼，道出了阅读与书写互文性的真相，也道出了阅读与书写的话语性与身体性。

② 韩蕾、张汉良 178－79。

现为“共时性文本”（synchronized text），当下文本背后匿名的互文空间中所有的源文本（source text）都指出，当下文本在每个瞬时里已经阅读并参与了历史。文本借助作者的抄写行为和读者的阅读行为，将话语主体的嬗变属性镌刻于话语空间中，可以说，互文性概念彰显了也颠覆了共时与历时的对立。不仅如此，由于文本关系的基石是话语关系，归根结底是陈述关系，是个体的语言行为及其结果，因此互文文本将个体在特定历史文化时空中的语言行为（其结果即共时性文本）与历史文本联系起来，从而使得个体当下的陈述总是体现为历时与共时对文本的多声部（polyphony/multivocality）刻写。通过以上论述，我们应该可以将话语符号学视域下的互文阅读视为分析巴尔特“爱之言谈”问题的较为恰切的方向。①

① 笔者在2012年《社会科学研究》期刊第6期发表了《“罗兰·巴尔特与中国”：关于影响研究的对话》一文。在该文中，笔者已经细致讨论过巴尔特与克里斯蒂娃的“互文性”概念，在此，笔者援引自己的旧文以作本节的方法论之补充说明。在这篇论文中，笔者已经触及了互文性概念与话语符号学的互契。在索绪尔看来，所有的语言活动都建立在两种“关联性”的基础上，一种为句段关系，另外一种为联想关系，后者被雅克布森替换以聚合关系（paradigm），这也是现在普遍使用的术语；巴尔特自己将这两种模式替换以语法段落（syntagme）与语义系统（système），用以进行他的文本分析；语法段落处理叙事结构分析，即建立普遍的结构与模式，语义系统分析研究含蓄意指，《S/Z》就是这种分析的名作，其中也集中了巴尔特有关“互文性”的讨论。无独有偶，巴尔特的学生克里斯蒂娃的“互文性”概念，也体现了对索绪尔语言两轴关系的发展。她在巴赫金有关字词［word（discourse，slovo）］概念的基础上，生造了“intertextualité”（“互文性”，或“文本间性”）这个词，在社会使用层面上，将之定位为行动中的话语性［比如 discourse，speech（parole）］这样一个概念。在其著名论文《巴赫金、词语、对话和小说》（“Bakthine, le mot, le dialogue et le roman”）中，在介绍和分析巴赫金的对话理论时，她使用了纵横两轴来分析词语之间的反射与互织，以此延伸到文本与话语。横轴上的文本中的话语，属于写作主体与受话者，纵轴上的文本中的词语具有共时和历时上与其他材料相关联的可能。在横轴和纵轴的交汇处，“词语（文本）是众多词语（文本）的交汇，人们至少可以从中读出另一个词语（文本）来”（Kristeva, Julia. *Desire in Language: A Semiotic Approach to Literature and Art*. Ed. Leon S. Roudiez. Trans. Thomas Gora, Alice Jardine, and Leon S. Roudiez. New York: Columbia UP, 1980. 66.）。同时，克里斯蒂娃的这种“修改”也反映了文本关系（前文本与当下文本）层面的历时性与作者和读者之间对话的共时性。在索绪尔语言学中，语言系统的任何元素都必须先是言语，但是又是语言系统使得言语得以体系化以便认知，故而，在由言语指向语言系统的符号化过程中，任何一个单独的符号化都必须根源于一个更为先在的符号指涉。因而，我们得出这样的结论：符号的本质便是它总是存在的，也总是无法溯源的。巴尔特将这一无法溯源的无穷指涉过程命名为“似曾相阅”，或者，我们可以说，从本质上来讲，话语总是在话语之中，在互相作用，是动态的、规避性的。巴尔特所论述的文本关系，也即他所称的“似曾相阅”理论；这种理论遵照一种匿名援引的逻辑。巴尔特认为存在一种“似曾相识”（déjà vu）的文本空间，这一空间由各种不可辨识、不可描述、不可追溯、不可定义、无穷无尽的星系一般的符征构成；读者居于其中，被认为是一种普遍的互文性代表。克里斯蒂娃的互文性概念的焦点被投向可理解性，前文本在克氏这里被视作使得意义指涉的各种效果能够出现的符号，故而单是追溯某一作品与前文本的联系已经不足以体现互文性的特点，反而是在某一文化的话语空间中标示此作品的参与要独领风骚；历时与共时两轴的汇合，带来了互文性概念能够提示一个文本阅读历史、嵌入历史的方式。巴尔特及其弟子克里斯蒂娃对于索绪尔的语言符号学遗产的卓越领悟，再度将久已有之的有关文学意义、作者与读者的关系等的讨论，引入了文学批评实践的新高潮，并且赋予了这场讨论开创性的意味。参见：韩蕾、张汉良 178－79。

二、爱之言谈的话语主体与共时文本问题

在“本书如何构成”这一节中，巴尔特提醒《爱的言谈——片段集》的读者应该特别重视主体问题，显然，这个主体不是大众所热衷的罗曼蒂克之爱（l'amour romantique）以及激情之爱（l'amour-passion）的恋爱主体（sujet amoureux），而是一个话语主体，因为《爱的言谈——片段集》一书的主旨就是在对爱之话语的演绎中建构一个话语主体。巴尔特指出，《爱的言谈——片段集》的主体不是一个简单的恋爱之症状者，而是一个“非现实的”（inactuel）、“不可追溯的”（intraitable）恋爱的声音（voix）①。声音具有物质性，声音中隐藏着躯体的存在，声音是语言的符征。因此可以说，《爱的言谈——片段集》的主体是一个在身体和话语中合并存在的主体。为了建构这个主体，巴尔特尝试以“戏剧”的方式（une méthode « dramatique »），在活生生的话语情境中，即在陈述而非分析中，模拟演绎爱之话语。这就涉及了语言学家埃米尔·本维尼斯特讨论的交谈问题的核心：言谈双方首先是人称。如此一来，一个肉体被赋予了话语原本最基础的第一人称“我”，并且暗示着一个虚拟的、缺席的第二人称“你”的存在，由此还原出一处言谈的场域：“在这里，某个情人自言自语，而他/她面对的爱人沉默不语。”②

谈到主体问题，“Fragments d'un discours amoureux”这一题名的设计显然也有其用心之处：这本书不是关于“爱的*那种*言谈”（*le* discours amoureux），而是“*一个*恋爱主体的爱的话语”（le discours d'*un* sujet amoureux）③。这个恋爱主体是谁呢？巴尔特如此言道：“我不必强要说这个恋爱主体就是我，但是我可以明确地说，他的确部分来自我，来自维特，来自我的课程上的学生们，来自一些隐秘的角落，一些精神分析的领域，来自尼采……也来自一些私密的知心话，我的一些朋友（amis）的对

---

① 巴尔特的“声音”概念与热内特（Gérard Genette，1930—）的“voix”概念不同，前者通过人称来演绎身体与话语的关联，即叙事者是否也是故事人物的问题，后者虽然也关注语法上的人称问题，实则是关注“谁在叙述”以及“在哪里叙述”，即是文本内叙事还是文本外叙事的问题。话语主体的声音其实也是一个修辞实践。

② Barthes, *Fragments d'un discours amoureux* 7.

③ Barthes, Roland. “Entretien (avec Jacques Henric).” *Œuvres complètes*. Tome 5. Paris: Éditions du Seuil, 2002, 401.

话。"[①] 这里的朋友（amis），从词法上来说，可以是复数的阳性朋友和复数的一般朋友。从巴尔特的私密经验出发，我们不妨大胆地揣测，至少在一定程度上，这些朋友是私密的男朋友们，这一点也的确在正文中有所表现。但是，最终在《爱的言谈——片段集》中发声的这个恋爱主体呈现为一个多声部的声音，它将自己称为陈述活动中的"我"（je），这个"我"，"是我也不是我，不再是我"[②]。在爱之话语的陈述行为中，恋爱主体的话语既是个体的言语行为，同时也是许多个体以一个集合的声音所创作、模拟的话语，一个蒙太奇的话语（拼接而成的话语）。

我们要分析《爱的言谈——片段集》中复杂的主体问题，就需要解密这个恋爱的声音所编织的互文空间。下文仅举《爱的言谈——片段集》正文的第一个片段为例进行分析。《爱的言谈——片段集》的篇首片段命名为"我被吞噬了，我屈服了……"（"Je m'abîme, je succombe..."），以一段相当私人化的情绪流露开篇，人称代词"je"（我）以及其宾格形式"me"多次出现，似乎暗示着这是"我"的私密经验、"我"的个人私语（idiolecte）；这样的私密片段多次出现，尤其是其中多处涉及同性之爱的言谈，指出了《爱的言谈——片段集》的类自传性质，而其片段性的表述方式也使得读者不禁回忆起 1975 年出版的《罗兰·巴尔特自述》。事实上，巴尔特在他的第一部作品《写作的零度》中就指出了文本风格与写作的生物性指涉之间的关系[③]。

人称代词"je"的使用，以个体对"我"的占有把这种私密性经验的显现标示出来，而发话人位置的随时可逆又破坏了个人对"我"的占有，预设着听者（读者、他者）的存在。既然爱之话语的主体是言说者（书写者）也是读者，爱之言谈是任何一个爱的言说者在其言说时大脑中某一瞬时里显现的话语，作为出版物的《爱的言谈——片段集》就是（复数的）言说者（或书写者）联合而成的结果。换句话说，"je"的主体性早已超越了作者的个体性，在作者的直觉经验中投射出来的是集体的想象在语言行为中的表现，这正体现为索绪尔所谓"言语"与"语言系统"的关系。

---

① Barthes, "Entretien (avec Jacques Henric)" 401.

② Barthes, "Entretien (avec Jacques Henric)" 401.

③ Barthes, *Writing Degree Zero* 13 - 14.

在这一开篇的片段中，括号的多次出现也值得读者多加注意。括号里是“je”的自我分裂，括号里的声音不断地修正原发话人的话语质量，不断地反思原来的声音，自我解剖，通过分裂主体的发言来实现“je”内部发生的从“je”到“tu”（你）的转换，从而把话语内在的主体间性的（intersubjective）本质透露给了读者。除此之外，《爱的言谈——片段集》的旁征博引亦有其独特的作用，比如这一开篇片段的标题就直接取自维特的自白：“在那样一些想法中，我被吞噬了，我屈服在了这些美妙的幻觉中……我将会看见她……一切，是的，一切，都被深渊吞噬，消逝在这种景象里。”[①] 引号引述的声音是维特的声音，也是巴尔特认为最适合谈“爱之言谈”的声音。维特的声音自然首先来自历时的文学史积淀，但“Je m'abîme...”出现在巴尔特的文中时却比《少年维特之烦恼》多了一层解构的意味。在歌德的时代还没有符号解构的观念，在后索绪尔时代德里达之后，反身动词“s'abîmer”暗指“mis-en-abîme”，即符征的无穷推演，失落了符旨，只有无穷的符征自我演绎。这种后结构主义和解构主义的符号理论与文本理论，也正是互文性这种文本的机械功能的表现。维特自白道，他屈服于幻觉（illusion，visions）惊人的力量，他看见了她（夏洛特），他看见万物被深渊吞没。事实上，幻觉本身也是无穷反射的，“je m'abîme”就是被幻觉吞噬、向幻觉屈服的一种社会集体性的印象，是人类族群可能共享的知觉经验。由此一来，这一片段中的“我”早就“是我也不是我，不再是我”了，“我”既是文学史的历时性也是人类集体印象的共时性之表征符号。巴尔特的学生马蒂对此曾有过恰切的表述：《爱的言谈——片段集》中的话语是由世界时空的结构所决定的，而在陈述中、在演示的对话中被建构起来的主体，超越了年代、身份、性别、姓氏、自传、生物父母以及居住地[②]。

我们在前言中已经提到，巴尔特参与了整个宏大的欧洲文学与文化史对“爱之言谈”这一文类的书写传统。在这个传统所形成的大文本中，他的书写成为其中一个片段。这个片段就如同《爱的言谈——片段集》的开篇一样，借助第一人称“我”，囊括了分裂的主体、文学史、人类的文化集体，所有的声音都在“我”这个人称之下活动，“我”（情人）是

---

① Barthes, *Fragments d'un discours amoureux* 15.

② Marty, *Roland Barthes: le métier d'écrire* 249.

一个叙述者（narrateur），对着沉默的爱人［narraté(e)］言说，“我”陈述“我”的经验，但是这一陈述被之前的所有文本中介，个体的经验与文学史（历史）上相关的所有经验应和，也与共时的文化族群的声音应和，它们共同协作，创造出一个共时性文本。借助爱之言谈，文本自身被固定于共时性中。巴尔特借助这种共时性的爱之言谈的书写取消了历时与共时的对立，这是他对自己追随一生的索绪尔语言学历时与共时的对立的回应，也是颠覆。我们早在《旧修辞学》一文中见识过巴尔特的这种挑战，并且见识过他将历史时间、话语时间和空间结合，建构了一个共时空的维度。爱之言谈即为共时性文本的典型和多声部主体的承载。

三、爱之言谈的双重主体：身体与语言的交谈与互化

巴尔特在“本书如何形成”一节中也着重标出了一个我们通常会在修辞学中遇见的术语“figure”①，巴尔特用它来表示恋爱主体的话语的某种特质。在修辞学中，“figure”表示辞格，也即语言在组合段层面上的替换关系。巴尔特提示读者，他所谓的“figure”并非指涉修辞学辞格，而是指涉这个词在希腊语词源学上的意义“σχημα”——体操或者舞蹈层

---

① 法国文论家、叙事学学者热内特著有五卷以 *Figures* 命名的叙述学论集，其中前三卷出版于1967—1970年，后两卷分别出版于1999年与2002年。第三卷的部分内容经英译之后于1980年发表，题为《叙述话语分析方法》（*Narrative Discourse: An Essay in Method*），前三卷中的十一篇文章经编选英译于1982年由哥伦比亚大学出版社出版，题为《文学话语的体格》（*Figures of Literary Discourse*）。笔者注意到热内特在现代文学批评中大量使用了古典修辞学术语，比如转喻、辞格等。在《文学语言的体格》一书中，热内特受了让·科恩（Jean Cohen）《诗性语言的结构》（*Structure du langage poétique*）一书的影响，将“figure”定义为在文字与意义之间、在作者所写和作者所想之间的空间［或差别/间距（écarte）］。“figure”在这里基本还是修辞学的涵义，与修饰语言（figurative language）相对立的不是日常语言（ordinary language），而是字面上的语言（literal language）（cf. Genette, Gérard. *Figures of Literary Discourse*. Trans. Alan Sheridan. New York: Columbia UP, 1982. 47, 50, 285 - 86.）（cf. Mall, James. “Book Review: *Figures of Literary Discourse* by Gérard Genette, Alan Sheridan.” *The Journal of Aesthetics and Art Criticism* 41. 4 (1983): 454 - 55）。以索绪尔语言学的视角来看，“figure”是中介符征与符旨的意指过程；用皮尔斯三元符号关系来阐释，“figure”则是勾连符表（representamen）到符物（object）的符解（interpretant）。热内特的叙述话语分析是要研究叙事中的三种既区别又相互关联的现象：历史［叙述内容（histoire）］、陈述［叙述文本（récit）］以及叙事事件［文本中讲述故事的行为以及叙事的条件（narrative, narration）］。热内特认为任何叙述行为都是从一个简单的句子，甚至一个述语这里发展出来的，因此，他从动词语法中发展出来三个文本分析的概念：顺序［时间分析（ordre）］、模式［mode（频次和时延分析）］与声音（voix）（人称分析）。在热内特的叙事学理论中，有两个问题特别值得注意：叙事视角（focalisation）与叙事声音（cf. Genette, Gérard. *Figures III*. Paris: Éditions du Seuil, 1972.）。

面（总之是身体姿态层面）的意义："figures" 是指那些在一个瞬时里被把握到的身体姿态，是运动中的静态的身体形象，它们既在一种历时性的动态中，也在共时性的模态中，更恰切地说，它们在这两种状态的汇合之处。爱之情感作用于语言之语感（le sentiment linguistique），从而将爱之话语的"figure"确定下来。

巴尔特认为，"figure"可以如同一个符号一样被确定，也可以如同一个形象（une image）或者一个故事（un conte）一样被记忆捕获。可以说，"figure"类似于话语的互文性特质，是似曾相识的话语；所有恋人所使用的话语都是从恋爱话语库中汲取的习语，所有历史上被叙述过的恋爱话语都是某个恋爱主体的社会公共语（sociolecte），而他/她在具体的话语情境中所演绎的话语是他/她的个人私语，是一种爱之话语的"书写"，个人私语与社会公共语之间的对立呈现为标出的/未标出的（marked/unmarked）、显的/隐的（manifest/latent）之间的对立。这也正是前文已经论述过的爱之言谈的共时性文本特征。

巴尔特虽然道明他的"figure"并非辞格，但是我们依然看出修辞学对其爱之话语的刻写活动，比如，巴尔特谈到，如果存在一个爱之主题（une Topique amoureuse），那么，"figure"就是该主题发生的场域［lieu（topos）］。主题（Topique）与处所有词源学的联系，亚里士多德修辞学《命题篇》（*Topica*）就分析话语（修辞）实践发生的场所；同时，处所之于主题又是空间上的隐喻指向，"figure"就成为以语言言说出来的、关于爱的话语的、种种约定俗成的表述的储存之所。一言以蔽之，"figure"是关于爱的言谈的互文空间的一个切片。"figure"如果有个储存库（repertoire），那就是主题，"figure"因此不是普通修辞学中的辞格，而是更高层级的替换，"figure"是某一爱之话语的母句（la phrase mère）所引发的话语主体的话语爆发（bouffées de langage）；话语主体本身是嬗变的，由主体的经历与其所在的互文空间发生应和产生爱之私语，故而，"figure"的替换是话语主体的替换。在这个意义上，我们勉强可以将"figure"译为"话语切分物"。可以说，"爱之言谈"作为"figure"，是最适合谈话语空间、互文空间的对象。我们也可以说，"figure(s)"（σχημα）与"Topique"［topos（复数形式 topoi）］的关系，也即爱的身体与爱的话语在一个互文空间里被储存和交换的关系。

前文中已经提及，巴尔特在《爱的言谈——片段集》中试图呈现的主体不仅是一个话语主体，也是一个肉体的身体。在下文中，笔者将通过细读研究“我的手指无意间……”（“Quand mon doigt par mégarde...”）、“他者的身体”（“Le corps de l'autre”）与“交谈”（“L'entretien”）三个片段中关于“恋物”（fétichiste）的论述，来分析《爱的言谈——片段集》中身体与话语的双重主体问题。所谓双重主体，即是说，主体身份的延展不仅仅依靠文本中言说的声音，也依靠一个能够与语言达成隐喻置换、中介欲望与欲言的物质体——一个恋人的身体来达成。

在“交谈”这一节中，恋人的话语陈述了语言与皮肤的隐喻替换：“语言是一层皮肤：我用我的语言与他者摩擦。这就好像是我用我的言辞取代了我的手指，抑或是于我的指尖立上我的言辞。”① 在这个片段中，巴尔特透过一个隐喻关系将皮肤与语言互化，它们彼此同时成为对方的喻体和喻依。情人在跟爱人说话的时候，语言的交谈就如同皮肤的摩擦，似乎话语即为手指，手指亦是话语，皮肤被要求回应语言，皮肤也因此被转换成了一个交谈者（interlocutor）、一个对象。在语言与皮肤之间的隐喻关系所表征的象征性交谈中，生产出了触觉意象（l'image tactile）这个概念：身体感官的接触可以转化为语言，语言也成为可感的对象。

“我的手指无意间……”这一节的标题依然是转引维特的话语，它与副标题“接触”（contacts）一词一起，暗示着恋人与被欲求对象的身体接触对内心话语的触发作用。在这一节中，巴尔特用第三人称转述了《少年维特之烦恼》故事中的一个情节，将维特的内心话语引向恋物的愉悦：“偶然地，维特的手指碰到了夏洛特的手指，他们的脚，也在桌子下相遇了。维特意欲从这些偶然中抽象出意义；他意欲全神贯注于这些接触的脆弱的位置，以一种恋物的方式；他享受着手指或脚轻轻碰触的快乐，而不问对方做何想……”② 维特的恋物倾向，基本上可以被认为是以附属的、虚构的部分替代一个被欲求的他者（desired being），比如维特所保留（并且穿着去自杀）的墨绿色燕尾服与黄背心，都是因为这是他与夏洛特交往时曾经穿过的衣服，衣服就是这种交往的一个替代品，更是被欲求的对象夏洛特的替代品。恋物是在实体的对象上附加了一种旁支的物象。对作者（也是维特）来说，恋物是用语言去呈现那个替代物，语言本身也

---

① Barthes, *Fragments d'un discours amoureux* 87.

② Barthes, *Fragments d'un discours amoureux* 81.

成了一个恋物的表现。语言与终极欲求对象之间的关系，可以用符征与符旨的关系来表达。如果最终的欲求对象是符旨，那么恋物的物质替代品（比如夏洛特的粉红色蝴蝶结）就是其中一个层级的符征。一个恋物癖的语言使用者用言语去再现这一层级的替代物时，发话人谨小慎微地略过了那些终极符旨，却极尽铺陈替代物。恋物的发话人对这个替代物所做的文饰（《S/Z》专有名词）（烦琐的语言描述）则是新一层级的符征，最终的欲求对象夏洛特，则成为蝴蝶结［或黄背心（第一层级）］、给威廉的书信（第二层级）等符征层层编织而成的符号网络的符旨。恋物的替代物可以发展出更多的符征层级，而夏洛特这个终极欲求对象一直被悬置、延宕出场，却也隐隐约约地以缺席形式隐秘在场。巴尔特对维特故事的重述，其实是将恋物确立为在感官接触与语言的可逆关系中诞生的符号运作。感官接触与语言达成共识或彼此逆转，从而将想象物与现实、与语言联合起来。

在《符号帝国》中，以“sukiyaki”（寿喜烧）这种食物为例，巴尔特认为日本生食只有视觉的享受，没有中心、顺序和最终指向，食者根据灵感选择筷子的指向[①]。巴尔特特别选择了“交谈”来呈现进食，交谈意味着人与食物之间、食者与侍者乃至食物与食物之间的互相陈述的关系。食物给予人视觉上的享受，食物与餐盘的搭配也构成新的视觉艺术，偶尔食物与人体共同构成视觉艺术。这是日本人在实体层面的恋物指向。但是，吸引巴尔特的不仅仅是这种实体，还有日本人对于恋物的精神诉求与言语描述。而巴尔特自己对日本人两种层次的恋物再度进行文饰书写的时候，他的恋物显然已经进入第三个层级，即对于精神恋物的描述，或者“恋物之恋物书写”，“恋物之后设恋物书写”。在巴尔特看来，如果“被食用”是食物的终极功能指向的话，那么在日本的饮食系统中，层层悬宕的恋物书写实则延异了一个终极功能的实现，恋物获得的精神狂喜而非功能饮食实现了人在生理和心理上的双重需求。当然，日本的饮食最终能够实现其功能指向，但是夏洛特这个被欲求的对象只能一直是空的，因为一旦欲求被满足，符征的游戏便走到了尽头。在《少年维特之烦恼》的悲剧中，维特终于确认了夏洛特对他的爱，这却成为导致维特自杀的最重

① Barthes, Roland. *Empire of Signs*. Trans. Richard Howard. New York: Hill and Wang, 1982. 19 - 23.

要的原因。

巴尔特写道：恋物就“如同一个节日，并非是感官的愉悦，而是意义的狂喜”（comme une fête, non des sens, mais du sens）[①]。在这里，他显然对法语词“sens”做了有趣的文字游戏，着重利用了法语的同型多义现象：复数形式的“sens”指“感官、感觉、官能”（sensations），单数的“sens”指“意义”（meaning）；“des sens”（感官）与“du sens”（意义）的衔接就是将身体视为中介，用恋物的身体与被恋物的身体来填补感觉与意义之间的空隙。借助“sens”这个词，这整个“当我的手指无意间……”片段所讨论的核心问题便在这个精心设计的文字游戏中跃出纸面了：这就是感官与意义的关系，也即是，意义如何在感官世界中产生的问题。

在同一个片段中，巴尔特又重述了《追忆似水年华》（*À la recherche du temps perdu*）中的一个情节：夏吕斯（Charlus）男爵有一次碰触到了马塞尔的下巴，他别有用心又非常行云流水地从马塞尔的下巴一路摸到耳朵，马塞尔从他的手指的触摸中感觉到了一种磁力。法语原文使用了一个动词“laisser”去呈现手指的触摸从“无意义”滑延到“蕴含着对爱的诉求”的过程，也即夏吕斯的抚摸从单纯的感官吸引到达了诉求爱的意义层面，从“des sens”走到了“du sens”的过程。“laisser”在英译本中被处理为“slide”（滑动），但“laisser”这个法语动词本身没有滑动的意义，只有“留下”“剩下”的意思，因此，原文的本意就是“就放着他的手指在他的下巴上，那手指从下巴出发一路到了耳朵”。夏吕斯放着他的手指不管，可是这手指还是自主地爬升上去了，这样的手指才会是“有磁力的”（magnetized）。那么，这种上升的磁力从何而来呢？夏吕斯的动作看似是没有确定指向的（insignifiant）[②]，但是一种外力把“对爱的诉求”这个意义推进到了这个从下巴摸到耳朵的动作里去了，这一外力，就是对于回应（言说/发声）的需要。“是意义（命运）电击了我手……我要使对方说话。”[③] 巴尔特重述维特的恋物，作用亦是如此，他旨在将

① Barthes, *Fragments d'un discours amoureux* 81.

② 英译本用了“trivial”来译“insignifiant”其实是有误的。“trivial”意为“无关紧要的、不重要的”，而“signifiant”是“signifier”这个动词的形容词形式，加上“in-”这个否定前缀，“insiginifiant”就变成了“没有指向意义的”，或者“无关意义指向的”，甚至是“不表意的”，而非“琐碎的”“不重要的”。

③ Barthes, *Fragments d'un discours amoureux* 81.

身体与语言交通，使得身体成为关联感官与意义的中介。一个在话语中被确立的话语主体，也是一个借助知觉、感官所确立的欲望主体。身体勾连了感官与话语，在身体上，盘踞着双重主体。

四、《爱的言谈——片段集》作为想象界文本：论话语符号学与精神分析的互通（一）

身体与话语之双重主体的对立与统一问题，也是精神分析的重要研究领域。精神分析对爱的阐释是巴尔特爱的言谈实践（课程、对话、书写等）的重要思想来源，它也是成书的《爱的言谈——片段集》最重要的互文文本之一。主体问题是联结这一切的枢纽，弗洛伊德和拉康则分别提供了建设爱之主体的两种理论：爱的理论和主体理论。我们能更直观地发现巴尔特的符号学研究与精神分析在主体问题上的亲缘，得益于对《爱的言谈：高等研究院1974—1976年课程讲义》与《爱的言谈——片段集：原稿付印》的合集（*Le discours amoureux: séminaire à l'École pratique des hautes études 1974 - 1976* suive de *Fragments d'un discours amoureux: inédits*）的研究，该作品于2007年由法国门槛出版社出版。

巴尔特在《爱的言谈：高等研究院1974—1976年课程讲义》中指出，他要讨论的“爱”的概念首先来自弗洛伊德的心理学。弗洛伊德在《精神分析文集》（*Essais de psychanalyse*）中指出，人们称之为“爱”的这个概念的核心自然地形成于性爱之中，其他的爱都是性爱的表达，或从它出发，或阻碍它的实现。巴尔特要讨论的便是这种爱的边缘区域，中世纪爱欲的核心：朝臣之爱［l'amour courtois（cortezia）］①。然而，“朝臣之爱”仍是一个较为宽泛的领域，在这个领域往下，他又挖掘出一块较小

① 关于“朝臣之爱”这个问题，巴尔特的主要参考文献是：Denis de Rougemont. *L'Amour et l'Occident*. Paris：Plon，UGE，coll. «10/18»，1939，1962. 巴尔特认为，“朝臣之爱”这一概念也可以表述为“激情之爱”（amour-passion）、“彻底的爱”（amour total）或“有界限的爱”（amour-limite）（cf. Barthes，*Le discours amoureux: séminaire à l'École pratique des hautes études 1974 - 1976* suive de *Fragments d'un discours amoureux: inédits* 52.）。“court”就是朝廷，在中世纪封建制度中，一个朝廷的等级以国王、王后为尊，之后有大臣为王效忠。这样一种封建等级制度配合了基督教的神与世人凡夫俗子的等级，凡人因礼赞神而发展出对圣母玛利亚的膜拜，这在朝廷中对应“朝臣之爱”，比如骑士对王后的爱，是从封建效忠变成宗教上的膜拜礼赞，属于精神上的恋爱。12世纪亚瑟王的故事在法国开始流行，围绕着圣杯故事形成了一个文学传统，故事中骑士与王后的精神恋爱引发肉体的交合，用弗洛伊德精神分析的视野来看，也是俄狄浦斯弑父娶母情结的象征性体现。

的区域“罗曼蒂克之爱”① 作为自己的研究对象。正是在“罗曼蒂克之爱”这里，巴尔特最终选择了“爱之惆怅”（le mal d'amour，le langueur d'amour，Liebeswehe②）这样一个特殊又微小的领域，他认为这一领域正是爱之主体（恋人）的话语被搬演（mise-en-scène）的舞台。

前文已经提到，拉康的主体理论③是巴尔特讨论爱之主体问题的理论

① “罗曼蒂克之爱”这个提法在巴尔特看来仍然是一个模糊的说法，更倾向于是根据一种既存的模式［也是一种时尚（mode）］而非一个历史名词而提出的（cf. Barthes，*Le discours amoureux: séminaire à l'École pratique des hautes études 1974 - 1976* suive de *Fragments d'un discours amoureux: inédits* 53.）。

② 德语词“Liebeswehe”由三个德语词构成：Liebe［爱（amour）］、Wehe［烦恼（souffrance）］、Sehne［惆怅颓唐（langueur）］。

③ 拉康关于“自我”（je）的论述在他对弗洛伊德理论的其他阐述中逐渐得到发展。1936年8月3日，拉康在捷克马伦巴举办的国际精神分析协会的一次会议上，发表了一篇关于镜像阶段的论文，这个发言稿后来未能正式出版，直到13年之后，1949年7月17日，在苏黎世举办的国际精神分析学大会上，拉康又发表了这篇《镜像阶段作为我们在精神分析经验中揭示出来的“我”的功能之构成者》（“Le stade du miroir comme formateur de la fonction du je，telle qu'elle nous est révélée”）之后，这篇文章才发表于《法国精神分析杂志》（*Revue Français de psychanalyse*）。拉康吸收了生理学和动物心理学的知识，提出人类婴儿要经历一个“镜像阶段”（le stade du miroir）。在这一阶段里，婴儿通过对自己在镜子中反射出来的形象的认知与精神上的回应，逐渐摆脱支离破碎的身体，获得对自己身体的完全形态的认知。镜像阶段分为三个时期，婴儿最初认为镜中的形象是现实，自我与他者混淆；继而将这个形象看作他人，不是事实存在的事物，而只是一个形象；最后将这个形象看作自己的形象，他通过这个镜中的形象将之前关于自己身体的支零破碎的认知整合为一个整体。这三个过程被拉康命名为再识自己（re-connaissance）。之所以说这个再识只是一个想象性的再识（re-connaissance imaginaire），是因为婴儿是通过光影而认识自身的同一性，而非直接认识了自身客观存在物的身体。由于再识的想象性本质，主体在日后通过他者认识自身时又产生了误识（méconnaissance）（cf. Lacan，Jacques.“Le stade du miroir comme formateur de la fonction du je，telle qu'elle nous est révélée.” Communication faite au XVIe Congrès international de psychanalyse，à Zurich le 17 - 07 - 1949.）。但是，“镜像阶段”中婴儿的这个被确认的同一的身体形象“imago”在某种程度上等于父亲，又对他产生了一种压力和挫折，弗洛伊德将之纳入男孩子对父亲的敌视，与婴儿尚未发展完全的脆弱的、易受到伤害的身体之事实并不一致，因此，这个形象是一个“理想自我”（je-idéal），主体终其一生都与这个理想自我抗争。拉康认为镜像阶段的核心就是“认同”（identification），主体对一个形象的认同导致了“我”（moi）的精神再现，主体发生了变化。在这一时期，婴儿对镜中自己的形象的狂喜接受（assomption）体现为“我”的沉淀（précipiter），此后主体在与小写的他者（petit autre）认同时，主体的身份得以客观化。对于拉康来说，镜像阶段确立的“自我”（ego）依赖于外在对象，比如他者（l'autre）。一个个体发展成熟之后通过语言进入社会关系，“他者”就借由语言和社会的框架被阐明，而个体也在其中体现出独立鲜明的个性特征（他/她的神经官能症或精神错乱）。根据拉康的论述，我们认为，镜像阶段是一个具有两层价值的现象。其一，镜像阶段有历史价值，因为它标志着孩童精神发展阶段中的决定性的转变点；其二，镜像阶段通过认同过程描述了自我的形成，自我就是与自己的特殊形象认同的结果。同时，拉康也假设了镜像阶段显示出自我是误解的产物——拉康的术语“误认”暗示了一种虚假的认知。

来源，事实上，在1970年的作品《S/Z》中，巴尔特已经以拉康的精神分析为理论基础表现了文本世界的反常（perversion）与恋物。但是，在爱之话语主体这个问题上，拉康的精神分析被引作互文文本，却是要处理想象界（Imaginaire）的问题，用巴尔特的话来说："爱是想象界对象征界（Symbolique）的支持作用。"① 同为涉及爱之话语的两部作品《S/Z》和《爱的言谈——片段集》，分别指向象征界和想象界的文本。

巴尔特在《爱的言谈——片段集：原稿付印》中指出，《萨拉辛》是《S/Z》的师本（texte-tuteur），也是象征界的文本，《少年维特之烦恼》则是《爱的言谈——片段集》的师本，也是想象界的文本；它们的区别在于，《少年维特之烦恼》征显的是一个心理空间中主体的自我反射，而《萨拉辛》则征显主体通过语言与社会的框架透过他者对自我形成的认识。巴尔扎克的小说《萨拉辛》在意义层面是弗洛伊德式的，这部小说将"阉割"（castration）视为对主体来说结构上的一种功能，雕塑家萨拉辛爱上了阉伶赞比内拉，并认为其是一名女性，他因为被标示了阉割这一特征而理想破产。被阉割者（以及阉伶）接受阉割，如同放弃阴茎接受父亲的法则。但在《爱的言谈——片段集》中，阉割情结或被有意忽略了：对那个爱之主体来说，想象界比象征界更占优势②。

如果我们在《少年维特之烦恼》的陈述中尝试联结拉康精神分析的主体与话语语言学的主体，我们会发现，在爱之话语中，最重要的问题是一个大写的"我"（Moi）的概念，这个"我"乃是一个想象的产物。一个爱恋中的"我"（le Moi amoureux）（一个维特式的我），也是一个言说的"我"（le Moi parlant），将"我"确定为"主体"，意味着将"我"定义为那个在爱的关系中支配了爱之话语的人："爱之言谈就是爱之主体的纯粹话语（pur discours du sujet amoureux），一个单独个体的话语（discours d'un seul）。"③ 将这一观点投射至《少年维特之烦恼》的叙事中，《少年维特之烦恼》显然不是夏洛特的书［话语的集合（texte, énoncés）］，而仅仅是维特的书，巴尔特将陈述确定为是爱之主体的语言

① Barthes, *Le discours amoureux: séminaire à l'École pratique des hautes études 1974 - 1976* suive de *Fragments d'un discours amoureux: inédits* 55, 59.

② Cf. Marty, *Roland Barthes: le métier d'écrire* 215 - 21, 236 - 37, 297 - 98.

③ Barthes, *Le discours amoureux: séminaire à l'École pratique des hautes études 1974 - 1976* suive de *Fragments d'un discours amoureux: inédits* 55.

行为，因此，爱的文本总是这一主体的文本[①]，夏洛特之所以能被确立为一个被爱的对象（l'objet aimé），而不是主体，是因为夏洛特不是那个支配爱之话语的人。

在拉康的精神分析学理论中，他者以被欲求的方式成为主体的一个部分，人类的欲求与满足该欲求的那个对象之间并不存在一种简单纯粹的关系，而是存在一种根本性的反常，巴尔特引申为欲求之欢（jouissance de désir）。爱之对象夏洛特就是那个促成维特主体身份的他者。夏洛特的存在方式，在巴尔特看来具有两层意义：其一，夏洛特是维特的爱之欲求对象，是爱之话语的主体想象，她与但丁笔下的贝德丽采（Beatrice）作用相通[②]，是不朽的、天堂般的、不能泯灭于死亡的存在；其二，在字词之外，夏洛特是困于维特与阿尔贝特二者之间的焦虑主体。我们注意到，巴尔特认为，夏洛特是小写的他者（petit autre）[③]，而不是大写的他者（l'Autre），前者使得主体能够借助认同而自我构建，属于想象界，而后者是象征界的秩序，是文化的一部分，对主体来说是意识不到的。在1976年的课程中，巴尔特将这个小写的他者称为爱之话语的收件人（destinataire），夏洛特就是维特的爱之话语的收件人[④]。

可以说，弗洛伊德的爱之概念是巴尔特研究爱之话语的起点，而拉康的精神分析则充当了巴尔特话语实践的策略。在这一策略的指导下，精神分析学上的爱的欲求与被欲求，融入了话语语言学，但是这里的主体/他者的问题并不限制于“我”（je）对“你”（tu）的言说。巴尔特特别声明，没有必要将这一话语确立在一处对话中（语言学上的老调新谈）[⑤]，困于对话结构的图示中。巴尔特认为，没有一个关于对话的标准：因为我们不知道爱的话语是对谁说的；如果仅仅认为爱的话语就是对那个被爱的

---

① 只有在对象逆转、从爱的非主体（non-sujet de l'Amour）变为不爱的主体（sujet du non-amour）时，才会有关于对象的一本书（cf. Barthes, *Le discours amoureux: séminaire à l'École pratique des hautes études 1974 - 1976* suive de *Fragments d'un discours amoureux: inédits* 57）。

② 此处从王独清译“贝德丽采”。贝德丽采是但丁《新生》（*La Vita Nuova*）与《神曲》（*La Commedia*）中的重要女性。“Beatrice”的中译名还有贝雅特丽采、朵阿特莉切等。

③ Barthes, *Le discours amoureux: séminaire à l'École pratique des hautes études 1974 - 1976* suive de *Fragments d'un discours amoureux: inédits* 395 - 97.

④ 威廉也是一个收件人，是一个可信的中介，也是一个秘密存在。维特与夏洛特的爱是一种禁忌，只能告诉威廉。因此，夏洛特是被言及的，是虚位存在（present in absentia）。夏洛特同时也是一个母亲的形象，是一个禁忌。

⑤ 并不限制于语用学中对交流情境的分析。

对象——“你”（tu）说的，那就将爱之言谈在话语语言学中过于简单化了。事实上，在爱之言谈的话语支配场景中，被支配的话语的发生地具有一个更为复杂的拓扑结构，一种地志学的模拟[①]。这一地志学可分为四个组成部分（地点）：“（1）形体内的地点（头脑中的语言，沉默却非哑的语言，作为假的对话的爱之独白：内心深处的‘舞台’）；（2）分裂的地点（在被爱对象之前的对话或独白）；（3）公共场所［大众意见的代理人所标注的，主体缺席的时候的话语，这时主体变成了‘他’（il）］，凡俗世界里的地点；（4）零处（lieu zéro）（比如用作分析的后设语言）。”[②]《爱的言谈——片段集》实践了这样一种超越话语语言学的话语地志学，爱的言谈不再局限于情人与爱人之间，情人的主体身份不仅仅通过分裂的地点来实现，在情人形体的深处，在零处那里，《爱的言谈——片段集》中的主体身份依然显现出来。

其实我们不难理解巴尔特为何认为《少年维特之烦恼》是一个想象界的文本，因为维特作为主体，也通过他者之镜获得他的主体身份，他的爱之话语的统一也借由他者形象（威廉）得以实现。爱的言谈与他者的形象认同，被他者的欲望“中介”，所以说，爱的言谈从根本上来说有心理学的缘起：“我试图摆脱爱的想象界。但是，想象却在下面灼烧着我，死灰复燃。”[③] 事实上，《爱的言谈——片段集》与《少年维特之烦恼》一样，也是一个想象界的文本。一个隐喻化的说法是，《少年维特之烦恼》构成了《爱的言谈——片段集》镜像阶段的镜中形象，而《少年维特之烦恼》中的所有他者形象也都成了《爱的言谈——片段集》中恋爱主体的构成部分。他者就是一个被投射于主体意识的“形象库”（image-repertoire）。

巴尔特将《爱的言谈——片段集》确立为“想象界的文本”，不仅是确立了拉康精神分析对于他自己的爱之言谈实践在策略层面的互文效应，我们也可以认为，《爱的言谈——片段集》提供了一个精神分析入侵话语符号学的文本实验，揭示了话语符号学的心理学源起。

---

① 在这一点上，我们又能够回到巴尔特《旧修辞学》中的地志学意识。描画修辞话语的支配场所的地志学，就是书写修辞学的历史。

② Barthes, *Le discours amoureux: séminaire à l'École pratique des hautes études 1974 - 1976* suive de *Fragments d'un discours amoureux: inédits* 56.

③ Barthes, *Fragments d'un discours amoureux* 126.

五、酷儿巴尔特的结构认同与符号壁龛困境：论话语符号学与精神分析的互通（二）

巴尔特的语言革命颇具先锋锐势，他的身体却顶不勇敢。巴尔特虽然从不忌讳谈论身体、性或快感，然而他有生之年却谨慎地掩饰着自己的身体的异常：同性的性趋向。《爱的言谈——片段集》是少数表露了巴尔特同性恋者身份的作品，也是在这部作品中，我们得以窥见拥有酷儿身份的巴尔特如何理解他与外部世界（Umwelt）以及内在世界（Innenwelt）的关系。在这里，我们要讨论的是两个概念：结构认同（structural identification）和符号壁龛（semiotic niche）[①]。

如果我们运用心理学的术语来表示人对世界的建构性认知，认同与投射（projection）便是其中最重要的两个术语。主体内在世界与外在世界的交互影响，在心理学上属于投射的范围，“主体感知周遭的环境，并且依照自己的兴趣、才能、习惯、长期或暂时的情感状态、期待与欲望等来反映”[②]。认同，作为“一种心理过程，主体借此拟同他者的一个面向、特质、属性，并以他者为模范，将自我作全部或部分改变”[③]，在某种程度上，它可以被认为属于文化符号壁龛的建构过程。无论是投射还是认同，都涉及人用语言对自己及其内外世界的陈述、再现、思辨和构建；作为心理学之其中一脉的精神分析，就是既将语言作为自己的活动领域，又将语言视为行使效能的工具的科学。另外，投射与认同都涉及了系统概念，将主体视为在系统中的一个位置，该系统正是以此为中心，辐射建构出来的。

作为社会性动物，人的投射与认同的心理活动，不仅与语言之外的社会事实紧密相关，也与他们所使用的社会性语言紧密相关。弗洛伊德心理学指出，属于心理结构之深层结构的无意识，是比意识更为强大的心理结构，而无意识在集体中存在结构化效应，比如认同的基础就是无意识中的共同成分、一些相同的病源性要求的据为己有。认同之所以能成为弗洛伊

---

① 此节的部分内容已经发表，见：韩蕾：《“Niche”概念的符号学解读》，《中外文化与文论》，4（2016）：207－16。

② ［法］尚·拉普朗虚、尚－柏腾·彭大历斯：《精神分析辞汇》，沈志中、王文基译，陈传兴监译，台北：行人出版社，2000，第368页。

③ 尚·拉普朗虚、尚－柏腾·彭大历斯：《精神分析辞汇》，第202页。

德心理学中的一个重要术语的原因之一，也是因为大量事实证明了俄狄浦斯情结的结构化效应。

巴尔特研习弗洛伊德心理学以及拉康对弗洛伊德的发展，在他的文学实践中抛出了“结构认同”这个说法。巴尔特认为，所谓结构认同指的是主体认同在某一系统/结构中的某个位置。在现代社会，人类的自我认同与社会认同首先是一种结构上的认同。这种结构上的认同如同鸟儿筑巢（nesting），是人类能否诗意地栖居于社会性家园的根本问题，也是人的文化符号壁龛建构（niche construction）的深层结构。如果我们撇开人类符号壁龛建构的生物学和生态学基础，仅仅思考这种深层结构，我们就会发现这一问题不仅仅是心理学、社会学的重要研究方向，而且也是文学作品中时常出现的主题。下文中，我们将结构认同的疑问置于一个特殊的情欲主体：同性恋者巴尔特。

巴尔特在《爱的言谈——片段集》中演绎恋人的话语，也讨论到了人的社会文化壁龛建构问题，他把这个问题归纳为主体与系统/结构的认同关系。巴尔特之所以通过爱的言谈来探讨结构认同的关系，是因为在他看来，爱的言谈从根本上来说有着心理学的缘起：“我试图摆脱爱的想象界（l'imaginaire amoureux）：但是，想象却在下面灼烧着我，死灰复燃。”[①] 在他看来，《爱的言谈——片段集》的互文文本也是师本——歌德的《少年维特之烦恼》，就是一个想象界的文本。他以“认同”作为《爱的言谈——片段集》中的一个重要片段，讨论了《少年维特之烦恼》的主人公。

维特认同那个爱上寡妇、杀死了竞争对手的青年，也认同爱上夏洛特、在寒冬腊月去采鲜花的疯子海因里希，他认为他与他们在结构中处于相同的位置。巴尔特特别指出，这里的“认同”正是结构上的认同，不是认同自身的影像他者，而是认同自己在结构上的副本。从这一角度来看，传统剧场中观众对剧中人的人格投射的这种认同也是结构认同，因为所谓投射并非单单投射于一个单独的形象，而是投射于一个在作品系统中的形象，一个话语结构中的形象。

事实上，在读者对维特的认同中，出现了另外一个悖论性的现象：精神分析学视野下的认同是对个体性独一无二的存在的确认。卢梭在他的

① Barthes, *Fragments d'un discours amoureux* 126.

《忏悔录》的开篇就申言："我是独一无二的。"后来卢梭的《忏悔录》成了教条，无数人都模仿卢梭，声称"我是独一无二的"，所谓"独一无二"也就成了大众俗见。维特的恋爱故事在欧洲掀起了一阵风潮（或可说是成了大众文化），历史上有成千上万的读者模仿维特的衣着打扮，寻求与维特一样的精神需求，甚至模仿维特自杀。但是，当维特的恋爱经验泛滥开来，甚至衍变为恋物主义、大众时髦的恋爱方法论指南之后，维特的恋爱也就成了大众俗见。这样一来，我们不难理解，为何巴尔特不再撰写传统自传而是撰写反自传的自传，因为他所欲求的读者主体只有在一个结构认同而非仅仅是形象认同的情境下才能真正发出属于读者的"复调"。然而，对巴尔特来说，在标志着"正常"异性恋正统的文化中，他一直找不到自己的结构认同，即便是在被视为"异常"的同性群体里，由于他的不勇敢的身体和有意识的隐瞒，他也无法找到自己的结构认同。

在《爱的言谈——片段集》这部作品中，其中一个片段标题为"Tutti Sistemati"，它是一个意大利文短语，直译成英文是"all settled"（"归档"或"各就各位"），英译本为了翻译这个词找到了一个精彩的隐喻："pigeonhole"（鸽子笼）[①]。每一只鸽子都有属于自己的一个小格子，在架子上有一个位置，即壁龛。在人类社会中，这种生物学的文化拟态也很丰富，比如法国人大多每家有一个自己的信箱，公司职员每人有一个小隔间（cubicle），大学里新入职的教师领到了属于他/她自己信箱的钥匙或者校园卡，意味着他正式教师身份的确认，等等。鸽子笼的隐喻意味着"Tutti Sistemati"，一切都在系统（Sistemati = SYSTEM）中，每个个体各就各位，在社群中有一个生活/工作的舒适位置/角色。每个个体都有他/她/它的文化结构壁龛。

以往从事性别研究的学者对空间问题不甚关注，令人感到遗憾，如果我们将空间视为一种可居性所依存的载体的话，身体本身正是一个空间概念。柏拉图在《克拉梯楼斯》（*Cratylus*）篇中将身体比作灵魂的坟墓和监管室，正是这样一个例子。现代语言学与哲学将主体与空间的关系或主

① 将"鸽子笼"（pigeonhole）反译为意大利语即为"sistemato"。

体与环境的关系视为主体性之确立的其中一个重要的组成部分[①]。“可居”参与建构了现代人的心理堡垒，事实上，结构或者系统的概念都与“可居性”有关。

在“Tutti Sistemati”这个片段中，巴尔特引用了《少年维特之烦恼》的另外一个片段。维特祈求上帝让他做夏洛特的丈夫，他想要一个已经被夏洛特的未婚夫阿尔贝特占据的位置[②]。他想要安置（dwell in）在一个婚姻关系所建构的系统里，有一个小小的鸽子笼栖居。维特对这个婚配系统中的位置的欲求，证实了夏洛特并非他的真正的欲求对象。维特求之不得的是“Tutti Sistemati”，用通俗的话来说，就是归属感，一个*可居的*地方（la place *habitablee*）[③]，是被保有（être « entretenu »），就如同娼妓被人包养，“结构与欲望隔离：我想要的，如此简单，就是被保有”[④]。巴尔特深深地着迷于婚配（la conjugalité）概念，他认为这个概念的本质就是人在自己的系统中。但是，在现代社会中，有一类人，只有极少的可能性能够被婚配关系赋予社会文化系统中的栖息地，这就是同性恋者。社会伦理法令的禁止，使得他们无法通过两性结合找到自己的壁龛，也很少能够通过法律允许的同性结合建立自己的壁龛，而巴尔特，恰恰就是这样一个同性恋者。

鸽子笼与系统，在巴尔特看来都直指一种居住观念，“每一个结构都是*可居的*”（toute structure est *habitablee*）[⑤]。在这个片段中，巴尔特特别写到了他在荷兰阿姆斯特丹和德国汉堡红灯区看到的娼妓。女孩子梳妆打扮后，在玻璃房子中任客人观看与挑选。所谓“一格娼妓”的安身立命，就是晚上拉开帘子做生意，白天拉上帘子过独立私人的生活。路人（flâneur）经过妓女的格子向里张望，各人有自己不同的看似是被欲求物

---

① 前文已经提到，话语语言学认为，语言是人建立自己与环境之关系的手段，也是人之自我认同之所在。不独西方现代理论有此解，中国古典文献《老子》下篇（《道》篇）第一与第二十五等篇章，讨论到的对道的命名问题，也显示了语言建构人与世界之关系的这种理念，更不用说古希腊经典文本柏拉图的《克拉梯楼斯》篇了。关于《老子》的命名问题与人的主体世界的建构，笔者已专文论述过，参见：《〈老子〉的主体世界建构：一个生物符号学观点》，《符号与传媒》，2（2018）：47－58。

② Barthes, *Fragments d'un discours amoureux* 55.

③ 维特一直找不到工作，写出“人诗意地栖居”的荷尔德林也是一生漂泊。

④ Barthes, *Fragments d'un discours amoureux* 56.

⑤ Barthes, *Fragments d'un discours amoureux* 56.

的对象，正如狩猎者和猎物的关系。但是，包括妓女、瘾君子在内的边缘者也可以以边缘为可居地，所有人在一个作为整体的系统中都有自己的位置，除了巴尔特自己。

对于他来说，何处是可居的呢？他与什么形象、什么位置认同呢？他与一个不在系统中、无法在系统中居住的形象认同。我们几乎可以从所有巴尔特的作品中读出这么一个内容：他跟所有的系统都不完全兼容，可是他又轻易为很多系统着迷，他是一个真正的局外人，一个形而上的局外人，一个加缪（Albert Camus，1913—1960）主义的局外人（étranger）[①]。巴尔特信奉的是普鲁斯特的精神救赎方式，普鲁斯特终其一生寻找一处安身立命之所，他走向写作（而非在写作中），书写《追忆似水年华》（而非“追忆”行为本身）达成了普鲁斯特的主体追寻。写作是否也能够作为巴尔特安身立命的场所呢？我们很怀疑，只能勉强说他在写作中找到了暂时的居留场所。语言是他的欲望之火[②]，也是他的欲望之居，语言的出柜是他在现实中的出柜的替代物。他之所以放弃作者的独一无二，转而强调读者的集体的声音，也可以被认为是他在寻找结构认同，在无数的匿名的声音中寻找属于匿名本身的一个可居的结构，暗合了加缪的局外人概念。

《爱的言谈——片段集》无疑是巴尔特在文本实验期最为精彩的成果之一，可勘对比的几乎只有《罗兰·巴尔特自述》。他在《爱的言谈——片段集》中用后索绪尔时代的修辞学（关于话语的话语）即内涵系统符号学、话语符号学的文本实践，反思西方诗学史上最重要的命题之一——爱之言谈。他对每一则片段进行内容层和表达层两个方面的精心设计，将个体的私密经验、文学史的积淀、时代的精神、人种的集体印象等，在共

---

① 巴尔特对加缪《局外人》的分析，也启发了克里斯蒂娃写《局外人》。这里的局外人是形而上的局外人，而不是事实上的“比如婚姻的局外人，有色人种之于白种人种的局外人身份”。

② 他通过检讨欲求的真正对象而检讨欲求本身，爱的欲求是无处安置的，甚至是空的。在“指给我去爱谁”（Montrez-moi qui désirer）这个片段中，巴尔特暗示，维特对陷入爱情的青年农民的认同，在某种程度上引导他爱上了夏洛特。在还没有见到夏洛特之前，在乘马车去舞会的时候，一位热情的朋友告诉他夏洛特有多么迷人。夏洛特的迷人，其“感染力”（contagion affective）并非来自她自身，而是来自他者语言的蛊惑。“没有一种爱是原创的”（aucun amour n'est originel）（Barthes, *Fragments d'un discours amoureux* 163.），萨拉辛会进入剧院听到赞比内拉的歌声并爱上赞比内拉，也是因为他人语言的蛊惑。这是一种镜头效应（l'effet zoom），镜头的视野借由镜头拉近拉远来呈现，也即是拉康所谓的“我的欲望被他者的欲望中介了”。

时与历时两个维度细密地编织进爱之言谈的文本，同时打通了话语和身体的交际，桥接了话语符号学与精神分析两个领域，将书写者作为互文空间和真实空间交汇处的终端机制，在每一次言说中“占有”“我”，陈述当下的历史。笔者在撷取了巴尔特自己话语符号学的相关理论援助之后，借此对《爱的言谈——片段集》进行解读，也试图逆转读者（也是一个受话者）的位置，在解码巴尔特爱之言谈的同时，也再度编织读者与书写者之间的“爱之言谈”，从而参与共建巴尔特的“爱之言谈”所尝试开放的那个符号空间。

第三节　巴尔特话语符号学的几个特殊应用

在前面两节中，笔者已经就巴尔特的话语符号学的文本实践之各个核心问题，以《爱的言谈——片段集》与《罗兰·巴尔特自述》两个文本为主要研究对象，进行了充分讨论。在这之前，在修辞学视野下，我们已经仔细地研究过巴尔特对语言艺术领域中的语文文本的话语符号学讨论，但我们还未仔细地研究过巴尔特的话语符号学在非语文文本中的活动空间，除此之外，我们也还未思考过巴尔特话语符号学与语言学、精神分析之外的其他学科的联合。因此，在这一节，笔者想要通过分析巴尔特话语符号学的几个特殊面向，来补充完整对巴尔特话语符号学的活动范围的探究。在这一节中，我们的研究对象包括三个方面：第一，突破意义固着规约的“中性”话语理论与实践；[①] 第二，作家风格的语言学、生物学与话语符号学面向；第三，后结构主义话语符号学视野下的城市修辞学。

一、突破意义固着规约的“中性”话语理论与实践

“中性”（le neutre）概念是巴尔特与“零度”概念同时提出的，但是直至巴尔特 1978 年集中地讨论了这个概念，它才获得了读者和批评者的重视。一方面，它未得到系统、统一、清晰的界定，巴尔特在接受《法国评论》（*The French Review*）杂志采访时也指出，“中性”并不是系

① 本节内容大部分已经发表，见：张汉良、韩蕾：《罗兰·巴尔特的“中性”修辞学》，《当代修辞学》，3（2015）：16－24。

统性的概念，系统性的概念不可能为“中性”[①]。另一方面，巴尔特的“中性”概念显得过于具有包纳性，因此不够澄明。有一些读者在《中性》讲稿出版之前已经关注到了“中性”概念的重要性，比如日本学者铃村和成（Suzumura Kazunari，1944—）与英国学者艾伦（Graham Allen）[②]，而在《中性》讲稿出版之后，“中性”这个概念获得了批评界相当程度的重视，甚至超越了话语领域的观照，进入了艺术领域。比如芬兰学者西乌雅－古娜拉特南（Anne Sivuoja-Gunaratnam）认为，巴尔特的“中性”能够促进一种特殊的倾听，而听觉的中性并非是一个独立整体，而是与视觉、文本、传记、空间等的意指活动的模式联合工作[③]。在大陆学界，笔者也注意到学者对“中性”概念积极层面的意义的兴趣。然而，以上学者的道路笔者认同但不依循，对笔者来说，一个更为有趣的问题是：是否能够界定“中性”？学者们或已经共时性地评述过巴尔特的“中性”概念以及思想，但是，有一条道路是还没有人走过的，却是更为根本性的，而且是必须要走的，那就是历时性地研究巴尔特各个时期对“中性”的表述，尝试从中整合出巴尔特对“中性”的较为清晰的界定或思想发展。《巴尔特全集》的编者在附录部分特别摘取了一系列巴尔特关心的概念，并且对它们在《巴尔特全集》中的出处进行了整理，“中性”就是其中之一。诚然，对巴尔特“中性”概念的界定一定会使得研究者更清晰地了解其书写中的“中性”策略甚或本质，这也是研究巴尔特的

① Barthes, Roland. “Rencontre avec Roland Barthes (Entretien avec Nadine Dormoy Savage).” *Œuvres complètes*. Tome 5. Paris: Éditions du Seuil, 2002. 737.

② 现有的对巴尔特“中性”概念的研究还不是很丰富，大多是对“中性”的其中一个表象的研究；对巴尔特的整体中性思想的研究，尚未明朗化。日本学者铃村和成在《巴特——文本的愉悦》中讨论巴尔特的“中性之物”，研究巴尔特对“自然性”与“非自然性”之对立的思考，他认为巴尔特的中性概念是反对二元对立，试图“将二元对立置于括弧内，成为不同于‘二元对立’、并得到补充圆满的二次元”（［日］铃村和成：《巴特——文本的愉悦》，戚印平、黄卫东译，石家庄：河北教育出版，2001，第130页）。英国学者艾伦，在其为“劳特利奇重要思想家”（“Routledge Critical Thinkers”）系列图书撰写的《罗兰·巴尔特》（*Roland Barthes*）一书中，专辟一章讨论巴尔特的“中性写作”（neutral writing），将巴尔特20世纪70年代的书写实践视为“中性书写”。艾伦认为，在这一时期巴尔特意识到了在政治性的和思想性的话语中的那些陈词滥调，他拒斥大众意见（doxa）话语，中性以享乐（pleasure）和反抗暴力（violence）的形式，批判了大众意见话语背后的意识形态（Allen, Graham. *Roland Barthes*. London: Routledge, 2003. 95－113）。

③ Sivuoja-Gunaratnam, Anne. “Voicing *Le Neutre* in the invisible choir in Richard Wagner's Parsifal.” *Sign Systems Studies* 36.1 (2008): 83－111.

话语符号学之理论与实践不可或缺的一部分。因此，在这一节笔者尝试要做两部分的工作：首先，笔者将要梳理各个时期巴尔特对“中性”的界定，以此为透镜；其次，再来探视巴尔特的书写中对“中性”概念/思想的呈现，以及这些呈现的内涵指向。

此外，笔者在写作中也会尝试应用修辞学的辞格术语，并涉猎巴尔特自己特殊的修辞学实践。因为“中性”由音位、形容词、句子直至话语的各个层级发展而来，必然会遭遇修辞学的问题。在句子以下的层面，“中性”只是语言学的现象，在句子之上，“中性”是特殊的修辞策略，而在更为广义的意指系统中，“中性”不仅是特殊的语言实践，也是特殊的文化实践。从这个意义上来说，对巴尔特的“中性”概念与书写的研究，必将反馈于我们对其话语符号学的思考。

（一）巴尔特“中性”概念的历时追溯

“中性”概念的首次出现，可以追溯至巴尔特的第一本专著1953年出版的《写作的零度》第一部分“什么是写作?”（“Qu’est-ce que l’écriture?”）。巴尔特用“中性的”（neutre）这个形容词修饰一个隐喻的喻依：“任何写作的痕迹都沉淀于一种初见是透明、单纯与中性的化学成分中，（写作的）简单持续逐渐在一种悬停状态中，揭示出越来越厚重的一整个过去，就如同一部密码。”①“化学物质”这个喻依的喻旨究竟是什么呢？笔者尝试还原巴尔特的语境。写作的持续是在历史、传统与风格之间做出的妥协，作家的自由仅仅存在于在记忆中做出选择，而记忆所针对的却是先前一切存在的写作和作家自己的写作的沉积，又是什么物质留存于记忆之底呢？那种物质的化学属性是溶解，如同水对二氧化碳所做的那样，写作将过去溶解于其中，可是何以命名？似乎是无解。但我们知道，在化学学科中，“中性”表示既不成酸性，也不成碱性的性质，比如纯水。这个来自拉丁语“neuter”的形容词，表示在两个对立项之间的“非此非彼”（ni l’un ni l’autre）。而在巴尔特的语境中，写作中彼此对立的“此”与“彼”分别是什么呢？是自由与记忆。写作的痕迹最终呈现出有记忆的自由，溶解双方的是否是书写行为？

① Barthes, Roland. *Le degré zéro de l’écriture* suivi de *Éléments de sémiologie*. Paris: Éditions Gonthier, 1965. 19.

在“写作与沉默”这一节中，巴尔特讨论到语言学上的“中性”①，即在两个极项之间建立的中性项，也是零项，并由之引申出“中性写作”。这个概念被视作一种从语言的规约中解放出来的“白色写作”（une écriture blanche）②，也称“零度写作”。加缪在《局外人》中尝试的一种否定写作的风格，可视为是“中性写作”的形式表征；在写作中，思想并不拘囿于语言的社会/神话属性，即不负累历史的承诺。巴尔特认为，这种写作虽然重现了古典艺术（古典写作）的基础：工具性（l'instrumentalité），但是，写作的形式作为一种工具，不为意识形态服务；形式成了作家的特殊境遇。作家竭力地创造清新的语言，还要抵抗着，以防被社会和历史塑造为他自己语言风格的囚徒③。

综合在《写作的零度》中巴尔特对“中性”的思考，我们可以认为，巴尔特在1953年这部作品中提出的“中性”是对一种特殊书写行为的描述，与其说有一种“中性”的书写形式，不如说存在一种“中性”的书写行为。这种书写行为是一种假设存在的（或以缺席的方式存在）、对语言的创新。在这一创新中，作家努力使得自己的创造一方面在清新语言，另一方面不至于成为新的限制。

在1964年的论文《符号学基础》中，巴尔特特别辟出一节讨论了“中性化”（neutralisation）这个概念。这个概念指“语言学上的一种现象，相对应的对立组失去了其相关性，也就是说，这组对立不再有所意指。在一般情况下，在系统关系中的对立组的中性化现象发生于语境的效应之中，因此可以说，‘中性化’现象是‘消除’系统关系的句段关系”④。举例而言，在音位学上，法语中的“é”与“è”处于词尾时，中

① 语言学上的“中性”相当于与“Der Mann”与“Die Frau”相对应的“Das Kind”，或者个别语言系统中与单复数相对应的双数。

② 虽然是题外话，但是笔者还是提请读者注意，巴尔特在《写作的零度》中提出的“白色书写”正好是德里达所谓“白色神话”的对立面。德里达在其长文《白色神话——哲学文本中的隐喻》（“La mythologie blanche: La métaphore dans le texte philosophique”）中将“白色神话”定义为西方（特指从古希腊到浪漫主义）的形而上学：“形而上学是‘白色’神话（系统），它组合并反映了西方文化：白种人把他特有的神话——印欧‘神话’（即印欧语言），他自己的语言，亦即他的用语的‘神话’（按：指编织的故事），当作他所乐道的‘理性’的普遍周延的形式。”（转引自：张汉良：《德里达论隐喻与摹拟》，《当代修辞学》，1（2014）：10. 原文参见：Derrida, Jacques. “La mythologie blanche.” *Poétique* 5（1971）：1–52.）

③ Barthes, *Le degré zéro de l'écriture* suivi de *Éléments de sémiologie* 66–68.

④ Barthes, “Éléments de sémiologie” 127.

性化现象就发生了，它们二者之间的替换不会导致意义的改变。同样的现象也发生在某些语义单位在特定组合中的替换上。巴尔特把这种“中性化”现象从语言学延伸应用至符号学，他提出，当一个符旨可能存在两个对应符征时，这两个符征之间就可能产生“中性化”现象。总而言之：“中性化现象体现了句段关系施加于系统关系上的压力。句段关系近乎言语，在一定程度上是‘违背’意义的一个因素。在一个符号系统中，系统关系为主导则意味着句段关系的匮乏，反之，句段关系为主导则趋向于导致意义的含混。”①

在1973年的《文之悦》中，巴尔特用“中性”来表述“文”（texte）的性质。巴尔特写道，他之所以热爱“文”，是因为在“文”中绝少话语上的冲突。“文”不是一种“对话”（un « dialogue »），“没有虚假、挑衅、敲诈，也没有个人私语的斗争”，“它在人类关系的内部，建立了一座环岛，彰显出悦的非社会的天性”，以及“使人隐约瞧见欢的诱人至极的真实”，文“极可能是言语已然摒弃了的所有的想象界的内容，中性”②。

在1975年出版的《罗兰·巴尔特自述》中，巴尔特只在一个片段中直接讨论了“中性”，但是，我们也能够在其他一些片段中挖掘出巴尔特试图勉力阐释的、那个看似晦涩的“中性”概念。比如，在“排除意义”（“L'emeption de sens”）这个片段里，巴尔特阐述了在“大众意见”与知识分子不懈努力要引入社会的“意义”之间产生的一种张力；巴尔特在主张排除“大众意见”的同时，也梦想着对“意义”的排除③。在“意义的波动”（“Le frisson du sens”）这个片段中，巴尔特延续了“排除意义”的主题，同时指出：文本、意指活动以及中性，都是意义波动的形式④。“中性”操作对于意义来说，既是避免固定的意义（比如大众意见的意义），也是避免无意义。在“语言学的寓意”（“Les allégories

---

① Barthes, “Éléments de sémiologie” 129.

② Barthes, Roland. *Le plaisir du texte. Œuvres complètes*. Tome 4. Paris: Éditions du Seuil, 2002. 227. 注：马尔蒂认为，“中性”是“愉悦”的另外一个名称：“愉悦是一种中性，其意义在于中性化的理论功能。犹如过去的‘零度’一样，愉悦这个词汇同样摧毁了范式、逻辑对立、A和非A的不可调和性、矛盾、既有价值、文学惯例和历史迟钝，只不过是从相反的方向而已。这是一种涵义多样化的中性化，是一种富于表达力的中性。”参见：马蒂：《罗兰·巴特：写作的职业》，第112页。

③ Barthes, *Roland Barthes par Roland Barthes* 90.

④ Barthes, *Roland Barthes par Roland Barthes* 101－02.

linguistiques"）这一片段中，巴尔特重提了语言学上的“中性化”，这即是在《符号学基础》中已经讨论过的问题，它用以解释在某些对立之中的意义的损失。同时，巴尔特还提出了一类伦理学范畴的“中性”，它被用以消除压制性的意义之令人无法忍受的标示[①]，也即是说，它选择聚合关系的冲突之外的话语。也可以说，语言学上的中性是语言结构层面上的中性，伦理学的中性是话语层面上的中性。因此，话语中性超越句子层面的中性操作，相比于初级意指过程中因二元对立而产生的意义延宕，巴尔特更为关注在第二级意指活动中悬置话语的冲突，比如，避免某一（甚至任何）意识形态对话语的主导作用[②]。此外，在题为“中性”（“Le neutre”）的片段中，巴尔特将“中性”界定为“二律背反的反对物”[③]，“是对炫耀、掌控以及威吓的一切回避、破坏甚或嘲讽”[④]。非常值得注意的是，在这个片段中，巴尔特首次区分了“零度”与“中性”，而在之前的写作中，巴尔特总是将“零度”与“中性”合并谈之。巴尔特认为，“零度”是一种第三项，是一种在语义和冲突两个方面的对立的中间项，而“中性”则是“言语活动的无限链条上的其他一个缺口，是一种新的聚合关系中的第二项，相对应的，暴力（斗争、胜利、戏剧、傲慢）是其饱和项”[⑤]。此外，与“中性”课程同期，巴尔特也在其他采访与小文章中谈到了“中性”的问题。在《在文之悦与思想之乌托邦之间》（“Entre le plaisir du texte et l'utopie de la pensée”）中[⑥]，巴尔特将“中性”

---

① Barthes, *Roland Barthes par Roland Barthes* 127－128.

② 巴尔特认为，意识形态并没有主导性意识形态与其他意识形态之分，所谓意识形态即处于主导地位的观念（参见：巴特：《罗兰·巴特自述》，第9页）。虽然没有“主导的意识形态”，但是有“统治阶级的意识形态”［参见：“……何谓意识形态？它恰是在它所支配的范围内的观念：意识形态只能是主导的。其实谈及‘统治阶级的意识形态’便对了，因为必有一个被统治阶级，说‘主导的意识形态’则极不相宜，因为不存在什么被主导的意识形态：所述之‘被主导的’那边，什么也没有，没有意识形态，除非为了制造象征，为了由此而生存，意识形态确是被迫自主导它们的阶级那儿去借用（这是异化的极端境地）。社会斗争不可被归结为两种对抗的意识形态之间的斗争：它是对所谈论到的一切意识形态的颠覆。”］（［法］罗兰·巴特：《文之悦》，屠友祥译，上海：上海人民出版社，2009，第41页。）

③ Barthes, *Roland Barthes par Roland Barthes* 135.

④ Barthes, *Roland Barthes par Roland Barthes* 136.

⑤ Barthes, *Roland Barthes par Roland Barthes* 136.

⑥ 巴尔特接受 Abdallah Bensmaïn 采访，采访稿发表于1978年2月6日摩洛哥《意见报》（*L'Opinion*）。

与“对断定的悬宕”联系起来，认为这是一种正确的写作姿态①。在《与巴尔特面对面》（“Rencontre avec Roland Barthes”）中，巴尔特否认“中性”是系统化的概念/思想②。

1978年2月至6月期间，巴尔特在法兰西公学院特别开设了一门研究“中性”的课程。在课程说明中，巴尔特指出，该课程不再研究语言系统中的中性事实，而是研究话语实践中的中性现象。“中性这个词可应用于一切分节言说的有意义的句段，比如：文学的、哲学的以及宗教的文本，也包括经过社会编码的姿态、行为、品行，以及主体的内心活动。”③在该课程的讲义中，巴尔特对伦理学范畴的话语“中性”作了更为清晰的界定。“我把中性定义为破除聚合关系（paradigme）之物，或者不如说，我把凡是破除聚合关系的东西都叫作中性……什么是聚合关系？它是指两个潜在的项次之间的对立，我为了说话，为了产生意义而显现二者之一。”④ 这一界定贯穿了整个“中性”课程，在1978年2月，巴尔特在摩洛哥菲斯和拉巴尔特的文学院授课时，这一界定也被再度重申：“一切曲折变化，只要避开或打破意义的聚合性和对立性结构，以便搁置话语的冲突性现象，我们认为都属于中性。”⑤ 聚合的本质即在两个项次A与B之间选择其中之一，A与B之间的差异即为意义，对聚合关系的破除自然也就关涉如何处理差异性。话语的中性则体现为：既不选择A也不选择B，同时拒绝对这两个项次的逻辑对立面非A与非B的选择。

在巴尔特看来，中性，体现为一种新的辩证法：“两项的矛盾正通过发现第三项而消失，这第三项不属于综合，而属于延续：任何事物都在返归，但却是以虚构的形式返归，即以螺旋的新的回环形式返归。”⑥ 从修辞学的视域来看，我们也可以说，中性对聚合关系的改造相当于辞格

---

① Barthes, Roland. “Entre le plaisir du texte et l'utopie de la pensée.” *Œuvres complètes*. Tome 5. Paris: Éditions du Seuil, 2002. 539-40.

② Barthes, Roland. “Rencontre avec Roland Barthes (Entretien avec Nadine Dormoy Savage)” 737-38.

③ Barthes, Roland. “Le neutre.” *Œuvres complètes*. Tome 5. Paris: Éditions du Seuil, 2002. 531.

④ ［法］罗兰·巴尔特：《中性》，张祖建译，北京：中国人民大学出版社，2010，第10页。

⑤ 巴尔特：《中性》，第335页。

⑥ 巴特：《罗兰·巴特自述》，第29页。

“悖论”（paradoxisme）对辞格“对照”（antithesis）的中介作用。“对照”的两项，并不是根据某一特征的有无来区分的，而是由于这两项均被标示出来（marqués），并且这两个项次之间存在一种既定且永固的对立；“悖论”却试图调和这种对立，在两个对立的项次之间建立一种中介关系[①]。从巴尔特的话语概念来看“悖论”，它对于“对照”两项的调和，之所以不是综合而是一种延续，是因为“悖论”产生了第三种言语活动，第三种言语活动的永续出现，是“中性”对聚合关系所体现出来的话语冲突的消解。

巴尔特在《旧修辞学》一文中曾隐蔽地指出，中世纪的修辞学训练中，对三段论的操演，以逼迫辩手一方承认自相矛盾为手段，事实上是对在话语支配活动中失利的一方进行精神阉割。然而，在言语能力的场域，并没有任何一种言语活动能够对其他言语进行永久的支配，一方的胜利，随时可能会被第三种言语活动推翻。因此，在修辞学中，胜利总是属于第三种言语活动。“这第三种言语活动的任务就是解救被俘虏者：分散所指，分散信条。就像玩捉人游戏一样，言语活动之上又有言语活动，无休无止，这便是驱动语言世界的法则。”[②] 在这一视角下，话语中性是话语所固存的本质，它体现了言谈中话语支配的胜利以及意识形态操纵二者的暂时性。话语中性存在于交际往复中，也存在于任何一次单独的话语使用之无休止的内涵意指活动中，它的任务是解救在话语中被“捉住”的人。这也正是巴尔特试图通过对三十种中性形象（figures）的论述，从而使读者理解的内容：“中性未必如定见所认为的那样，只反映一个平庸的、毫无内在价值的意象，相反地，它可以有重要的和积极的意义。”[③]

在以上认知的基础上，我们得以将中性话语与任何断言、外延话语（discours denoté）以及大众意见区分开来，却并非是对立起来。从语言学（而非语言哲学）的角度来说，语言天然的论断性来自语言的代码总是与一种符旨联系在一起这一事实。这一符旨既指向存在（être）也指向外

---

① 巴尔特将这样一种打破聚合轴上的对立项之间的“和谐”关系的成分，标记为一个“增补性的”因素。《萨拉辛》这个故事中的叙述者的身体就是这样一个因素，站在花园与沙龙、寒冷与温暖、黑暗与光明、冷寂与热闹、死于生等对立的分界，并且侵入（transgression）了这种对立之间的隔墙，这个多出来的（trop）因素进入了话语，叙事得以开始。巴尔特从修辞学的角度揭示了叙事者在叙述过程中的作用，在叙述中，叙述者是中性的。

② 巴特：《罗兰·巴特自述》，第12页。

③ 巴特：《罗兰·巴特自述》，第335页。

延——“言语活动的一种‘真实’状态的神话。”[①] 从根本上来说，断言、外延、大众意见都是生产固定意义的话语。在《就职演讲》中，巴尔特如此论道：“言语行为是一种立法，语言则是一套代码。我们看不到语言当中的权势，这是因为我们忘记了任何语言都是一种分类，而任何分类都带有压迫性。”断言从语言进入了话语，这是因为话语由本是断言的命题构成，中性要避开话语，就要反话语的独断论（dogmatisme），悬置存在与语言的关系，这也正是布朗肖的主张[②]。从巴尔特的修辞学视野来看，中性对于断言的超越，也是“无定所”（atopos）对“地点/命题”（topos/Topique）的超越。“无定所”的话语正是中性的话语，没有被固定在一个阶级、一种固定话语模式的场所中。“大众意见”或“公共舆论”正是“命题”的典型体现，是某种重复的、固定的、多数人的精神，是“偏见之暴力”[③]。

然而，我们并不欲从巴尔特对断言与大众意见的超越那里，透视他的中性话语实践，这已经是被学者们（铃村和成与艾伦等）研究过的主题。下文我们要研究的是“中性之欲”的载体：身体。这是因为，一方面，我们在身体意象上发现了中性在性别范畴上的生物性存在；另一方面，中性话语的实践，也可以通过身体对话语的中介作用呈现出来。

（二）从两个辞格看身体对巴尔特中性话语的编码作用

二元对立在生物性上的存在表现为男性与女性的对立。性别对立是现代社会所有二元对立中最富于力量和攻击性的一组对立，以女性主义话语的理论与实践为例，女性主义话语是在性别对立的原始基础之上，附加以社会地位、经济能力、政治权力、种族冲突甚至意识形态的对立。在激进主义女权者那里，女性性别的突出甚至于某种程度上在她们的意识中或对男性进行了阉割，或给自己增加一个阴茎。然而，在生物性上的性别本身的复杂性同时也是对二元对立的彻底反驳，因为，在对立的男性与女性之外，还有无性、变性、雌雄同体、阉割、生物性别与心理性别逆差，以及同性恋。可以说，性别是中性话语最为典型也最为叛逆的表现。

---

① 巴特：《罗兰·巴特自述》，第28页。

② 布朗肖认为：“中性的要求不外乎将言语行为的表征性结构（例如‘这是此物、彼物’）悬置起来，即那种与存在有关的时显时隐的关系；在我们的语言里，一旦说出一个东西，这种关系就立即提出来了。”（转引自：巴尔特：《中性》，第75页。）

③ 巴特：《罗兰·巴特自述》，第9页。

巴尔特看待性别与身体的视角与精神分析家、社会分析家以及一般同性恋者都不同，从他符号学家（不是把他窄化为一个文学符号学家的话）的身份来看，身体在他的思想系统中有一个特别的作用：中介。身体是话语的隐喻置换，人们通过身体言说，在言说中触摸身体，身体与话语彼此互化。然而，我们要问，身体以及性别，在巴尔特的中性话语中承担了怎样的作用呢？下文中我们要通过对《S/Z》与《爱的言谈——片段集》两个文本的具体话语片段的分析，来探视身体对中性话语的编码作用。

我们先从“对照”这个辞格说起。在1970年的作品《S/Z》中，巴尔特让读者见识到了他在玩弄音位学（phonemics）、书写学（graphemics）和性学（sexualité）方面卓越超群的能力，书名中特别标明的斜线，向读者提示了中性的存在，而在斜线两边是“对照”的两个项次。在一个面向上，S/Z首先来自“男”“女”主人公的姓名的对立，从看似“男性”的“萨拉辛”（Sarrasine）与女性的“赞比内拉”［（la）Zambinella］这两个名字中分别择取的首字母组成了书名，似乎提醒读者这是一个传统的浪漫故事，比如《罗密欧与朱丽叶》(*Romeo et Juliette*)；从另一个面向上看，“Sarrasine”词末的字母“e”，却显示出男主人公身上阴性的特质，“Sarrasin/Sarrasine”在性别上的区分由“e”的出席和缺席来显现，因此，才有了阳性的（男性的）名字“Sarrasin”和阴性的（女性的）名字“Sarrasine”，事实上在故事中承担男性身份的名字却是后者；在第三个也是最重要的面向上，字形书写的“s”和音位的/z/联结起来组成了S/Z，这是音位上的配对，其中一个发清音，而另一个则发浊音，或可认为前者不发音，后者发音，所谓斜线所体现的中性，正在于发音者是被阴性化和阉割后的“男”“女”主人公。美少年经过阉割成为女高音（sprano）歌手赞比内拉，在保持阳性时，美少年失声缄默，而作为阉伶，失去性别，美少年却能保持童音，并被训练成为花腔（coloratura）。简言之，“非男非女”（ni l'un ni l'autre）的中性演员，参演了《萨拉辛》这一出故事，在舞台上搬演了中性的话语。萨拉辛对“女性”的赞比内拉喋喋不休的爱之话语，因为事实真相的发现（赞比内拉是个阉伶）也阉割了萨拉辛自己（“你将我也拖至你的境地”[①]），让他从此之后切断了与人类情感的联系。

---

① Barthes, Roland. *S/Z*. Trans. Richard Miller. New York: Hill and Wang, 1974. 200.

我们发现，巴尔特玩弄性别的对立，最后是要突出一组悖论性的存在：赞比内拉的被阉割成为他发声（歌唱）的基础，但是他的发声与他在爱之言谈中的阴性的沉默形成新的对照；赞比内拉的真相证明了萨拉辛话语中的自相矛盾，将其推向被阉割的境地；赞比内拉的软弱/沉默/阴性，却具有了中世纪修辞学训练中所呈现的充满恶意的暴力，这又是新的对照。总而言之，性别上的中性成为叙事话语的中性的对立面。然而，在叙事话语之外的批评话语那里，巴尔特对巴尔扎克的批评话语，玩弄音位学、书写学和性学中的聚合关系，通过粘合（和取消）性别、语音与书写的差异，生产了一种补充性的、悬置了冲突的中性话语。然而，在性别范畴之外，身体如何体现为中性话语的一种编码机制呢？我们将要借助另一个辞格来说明：比喻（métaphore）（包括隐喻）。

身体与话语的比喻置换，是巴尔特多部作品中常见的一种话语修辞策略，但是，这一比喻置换在中性话语生产中，却有特殊的作用，它“中介”了“可感的”（sensible）与“可知的”（intelligible）之间的对立，曲折性地延缓了一个终极符旨的出现：

> 言语是一层表皮：我用自己的语言去蹭对方，就好像我用辞令取代了手指，或者说我在辞令上安上了手指。我的言语因强烈的欲望而颤抖，骚动来自于双重的触摸：一方面，整个表述行为谨慎而又间接地揭示出那唯一的所指，即“我要得到你”，将这所指解放出来，供养它，让它节外生枝，让它爆炸（言语在自我触摸中得到快感）；另一方面，我用自己的辞藻将对方裹住，抚摸他/她，轻轻地碰触他/她；我沉湎于这样的抚摸，竭尽全力延续这类对恋爱关系的议论①。

在这个片段中，巴尔特动用明喻这个修辞辞格，将皮肤与语言互化。皮肤与皮肤的碰触，如同言谈交流，皮肤转化为对话者，在感官接触与话语表述之间的可逆关系中诞生了一种恋物主义。在另外一个片段中，这种身体碰触带来的恋物快感，如同一个“节日”，“不是感官的愉悦，而是咀嚼意义带来的快感”②。言说者用语言指代终极指涉物，在语言和终极指涉物之间附加了一种旁支的物象，一个替代物；言语对这个替代物的再现、文饰，构成了一个层层叠加的符征网络中的一层。

---

① 巴尔特：《恋人絮语——一个解构主义的文本》，第63页。

② 巴尔特：《恋人絮语——一个解构主义的文本》，第57页。

比喻置换在这里体现了陈述活动在中性修辞学中的终极的积极意义——以后退的方式，延缓意图的最终出现。换句话说，陈述活动本身就是中性的：

> 我在写：这便是言语活动的第一等级。随后，我写我在写：这便是第二等级。……我们知识分析工作的一个重要部分，就在于对无论什么样的语句都提出猜疑，同时揭示其所有等级的划分；这种划分是没有穷尽的，而向每一个词开放的这种深渊、言语活动的这种疯狂，我们科学地将其称为：陈述活动。……第二等级还是一种生活方式。只需将一种意图、一个场面、一个躯体的级别撤后一点，就可以完全推翻我们对此可能有的兴趣和我们有可能给它的意义①。

（三）巴尔特所实践的"中性书写"与"中性伦理"

在《爱的言谈——片段集》中，巴尔特在"滴酒不沾的醉态"（"Sobria Ebrietas"）这则片段中，通过一个东方的概念"清心寡欲"（non-vouloir-saisir），间接地讨论了"中性"的问题。"清心寡欲"不是一个"either... or"的选择，"vouloir-saisir"应该被节制，然而"non-vouloir-saisir"也不应该显示出来，而是要在其缺席的陈列中，让主体从自己的"意象库"（image-repertoire）中脱离出来，"不主动寻求清心寡欲，让来者来，去者去，无意存留，无意拒绝，接受而不保有，创造不为适存。是所谓'道常无为而无不为'"②。巴尔特在"中性"课程中亦利用道家原理讨论"中性"问题。在他看来，道家的启示是先有"不判断、不言语"，再有内心深处的"不判断、不言语"③，外部的言语行为要转换为内部的言语行为，直至彻底地沉默，或者说"飘落于语言之外，沉于惰性之中"④。巴尔特在这两处对道家"中性"的发挥与他在短文《好吧，我们来谈谈中国吧?》中演绎的书写策略基本一致。

巴尔特在该短文的单行本出版之际，如此解释自己生产的话语："关

---

① 巴特：《罗兰·巴特自述》，第 27 页。

② Barthes, *Fragments d'un discours amoureux* 277.

③ 巴尔特：《中性》，第 48 页。

④ Barthes, *Fragments d'un discours amoureux* 277. 注：巴尔特多次与"中性""零度"一起连用"惰性"这个词汇，这几乎可以认定是从"惰性"一词的化学性质这一意义延伸而来的认识，意即难与其他成分发生化学反应。

于中国，这个无限的对象，以及对于许多人来说模糊的对象，我认定的真理是：我试图生产的话语既不是肯定的，也不是否定的，还不是中性的；我试图生产的评论是不做评论；我试图产生的认可（是一种语言模式，突出了一种伦理学或是美学），并非无法避免地不是一种赞同就是一种拒斥（这种模式突出一种理性或者一种信念）。"[①] 我们需要注意的是，"不赞同不反对"的中间立场话语，从根本上来说并非是一种自由生产的话语，而是出于某种压抑被阉割了立场的话语。从巴尔特对中性给出的定义中，我们看到："中性"诉求已然从外部的语言行为转化为内在的话语实践，所谓"内在"意指心智实践，也即是说，"对我（巴尔特）来说，对于中性的思考是一种办法，为的是寻找——无拘无束地——在时代抗争中的自身风格"[②]，这并非是要生产出被阉割的话语，而是要生产出自由的话语，所谓"无可奉告"，并非暗指沉默背后有其他内涵意义，而是不陷入语言所框定的意义陷阱。从这个意义上来说，我们可以从巴尔特的"中性"概念的发展中逐渐透视到一个由话语实践向伦理实践过渡的巴尔特。

二、作家风格的语言学、生物学与话语符号学面向

巴尔特在其1953年的作品《写作的零度》中，十分坚决地指出了语言系统与作者个人风格（le style）之间的对立。巴尔特指出："语言系统是某一时代所有作家共同遵守的一套规定与习惯"[③]，而"风格是从书写者的身体和过去中诞生的形象、表述方式与词汇，而且，风格逐渐地变成了书写者艺术的自主机制"[④]。1964年，巴尔特在《符号学基础》中指出：作家的风格是一种个人私语。我们可以大致认为，巴尔特所谓的语言系统与个人风格与一组语言学术语同质：社会公语（sociolecte）与个人私语（idiolecte），语言系统与个人风格的对立即为社会公语与个人私语的对立。张汉良在《〈碧果人生〉中的个人私语》一文中指出："社会公语及个人私语未必是确切的实体；彼此间亦非畛域，其差异更非本质上的，

---

① Barthes, "Alors, la Chine?" 520.

② 巴尔特：《中性》，第13－14页。

③ Barthes, *Le degré zéro de l'écriture* suivi de *Éléments de sémiologie* 3. 注：笔者认为巴尔特在《写作的零度》中提到"语言系统"和"言语"，但是是否是索绪尔式的，还需要再讨论。

④ Barthes, *Le degré zéro de l'écriture* suivi de *Éléments de sémiologie* 14.

而系程度上的；更重要的是，它们的存在只是功能性的，帮助论者发现与解释语言运用的现象。"[①] 这即是说，社会公语与个人私语的区别，是一种操作性的、功能性的对于语言用法的区别。

在语言学术语中，社会公语指被一个相对而言较大的文化集体说出的语言结构，而相应的，由个人所使用的语言习惯即个人私语。在写作中，在某一个特定历史时期，由文学创作者和读者共同遵守的、约定俗成的语言结构是社会公语，而单个作者的风格则是个人私语，它是作者在支配话语时所表现出来的特殊的语言习惯[②]。单就个人私语而言，马尔蒂内认为个人私语是"一个单独个体所说出的言语活动"。在艾柏林（Ebeling）看来，"一个单独个体在特定时期的一整套语言习惯"就是个人私语[③]。但是雅各布森对纯粹意义上个人私语的存在表示怀疑，他认为，在语言中不存在私有财产，即便是在个体的层面上，语言依然是被社会化了的，个体在交际中，哪怕是在言语循环的最低层面，也已经在使用社会化了的语言[④]，"（作为具体的语言学事实的）个人私语被证实是一种虚妄"，但是"对于一个失去了语码转换能力的失语症患者来说，个人私语是其仅有的语言学事实（linguistic reality）"[⑤]。

巴尔特在《符号学基础》中为个人私语分配了三种语言学事实[⑥]：其一，他同意雅各布森关于失语症患者所使用的语言是个人私语这一观点，暗示了个人私语在一定程度上阻碍交际的本质。其二，他认为作家的风格是一种个人私语，在《写作的零度》中，他赋予风格概念一种生物学（biology）的源起，认为风格是书写者的身体（corps）[生物学（une biologie）] 和过去 [（un passé）时间联系]，即生平（autobiology），而非

---

① 张汉良：《〈碧果人生〉中的个人私语》，《创世纪诗杂志》，103（1988）：79。注：该论文最早作为《碧果人生》的序言，于1988年出版，重刊于《创世纪诗杂志》时有修改，原文见：张汉良：《〈碧果人生〉中的个人私语（序）》，载于碧果：《碧果人生》，台北：采风出版社，1988，第7－12页。

② 在社会公语与个人私语之间，由于地理学和历史的划分，语言的使用存在地方性的差异，存在一种方言（dialecte）。事实上，方言中的地域差异可能因为进入了单个作者的生存经历、生物学历程，因此能够与作者的个人私语结合，成为一种独特的语言风格。

③ Barthes, "Éléments de sémiologie" 96.

④ Jakobson, "Langue and Parole: Code and Message" 80－109.

⑤ Jakobson, "Two Aspects of Language and Two Types of Aphasic Disturbances" 95－114.

⑥ Barthes, "Éléments de sémiologie" 96－97.

历史的现象（non d'une Histoire）[①]，但在《符号学基础》中，巴尔特补充论道，风格也总是源于传统即源于集体的某些语言模式之中[②]。其三，巴尔特认为一个语言学集体所使用的语言也可以是个人私语，因为他们以同样的方式阐释所有的语言学陈述物（tous les énoncés linguistiques），因此，"粗略言之，个人私语对应我们在别处（1953 年的《写作的零度》），在'写作'这一名义下所描述的内容"[③]。但是在这里，写作更倾向于是一个已经被制度化的，但是还没有完全形式化的如语言结构那样的成分，它更倾向于是一个在语言结构和言语之间的中介位置："一种制度化的言语（une parole déjà institutionnalisée）。"[④] 巴尔特在《符号学基础》中也为个人私语安排了一个有意味的位置：他在准备结束对索绪尔语言结构与言语概念之间的辩证关系的讨论时，先提到叶尔姆斯列夫的语言用法（usage）概念，再提到个人私语概念，来中介语言结构与言语。

如果单独从《写作的零度》与《符号学基础》中巴尔特对"风格"概念的论述来看，我们不难发现，《写作的零度》中的"风格"过于强调个人私语与社会公语的对立，语言结构和风格先于言语活动的问题意识而存在，它们是时间（time）和生物人（la personne biologique）的差异[⑤]，而《符号学基础》则认同了个人私语对社会公语的妥协。从语用角度分析《写作的零度》中作为个人私语的风格[⑥]，我们发现这里存在着一处悖论。话语发送者对修辞策略的选择，已经预设了话语接受者对该策略的接受与阐释行为。如果我们认为话语发送者的修辞学偏向于个人面向，即偏向于成为个人私语，那么，势必意味着话语接受者的接受可能面临失败。这使得我们不得不对巴尔特的风格概念有所质疑：风格是否全然是书写者的私人之物？换言之，个人私语之间是否存在对话的可能性？如果个人私

---

① Barthes, *Le degré zéro de l'écriture* suivi de *Éléments de sémiologie* 14.

② Barthes, "Éléments de sémiologie" 96.

③ Barthes, "Éléments de sémiologie" 96.

④ Barthes, "Éléments de sémiologie" 97.

⑤ Barthes, *Le degré zéro de l'écriture* suivi de *Éléments de sémiologie* 16 - 17.

⑥ 如果我们不是对巴尔特的风格概念进行分析，而是对巴尔特的书写风格进行分析，我们可以从语法（syntax）、语义（semantics）或语用（pragmatics）三个面向上，对其书写中社会公语与个人私语在话语支配中的程度进行区分。个人私语在语法和语义层面的体现在韵文书写中更为明显，但是巴尔特的书写更多地体现为一种尝试文书写，一种探索性的批评书写，因此，如果我们要分析巴尔特的书写风格，我们更应该从语用的层面进行分析。

语是封闭的，风格，“它的秘密是封闭在书写者躯壳里的一种记忆……”①，全然与社会契约无关，那么，风格何以能够被阐释？使得读者理解风格的又是何物呢？

事实上，巴尔特未必没有认识到纯粹个人私语性质的书写乃是虚妄，风格只是个人所支配的话语与社会公语抗衡时征显出来的差异。他在《写作的零度》中已经指出了，在语言结构与风格之间，存在一处形式化的现实（une réalité formelle），即写作；语言结构和风格分别构成了写作的水平轴和垂直轴，写作则是两轴中间的区域；写作是“形式的伦理（la morale de la forme），书写者选择在某一社会场域中建立自己的语言的‘自然性’（Nature）”②。在实际书写行为中，写作处理语言结构的规约与生物个人的自然性，也即是说，写作是书写者在社会公语的规约基础上自由选择自己的语言用法结构的操作，并且对这二者都有反射思考。在社会公语与个人私语之间的对立与相互妥协，促使写作成为文学的问题意识（la problématique littéraire）的核心。

然而，我们不能忽略，巴尔特在《写作的零度》中过于强调“风格”所代表的个人生物学和生平书写对写作的印记，乃是意识到了个人私语有生物学层面的本质，这依然是一项了不起的发现。我们或可认为，在新修辞学即话语符号学的视野中，巴尔特的“风格”概念，其实是向读者展开了关于修辞学的私人面向，尤其是个体生物学的面向。在这一点上，模因学（Memetics）、生物学与生态学（Ecology），能够为我们提供研究个人私语的新视角。事实上，这一点目前还未有许多研究，笔者挖掘到的既有研究只有张汉良于2010年6月16日在葡萄牙布拉加第十届生物符号学会议上所作的报告：《罗兰·巴尔特〈写作的零度〉的生物学基础》（“The Biological Foundation of Roland Barthes's *Writing Degree Zero*”）。张汉良在该报告中指出，个人私语与社会公语都是物种发生学（phylogenesis）和个体发生学（ontogenesis）的产物；比如前现代主义的中产阶级书写是书写者的语言输出的素材，是已经存在的“根源性个人私语”（parent-idiolects），在复杂的适应过程中，这些素材引发了“产物性个人私语”（child idiolect）。语言进化可以被视为个体的个人私语自然选择的进程，

---

① Barthes, *Le degré zéro de l'écriture* suivi de *Éléments de sémiologie* 15.

② Barthes, *Le degré zéro de l'écriture* suivi de *Éléments de sémiologie* 18.

个人私语在其生命历程中吸收新的特征并且将之传递给后代，其变异是由适应性的变化所导致的，其中最恰切的私语类型（变异）将能够被最大限度地传给下一代，因此，个人私语中个人的一个字词，都可以被视为生态系统中的一个物种，它向其他物种施加自然筛选的压力①。

张汉良对巴尔特的“零度书写”在生物学层面的开发，向我们揭示了话语符号学在个体层面上与生物学、生态学、文化模因学等学科接合的可能性，而对个人私语的研究可视为对这种跨学科尝试的一个窗口。我们可以认为，发挥巴尔特的话语符号学（文学的科学研究），是我们能够在文学与科学之间架设的有效的中介桥梁。

三、话语符号学视野中的城市话语分析

最后，我们再来谈谈巴尔特的修辞学的地理空间意识，即其城市符号学分析。巴尔特谈旧修辞学带有一种地理志（topography）的视域，他以“旅行”和“网络”来命名对旧修辞学的“历时”和“共时”的分析，并且将旧修辞学陈述为一个“修辞帝国”；显然，空间地理意识是修辞帝国之疆域意识的前提。希腊文中的地点（topos）一词，在修辞学中表示修辞的公共空间（修辞场景），亚里士多德的《命题论》就是关于修辞场景的，也表示修辞学中的惯用语，引申至文学层面，则表示文学创作的主题。巴尔特在词源和隐喻两种方式上的努力，使得我们认识到空间概念与修辞学本不可分：人们居住的空间，永远是一个意指空间，对于该空间话语的陈述指向空间修辞学的存在。

用什么方式来称述城市话语？隐喻是我们经常使用的手段，城市对居住者说话，行人通过居住、行走、观看等来言说城市。隐喻（métaphore）一词，它在希腊文中的本义是一部公交车（μεταφορά），运载人们在城市中穿行。然而，只有从隐喻转移到分析，城市语言才能成为一个科学研究的对象，因此需要有一种关于城市的语义学，在城市的陈述中去描述城市话语的意指活动。但是，脱离隐喻，城市如何陈述？

雨果（Victor Hugo，1802—1885）在《巴黎圣母院》（*Notre dame de*

① Chang, Han-liang. “The Biological Foundation of Roland Barthes's *Writing Degree Zero*.” Paper delivered at the Tenth International Symposium of Biosemiotics, Catholic University of Braga, 21 - 27 Braga, Portugal. 16th June 2010.

Paris）中，将建筑视为人对空间的一种刻写（inscription）。巴尔特认为，雨果以一种相当现代的方式，描述了都市空间的基本意指特色，并且视纸上的书写与石头（空间）上的书写为两种相互竞争的书写[①]。雨果的创新性空间意识，使得巴尔特有这样的思考：从符号学的角度来看，城市语义学不是要扩大对城市或城市相关功能的研究，而是要扩大对城市的读解。这即是说，城市语义学的分析是要分析人们对城市进行的读解，即分析人们对城市的陈述行为。城市语义学即城市话语的新修辞学分析。

在《符号学与城市规划》（"Sémiologie et urbanisme"）一文中，巴尔特提出了三种与城市无关，但可用来读解城市话语的方法。首先，巴尔特认为不应该建立一种关于城市的意指的词汇表（un lexique des significations de la cité），不应该将城市的任何单一单元（比如位置、街区、功能等）作为符征寻求固定的符旨，而是要取消符旨，仅仅留下符征，符旨仅仅提供有限的意指分布之阶段的证据，空无的符旨（signifié vide）（符旨在空间上的空无）彰显出更大的重要性[②]。比如巴尔特在书写《符号帝国》时，就将日本的城市作为符征游戏的地理空间。作为解读日本文化空间的文本《符号帝国》，为读者提供了一个阅读中心空无的现代城市的视角。东京的城市中心是天皇居住的禁城，被树木掩映，被护城河围护，在这个环形地标自身的中心却是空无的。之所以为空无，是因为这个中心地带并不夹带在西方文明社会所常见的那种城市中心固有的价值聚合意义：这个中心与精神、权力、钱财、语言、流通等现代社会的真理无关，没有符旨，但是正是在这种空无中，整个城市的运作以曲折迂回的方式得以执行，就像出租车司机必须绕过这个中心才能前进一样[③]。

简言之，巴尔特认为称述城市的第一个符号学原则是：以符旨的空无诱发符征的循环衍义，符征的衍义因此取代符征与符旨的配置，成为符号指涉的新的关注对象。按照这一观点，城市景观在功利主义至上那里获得的固定功能或者意义指向，应当被净化、还原为符征的流域。城市景观成为一种模糊的话语，一处象征森林里的景观，符征的不断流动的长河，任何景象都从一个符征持续不断地流向另外一个符征。

---

① Barthes, Roland. "Sémiologie et urbanisme." *Œuvres complètes*. Tome 2. Paris: Éditions du Seuil, 2002. 1278.

② Barthes, "Sémiologie et urbanisme" 1282 – 83.

③ Barthes, *Empire of Signs* 30 – 32.

巴尔特提出的第二种城市话语的分析方法是将城市视为写作（la ville est une écriture），这也是雨果在19世纪的文学实践中已经发现并实践过的方法。城市中的人们是城市的使用者，也即城市的读者，读者依据其身体的移动以及使用的需要截取陈述片段，或者说，以私人化的方式实现对城市的片段陈述[①]。巴尔特在《符号帝国》中对日本车站的描述，正是通过观察城市使用者所实现的城市片段陈述来达成的。东京的车站集合了各种功能：旅行（出发、中转、到达），服饰（时尚体系），食品（膳食系统），购物（广告、买卖、大众神话），等等。车站成为聚集与离散的一个洞眼，破坏着一种中心化的形成[②]。城市的可读性，在这里体现为人类对空间的使用（切断、组合的实践）。

第三种城市话语的分析视角是分析城市的泛义上的色情维度（dimension érotique）。城市中心可以是任何聚合之处，是我们与他者碰面的地方。从后结构主义符号学的视域出发，符旨永远是他物的符征：现实生活中的任何文化或心理的综合体中都包孕着无限长的隐喻的链条。语义学对于城市的分析应该与以往的语言分析不同，应该成为历险式的经历，符征的指涉就像社会活动的交际一样，可以前进或者逆转，可以转向任何方向。因此，一种广义的色情主义是需要的，因为，这意味着社会性的主体行为者（actant），即城市的居住者、使用者、建造者，将承担城市的语义分析中那个历险的创新性来源，人群对城市的阅读将会是复数意义的叠乘。

回顾巴尔特的城市修辞学，我们认为巴尔特的三种读解城市的方式，都是后结构主义符号学视域下对城市话语的分析。我们可将巴尔特的城市修辞学与林奇（Kevin Lynch）的城市语义学对比。林奇试图提供有关城市的离散单位（discrete units），他将路径、围墙、指示标记、路口等替换成语义学范畴中的音位（phonèmes）或语义符（sémantèmes），这是对城市单位的完全形态（Gestalt）的描摹，而非功能结构（structural, functional）形态的描摹[③]。而在巴尔特的城市修辞学思想中，开放意义下的符征耗尽了语义学的穷尽列举，在符征与符旨可逆的符号思维方式下建

① Barthes, "Sémiologie et urbanisme" 1283 - 84.

② Barthes, *Empire of Signs* 38 - 42.

③ Barthes, "Sémiologie et urbanisme" 1279.

构出来的城市文本，是无穷指涉的符号空间，是无限交叠的符号域。面对这一浩瀚无垠的符号域，一种更为详细的分析方法需要被建立，因此，语义学被拉回到城市空间的话语场。在阅读城市时，读者应当从对城市的语言、符号的重构转到对城市的单元、句法等科学结构的分析，并且不赋予城市景观固定僵化的符旨，而是将城市还原为一处符义空无的场所。巴尔特认知下的城市结构是永远在读解中的、永不被填满的结构，是不断地将符征舒展开来的一首诗歌，那种舒展的过程就是城市符号学，这也是巴尔特分析埃菲尔铁塔的方式。

这一章是对巴尔特的话语符号学自我反射式的文本实践的研究，主要讨论了《罗兰·巴尔特自述》与《爱的言谈——片段集》两个文本，笔者主要分析了巴尔特在书写中建构的话语空间，以及书写行为本身的建构性。巴尔特的自传书写不仅是一个后结构主义形式的聚焦于书写本身的自传文本，同时也是一个关于自传的新理论。巴尔特的自传书写与《爱的言谈——片段集》都继承并发展了西方书写史上的重要文学类型：片段书写，同时他也在《爱的言谈——片段集》中实践了欧洲文学史中的“爱之言谈”的传统。这两个文本也都处理了建构的主体性、自我/他者的关系。在这一章中，笔者也分析了巴尔特的几个特殊的书写相关的命题：中性书写、风格以及城市符号学，尝试建立巴尔特的话语符号学与其先前的书写作品以及文化研究、生物学等诸多领域的关联。

第四章　作为方法论的话语符号学对比较文学的模构：案例分析

根据前纽约大学比较文学系教授安娜·巴拉克安（Anna Balakian, 1915—1997）对影响研究的化约性分析，传统比较文学的命题可以概括为“A in B”（B对A的接受）研究与“A and B”（A对B的影响，或者B对A的影响）研究[①]，前者是后者的必要基础，此外，分别对于A与B的深入研究也是这两类研究的前提。“接受”（reception）与“影响”（influence），或者更广义说来，（包括“接受”在内的）“影响”关系即连词“and”对两个关系元（relata）的桥接作用。简言之，在“A and B”命题中，学者的研究对象是A与B，研究方法则是介词“in”与连词“and”所指涉的关系（Relation）。在比较文学研究中，关系元被比较元（comparata）替代，维系比较元之间可比性的连接介质，被称为“比较的第三元”（tertium comparationis）[②]。“比较的第三元”是以比较元作为对象的研究方法论，它属于后设语言的范畴，传统比较文学在这一范畴上所采用的操作程序为“影响”或“类比”（analogy）[③]。因此，比较文学研究不仅需要两个比较元作为它的研究对象，更重要的是，需要一个比较的第三元，这是一个后设语言、一种方法。通过这种方法，两个比较元链接在一起，某种在“方法”之上的“真理”（truth/verité）才可能被达到。

① Balakian 24－31.

② 有关“比较的第三元”的研究，请参见：Chang, Han-liang. “Perspective and Tertium Comparationis: The Case of Asian Literature.” *Sign and Discourse: Dimensions of Comparative Poetics*. Shanghai: Fudan UP, 2013. 542－48. 张汉良：《符号学与诠释学——比较文学研究的基础》，第3页；张汉良：《比较文学、修辞学和古代“哲学对话”文类》，载于张汉良：《文学的边界——语言符号的考察》，上海：复旦大学出版社，2012，第39－40页。

③ 张汉良：《透过几个图表反思“文学关系研究”》，第160页。

因此，在新的时代讨论比较文学的改革与创新，与其说要挖掘新的比较文学的命题，不如说要发展比较文学的新兴方法论，通过方法论的革新来延展比较文学研究的广度和深度。

事实上，作为一门新兴学科的比较文学，在其百年发展史中，“恒常危机”（permanent crisis）论调时常盘踞其间。然而，不论这种种危机论调在不同历史时期分别产生了何种作用，它们都触及这样一个普遍现象：比较文学的危机与发展，都与其在特定时期所依赖的方法论息息相关，每一种典范方法论在比较文学的历史中都只能暂时性地独领风骚。事实上，方法论不仅参与、更界定了每一时期比较文学学科的范式转换（paradigm shift），而方法论的发展由来自诸多领域的理论之繁荣引发，前者因此生发出一整套的操作程序来测试和应用后者。

笔者认为，来自其他学科的概念与理论话语在介入比较文学的文本实验与方法论演绎之后，制造了比较文学从多学科联合（multi-disciplinary association）研究到跨学科研究（inter-disciplinary study）最后到超学科研究（trans-disciplinary study）的转机。在这种认知的基础之上，再度回溯传统比较文学的两个核心命题“影响研究”与“接受研究”，我们会发现：比较的第三元即比较文学的方法论，这个看似后延的项目，其重要性却高于作为目标语言的文学与文化文本，可以说，比较的第三元决定了比较文学研究能够在多大程度上碰触“真理”，以及碰触的是何种“真理”。换言之，在比较文学研究中，对方法论的测试与合理运用，其重要性隐隐然有超越研究对象之可能性，故有“所谓比较的第三元应该是比较的第一元，因为透过它比较文学才能成立”[①]。

从符号学的视域来看，尽管比较文学的方法论不像一门精确科学那样具有完全的可重复实验性，它也有一整套认知和发现的程序，它建立了两个乃至更多的符号对象的形式关系，并且因此衍生出其他层面上的应用模式。比较文学与符号学同属“建立关系的知识系统”[②]。在比较文学领域内，被处理的关系是文学关系（literary relation），在“影响研究”的视域下，这一关系关涉发送者（émetteur）与接受者（récepteur）之间的文学传递现象；用符号学方法论来透视这一文学传递现象，它就变得更为清

---

① 张汉良：《符号学与诠释学——比较文学研究的基础》，第 7 页。

② 张汉良：《符号学与诠释学——比较文学研究的基础》，第 3 页。

晰，也更具备可分析性。

符号学对比较文学的模构作用具体体现为，在符号学视域下，比较文学处理这样的文学和文化现象：某一文学/文化个体或集体首先体验了自身所浸入其中的初度自然语言和二度文化的共同编码，然后，通过言语活动的中介活动，即透过语言的初度表意过程和二度表意过程，这一编码后的符号系统又被操用异质自然语言系统、生活于异质文化空间的目的文化接受并再度传递。可以说，传统的"影响"研究倾向于处理文学传递现象中的"外源关系"（rapports extérieurs），而符号学的视域则倾向于理解并阐释文学传递现象的相当复杂的"内在关系"（rapports intérieurs）。与其说符号学与比较文学属性接近，不如说符号学可以是比较文学的恰当的规模系统（modelling system）。

结构主义符号学进入比较文学研究并且展示其模构性应用的历史前提，是欧美学术史上著名的"语言学转向"（Linguistic Turn）。语言学转向在比较文学领域造成的巨大影响主要体现为：以"因果联系"（causality）与"时间性"（temporality）概念为核心的文学关系研究受到猛烈冲击，文学出口/进口的研究（literary export/import）也随之让位于后设文本的文本关系（metatextual relations）研究①，尤其是让位于对文本

① 比利时鲁汶大学学者皮埃尔·斯威格（Pierre Swiggers）在1982年的《今日诗学》（*Poetics Today*）杂志上发表了论文《比较文学的新范式》（"A New Paradigm for Comparative Literature"）。在该论文中，作者以20世纪六七十年代为界限，将比较文学的发展划分为两个范式时期：前一时期为传统比较文学研究时期，延续了19世纪自然科学与语言学发展所立足的实证主义立场，研究文学际遇（literary contacts）与国别文学（national literatures）之间的作者、作品与文类的关系，这些关系通常被描述为影响（influence）、来源（source）、输出主题/思想（export of themes，export of ideas）、成功（success）。这一时期的比较文学研究的重心在于描述这些文学关系，但并不欲建立这些关系的拓扑组织（typological structure），也没有考虑过要建立这些关系的来源和分析模型。这一类研究方法更适用于、也更偏爱处理的对象是：文学作品和文学作品的作者。虽然文学理论发展非常重要，这一时期却较少去处理文学理论从一国向另一国的发展，如有涉及，较多则是从文学作品的副文本（paratext）角度出发的。比较文学的后一范式，由斯洛伐克学者杜瑞辛（Dionýz Ďurišin，1929—1997）奠基，他首创对文学的后设文本关系的拓扑学研究，随即与符号学、交际学和（社会）语言学一起影响了伊文·佐哈（Even-Zohar）、颇波维奇等人。这一范式下的比较文学研究模式是假设-推论（hypothetical deductive model），研究对象是跨语言的后设文本之间的等级关系。与上一模式相反的是，这种研究较少处理作者和作品，转而关注美学、政治、社会性等趋势对文本关系的操纵；描述文本关系只是初级的研究目的，更为重要的是，这种研究尝试在一个充分完备的理论和分层术语辅助机制的帮助下解释文本关系。参见：Swiggers，Pierre. "A New Paradigm for Comparative Literature." *Poetics Today* 3.1（1982）：181-84.

生成现象的研究。传统研究的描述性本质使其无法清晰地解释文本变形、文本内部结构性的关系，因此，当时的比较文学借助结构主义语言学和符号学的“系统”概念，转而分析文学众系统（literary systems）内部的文本变形。

笔者认为，相较于传统的实证分析，结构主义符号学对比较文学的建模作用至少有三个方面的优势：第一，结构主义符号学能够为处于不同符号空间的符号对象建立结构性的、而非描述性的形式联系。第二，符号学将文学传递现象中的发送者与接受者文本化（textualize），故而能够在“发生学的接触”“结构类型学上的类似”等外部研究之外，挖掘出文本在传递过程中内在的、结构性的碰撞与质变，能够解释由此生产的新文本或新文本意义。可以说，在文本建构和文本表意过程方面，也即信息透过符码被建构这一方向上，符号学的视域有助于比较文学课题研究的深入化。第三，比较文学的核心研究课题也包括文化传递现象。用符号学的视域来看，所谓文化交流（cultural communication）即这样一种现象：在特定文化中，被发送者编码的某种意义透过特定的传播路径被异质文化的接受者解码，接受者再度成为新的发送者，再度编码并且再度传递意义。事实上，比较文学常常热衷的文化研究也即对人类话语实践（discursive practice）的文化效应的研究，在这一领域，符号学显然为比较文学提供了一种描述和分析人类话语交流的典范模式。在话语实践的视野下探视符号学对包括文学传递现象在内的跨文化对话的规模作用时，我们已经与话语生成的特定意指方式相遇了，我们已经遭遇了要从结构主义语言符号学走向话语符号学的任务。用本维尼斯特的表述来说，这是语义学的问题而非传统的符意学的问题，“这里提出的问题，与作为信息生产者的语言有关，而信息不能被简化为一系列需要分别辨认的单位”①。笔者观察到，事实上，到了20世纪70年代的时候，索绪尔语言学模式下的结构主义符号学已经成为规模比较文学研究的重要方法论来源，虽然与其同时话语符号学已经萌生并且迅速发展，但是直到今日，学界还是甚少研究过话语符号学对于比较文学的规模作用，这一处几乎还是空白之所。

基于上述思考，笔者尝试以巴尔特自己的话语符号学为视域对“罗兰·巴尔特与中国”这个比较文学命题进行研究，这种策略也契合巴尔

① 本维尼斯特：《普通语言学问题（选译本）》，第139页。

特在《罗兰·巴尔特自述》中所陈述的关于作家与所写之物关系的观点："他感觉自己与所有书写紧密结合在一起，它们的原理就是：主体不过是言语活动的一种效果。他想象有一种领域宽阔的科学，学者最终就包含在这种科学的陈述活动之中——这种科学便是关于言语活动的效果的科学。"① 我们要在巴尔特的话语符号学的视域下考察巴尔特的中国书写，就要把作者确立为一个陈述行为的主体，同时也是一个言语活动的产物，把作者、读者以及言说物、言说活动都当作我们的研究对象。可以说，我们要做的工作，其实是一个双重自我反射式的罗兰·巴尔特话语符号学的文本实验。一方面，我们共置了研究对象与后设语言，巴尔特的书写成为被研究者（笔者）确立的"巴尔特话语符号学"的考察对象；另一方面，这一研究的对象语言补进了它的后设语言。

在本章第一节中，笔者要搬演巴尔特、本维尼斯特与格雷马斯的话语符号学，分析巴尔特的中国书写②，同时笔者引入巴尔特对安东尼奥尼《中国》电影的符号学解读，还原巴尔特访问中国之前的期待视域和实际视域的变化；笔者在本书第二章已经讨论过了，本维尼斯特和格雷马斯的话语符号学与巴尔特的符号学在学术思想上同源（但不同支），不仅如此，后者也吸收了前二者的思想，形成了自己的话语符号学理论；至于安东尼奥尼的纪录片《中国》，则是刺激巴尔特促成中国之行的直接原因。在第二节中，笔者要援用尤里·洛特曼的"自主交流理论"，与巴尔特的话语符号学进行对照研究，将巴尔特的自我与他者书写定义为自主交流导向的书写，由此，笔者也试图沟通莫斯科-塔尔图学派的文化符号学与巴尔特的话语符号学。综合言之，这两节内容在挖掘巴尔特话语符号学对比较文学课题的模构作用之余，也意欲勾连巴尔特的话语符号学与其他学者关涉话语问题的符号学思想，从而开发话语符号学研究更为广袤的场域。

---

① Barthes, *Roland Barthes par Roland Barthes* 93.

② 这一节的大部分内容已经发表，参见：韩蕾：《罗兰·巴尔特与中国：一个话语符号学的文本实验》，第92-106页；韩蕾：《对罗兰·巴尔特中国书写的符号学矩阵考察》，《法国研究》，1(2015)：64-74。

第一节　话语符号学视域下的“巴尔特与中国”课题

“罗兰·巴尔特与中国”作为比较文学的论题，如果遵循传统的影响与接受研究的思路，首先需要阐明巴尔特与中国之间真实的历史文化际遇（historical，cultural contact），即要详细考察巴尔特在1974年4月11日至5月4日之间所做的中国旅行。在此，笔者将这段历史文化际遇简略介绍如下：1974年，中国正处于“文化大革命”期间，巴尔特随同弗朗索瓦·瓦尔（François Wahl，1925—）和《如是》杂志文人团体的菲利普·索莱尔斯、朱丽娅·克里斯蒂娃、马尔塞林·普勒内（Marcelin Pleynet，1933）一行共五人，来到中国进行文化考察。他们于4月11日到达北京，5月4日离开，整个行程不足一个月。

此次考察的路线预先已被严格设定，并且一路都有中国政府人员随行陪同，没有任何自由观光的机会。巴尔特在日记中写道：“整个旅行都躲避在语言系统（langue）和旅行社（l'Agence）这两层橱窗之后。”[①] 4月12日，巴尔特在日记中写下了这样一个问句：“Alors，la Chine?”（好吧，这就是中国？/来说说中国吧？）回法国后，以这个问句为题，巴尔特将他对中国之行的疑问与答案写成一篇简短的文章，发表在5月24日的《世界报》（*Le Monde*，24 Mai）上。这篇文章的题目我们勉强译之为：《好吧，我们来谈谈中国吧?》[②]。除了《罗兰·巴尔特自述》中涉及此段旅行的三个片段，这篇短文以及它次年单独成册发表时补入的后记，便是巴尔特生前关于他的中国之行留下的所有发表物，不知是否因为他对此兴趣索然，他此行的日记生前一直没有发表，直到2009年时才由后人编辑

---

① Barthes，*Carnets du voyage en Chine* 168.

② 对“Alors，la Chine?”这个标题的译法，1992年的《比较文学通讯》上发表的译文处理为“中国怎么样”。的确，在《中国旅行笔记》中出现的这个问句表现的正是“中国，怎么样呢?”这样一个语气（mood）、语感（Sprachgefühl），但是，在撰写短文时，好奇被一种伦理中性取代，窥视中国的欲望在被满足之前已经被搁置，书写欲望减退之后，依然要为了义务（devoir）而书写，书写中的语气、语感就都发生了变化，“Alors，la Chine?”中的问号代之以省略号，已经变成了“好吧，我们来谈谈中国吧……”。根据叶尔姆斯列夫在《语言研究导论》（*Language: An Introduction*）一书中的解释，语感是语言结构与语言使用中重中之重的成分，再加上巴尔特本人对于语言的敏感使得他无法抛弃语言自身的功能，而仅仅关注语言所传达的信息，我们不可能不考虑这个标题中语气和语感的部分，因此笔者尝试还原巴尔特的语气，将“Alors，la Chine?”这篇短文的标题译为“好吧，我们来谈谈中国吧?”。

发表，即《中国旅行笔记》。事实上，巴尔特这位多产的学者对于此行的不积极书写是一特例，这个法国知识界的“文化大革命”旅行团在归国后生产了不少的论述：6月15—19日的《世界报》连载了弗朗索瓦·瓦尔的文章《中国，没有乌托邦》（“La Chine，sans utopie”）[①]，之后《如是》杂志第69期刊出了“在中国”（“En Chine”）特刊，克里斯蒂娃出版了《中国妇女》（*Des Chinoises*，1974），近年来出版的还有普勒内的日记《中国之行》（*Le voyage en Chine*，2012）。

一、论断主体/言说主体？从形象学到话语符号学的转向

《中国旅行笔记》和《好吧，我们来谈谈中国吧？》这两个文本，作为这一旅行有且仅有的直接成果，是实证主义视域下的成熟的历史研究和中法文学关系研究已经初步处理过的对象[②]。以往对这两个文本的阅读也产生了这样一些论断性的结论：巴尔特“不喜欢”中国，或“总体说来，巴尔特对中国的态度是负面的”。诸如此类的结论显然分享了同一前提，即巴尔特拥有一个先在的阐释主体的身份。论其根源，此类结论与传统的主体与客体对立、“自我”（西方作者）与“他者”（东方、异域经验）对立的视域无法撇开关联。笔者认为，将作者设立为先在的阐释主体的这种阅读，一旦遭遇巴尔特的中国书写，就不免将它们惯用的后设语言——形象学，降格为一个理论应用的受害者。

形象学惯常处理一个正面的形象，比如伏尔泰笔下的中国皇帝，或者

---

① Wahl, François. “La Chine sans utopie: I. Pi Lin Pi Kong.” *Le Monde*, 15 juin 1974; Wahl, François. “La Chine sans utopie: II. Tien an men ou de l'explication avec le modèle.” *Le Monde*, 16 - 17 juin 1974; Wahl, François. “La Chine sans utopie: III. Staline, ou l'ennemi principal, c'est le révisionnisme.” *Le Monde*, 18 juin 1974; Wahl, François. “La Chine sans utopie: IV. Révolution Culturelle ou Occidentalisation?” *Le Monde*, 19 juin, 1974.

② 在实证主义视野中对巴尔特的中国之行以及整个如是派的文化出走行动进行研究的学者及书籍主要有：Hollander, P. *Political Pilgrims: Western Intellectuals in Search of the Good Society*. New Brunswick, N. J.: Transaction Publishers, 1998; Hourmant, F. *Au pays de l'avenir radieux: voyages des intellectuels français en URSS, à Cuba et en Chine populaire*. Paris: Aubier, 2000; Hayot, *Chinese Dreams: Pound, Brecht, Tel Quel*; Hughes, A. *France/China: Intercultural Imaginings*. Londres: Legenda, 2007. 期刊文献主要有：Hughes, “Bodily Encounters with China: On Tour with *Tel Quel*” 49 - 62; Poel, Van der. “*Tel Quel* et la Chine: L'Orient comme mythe de l'intellectuel occidental.” *History of European Ideas* 16. 4 - 6 (1993): 431 - 39; Goldman, M.. “China's Anti-Confucian Campaign, 1973 - 74.” *The China Quarterly* 63 (1975): 435 - 62; Sollers, Phillipe. “Pourquoi j'ai été chinois.” Interview avec Shushi Kao. *Tel Quel* 88, été 1981.

一个负面的形象，比如《黄祸》（*The Yellow Peril*）中的东方民族。如果我们用话语符号学的视域来探视这种研究，就会发现：传统的形象学研究处理的主体（I）和他者（he）的关系，是对他者相对于主体的“差异性”的编码与解码过程，因此不可避免地借由语言成为意识形态化了的符指过程；在这个过程中，主体的态度好恶也成了描述性语言的工作对象与旨在（purport）。这种方法的一个必然结果是：发送方的视角以某一理想模式（正面的或负面的，极少是中性的）为参照，将他者作为自我主体性的对立面；而从接受方的视角出发，文学却成了对一个选择出来的结果的陈述。这种研究应对巴尔特的中国书写之所以不那么自适、恰切的原因在于：它是一种建立在“I”（“我”）与“he”（“他”）之间的书写，本质上是不平等的，因为“I”与“he”之间只有一种称述关系，那就是“he”是存在于“I”的称述中的被陈述对象，而不是一个对话言谈的对象。巴尔特恰好最为反对的就是主体针对他者的论断性陈述，他不无讽刺地称之为“像公牛离开围栏冲入斗牛场一样，怒不可遏或盛气凌人地离开中国”①。

同样面对他者问题，话语符号学通过拆解“I”的权威，关注点从“I”对被称述者的“he”的称述转向“I”在向“you”言说，并建立起“I”与“you”之间的可逆转的言说关系。这种转化不但没有消解主体，反而更加强调对话语主体的建构，用巴尔特的话来说：“今天，书写并非‘说’，而系表示某人在说，因而使得整个指涉（‘所说之事’）与语言行为密不可分。”② 与此同时，主体之于他者的话语之属性也由论断向认同之后的对话性话语转变。作者身份，此时也从神坛隐匿，他的权威的稳固性开始被瓦解，作者被文本化，随之整个言说行为同样成为对象语言。与这种视角相应的文学批评较少对作者的意识形态倾向有所关注。笔者认为，在当下的文学批评中，有必要重提本维尼斯特在20世纪60年代提出的人称的“极性”问题③，有必要用言说行为中人称的互换转变关系所转

---

① Barthes, *Roland Barthes par Roland Barthes* 52.

② Barthes, “An Introduction to the Structural Analysis of Narrative” 263.

③ 人称的“极性”意味着每一次“我”的言说必然是对着“你”而言说，但是“极性”并不意味着平等，“我”总是高于“你”的，可是必须在对着“你”的言说中才自立为“我”，并且这种关系可以互换。

化的人称“极性”的不平等①，来取代先在他者之于先在主体的“差异性”②。

由形象学向话语符号学转向，本节甄别了论断主体与言说主体，这不仅是要把握巴尔特书写中国的意向性，也是要真正复归巴尔特的作者之死与读者诞生理论。批评者与一般读者，皆是巴尔特的文本的读者，而巴尔特自己也是其文本的读者，并且是作为文本的中国的读者。读者的可逆性，从根本上改变了传统的影响与接受研究讨论“罗兰·巴尔特与中国”论题的单向性视域，实践了符号学在后结构主义和解构主义阶段所开发出来的对象语言与后设语言的互化理论。

事实上，按照后结构主义和解构主义的观点，“巴尔特与中国”课题中的两个关系元，在文本化效应下彼此之间的关系可以被视同为符号关系，此一文本与彼一文本之间的关系永远都发生在互文空间（intertextual space）里。这被巴尔特命名以“似曾相阅”的文本空间，由各种不可辨识、不可描述、不可追溯、不可定义、无穷无尽的星系一般的符征构成。文本A，或者说关系元A，与文本B，或者说关系元B的关系，也可视同为符征到符旨的过程；如果我们受了拉康的影响，这一关系就可表述为：所有的符旨都是暂时性的，都必将成为一个新的符征，再度指向新的暂时性的符旨；符征不间断地流动，符旨持续绵延，推迟了一个最终符旨的出现。如果稍微回溯一下索绪尔有关符征与符旨的论述，我们会发现，在这种视域下，索绪尔图示的符征和符旨之间的横线从实线变成虚线了。既然符征与符旨之间没有固定的区别，那么，符征也可以变成符旨，符旨也可以转化为符征，意义的生产最终便落在了符征的生产性（productivité）和生产能力之上。可以说，意义就是符征无始无终的游戏。巴尔特把这种符征与符旨之间的互相转化应用在他的文本概念中，对象文本与后设文本在他的书写中也可以互化。其实，所谓对象文本与后设文本的划分也只能是暂时的。与此同时，作者不再是先验的、自然的产物，而是言语活动的产物，更是文本，是文本的复数意义，是复数意义的文本，甚至是无穷指涉的文本。

---

① 只有在与某人说话的时候才成为“我”，对方在“我”的言说中成为“你”，而在对方的言说中，当对方反称自己为“我”的时候，“我”就成了“你”，这也就是雅各布森所谓的纯粹的个人私语只是虚妄，因为语言始终是社会化（socialized）的。

② 本维尼斯特：《普通语言学问题（选译本）》，第291－301页。

对于作为文本的中国，我们更愿意提出这样一个说法：无论是中国文本，还是被读者认为是巴尔特的宠儿的日本文本，它们与巴尔特这位作者的所有意义关联都在符号的层面，而不在伦理的或道德的抑或是其他任何亟待价值判断的层面。一个更为恰切的说法是：中国和日本在巴尔特的文本中承担了双方面的功能：一方面，它们是巴尔特的对象文本，中国与日本，它们的人群、景观、语言、伦理等均以文化符号的方式成为巴尔特的对象文本，而相对应的，巴尔特的后设语言是他的话语符号学；另一方面，它们同时也是巴尔特自身作为文本的后设文本，借助这两个或符征丰富或者符征空无的后设系统，作为文本的作者巴尔特，也同时成为它们的对象文本从而被重塑。无论是后设系统还是对象系统，其本质都是符号存在，因为它们之间的关系不是静态的，而是动态互涉的。

在上述讨论中，我们确定了在话语符号学视角下思考“巴尔特与中国”课题的两个重要基础：我们在讨论巴尔特的中国书写时，所讨论的是一个言说主体或话语主体，而不是先验主体、诠释学主体，因此，弃形象学而取话语符号学的方法，本节要来讨论一个言说的主体从事言语行为的能力以及如何进行言语活动实践的问题；巴尔特与中国的关系是文本关系，因此存在对象话语与后设话语的可逆，从而使得整个“罗兰·巴尔特与中国”课题的讨论成为一个双重自我反思式的文本实验：以“Roland Barthes par Roland Barthes”的方式，来从事“Roland Barthes et la Chine”这一研究。在这两个基础之上，本文将《罗兰·巴尔特自述》作为重要辅助文本，分析其中涉及中国的片段，并聚焦分析《中国旅行笔记》和《好吧，我们来谈谈中国吧?》。

二、一个传统的起点：巴尔特中国之行的历史文化背景

1974 年的访华行为，作为法国知识界的一次集体智力“出走”[①]，与当时他们对中国的强烈的阐释兴趣、乌托邦的政治幻想有直接的关系。车琳在论文《20 世纪 60—70 年代法国“原样派”知识分子的中国观——以菲利普·索莱尔斯和罗兰·巴尔特为例》中指出，法国左翼知识分子（比如萨特）自 50 年代起就非常关注新中国，60 年代后，随着中国官方对中国正面形象的塑造，在欧洲左派中蔓延的对斯大林主义的失望情绪，法国社会对中国书籍的出版与传播以及一批宣传毛主义（Maoism）的刊物的创办，中国成为法国部分左翼知识分子幻想中的理想国家。车琳特别梳理了“原样派”即“如是派”知识分子的中国情结，她指出：五月风暴（mai 68）之后的 1971 年，“如是派”知识分子有感于要批判当时法国的资产阶级和修正主义意识形态，也要与反对中国共产党在世界左翼政党中占据一席之地的法国共产党决裂，因此，他们在自己的官方杂志《如是》第 47 期发表宣言，支持社会主义中国，前后一共出版了四期中国专号，最后一期即 1974 年第 59 期的专号，正是上文提到的知识旅行团访问中国之后带回去的文本。如是派对中国的热情一直持续到了 1976 年，但彼时中法两国左派的政治形势都发生了重大变化，中国的“文化大革命”已经结束，法国的左派也已经失去有利形势，如是派也在第 68 期的《如是》杂志发表短文《关于“毛主义”》，以此宣告与中国“神话”告别[②]。如是派的中国迷思，车琳将之总结为“革命浪漫主义幻觉”和“理想化

① 现代人的域外经验（Xéniteia），无论是真正的域外生活，还是在自己的国家、阶级、种群、身处其中的制度内部，现代人所拥有的出走的欲望，都是无数文学作品所痴迷的对象，也是现象学分析的重要原始文本，这种经验同样也是巴尔特书写中国的原始动机之一。巴尔特在法兰西公学院一则讲稿（收录于法兰西公学院讲稿集录之一《如何共同生活》（*Comment vivre ensemble*, 2002）中提出：“每当我阅读《世界报》时，我就陷入一种过度的 Xéniteia 之中。这种 Xéniteia 是包容性的，它可以获得围绕着主体的整个社会空间……当在我们周围（即便我们已参与其中）有一种言语活动、一种学说、一种思想活动、一系列立场，开始形成、开始固结、开始定型、开始重新变成一团密实的习惯、默契和方便（在言语活动术语上，一种社会方言）的时候，我们就会产生属于 Xéniteia 的冲动：到别的地方去，以智力流浪的状态来生活。”（参见：［法］罗兰·巴尔特：《如何共同生活——某些日常空间的故事性模拟》，怀宇译，北京：中国人民大学出版社，2010，第 181－182 页。）

② 车琳：《20 世纪 60—70 年代法国“原样派”知识分子的中国观——以菲利普·索莱尔斯和罗兰·巴尔特为例》，第 69－72 页。

误读”[1]，这种判断是很准确的。

笔者有意要将上述背景与巴尔特在这一时期的思想演变做一对照。巴尔特对左翼感兴趣的时候，正是20世纪50年代至60年代之间[2]，1960年之后，他对左翼已经彻底地失去了兴趣。巴尔特自己把60年代中期定义为他的社会批评和符号学梦想时期，此后则是他的文本理论和道德论时期[3]。这中间有一个重要的时间点——1966年。这一年巴尔特启程去了日本，他通过日本之行明确地察觉到了他对自己祖国的文明的厌倦，随后写作的《符号帝国》以及《S/Z》都被视为他走向文本时期的代表作。1966年也是重要的“结构主义之争”会议发生的那一年，巴尔特热爱的本维尼斯特的话语理论和主体理论受到了德里达解构主义观念的批评，巴尔特受到后者的吸引。1968年的五月风暴，则彻底地改变了巴尔特对政治事件、政治话语的态度。在五月风暴爆发初期，巴尔特试图以学者身份介入这场学生运动，但是他的研究兴趣随即被其中的无理性激进击溃，有学者将他1970年远赴摩洛哥执教的行为视为对五月风暴及其影响的逃避。五月风暴也帮助巴尔特确认了他在政治事件中的“废料”（déchet）知识分子“聆听主义”立场[4]，以及参与德里达解构西方逻各斯中心主义事业的决心。巴尔特所谓的“符号破坏者”（sémioclastie）的操作，表面上讨论的是索绪尔的符号观念，实则指向的是西方语音中心主义（phonocentrism）传统。经历了五月风暴中的言语暴力与乌托邦幻想的失败，已经进入后结构主义阶段的巴尔特，先于如是派学者以及其他法国左翼激进分子意识到：学者的自由，是应当反抗将某种政治意识形态当作可行的观察和阐释世界的方式的意识。

20世纪70年代，在欧洲文化界还发生了一件值得特别重视的事件，那就是意大利导演安东尼奥尼的《中国》纪录片事件。1972年时意大利

---

① 车琳：《20世纪60—70年代法国“原样派”知识分子的中国观——以菲利普·索莱尔斯和罗兰·巴尔特为例》，第71页。

② 见巴尔特这一时期发表的论文“Écrivain de gauche”，1952；“Oui, il existe bien une écriture de gauche”，1953；“Le Mythe, aujourd'hui”，1957；“Cinéma droite et gauche”，1959；“Sur la critique de gauche”，1960.

③ Barthes, *Roland Barthes par Roland Barthes* 174.

④ “政治，不一定要被言说，它也可以被聆听。或许我们需要一种聆听政治话语的实践。”（Barthes, Roland. “À quoi sert un intellectuel?” *Œuvres complètes*. Tome 5. Paris: Éditions du Seuil, 2002. 372.）

导演安东尼奥尼受周恩来总理邀请来中国拍摄一部纪录片，但是，这部纪录片公映之后，中国官方发现它并不符合他们的预期以至于展开了长达六年的猛烈抨击。在西方，这部纪录片也受到了左翼狂热分子的攻击①。原台湾清华大学教授陈传兴2013年5月9日在复旦大学作题为《看不见的中国——安东尼奥尼的〈中国〉》的讲座报告时，特别交代了这部影片诞生之时中国和西方的历史时空背景，与这样一个真实的历史与思想背景形成鲜明对照的，正是上文中已经描绘出的左翼分子和欧洲毛主义追随者滞后的狂热。"1972年2月尼克松访华，结束了多年的中美断交，同时，也在冷战氛围中画下了一个奇怪的逗点。1968年知青下乡的文化狂飙运动乃至整个'文化大革命'，在1971年林彪事件之后开始退潮，开始进入第二个阶段。这个时候中国诗歌的声音开始萌芽，民间思想村落在地下开始成型。当时的中国并非环绕着巴黎的左翼毛派狂热想象下的那个中国……事实上，西方在思想上早就裂爆，所谓的认识论狂热、所谓的主体，所有这一切，事实上都迈向了终结点。"② 陈传兴强调了纪录片《中国》在整个20世纪70年代西方知识分子中的效应，其中最重要的就是影响了巴尔特和如是派在1974年的访华，比如，巴尔特就在1980年给安东尼奥尼的信件《亲爱的安东尼奥尼》（"Cher Antonioni"）中自陈道："正是您的《中国》激起我去旅行的欲望。"③ 巴尔特对安东尼奥尼的亲近与

① 安东尼奥尼于1972年5月初来到中国，在22天内对北京、上海、苏州、南京以及林县（今河南林州市）等地区进行了拍摄。在来中国之前，按照中国驻罗马大使馆的要求，安东尼奥尼与他的团队准备了一个行程表，但是这个行程表最终被放弃了，一方面是因为完成这个行程大约需要六个月，另一方面是因为中国大使馆给出了他们希望安东尼奥尼拍摄的行程表。双方在一个旅馆的房间中"讨价还价"了整整三天时间，最后彼此妥协终于确定了最终得以实现的那个行程单。在中国拍摄纪录片的22天时间中，安东尼奥尼一共拍摄了三万米胶卷的素材，这些素材经过剪辑后最终形成了3小时40分钟的《中国》纪录片。1973年1月，《中国》首映式在意大利首都罗马举行。次年1月30日，《人民日报》发表特约评论员文章《恶毒的用心，卑劣的手法》，对安东尼奥尼及《中国》进行了激烈的批判。以这篇文章为开端，中国掀起了大规模的批判安东尼奥尼的思想潮流，在随后的两个月中生产了大量的批判论文，最终形成了《中国人民不可侮——批判安东尼奥尼的反华影片〈中国〉文辑》这个册子，其中甚至包括了小学生的批判文章。直至1979年2月19日，中国国务院公布了外交部关于《中国》纪录片的调查报告，《中国》引起的这场文艺运动才算结束。参见：《中国人民不可侮——批判安东尼奥尼的反华影片〈中国〉文辑》，北京：人民文学出版社，1974。

② 引文来自当时讲座录音整理，对个别重复的字词有删减，但对陈教授之原意不敢有丝毫改变。

③ Barthes, Roland. "Cher Antonioni." *Œuvres complètes*. Tome 5. Paris: Éditions du Seuil, 2002. 902-903. 译文引自：张弓译《亲爱的安东尼奥尼》，见《电影欣赏》，35（1988）：38。

理解，与他在此时在政治行动和意识形态上与如是派的距离是同源的，那就是对政治文本中固定意义的抗拒。

上述历史性的、相对宏观的论述，基本已经揭示了巴尔特中国书写与如是派的差异的根源以及他自己独特的写作态度：他的中国书写不是西方人的游记，不是政治判断，与乌托邦幻想的实现或破灭无关。如果说1974年的访华行为是法国知识界的一次集体性智力“出走”的演绎，那么，巴尔特向读者展示的是他与这种集体意识之间的疏离。一如他在天安门前的集体照中刻意选择隐于人群之后的暗涩之所一样，他尝试与自己生存其中的社会方言、集体话语以及广义社会空间背离。面对真正的他者中国，他更加机敏地意识到西方人先验主体的意识有违距离感应该赋予人们的那种“讲究”（délicatesse）的价值：“距离与尊重，它在关系中没有分量，但却有着这种关系的强烈热情。它的原则是：不支配别人，不操控，主动地放弃（对其他人的）想象，避免一切可能滋生对关系产生想象的东西。=真正的乌托邦，因为它是至善的一种形式。”[①]

巴尔特的疏离感以及他对“讲究”的价值取向，使得他自然而然地反思着西方外来者解读中国的行为，他在《好吧，我们来谈谈中国吧?》这篇短文的开篇批判道：“我们”（西方人）在脑子里已经装满了成百上千个迫切的但看起来又是自然的问题来到中国；“我们”无法规避思想上的祖传旧习，抱着一种智识上对于中国的诠释性建构的预设与期待。“我们”是先设的论断者，是辨读的（déchiffrer）的存在，是诠释的主体；“我们”相信“我们的”智识活动总会揭示一种意义。因此，“我们”摇动我们的知识之树，要让答案自动掉落，“我们”期待着被破解（être déchiffré）的秘密；但是除了政治话语的答复，任何东西都没有从“我们的”知识之树上落下，“我们”只带回了“空无”（rien）[②]。

在1975年布尔乔亚出版社出版同文小册子的时候，巴尔特补入了一篇简短的后记。在后记中，巴尔特解释了自己书写中国的特殊策略，以此回应该文曾引起的负面反应。他如此写道：“在我看来，这个应时性的文本，提出了一个原则问题：这并非是什么是被允许的，而是有什么是有可

---

① 巴尔特：《如何共同生活》，第187－188页。

② Barthes, Roland. “Alors, la Chine?” *Œuvres complètes*. Tome. 4. Paris: Éditions du Seuil, 2002. 516.

能说的，或者有什么是没可能说的。”（non pas：qu’est-il permis，mais qu’est-il possible de dire ou de ne pas dire?）① 这重要的后记提醒我们，要考虑两个问题：一则是社会对个体言说的行为允许与否（permis），二则是个体的言说如何得以实现（possible de dire ou de ne pas dire）、是否成立（vérité/mensonge）。与此同时，回溯巴尔特在《好吧，我们来谈谈中国吧?》开篇的批判性言辞，我们发现如下问题已然浮出水面：言说主体的言语活动，与他的知识系统的关系如何？如果不参照知识，该如何陈述，如何发表言语活动？如果不知道如何言说，不会言说，那么，是否允许言说中国？言说中国的行为是否可能？等等。如果我们对所有这些问题加以简化，可以用“触媒作用”（catalysis）这一语言学的概念来统摄分析。在组合段中，以一个符号延长（或统称改变）另一个符号的运作，就是“触媒作用”。我们对巴尔特中国书写的所有问题的落点便在可能对他的书写产生触媒作用的因素这个问题上面。因此，为了更好地分析这些问题，笔者自然地需要求助于格雷马斯模态理论②，一方面是因为格雷马斯提出的符号矩阵（carré sémiotique）是矩阵理论发展至今较为合理的一个图示；另一方面，是因为格雷马斯对于矩阵的扩展性讨论满足了巴尔特对于矩阵的“叠加、取消、超出”的创造改变③，因此适合用来分析触媒作用这个问题。

三、对巴尔特言说中国之能力与表现的模态考察

在此，我们不妨稍微回顾一下巴尔特与格雷马斯的因缘。格雷马斯在《论意义》（*Du sens: essais sémiotiques*，1970）的前言中提及他与巴尔特的学术渊源，略为自满，认为他们二人同为叶尔姆斯列夫私淑，共同研究语言学，但自己的学习成果《结构语义学》成就高于巴尔特的学习成果《符号学基础》。笔者无意点评英雄高低，只能说此二人均为索绪尔语言

---

① Barthes，“Alors，la Chine?” 519.

② Greimas，A. J.. “Pour une théorie des modalités.” *Langages* 43（1976）：90 – 107. 该论文后收入《论意义 II》，见：Greimas，A. J.. “Pour une théorie des modalités.” *Du sens II: essais sémiotiques*. Paris：Éditions du Seuil，1983. 67 – 91. Greimas，A. J.. “Les jeux des constraints sémiotiques.” *Du sens: essais sémiotiques*. Paris：Éditions du Seuil，1970. 135 – 55. Greimas，A. J.. “De la modalization de l’être.” *Du sens II: essais sémiotiques*. Paris：Éditions du Seuil，1983. 93 – 102.

③ Barthes，Roland. *Comment vivre ensemble: Cours et séminaire au Collège de France (1976 – 1977)*. Paris：Éditions du Seuil/IMEC，2002. 161.

学的大胆实验者与革新者，前者提出的结构语义分析诸模型是至今最为清晰可行的语文文本分析理论之一，而后者 1964 年的这本小册子把索绪尔对语言学与符号学的关系做了一个逆反，把符号学视为超语言学，以语言学的律法来分析一切符号问题①，并以一生的写作来跨越语文文本与非语文文本的研究界限。可以说，格雷马斯与巴尔特二人的符号学理论之有效且合理的结合，在很大程度上，将有助于我们厘清符号学分析在跨学科研究、超学科之前景实验中所遭遇的定义抽象、模型叠构、界限模糊等问题。因此，笔者尝试以格雷马斯的模态分析理论来探视巴尔特的中国书写，并辅佐以巴尔特自己的话语符号学的实践，不仅是出于自身研究需要，也是为了回应巴尔特与格雷马斯在话语符号学路径上渊源近似、殊途同归这一事实。

如果我们设定当时巴尔特所在的法国社会有一套书写中国的规则，而这一规则为 S，那么，在意义的外显层面，我们有以提倡（prescription）与禁止（interdiction）形式出现的规则②，有如图 12③ 所示模态图。

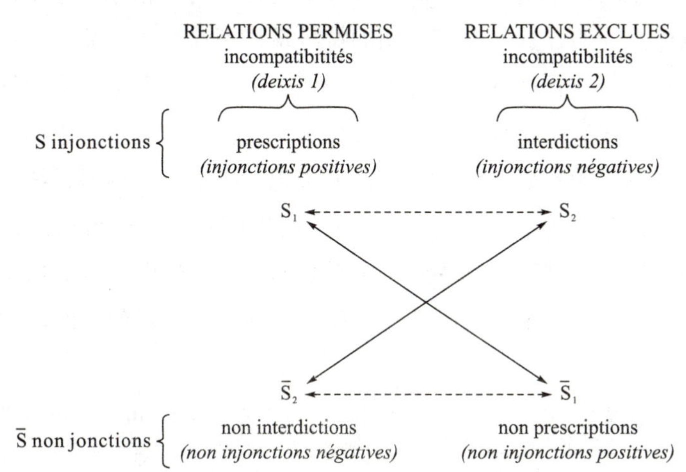

图 12　格雷马斯所作一切系统的指令性规则的意义结构示意图

用如上符号方阵对巴尔特的中国书写进行初步考察，我们发现：（1）

---

① Eco, Umberto. *A Theory of Semiotics*. Bloomington, IN.: Indiana UP, 1976. 30.

② 这里的“prescription”并不是语言学本意上的规约，而是逻辑上与禁止相对立的提倡。

③ Greimas, “Les jeux des constraints sémiotiques” 141.

巴尔特的书写行动最初并非不被允许，甚至是被要求的[①]，或者被提倡去书写中国，那么，巴尔特的书写行动落于左侧，即提倡与不禁止（non interdictions）；（2）如果细致考察巴尔特书写中国的文本，以及这些文本在法国所招致的批评，我们会发现巴尔特的书写形式和内容属于不提倡（non prescription）与禁止（interdictions）的区位。这两项初步的观察结果，都是在S这个社会规则之下得出的，因此，我们将这两项观察结果可以重新整理为：20世纪70年代法国社会书写中国的规则提倡以及不禁止巴尔特作为个体书写中国这一行动的发生，并且着力促成这一行动，这其中我们并未明确发现巴尔特这一言说个体的主体意识和倾向；这一规则在审查巴尔特的个体书写的生产物时，对个体书写的成果表示不提倡、禁止，此时个体规则与社会规则之间产生了外向张力。

我们必须依据格雷马斯有关符号约束规则的理论来对上述暂时性的结论进行审查。格雷马斯提出，任何一个符号的征显（manifestation）都不是仅仅依赖于一个系统，而是多个符号系统之间的互相作用才使得符号的征显得以成立，而在这些互相作用的符号系统里存在等级关系，社会这个系统居于高位，并且被其他系统中介，而决定了这一等级关系的核心概念是认知系统或知识论系统，认知系统决定了征显的历史性；它的社会成分表现为隐性或否的常识，那是一个价值系统，也是一个辩证系统，内在于社会的所有符号结构中[②]。任何符号对象的生产者的生产活动都在这个认知系统的作用之下进行，并受到多个系统的影响。这些影响对这位生产者产生了一些约束，赋予其有限的选择权，因此，生产者的生产活动就必然

---

① 巴尔特曾经主动地解释过自己参加中国之行并非自愿，而是“出于媒体的原因，他不得不去中国，他必须去中国。他想，如果他不参加这次旅行，别人是不会原谅他的”（卡尔韦，《结构与符号——罗兰·巴尔特传》，第206页）。然而，为何巴尔特会有“别人是不会原谅他的”这一说法呢？参照王东亮的《“结构不上街”的事故调查》一文，并结合卡尔韦的《结构与符号》中《结构不上街》一章，我们得知，巴尔特并不赞同1968年的法国五月风暴，“结构不上街”首先是法国学生置于巴尔特名下的有讽刺意味的“界定”，随后演化为学生对整个结构主义者的革命行动能力与实践的、同样具有讽刺意味的批评。巴尔特在这一学生运动中感觉到自己被边缘化，因此1974年的“中国之行”似乎成了巴尔特对法国革命运动及这一运动的评论界的妥协，不得不“顺应时事”。王东亮言之曰：“一半像是屈从于媒体与思想时尚的压力，一半像是对‘五月风暴’中‘失足’的补救”（《“结构不上街”的事故调查》，第63页），这是十分中肯的。具体的历史过程描述，可参见：卡尔韦：《结构与符号——罗兰·巴尔特传》，第168－90页；王东亮：《“结构不上街”的事故调查》，第61－68页。

② Greimas, “Les jeux des constraints sémiotiques” 153.

要发生在对内容（content）层面的可能的组织行为内部。因此，我们说，巴尔特书写中国的行为是社会、个体等多个系统互相作用的结果，而社会系统与个体系统之间的张力，一则说明了社会规则的认知系统与巴尔特的个体认知系统之间的对立，二则说明了社会规则对巴尔特的个体规则产生了约束力，因此，我们就有了关于巴尔特书写中国的行为的第一个结果：社会规则与个体规则之间的张力（tension between episteme of society and of individual）= 提倡和允许的书写行动（permitted action of writing）+ 不被接受的书写成果（unaccepted writings）。

巴尔特的书写策略所涉及的另外一个重要问题，是个体书写的潜在能力，即书写的可能性的问题。格雷马斯搭建的主体的言语行为潜在的实践能力（compétence pragmatique）包含的上层模态清单一共为四个模态："vouloir"（欲，或想要）/意愿；"devoir"（应，或必须）/义务；"pouvoir"（能，或权力）/能力；"savoir"（知，或知识）/知识。因此，如表 4 所示，其考察主体的实践能力，将其作为行为（acte）预设的潜在的生产机制。

表 4　格雷马斯所作考察主体实践能力的模态组合的组织草图

能力		行为 "使之如是的那个施事" （ce qui fait être）
潜在化模态	现实化模态	使之实现的模态
应做（devoir faire） 欲做（vouloir faire）	能做（pouvoir faire） 知（会）做（savoir faire）	使之如是 （faire-être）

如果我们要在这四个模态中分析巴尔特陈述中国这一言语行为的潜在的实践能力，那么，我们可以对巴尔特对中国的言说搭建起四组模态，分别是："savoir dire"（有知识说）、"devoir dire"（有义务说）、"pouvoir dire"（有权力说），以及隐而不显的"vouloir dire"（有欲望说）模态，这正好应和了《好吧，我们来谈谈中国吧?》这篇短文正文开篇所提出的诸问题，表 4 应该被扩展和重新表述为表 5。

表 5　笔者所作巴尔特书写中国实践能力的模态组合的组织草图

能力 （能够从事关于中国的言语活动的实践能力）		行为 “使之如是的那个施事” （ce qui fait être） 书写中国这一言语活动
潜在化模态 能否书写中国的潜在能力	现实化模态 书写中国的现实能力	使之实现的模态
（devoir dire） “我”应该书写中国？ （savoir dire） “我”想要书写中国？	（pouvoir dire） “我”能书写中国？ （savoir dire） “我”知道怎么去书写中国	使之如是 （faire-être）

表 5 可扩展为一些模态组。

道义模态是格雷马斯最先进行模态组对照的基本模态，也是我们讨论巴尔特言说中国的最基本模态。见图 13 所示道义模态（deontic modality）。

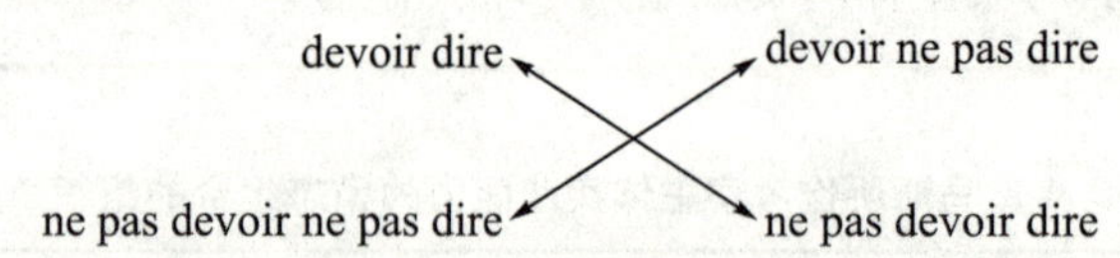

图 13　笔者根据格雷马斯道义模态图所作言说的道义模态图

在此，我们有必要先解决一个问题：为何取道义模态作为基础对照模态？我们可以认为：一方面，道义模态所涉及的最表面的问题，即社会系统对个体及其他系统在等级关系上的上层观照，是较大域位的符号运作规则对身在其中的较小域位的符号运作规则的约束，在这里就表现为法国社会的言说活动的规则对巴尔特个体言说的规则的约束，以及反之，后者对前者的抵触；另一方面，道义模态属于深层结构（deep structure），定义了个体与社会的存在本质，即定义了符号产品的生产条件。从社会层面对个体的约束和要求来说，巴尔特有义务言说中国（devoir dire）（行动），巴尔特没有义务不言说中国（ne pas devoir ne pas dire）（行动），这是社会系统对他个人提出的要求；然而，当我们探究这一道义模态右侧的时候，我们发现，巴尔特的言说呈现为社会要求他有义务不言说（devoir ne pas dire）某些特定的内容，而从巴尔特作为个体自身的思量来说，他没有义务言说（ne pas devoir dire）某些特定的内容。因此，巴尔特言说中国的行为在道义模态中呈现为居于左侧的模态项，涉及行动，而受制于社会因素，而居于右侧的模态项涉及成果，受制于个体与社会。

如果我们认为社会对个体施加的影响是“是”（être）对“做”（faire）模态化，那么，一方面，我们有必要再对社会系统与巴尔特的个体书写系统的规则进行联合考虑，即呈现为道义模态与真性模态（alethic modalities）两个符号方阵之间的互相作用；而另一方面，我们有必要对巴尔特言说中国的实践能力进行考察，即考察社会系统的状态陈述模态对个体的行为陈述模态的模态化作用（being modalizing doing）。前一方面如下图所示真性模态（图 14）。

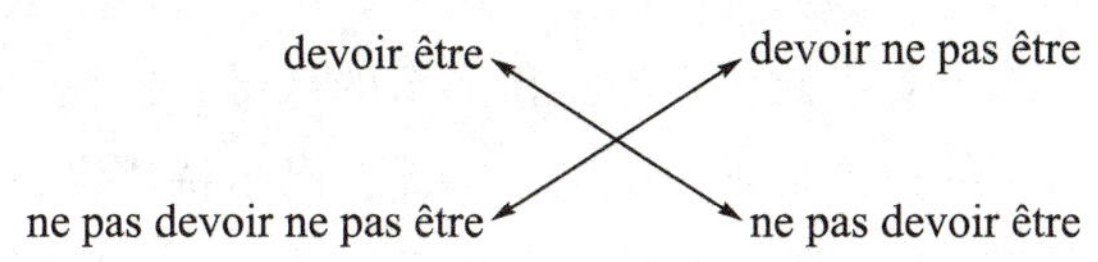

图 14　笔者简化后的格雷马斯真性模态图

从言语活动的形式来看，巴尔特言说中国的模态与社会提供的常识形式（devoir être）相区别，这主要是巴尔特自身的选择，是他的知识系统、书写动机等对社会系统的隐性反抗。例如，法国当时盛行极左的“拥毛派”（“pro-Maoism”），巴尔特没有义务要“拥毛”（ne pas devoir être pro-M），有义务“不拥毛”（devoir de pas être pro-M），这是因为他的认知系统得出的判断是他需要选择中性的书写，而非意识形态的倾斜，并且他无意为任何意识形态摇旗呐喊，巴尔特有欲望、有能力、有知识表现出他一贯的中性立场。

就此，我们可以简单地就巴尔特言说中国的道义模态与真性模态得出如下暂时性的结论：道义模态与真性模态的正向指示轴（positive deixis）显示社会系统对个体认知系统的约束与规范，而真性模态的负向指示轴（negative deixis）显示个体系统对社会系统的反抗与补充。巴尔特言说中国的成果是在社会认知系统与个体认知的张力中生产出来的，这种张力凸显了巴尔特的书写策略中非常重要的部分，即巴尔特的书写的实现模态（realizing modality），亦即他的书写的行为表现，这一行为表现预设了巴尔特的言说能力。

考虑到任何言说主体的能力并不单单来源于一个发送者，而是来源于多个发送者的糅合，因此，格雷马斯列出了按照符号方阵四角相互之间的关联关系的四种方式并置的配对模态组对照。我们先分别考察巴尔特书写中国的欲望、权力与知识模态，再进行组合模态比照。

知识模态如图 15 所示。

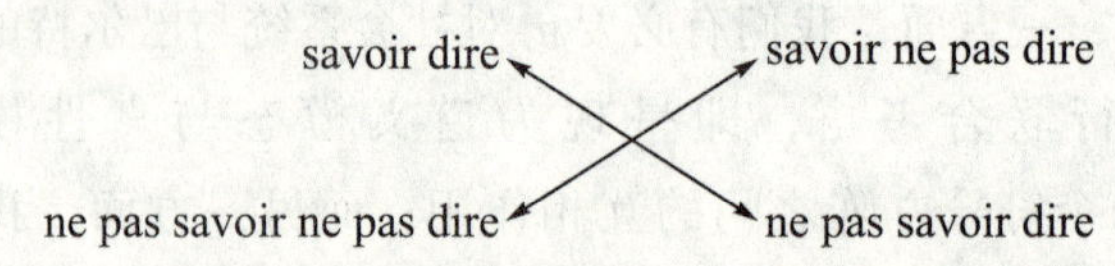

图 15　笔者据格雷马斯知识模态图所作言说的知识模态图

从前文已知，巴尔特自表为试图以西方的智识去辨读中国的人之一，但是西方人的知识并无法从中国的语义场中获得意义，除了重复性的政治话语，或者说，除了对于此一政治意识形态的认可或拒绝，西方人没有与中国的语义场对应的知识去言说中国。因此，巴尔特认识到，他有知识选择不去言说政治（savoir ne pas dire le politique），他没有知识言说中国（ne pas savoir dire）的语义，但是他并非不知道怎么不去说他欲望话语之外的东西。

道义模态与知识模态的对照，反映的是社会代码与个体态度之间兼容与否的状况，主体因为拥有某一知识系统，因此可能采取某一行为方式。我们在前文的分析中已经知道，巴尔特的书写策略最突出的信息素是使得他的言说显现的可能性，而这些可能受到了诸多系统相互之间的作用，并且，巴尔特试图把自己的书写呈现为对社会义务的隐性对抗，因此，我们可以说，巴尔特言说中国的实践活动完全是一个语言学的活动，我们也可以说，他的符号生产法则是语言学的约束法则的游戏，或简以言之，巴尔特对于中国的书写，本质上是他的话语符号学的实验。巴尔特积淀的言语符号的知识系统认可和培养了他言说中国的知识，包括这些知识对他的言说的内容与形式的建构，而正是这些知识，使得他的言说在一个集体书写中具有了特殊的音色，担任了与众不同的角色。如果对巴尔特的知识系统的考察发生在他书写中国的行动之前，我们可以预设他的书写策略；如果这种考察发生在书写行动之后，就正是我们在本节所承担的工作，即审察他的知识对他的书写的影响。

如果回溯我们长久以来经常处理的自我对他者的言说，我们发现，言说的权力被落实在自我的体认之中，自我对他者的言说被预设为有权力的言说，他者自身对这种言说的回应被赋予了更为正义的说辞，并且演化为自我对他者对自我的言说的自我言说，因此，最终，“I”对“he”的陈述在经过文本的折射之后，反馈为“I”与“I”之间被自我保护机制意识形态化了的自主交流。

本节采取的话语符号学的立场对于主体的陈述与确立，仅仅来源于言语活动本身，而非任何一种意识形态，因此，在此，我们讨论巴尔特言说中国的权力时，我们所确立的主体经历了一个从语法上的主语到心意活动（thymic activity）的施事的演变，我们所强调的“savoir”“pouvoir”“vouloir”都存在于这个演变过程中。换句话说，我们是在语义范畴（semantic category）下操作能力模态，我们要讨论的是：如何将言说主体的心意范畴以“适意 vs 失意”（euphoria vs disphoria）二元对立的方式投射到符号方阵中。那么，从这一视角来看，巴尔特言说中国的权力来自他言说中国这一言语活动，而巴尔特言说中国的欲望则来源于作为主体的言说者巴尔特对于他的书写物——中国——所感受到的心意二元对立的分布。巴尔特有权力言说中国，有权力不言说中国（pouvoir dire/ne pas dire)，或者有权力言说某种视域下的中国，有权力不言说另外一种视域下的中国。权力模态如图 16 所示。

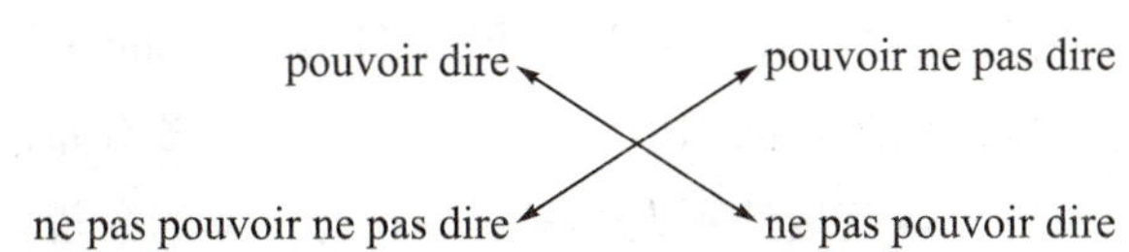

图 16　笔者据格雷马斯权利模态图所作言说的权利模态图

如果再度回溯分析道义模态与知识模态，我们会发现当道义模态与知识模态呈现为不相容状况时，也即意味着主体言说行为的潜在化模态与现实模态的不兼容，这至少包含以下两项内容：（1）个体的言语活动与一处社会规则的对立或矛盾；（2）个体欲望的压抑与释解。前一层面我们处理作家风格与俗套（stéreotype）及大众意见之间的悖离或整合现象，后一层面我们处理书写的主动生产机制或者被动生产机制，如果我们使用巴尔特的词汇，并且遵循一种拉康式的精神分析法，后一层面就是色情活动的展开或压抑。

回溯分析知识模态与权力模态，我们发现，在《罗兰·巴尔特自述》的一个片段中，巴尔特陈述了他对知识（savoir）与写作的能力之间关系的认知。巴尔特在致力于文本书写的时候，喜欢参考知识型的书籍，但是，他希望这样的知识还是由他来安排，作者并不是吞下知识，而是查阅知识，知识被他定位为写作的补充内容①。我们已然发现，巴尔特在预言知识主体的消亡、虚弱，而这通常伴随着欲望主体的诞生与成长。1974年的巴尔特，已经将自己曾经在结构主义网络中消解了的那个知识主体，以欲望主体、躯体主体的方式复活了。在1973年的文本《文之悦》中，巴尔特已然发现了在断裂处被生产、被发现的色情活动与欲望，我们不难读解巴尔特对于中国的成千上万个问题的榜首是"那边的性怎么样?"，因为此时的巴尔特早已将写作的欲望与躯体联结在一起了。

我们认为，巴尔特书写中国的欲望在模态上呈现为：随着时间轴从左侧正向指示轴向右侧负向指示轴发展。至少有四个明确证据可以证明巴尔特最初有书写中国的欲望，按照编年依次如下：（1）1966—1967年间的日本旅行给巴尔特带来了重要的影响，使得他对中国旅行也颇有兴趣；（2）意大利导演安东尼奥尼的纪录片《中国》的影响；（3）巴尔特一开始就想着要从中国带回一种文本，他为此准备了三个笔记本，用蓝色圆珠笔和黑色碳素笔写了三本日记，并且为这三本日记建立了目录，从中国回来之后，他写了一些介绍中国的文字，作为1974年5月在高等实用研究院研讨班的学员授课材料，后来他还写了"Alors, la Chine?"；（4）我们会饶有兴致地发现，巴尔特来到中国见到的第一幕是颇有弗洛伊德性心理暗示的画面，一位年轻英俊的军人带来了书写与身体的欲望。但是，随着他在中国的旅行时间加长，不悦增加（偏头痛的象征），书写欲望减退，他从有欲望书写和没有欲望不去书写，逐渐退化为有欲望不书写，没有欲望书写。因此，欲望模态如图17所示。

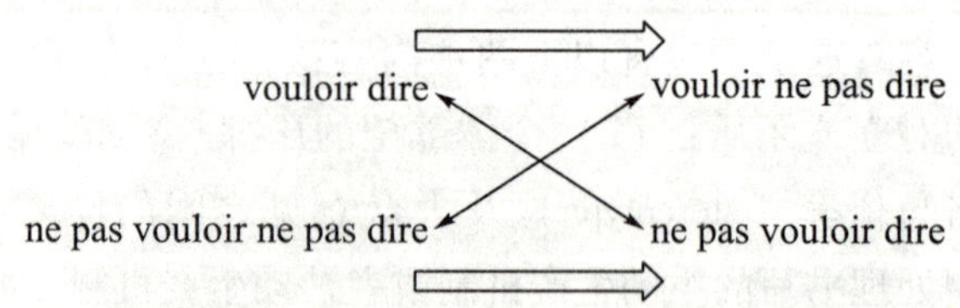

图17　笔者据格雷马斯欲望模态图所作言说的欲望模态图

讨论巴尔特对中国的言说，我们也在讨论巴尔特作为个体对法国社会和中国社会的态度，或者说在讨论巴尔特对当时的中法两种文化类型，以及潜在的参照系日本这第三个文化类型的理解，而这种理解隶属于道义符

① Barthes, *Roland Barthes par Roland Barthes* 161.

号学（deontic semiotics）与意愿（欲望）符号学（bulistic semiotics）的范畴，为此，我们要讨论巴尔特对中国“文化大革命”时的社会情状的态度与法国左翼知识分子团体的态度。在《罗兰·巴尔特自述》中，巴尔特提示我们有一个他所钟爱的词可以表明他的态度与立场——认同（assentiment）。他试图采用“认同”一词来使得《世界报》的读者即在他的世界里的读者们理解，他并不是“选择”中国（choix），而是在不声不响中，也是在“平淡”（fadeur）中接受（acquiescer）在中国发生的事情。然而，正如他的短文“Alors，la Chine?”并未获得叫好一样，他的立场不被人理解。知识界所诉求的，其实是一种选择，像公牛离开牛栏冲入斗牛场那样，怒不可遏或盛气凌人地离开中国①。于是，我们在巴尔特言说中国的欲望模态与道义模态的对照中，挖掘出一个认同主体的施事者，其角色分布如图 18 所示。

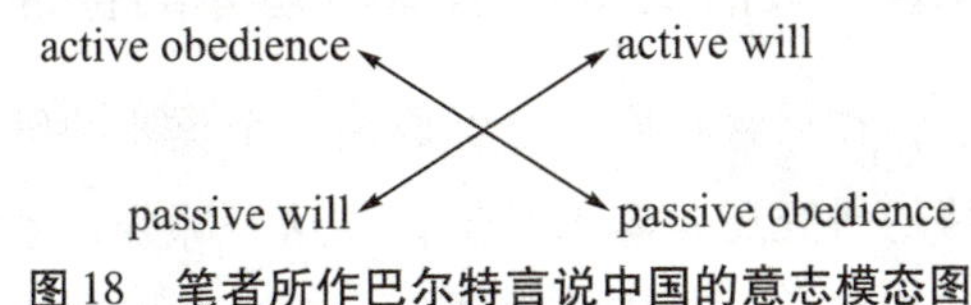

图 18 笔者所作巴尔特言说中国的意志模态图

巴尔特试图生产的认同，是沉默接受在中国发生的一切，而这一点不被法国知识界接受，却被巴尔特主动承担，因此，巴尔特作为认同主体，其区位在于主动服从与主动意愿，而这也要求我们要对主动行为的施事者，或者说要对这种主动意志的使做模态加以分析。是什么使得巴尔特的言说意志落于主动区位呢？我们认为，这属于巴尔特作为欲望主体与符号学的实验主体，在他自己的认知系统与其他系统的相互作用里，得出的有关书写策略的最终决定。

在这里，我们还有必要再做最后一个模态分析，即对道义模态与欲望模态的组合方式进行分析。巴尔特写下的“Alors，la Chine?”基本算是一篇命题作文，也终止于对命题作文的突破。巴尔特作为契约主体，要完成他的书写行为，经历了从道义模态到欲望模态、再到道义模态的转变。这一模态转化的模态如图 19。

devoir dire ⟶ vouloir dire ⟶ devoir dire

图 19 笔者所作巴尔特言说中国的模态转换图

---

① Barthes, *Roland Barthes par Roland Barthes* 52.

综上模态分析，我们得出如下结论：巴尔特言说中国的行为，被裹挟在法国知识界声势浩大的言说中国运动中，成为有义务言说中国的被动承受者和无知识言说中国的主动发现者，同时还是有权力言说与不言说，以及本来有欲望言说，最终反复到有义务言说的言说者。但是，这一反复行为，却体现了巴尔特对自己独特的书写策略的实验与维护，对公众套语的反抗，以及其中性写作的微妙的雏象。巴尔特说过，“必须爱音乐，必须爱中国”①，但是西方人并不具备言说中国的知识，当然，他本人也在内。巴尔特向我们提示了他的立场——作为文人学者，一个符号学家，巴尔特所做的文本实验，显然是要来研究这样一种可能性：“作为主体的人类，难道就不能有另外一种欲望吗？我们推迟我们的陈述，却又不取消陈述。”②

四、色情活动与政治文本：书写与躯体的整合

身体的政治性，在某种程度上已经成为一个重要的研究课题，但是围绕此问题对巴尔特的研究还是微乎其微。在这一部分，笔者尝试对这个问题稍作回应。巴尔特有一个写作的躯体，也有一个可写的躯体，这个躯体在言说，这也是一个特殊的身体。巴尔特在《罗兰·巴尔特自述》中谈道，他的如是派的朋友接受一种共同的、一致的且无形的言语，他们懂得政治言语活动，他们中的每一个人都用自己的身体在言说这种话语，但是他的身体则不然，他不接受政治话语暴力的普遍性，不接受用他的身体来产生重复的文本；③ 他以身体性入文本，以身体的无法化约的差异“同时是所有构造的原则”④，抵抗落入重复和僵化的意识形态的侵袭。在某种程度上，对身体异质性的体认赋予了他反抗集体政治乌托邦想象的力量。

在《好吧，我们来谈谈中国吧？》这篇短文以及《罗兰·巴尔特自

---

① Barthes, “Alors, la Chine?” 520.

② Barthes, “Alors, la Chine?” 519.

③ Barthes, *Roland Barthes par Roland Barthes* 210－11. 陈传兴批评原样派学者的中国之行的成果，他论道：“除了 François Wahl 较持平理性批评外，多数仍不脱离‘政治朝圣’混杂 19 世纪浪漫主义以降的‘壮游书写’，乌托邦想象操控支配了所有这些书写论述，跨过既存的现实与认识论障碍。总的来说，这些书写论述幻想投映压过真实。”（陈传兴：《安东尼奥尼，巴特的中国碎片》，载于张汉良主编：《符号与记忆：海峡两岸的文本实践》，台北：行人文化实验室，2015，第 121 页。）

④ Barthes, *Roland Barthes par Roland Barthes* 210.

述》中，巴尔特都写到了，对中国人的性欲问题的疑问是如是派前往中国时脑子里成百上千个迫切又自然的问题之一，而他是第一个发问者；他的《中国旅行笔记》中也多次提到关于中国的“色情活动”“色情意味”以及“性欲”。这种象征性的疑问与巴尔特的中国书写是如何密合在一起的呢？笔者从巴尔特所受精神分析的影响这一角度提出以下几种可能性。

第一，推迟陈述以取代“阉割书写”（castrated writing）。我们在第三章已经提到，巴尔特在玩弄音位学、字形学和性学方面的能力显然是卓越超群的，让我们再稍微回顾一下他在《S/Z》一书中讲述的阉伶的故事。阉伶变成女高音歌手这个故事本身就是色情性的，阉伶通过阉割行为保持童音，才能训练成花腔。萨拉辛（Sarrasine）与赞比内拉［（la）Zambinella］在性别上都是模糊的，而能够发声言说的是阴性。巴尔特的性取向已经是众人皆知了，但是笔者在研究他晚年的书写《爱的言谈——片段集》一书时发现，巴尔特的自我性别认知的界限非常模糊：他自我认同是阴性的主体，因为他是“等待的人”，“等待的人”是阴性的；但他同时是一位年长的情人，却渴望像苏格拉底一样，因为特殊的魅力，把自己从情人变成爱人；阴性主体也是善于创造的人。与主体的确立来自主体间性一样，爱（amour）是主体与对象二者的游戏，言说也只能由发话者与受话者共同完成。“性别不明”的巴尔特遇到了中国，他的恋爱对象是“无性”的“衰落的”帝国。“阉割”才能发声，在这种恐戾之下，保持不被“阉割”的唯一办法就是推迟陈述，避免言说无法言说的内容。所以说，他的中国书写所关乎的并不是“什么是被允许说的”，而是“可能说什么或者不说什么”。

第二，色情阅读联合色情书写。巴尔特中国之行的第一站是北京，而到达北京之后的第一项记录是：年轻的军人面无表情。如果把弗洛伊德的理论推到极致，人的情欲就变成了复数意义的人的互动，人群里的任何个体与其他个体的互动都是色情的。巴尔特饶有兴味地记录下的第一条内容显然是一个具有原初的弗洛伊德意味的互动：一次眼神的碰撞，一抹偶然的情欲与一闪而逝的躯体书写。巴尔特非常喜欢“色情活动”（érosation）这个词，这显然与他受了拉康等人的影响有关。在《符号学与城市规划》这篇文章中，巴尔特提示我们，他是在广义范畴上使用“色情活动”这个词的，他把“色情活动”等同于“社会性”（socialité），即人群内外的各项碰触、交流、转换；[①] 而即便从狭义的性欲这一方面来说，精神分析发挥到极致，就是把性欲（sextualité）等同于文本性（textualité），等同于生产性（productivité）；如果所有的象征系统，包括语言，被化约为弗洛伊德式的和拉康式的俄狄浦斯情结，掌控着我们对于自我和他者的想象的那个“想象界”就只能是具有色情意味的，在那里，欲望、感知和语言无法区分彼此。

第三，欲望无法绵延，诗性文本（poetic text）枯竭。按照精神分析的说法，情欲的不断延长是生产性的标志，换作文本，文本性的本体论意义就是文本的持续绵延，或者说，文本性就是从符征到符旨的指向过程的绵延，以及对于最终意义的出现的无限延迟。巴尔特描述符号学的新地形图为：符征取代符旨在符号指涉过程中成为最基础的循环元素，符旨的空无反而正是符号无穷反射的象征。按照巴尔特的这一基础性观点，任何一处符征曾经获得的固定的功能或者意义指向，都应该被净化，还原为一种模糊的话语，一处象征森林里的景观，一条符征的不断流动的长河，此一符征总是持续不断地流向彼一符征。反观中国之行，“整个旅行：躲避在语言与旅行社这两层橱窗之后”[②]；“在这个国家，只有政治说得上是文本，也就是说，只有政治说得上是能指（符征）——不管怎么说，没有艺术”[③]；“中国仅仅提供政治文本（le texte politique）以供阅读。这一文本无处不在：没有一个领域能够逃脱”[④]。政治文本属于那些符旨清晰并且唯一的文本。但是，悖论的是，政治具有最纯粹的文本性，即文本的充分的、过度的、我们不曾听说过的形式；政治，实际上是一种持久性解释的优越的场所：第一，在政治向政治文本转化的那个时刻，似乎所有的话语都在经历重复，甚至冒着僵化的危险；第二，政治话语并非唯一可以重复、令人感到疲惫的话语，因为任何新话语的出现都伴随着它的“圣经”和一系列的僵化的话语；第三，政治话语被高度的重复性纠缠的原因，在于政治以一种模糊的深度武装了和改变了言语活动的物质性本身——文

---

① Barthes, Roland. “Semiology and the Urban.” *The City and the Sign: An Introduction to Urban Semiotics*. Ed. M. Gottdiener and Alexandros Ph. Lagopoulos. New York: Columbia UP, 1986. 87 - 98.

② ［法］罗兰·巴尔特：《中国行日记》，怀宇译，北京：中国人民大学出版社，2011，第233页。

③ 巴尔特：《中国行日记》，第270页。

④ Barthes, “Alors, la Chine?” 518.

本；第四，真实无法从政治话语中被剥离出来，因为真实以俗套和砖块（briques）的方式在政治文本中藏身，文本本身也因此以修辞的方式蔓延。蔓延着政治文本的“文化大革命”时期的中国，重复以最高的速度繁殖，政治向政治文本转化，但是，不要忘记，与此同时，在修辞的外衣下，文本在蔓延，甚至于这是最纯粹的文本性的体现。

政治文本的蔓延，并没有引起巴尔特的性欲的绵延，重复、俗套、砖块等，都是巴尔特所反对的，“我不能也难以接受去看从一开始就值得一看的东西，我不能也难以接受去看我不可在无意中碰到的东西”[①]，换言之，巴尔特不能接受大众意识形态里所规定的时尚，也不能接受受制于规则，他需要和渴望的是偶然、无意，是褶皱和俳句，是主体与事件之间的调情活动，是因此而引起的色情活动，是他在《文之悦》中解释的：“身体的最动欲之区不就是衣衫的开裂处么？……依据精神分析的贴切说法，恰是那断续是动欲的：两件衣裳的触接处（裤子和套衫），两条边线之间（颈胸部微开的衬衫，手套和衣袖），肌肤闪现的时断时续；就是这闪现本身，更确切地说，这忽隐忽现的展呈，令人目迷神离。”[②]

五、《中国》/中国：安东尼奥尼与巴尔特的语义场

在中国政治文本的蔓延这里，我们回到一个原初性的问题：巴尔特观看中国/书写中国的期待视域的落空。巴尔特在来到中国之前应该对中国的政治话语有所了解，但是似乎我们从他的行文中读出，巴尔特在来到中国之后，因为政治话语过于强大，以至于对他的观察热情以及与之相对应的书写热情造成了负面影响。同时我们也注意到，初到中国的巴尔特对一切抱有兴趣，年轻士兵的身体、热水瓶、茶等，巴尔特的视线以及这视线背后的认知，从来中国之前的期待到来中国之后的失落，到底是如何造成的呢？

前文我们已经借助格雷马斯的语义模态分析，建构出了巴尔特书写中国的知识模态、欲望模态、能力模态以及义务模态。这种分析是后设的，我们所依据的是巴尔特的既存的书写文本。巴尔特在《亲爱的安东尼奥尼》一文中坦言，是安东尼奥尼的《中国》催生了他去中国旅行的欲望，

---

① 巴尔特：《中国行日记》，第123页。

② 巴尔特：《文之悦》，第13页。

建构了他观察中国的期待视域。事实上，安东尼奥尼的中介显示出巴尔特话语实践的一个典型特征：他用别人的头脑思考①。② 巴尔特写道："正是您的'中国'激起我去旅行的欲望，如果这部片子被一些人暂时排斥（他们本应知道片中爱的力量高于一切政治宣传），以致影片因权力的反映而非因实际需要才受到批评，艺术家是没有权力的，然与真实有所联

① 我们在巴尔特丰富的跨学科研究与书写中，看到了诸如索绪尔、雅各布森、本维尼斯特这样的语言学家，亚里士多德、西塞罗等古典修辞学家，弗洛伊德、拉康等精神分析学者以及拉辛、米什莱等作家的影子。德里达用了"灵魂/镜子"这个精彩的多义词现象，在《罗兰·巴尔特之死》中演绎了自我/他者在书写的互相观照、引述、对话关系中建立的统一性。笔者认为，德里达的方法如果用另外一个隐喻来表示，那就是观察者投向镜子的视线（le regard），视线总是与其他视线接触、交叉、交换意见。在比较文学领域，作为比较的第三元的"与"，在分析他者书写的作品时，也通常会被替换为"观看"这个动词的主动与被动两个形态：regarder（观看）/être regardé（被观看）。而在巴尔特这里，视线具有一种特殊的意指性，借助某个语义核心，眼神表达出了某种内涵。对他来说，这意味着眼神的接触、人群中的色情活动以及必须借助语言系统来解释的某种意指领域。Cf. Barthes，Roland. "Droit dans les yeux." *Œuvres complètes*. Tome 5. Paris：Éditions du Seuil，2002，353.

② 事实上，在安东尼奥尼之外，布莱希特（Bertolt Brecht，1898—1956）、艾森斯坦与中国的关系，也颇为值得研究。虽然没有直接证据表明巴尔特的中国书写与布莱希特关于中国的思考，以及艾森斯坦对中国文字的演绎有关，但是布莱希特和爱森斯坦的确中介了巴尔特研究戏剧和电影的视域。这样一种视域是否最终中介了巴尔特在华旅行期间对"文化大革命"时期戏剧的看法，以及巴尔特对安东尼奥尼《中国》的看法？笔者认为，这一关系或可在未来的研究中得以开展。事实上，布莱希特是贯穿了巴尔特整个写作人生的思想导师，其影响从20世纪50年代直达70年代末，可以说，没有任何一个作家或者思想家对巴尔特的影响能够像布莱希特这样长久。艾森斯坦也以其"蒙太奇"的电影技巧吸引了巴尔特，在某种程度上"蒙太奇"与"片段"书写有异曲同工之处，巴尔特曾在多篇论文中讨论了艾森斯坦的电影艺术。再者，布莱希特与中国之间的确存在事实联系，比如他的戏剧《四川好女人》（*The Good Woman of Setzuan*）设想以中国四川的一座小城作为舞台，以妓女沈黛为女主角。但是更为重要的布莱希特与中国的事实联系还是布莱希特从中国的京剧表演艺术中受到了启发。1935年，梅兰芳应苏联对外文化协会的邀请来莫斯科和列宁格勒演出。当时的俄国正处于形式主义"陌生化"（defamiliarization）的思潮中，梅兰芳在那里遇到了正在政治避难中的布莱希特。布莱希特热情赞赏梅兰芳和戏剧艺术，他认为这是他自己在一直懵懂摸索却还未触及的理想艺术，即观众与演员之间、演员与角色之间、观众与角色之间的距离感。布莱希特批判古典悲剧，尤其是亚里士多德的亲和剧场理论，认为古典悲剧的"净化"作用要求观众投身舞台上的故事，因此产生情绪上的波动，从而消耗了他的社会行动能力。但是，真正的剧场是观众和角色之间有疏离之感，在观众走出剧场之后，不会因为戏剧的影响而丧失冷静的判断力。布莱希特的剧场不是娱乐性的而是教导性的，因此布莱希特特别欣赏京剧中演员的表演形式。京剧演员不断地端详自己，演员和角色之间的关系也是疏离的。是否布莱希特与爱森斯坦与中国之间的关系也建构了巴尔特的中国之眼？我们只能说，这可能是我们未来的研究方向，或者说，我们可以将之视为实践巴尔特的符征游戏的批评实践。正如符旨总是被延宕一样，直接影响关系背后间接影响或者建构的影响，显示出思想宇宙的星体的彼此映射关系。

系；他的作品若是大作，则总有寓意；他的世界常迂回曲折地显现真相。”① 与这一段评价相关的是巴尔特认为安东尼奥尼所具有的作为艺术家的三个重要美德之一：（对意义的）敏锐以及痛苦而严酷的批判。巴尔特赞美安东尼奥尼在拍摄《中国》时坚持了这种敏锐，从而能够在电影中取消意义的狂热现象，使得他的电影没有成为意识形态的工具和权力的赌注。我们在前文已经指出了，巴尔特对安东尼奥尼的亲近与理解，与他在此时在政治行动和意识形态上与如是派的距离，是同源的，那就是抗拒言语的固定价值，尤其是抗拒集体的政治文本的泛滥，因为在政治文本中，意义被最大限度地固定了。

巴尔特在《罗兰·巴尔特自述》中记录了安东尼奥尼《中国》电影中的一个片段：一些参观者在一个博物馆中注目观看一个表现旧中国野蛮场景的模型，这个模型表现的是一群士兵正在抢劫一个贫苦的农民家庭。巴尔特认为，这个场景表现了萨德的“超性欲”（sur-sexualité）②。巴尔特认为西方人性欲的解放是一种文明发展的结果，而中国人的性欲的压抑，使得他对唯物主义（matérialisme）发问：难道唯物主义不经过一个性欲阶段吗？安东尼奥尼在其镜头后观察着他的对象——中国人，巴尔特观察着镜头前的中国人，看到了超性欲的存在，因此激发了他提出关于中国的第一个问题：那边的性怎么样？

1974 年 4 月 12 日到达北京的当天，巴尔特在日记中写下的前面两行文字是：

> “‘好吧，来说说中国？’（‘好吧，中国怎么样呢？’）”
>
> “年轻的士兵：他们的制服下空无一物，印象深刻。微笑。”③

我们在《作家索莱尔斯》（*Écrivain Sollers*）、《爱的言谈——片段集》等作品中得知，巴尔特是一位男同性恋者，中国于他的第一印象是年轻士兵制服下的裸体，是性欲。巴尔特在《罗兰·巴尔特自述》中只有两个片段提到了他的中国之行，在其中一个片段的开篇，巴尔特写道：“所有人都关心，但我头一个这么问了：中国人，他们的性欲在何处？”用对性

---

① Barthes, Roland. “Cher Antonioni.” *Œuvres complètes*. Tome 5. Paris: Éditions du Seuil, 2002. 902－03. 译文引自：巴尔特：《亲爱的安东尼奥尼》，第 38 页。

② Barthes, *Roland Barthes par Roland Barthes* 168.

③ Barthes, *Carnets du voyage en Chine* 21.

欲的提问来展开与一个陌生民族的相遇与对话，具有象征意味。对于接受了精神分析学对身体话语的分析以及西方爱的言谈之传统的巴尔特来说，眼神的碰触激发了爱与欲以及言语交流的热情。巴尔特的日记中记录了最初的色情性交流，随后，这种热情逐渐消退。巴尔特意识到，中国人性欲的压抑正如同他们对美丽服饰的拒斥一样，来自某种意识形态力量对人的思维的侵袭，而这种侵袭的主要表现就是政治话语的泛滥。

比起具有强烈政治倾向的话语，巴尔特偏爱对政治的暧昧表达。巴尔特早期的大众神话研究其实很关注无产阶级性质的艺术表现形式。比如，在《穷人与无产阶级》一文中，巴尔特特别讨论到卓别林早期在《摩登时代》等作品中对仍外在于“革命”意识的工人的再现艺术，是以“力量与宽容”来表现工人屈辱的处境，在穷人与无产阶级之间建立同一性(identity)，因此，“他再现的广阔人性力量，亦是他的政治暧昧性”[①]。巴尔特认为：“卓别林的无政府状态，在政治上开放给人讨论，或许代表了艺术领域中最有效的革命形式。”[②] 这一立场一直延续到了巴尔特人生最后一封信《亲爱的安东尼奥尼》这里。在信中，巴尔特赞慕安东尼奥尼为艺术家，他以安东尼奥尼的作品分析了艺术家的三种特质：敏锐的眼光、处理意义的智慧以及流变的观看视野。这种流变的视野以其不稳定性的本质标注了艺术家的美德：无暴力的长期观望。巴尔特明确地指出：“政权即暴力，所以无论是什么政权都不会观望，只要多花一分钟在观望，政权就会失去暴力的本质。”[③] 而安东尼奥尼在他的纪录片中长期地观看那些政治约定未准许观看的对象，比如中国农民，以及偶发事件这样的停顿与回视的人，因此，充分地展现出对于这种暴力的暧昧反抗。

巴尔特与安东尼奥尼在他们各自的中国之旅开始之前，面对他们即将亲眼所见的对象，抱有非常一致的期待：一方面，他们都对当时中国的政治运动没有兴趣，也不愿意用与当时的西方话语一致的方式去讨论中国；另一方面，他们想要看见的内容更多的是自然人文风物，尤其是人民的日常生活，是以视线捕捉现象，而不是在固定的意义中，成为政治活动的代言。巴尔特对电影的选择趣味是“异常的”，他对受制于特定文化所散播

---

① [法] 罗兰·巴尔特：《穷人与无产阶级》，李尚仁译，《电影欣赏》，35 (1988)：12.

② 巴尔特：《穷人与无产阶级》，第12页。

③ 巴尔特：《亲爱的安东尼奥尼》，第38页。

的那些电影伦理全然无感，不希望自己选择要观看的影片属于价值游戏中的一员。“当我选择电影时，必须能看到和目前电影提供给我们一种全然不可见，但可得到的概念之冲突，更精确地说，即是我看电影的自发性，都不是经由存在、散布着的文化所能决定的。”① 这与安东尼奥尼的现象学的眼光十分契合，甚或说，巴尔特的期待视域本就是安东尼奥尼的期待视域。

我们可以借助安东尼奥尼的两篇短文，1972 年和 1974 年的《中国和中国人》［“La Cina e i cinesi（China and the Chinese）”］与《是否仍然可能制作一部纪录片?》［“È ancora possible girare un documentari?（Is it still possible to film a documentary?）”］②，来还原一段历史：安东尼奥尼拍摄中国的原始意图，他选择“中国人”而非“中国”作为自己的纪录片主角的原因，以及在他的拍摄行程开始之前与之后与中国政府的沟通与协商的过程。在这两篇短文中，安东尼奥尼试图解释同一个问题：如何能够使得“中国”可见（visible）？或者我们换一个问法，“中国”如何在《中国》中言说？他试图让西方观众（而非中国观众）看见怎样的“中国”呢？

显然，安东尼奥尼对当时正在中国发生的政治运动有所认识，中国的“毛主义”因为这样的运动已然启发并深入影响了巴黎和罗马的共产主义运动，但是，仅仅从时间上来说，通过 22 天的拍摄日程就试图展示中国“文化大革命”在世界革命运动中的地位，这显然过于“傲慢”。如何使得一个抽象意义上的中国形象，一方面从它自身的政治文化诉求中呈现出来，另一方面从安东尼奥尼的美学或伦理学滤镜的后方发散出来？这是安东尼奥尼试图向他的观众传达的内容。他认为自己的最终成果符合原初的意图：他没有挖掘一个想象中的中国，而是表现了视觉上的真实③。最终他决定以中国人，而非中国的成就或地标作为这部纪录片的主角，这来源于他第一天来到中国时所获得的答案。他问他的接待者：新中国成立后最

---

① ［法］罗兰·巴尔特，Philippe Pilard，Michel Tardy：《巴特谈电影》，杨明敏译，《电影欣赏》，35（1988）：13.

② Antonioni，Michelangelo. “*Chung Kuo*，*Cina*：Is it still possible to film a documentary?” *The Architecture of Vision: Writings and Interviews*. Eds. Carlo di Carlo，Giorgio Tinazzi and Marga Gottino - Jones. Chicago：The U of Chicago P，2007. 107 - 14；Antonioni，Michelangelo. “China and Chinese.” *The Architecture of Vision: Writings and Interviews*. Eds. Carlo di Carlo，Giorgio Tinazzi and Marga Gottino-Jones. Chicago：The U of Chicago P，2007. 114 - 19.

③ Antonioni，“*Chung Kuo*，*Cina*：Is it still possible to film a documentary?” 109.

大的变化表现在哪里？接待者回答说：人。安东尼奥尼意识到，他在短短的22天中能够从镜头中截取的镜像，并不能完全地表现出一个解放后的民族以及他们在世界革命中的位置，用他自己的话说，这样的做法过于“傲慢”，他所能表现的以及他所希望表现的是什么呢？从安东尼奥尼的内在美学和伦理学诉求来说，他想要拍摄的中国人，不是西方人普遍在罗马、巴黎讨论的那种启发了他们的革命运动的中国人，而是他在中国的这一段旅程中，他的眼睛与他的镜头所看到的中国人。他看到，这些被西方话语读解为革命主体，被“文化大革命”时期的中国读解为获得了自由、公平与正义的生存价值的人民，首先表现为一些形象：他们的脸孔、衣着、说话做事的方式、行走的步伐以及假装为比实际的自己更好的人。他所希望表现的就是这样一些他能够在几个星期内拍摄出来的、触动了他的情感并且丰富了他自己的人生体验的人的形象。

艾柯从电影美学、批评美学的立场上，在分析安东尼奥尼的眼光与中国“文化大革命”时期评论界的批评立场时指出，安东尼奥尼“这位西方艺术家，尤其擅长挖掘存在的深度问题，比起抽象的辩证法与阶级斗争，他更强调对人与人之间关系的再现，他向我们言说的是关于中国人的日常生活这种次要矛盾，而不是要展现当时作为首要矛盾的斗争”①。我们认为，采用符号学眼光来看，安东尼奥尼的《中国》与“文化大革命”时期评论者的意识形态化的政治话语之间存在语义场运作规则的巨大差异，因此，我们可以从与安东尼奥尼一致的这个立场上去理解巴尔特所谓“中国语义场的紊乱拒绝了西方话语阐释”这一认知。

六、个人私语：书写者风格与俗套话语之间的悖立

在《好吧，我们来谈谈中国吧？》一文中，巴尔特指出，中国文本扰乱了西方人智识文本的语义场，终结了他们的诠释学。西方人的智识所揭露的意义是中国文本拒绝呈现的意义，西方人虚幻的知识所建构的思想观念被宣告为“不得体”：“抽象地讲，中国有着无数可能的意义，但是，在法国人看来，中国只有一个意义，这种意义在他们的许多著述中是以可

① Eco, Umberto and Leefeldt, Christine. “De Interpretation, or the Difficulty of Being Marco Polo (On the Occasion of Antonioni's China Film).” *Film Quarterly* 30. 4 (1977): 9.

信的方式提出来的。"[①] 中国拒绝交付这种意义，"这并不是因为它隐藏了意义，而是因为它更具颠覆性地拆解了概念、主题、名称的机制；它不分享我们的知识对象；语义场瓦解了；不合时宜地对意义提出的问题，反倒成为意义本身的问题，我们的知识反倒成为幻影"[②]。当这个法国知识界旅行团怀抱着诠释学的期待来到中国却遭遇了符指过程极为低调甚至罕见的中国文本时，他们的知识之树再也不能回应曾经生产过的可信的语义场了。

语义场，以一种结构主义的方式，通过切分与重组使得意义从中显现。结构主义的方式是以"同质性"（homology）寻找某种功能意义上的切分和重组的可能性，但是知识主体的瓦解，消解了这种"同质性"被发现的可能性。中国是异质的文化，是地理和精神上的异域（heterotopos），是异托邦，是异质话语（heterology）的使用者。西方与中国非同质，"异质性"的主体无法对其他差异主体提出意义的问题，因此，巴尔特发问：我们西方人能够读解中国吗？难道我们最终不是在读解我们自身吗？4月14日，他在日记中写道："我认为，我丝毫不能说清楚他们，但是，我只能根据他们来说清楚我们。因此，需要写的，不该是《那么，这就是中国吗?》，而是《那么，这就是法国吗?》。"[③]

如果用语言学的方式来解读这个问题，"个人私语"与"社会公语"这一组术语会提供一些帮助。我们不妨先来看这一组概念的渊源。据马尔蒂内对个人私语的定义，它应该是某一个体所说的话语，艾博林则认为个人私语更应确证为是在某一既定时刻由某个个人所使用的一整套言语习惯，雅各布森则认为个人私语从根本上来说是一个幻觉，因为语言总是社会化的，语言的使用者即沟通的双方，即便是在某一个体的层面执行任何语言，都意味着此一个体的语言其实就是彼一个体的语言，至少从词汇上来说是这样的。在雅各布森这里，个人私语就被限制为仅仅在三种情况下存在：第一，失语症患者的语言；第二，作家的风格；第三，某一个语言团体所使用的独特的语言，也可以说就是所谓的"书写"。雅各布森对于个人私语的梳理对我们认识社会公语这个概念也有帮助。

---

① 巴尔特：《中国行日记》，第21页。

② Barthes, "Alors, la Chine?" 516. 此处译文借用车瑾山翻译，载于车槿山：《我们的历史——巴尔特书写的中国》，第88－89页。

③ 巴尔特：《中国行日记》，第10页。

巴尔特在《语言的战争》（“La guerre des langages”）一文中提出：每一种社会公语都为自己辩护，保卫自己的国土，这也即是说，各社会公语之间不存在任何对话。如此说来，对话的可能性只存在于社会化的个人私语（socialized idiolect）中，也即是说，对话是沟通双方互相言说对方的语言。我们知道，失语症的患者失去了沟通能力，那么，作家的“风格”在这一层面上与失语症患者还有区别吗？从个人私语到社会公语的过程，难道不是患上失语症的过程吗？甚至可以说，从社会化的个人私语到社会公语的过程，就是句法、语义的规则制定逐渐落实，砖块逐渐形成并且最终成为俗套的过程。因此，巴尔特所谓个人私语/社会公语两个概念的对立，也可以如此转述：当某一书写或风格成为时尚的时候，也即其被固定的时候，就成了俗套的起源和执行。

上文提到的西方人在中国文本这里遭遇的读解障碍，是异质主体之间无法分享意义的问题，如此看来，中国文本与作为文本的巴尔特之间的沟通不畅，既是社会公语的拒绝对话，也是个人私语的无法展开，是一种语言系统拒绝与其他语言系统对话，是不同的、各自自足的社会公语之间拒绝对话。这个时候，巴尔特对于拒绝对话的社会公语中的一种，对于这个意义生产能力仅在于政治文本的中国，只能生产出“无可奉告”和“认同”了：“关于中国，这个无限的对象，以及对于许多人来说模糊的对象，我认定的真理是：我试图生产的话语既不是肯定的，也不是否定的，还不是中性的；我试图生产的评论是不做评论；我试图产生的认可（是一种语言模式，突出了一种伦理学或是美学），并非无法避免地不是一种赞同就是一种拒斥（这种模式突出一种理性或者一种信念）。”①

如果巴尔特不从理性或者信念的迷狂出发，而从伦理学或者美学的角度去看中国，并且使用语言学模式的话，他所产生的“认同”，他对于异质的认同，会是什么呢？我们认为，在语言学解读中，这正是语言/言语之间的区位，或者，我们可以说，这也就是个人私语这个词所对应的区位。语言系统不仅禁止我们言说一些东西，也强制我们只能言说在它的规则之内的东西；而言语，虽然原则上是完全自由的，然而，出于一些心智上的制约作用，比如文化的、意识形态的制约，它也是有既成规约的。语言系统拒绝了对话，而个人私语也存在文化和意识形态上的制约；这也即

① Barthes, “Alors, la Chine?” 520.

是说，如果我们不去服从某一种编码，这编码即规约、心智上的或是语言学上的编码，我们就无法言说，也无法写作。如果没有欲望投身集体主义的社会语言，如果不遵从这些社会公语的制约，那么，写作还能如何绽开？被巴尔特书写出来的中国文本又该如何从集体主义、社会公语的桎梏中找到自己的风格呢？如果要拒绝喋喋不休的套语，如果不再向重复性的编码妥协，巴尔特能够采取的话语实验是什么？在一种完全的政治话语之中，人类根本不可能去思考在语言之外出现的东西，除了迂回（l'indirect），这里再没有知识分子的活动余地。迂回就是巴尔特的策略。

依然是在《好吧，我们来谈谈中国吧？》短文里，巴尔特写道：中国平淡、安静（paisible）、和平（paix），在我们西方人追问意义的地方，意义的战争被取消，意义是空的，而在西方人厌恶意义的地方，在政治里，意义依然存在，并且表述清楚、自我武装，富有攻击性。当时的中国仅提供政治文本，没有一个领域能够剥离政治文本，但是，在这一文本的陈词滥调中，在修辞的外壳之下，文本却在蔓延。他举了政治文本的三处特点：其一，那些政治口头禅并非个人的美学设计，而是多少有些灵活的，却依然是由政治觉悟的压力引起的；于是这里出现了一定程度的使用相同编码的个人私语的人群，书写在这里依然存在。其二，史诗般的虚实总是以两条路线的斗争出现，这与西方人所熟悉（仅仅熟悉）的胜利的声音不同，以一种巧妙的方式防止革命的僵化与停滞，在某种程度上，防止文本的重复与套路化。其三，所有的政治话语表面上被严格编码却并不排斥创造，甚至带有相当程度的游戏论（ludisme）。化约言之，仅仅是政治文本，便生成了如此多的文本蔓延所需要的，且正在发生中的细枝末节。政治具有最纯粹的文本性，重复性高度生产的政治文本中，俗套是其常态，隐藏在各种修辞的面纱之下，俗套成了死去的重复。一种新的风格、新的写作，我们假设它站在政治文本的对立面，它是反俗套的，那么，它就必须要先破释、解魅神话，可是，这个过程会在重复中静止下来，于是，符号学，尤其是巴尔特的话语符号学，要求这个解魅过程发生位移，为此，巴尔特引入躯体，引入欲望，引入不适与游戏/享乐，引入零度写作。为了防止新的重复出现，防止新的静止成立，巴尔特的话语符号学也要不断地发生位移，或许这就是巴尔特这位结构主义的变色龙作家所做的实验。

中国文本在巴尔特的实验中起了什么样的作用呢？中国是巴尔特笔下

的第三种文本，在可读的文本与可写的文本旁边，是一种可接受的文本，一个必须被认同的文本。这个文本有些棘手，它缠住了我们，在我们的理解之外继续生产，“这种文本，由于是被一种不可公开的想法所引导，便求助于下面的答案：我不能阅读、也不能写作您生产的东西，但是我接受它，就像是接受一种火、一种毒品、一种神秘的解体”[①]。中国文本作为巴尔特话语符号学的对象文本，即便对巴尔特本人来说，也诚然带来了许多意外。中国文本是一次碰撞，一次空无的展开，也是一次启发，是一种新的风格的开启。中国文本向我们展开另一个挑战语言学和人类智识的巴尔特的形象。

巴尔特面对中国文本时，产生了“这是诠释学的终结”的感叹，这意味着他把诠释主体（“我们”、西方人）从符号中国的真相里驱逐出来，这是主观/客观这一对古老的聚合关系已破碎的表现，也即说明传统的自我与他人、作为“我”（或者“我们”、西方人）与他人（中国）之间的对立已经分崩离析，这个“我”已然不是那个植根于自我意识然后再向他人意识敞开的“我”。因此，当巴尔特的“je”被《罗兰·巴尔特自述》中无人称的“il”取代，被“vous”取代时，自我可以不是我自己，主体可以在他处形成。这个时候，巴尔特还是主体吗？巴尔特是主体，也是文本，名为巴尔特的文本有其特殊的后设系统，在这里即名为“中国”文本的符指系统。巴尔特与中国是互涉、互化的，有了巴尔特文本，才有这样基于“认同”的中国文本，有了中国文本，我们才读出了一个实验性的巴尔特文本。这里不也是一个互文空间吗？

从诸多符号学家那里，我们已然习得这样的内容：语言始终是社会化的，言语的社会化的程度，是重复性的程度，决定了沟通是否畅通；言语的社会化即信息的发送者与信息的接收者之间的你来我往，为了完成这个过程，这个信息传达链条的两端都需要语言系统的授权，也即意味着需要分享代码的规约与编码。当“我”与“你”成为互涉的文本时，发生在“我”与“你”之间的对话必然只能存在于个人私语里面。因此，在巴尔特文本与中国文本的互涉关系中，社会公语悄悄退场了，与之相对的，这一关系也必然在这二者各自的个人私语之间建立起一个共同的场域，将它们合并为一处包纳性更大的场域（champ）。前文有关社会公语的论述，

① 巴特：《罗兰·巴特自述》，第74页。

看似是巴尔特对于人类沟通之可能性的消极预测，而有关于个人私语的论述，又似乎开启了另外一道光亮，仿若巴尔特在苦于失语症和陷于俗套之间还保有对书写、风格的自由畅想，这一畅想，就存在于巴尔特文本与中国文本之间“我”与“你”的互换上，即存在于“我”的言说与“你”的言说之间的“私语的公共场域”（le champ commu des idiolectes）之中。

在巴尔特留下的中国书写中，我们挖掘出《中国旅行笔记》《好吧，我们来谈谈中国吧?》以及《罗兰·巴尔特自述》作为主要的读解对象，援用“话语符号学”对上述对象文本进行梳理，进而解码与符解①巴尔特生产中国文本的潜在能力、具体书写表现以及书写风格的征显，我们发现：（1）“有义务说”“有能力说”“有欲望说”以及“有知识说”四模态搭建了巴尔特对于中国的言中能力，“devoir”“pouvoir”“vouloir”“savoir”这四个助动词对巴尔特对中国的阅读（lire）和对中国的言说（dire）发生触媒作用，使得阅读/书写这一套不变的（invariable）游戏活动在征显过程中发生了功能变异（variable），从而能将巴尔特界定为一个有义务言说的被动承受者和无知识言说的主动发现者；由色情活动、性欲、偏头痛与政治话语的关系搭建的书写过程，解密了巴尔特从知识主体向欲望主体动摇，并最终在中国文本中湮灭了其主体书写欲望的历程。（2）色情活动、性欲、偏头痛与政治话语的关系，搭建了巴尔特书写中国的动机与主题。（3）巴尔特对中国的书写的个人私语本质摒弃套语，打造作家风格的居所——私语的公共场域。

我们必须声明一点，巴尔特对中国的书写，其突出的信息素并非是一种明确的价值取向，而是一种取消价值的“中性”书写，即巴尔特所陈述的“零度”的实验书写。这种实验性书写的策略以意义诞生方式的差异，取代了意义指向的对立（opposition）或对应（correspondence），故而

---

① 皮尔斯的符号三元结构由符表、符物与符解构成。一般情况下，我们将符解作为建构符征与符物关系之不可或缺的中介阐释机制。新千年以来，翻译符号学领域的学者援引并衍申皮尔斯有关符解的论述，将符解定义为原文建码与译文解码之间存在的关键运作，即为翻译之本质。从这一后人的派生运用来看，皮尔斯的符解在符号学的发展与演变中逐步将其动词的本质显现得更加明显。本书暗合翻译符号学的做法，在符解作为动词阐释这一派生意义上使用阐释一词，当与阐释学（Hermeneutics）领域之“interpretation”之义区别辨识。借用皮尔斯的三元结构，笔者试图表示，一方面，本书在话语符号学这一后设语言的支持下，对巴尔特的中国书写作为符征，书写的价值（value）作为符物，书写的潜在能力、催化力与产品输出之间的关系作为符解这一三元关系作一分析；另一方面，笔者也强调这三元关系彼此连接为一个紧密结构（as One）。

将作为文本的中国所具有的开放性的实质（substance）与形式（form）彰显无疑。正因如此，文本化的中国既不成为任何深层结构的意义规约，也不成为任何一种“逻各斯中心主义”话语的表层结构（surface structure）的陈述；当西方读者使用语音中心主义操控下的语言来诠释中国时，他们就成为“选择”中国这种阅读策略的典型呈现者。然而，巴尔特在《罗兰·巴尔特自述》中明确强调，他不同于他的如是派的同伴，他的阅读策略是“认同”，是沉默地接受在中国这个语义场中所发生的一切；因此，巴尔特取消了西方逻各斯中心主义的预定指向性对于中国文本的潜在规约，以中性读者的身份进入中国文本的语义场，故而将中国文本定位为一个言语活动的对象，而他自己也无非是这样一种言语活动的另外一个对象而已。因此，我们可以说，中国文本是一种实验书写，是巴尔特这位被称为“结构主义变色龙”的作家超越结构主义的实验书写。

本节也承担了后设批评（meta-critical）任务，即要搬演（mis-en-scène）发端自索绪尔[①]，历经叶尔姆斯列夫、格雷马斯与本维尼斯特等人的发展，以语言学为研究模型的符号学的一支——话语符号学，尤其在文本实践中，尝试了将该学科的衍化史与弗洛伊德、拉康的精神分析对巴尔特的影响结合起来。本节在读解巴尔特话语符号学的同时，也力图延展了“巴尔特与中国”作为比较文学课题研究的诸种可能性。本节将巴尔特与中国，分别作为符号运作的关系元，作为彼此的对象文本以及可逆的后设文本，用以分析二者的文本互涉关系。

---

① 胡雷（Serge Roullet，1926—）1967 年的剧情片《墙》（*Le Mur*）改编自萨特（Jean-Paul Sartre，1905—1980）1937 年的同名短篇小说，该影片在被推出之后即获得盛赞。萨特自己给胡雷写信，说这部影片表现出的死刑犯们的焦虑，让观众们忍受了他“曾经说过”（je la disai）的东西。1984 年，张汉良教授在台湾的《电影欣赏》杂志第 9 期提出，萨特的称赞语的实质是“我曾用语言说过，您却搬演（mis-en-scène）”，旨在表明前文本与其后设文本在语义上的指涉性并非相称。参见：张汉良：《小说与电影之间的“墙”——兼论文学的“改编”》，载于张汉良：《文学的边界——语言符号的考察》，上海：复旦大学出版社，2012，第 259 - 262 页。笔者在此使用“搬演”一词，与上文所用“读解”，均意在明确提出笔者的批评倾向：作为巴尔特文本（prototext）的后设文本（meta-text），本书对原文本的批评的旨在指涉性只能在本书这一系统内运作。

第二节 他山之石：洛特曼的自我交流模式与巴尔特对他者和自我的再现[①]

在前一节，笔者已经讨论过巴尔特自己的中国书写和《中国》解读，可以说，在“罗兰·巴尔特与中国”这个课题下，我们已经尝试过对巴尔特的话语符号学理论与实践，在纯粹语文文本领域和跨语文文本领域，比如电影领域的应用，进行实验性探究。从第三章我们研究巴尔特的《罗兰·巴尔特自述》之后结构主义反自传式的自传书写以及《爱的言谈——片段集》之裂解自传的类自传书写，到第四章我们在“巴尔特与中国”这个课题下研究巴尔特对他者“中国”以及“日本”的书写，我们也已经尝试了将巴尔特的话语符号学应用于普遍意义上的自我/他者书写分析。笔者认为，我们的实验还需要引入其他学者的符号学思想，尤其是共同研究话语问题的符号学思想，来对同一课题进行研究，一方面以作为巴尔特符号学的对照组，另一方面也可以作为桥接与融通巴尔特符号学与其他符号学的努力。

事实上，在本章第一节中，笔者以格雷马斯符号方阵分析巴尔特的中国书写时，已经涉及了对他者（格雷马斯）的话语符号学思想的对照与反思。格雷马斯的语义符号学诚然能够应用于分析巴尔特的中国书写，一方面是因为理论模式与研究对象之间的“巧遇”式契合，这一点我们在前一节中已经指明，但更重要的原因是因为巴尔特与格雷马斯的学术承袭上的重叠。

这一节中，笔者将继续对他者的话语符号学与巴尔特的话语符号学思想进行对比反思。笔者选取的对象为莫斯科－塔尔图符号学派的学者尤里·洛特曼的文学符号学思想，主要集中于对其自我交流模式（I－I communication/autocommunication）的理论反思与应用实践。为什么洛特曼

---

① 这一节第一至第四点，已于2014年底以英文论文的方式发表。笔者将论文译回中文并补充了引言与第五点，以作本章第二节。原论文见：Han，“Juri Lotman's Autocommunication Model and Roland Barthes' Representations of Self and Other” 517－29. 本节第五点部分文字已经以英文论文的方式发表于2013年的《中国符号学研究》（*Chinese Semiotic Studies*）杂志上，参见：Han，Lei. “On the Cultural Turn of Translation Studies in China in the New Millennium：A Semiotic Appraisal and Prognosis.” *Chinese Semiotic Studies* 9（2013）：64－75.

及其符号学思想能够用来讨论巴尔特的自我与他者书写，也能够用来对照反思巴尔特的话语符号学思想？笔者认为，在一般意义上以语言为基础的符号学理论框架中，我们可以认为洛特曼与巴尔特是同质的。这二者都援用了一个语言学为模式的符号学架构，去分析各种文化现象，探索跨文化研究的疆域。正是在这种理论探索与应用的平行研究的基础上，笔者将洛特曼的交流模式理论与巴尔特对自我与他者的书写实践（praxis）联系在一起进行思考。莫斯科－塔尔图符号学学派的核心刊物《符号系统研究》（*Signs Systems Studies*）第36卷是巴尔特研究专刊，这在某种程度上也显示出这一学派对巴尔特符号学思想的重视。这也是笔者的平行研究能够进行的事实基础之一。

这一节的书写主要包括两个部分。在第一部分，笔者将要透过尤里·洛特曼的“自我交流”这个概念，透视罗兰·巴尔特对“自我”与“他者”的书写，以洛特曼的文化符号学作为巴尔特话语符号学在处理文化对话问题上的参照模式，笔者尝试挖掘巴尔特“我－他”书写中的一些典型特征。这一节中要分析到的文本包括巴尔特的中国书写和日本书写，以及《S/Z》中的一个片段，还有《罗兰·巴尔特自述》以及卢梭的《忏悔录》。笔者将要讨论两种特殊的非语义符码（a-semantic code）以及两种文化交流模式，它们分别对应的是日本书写/积极符码（positive code），中国书写/消极符码（negative code）。此外，文化记忆和想象充当了两种特殊的符码，它们引起并促进了受话人的自我重塑。最后，笔者也会讨论到两种自我交流的模式，它们分别是巴尔特的后结构主义自传书写和卢梭的忏悔录书写各自表征的模式。在最后一部分，笔者将要对洛特曼的文化符号学与巴尔特的话语符号学进行对比研究。笔者希望这部分的研究能够补充反馈前文对巴尔特“超语言学”概念的研究，也能够对巴尔特的话语符号学在广义的符号学研究中的地位寻求解释。

一、重述洛特曼的文化交流模式

正如尤里·洛特曼在其著作《思想的宇宙》（*Universe of the Mind*）的结论部分所表述的那样：“我们既是思想之星系中的一颗星球，也是关于整体宇宙的一种形象。”[1] 所有的人类活动都在维系一个整体，在整体中

① Lotman, *Universe of the Mind: A Semiotic Theory of Culture* 273.

运行，没有任何一种机制能够允许某一符号系统独立工作。这里所提出的问题其实是一个文化系统的自主性、统一性与自足性的问题，也即定位和处理一个文化系统内部与文化系统整体之间的代沟的问题。洛特曼关于文化的符号学研究，尝试桥接文化内部与文化之间的距离。他的研究丰富了两个层级的意指活动，即作为初级建模系统的自然语言和作为二级建模系统的文化，而他的文化交流模式与这种意指活动的逻辑也是相通的。

由于语言的障碍，笔者无法直接阅读洛特曼用俄语撰写的文章，只能就洛特曼经他人英文翻译后的作品进行研究。笔者根据洛特曼的弟子卡勒韦·库尔（Kalevi Kull）于2011年整理发表的关于洛特曼的英文作品目录，清理出了三篇讨论文化交流模式的论文[①]。在下文中，笔者将对这三篇论文进行比较研究，尝试重述洛特曼的文化交流模式。第一篇论文题为《交流的两种模式》（“Two models of communication”），收录于鲁茨（Daniel P. Lucid）翻译、编撰而成的文集《苏联符号学文集》（*Soviet Semiotics: An Anthology*）。根据鲁茨的脚注，这篇论文原文题为“*О двух модепях коммуникаций и их соотношений в обищей системе купьтуры*”（《交流的两种模式与文化整体系统中两模式的关系》）。这篇论文发表于1970年8月17—24日召开的塔尔图大学第四届暑期学校[②]，该期暑期学校的研究论题是“二级建模系统”（Secondary Modelling Systems）。第二篇论文收录于洛特曼自己的著作《思想的宇宙》第二章，题为“自我交流：作为受话者的‘我’与‘他者’”（“Autocommunication：‘I’ and ‘other’ as addressees”）。第三篇论文题为“‘我’与‘我’”（“‘I’ and ‘I’”），收录于较晚期的洛特曼作品《文化与爆炸》（*Culture and Explosion*）。

在洛特曼的“我－她/他交流”（I－s/he communication）这一模式中，信息是发话人已知而受话人未知的，在空间中传播[③]，也即是说，交流双方在空间位置上存在隔断（spatial gap）[④]。这类交流的核心特征是信息的单向流动（one-way information flow）。在交流过程中，符码保持不变，

---

① Kull, Kalevi. “Juri Lotman in English: Bibliography.” *Sign Systems Studies* 39. 2/4 (2011): 343－56.

② 塔尔图大学的暑期学校非一般意义上的暑期课程或教育培训，而是严格意义上的学术会议。

③ Lotman, *Universe of the Mind: A Semiotic Theory of Culture* 21.

④ Lotman, “Two models of communication” 99.

从理论上来讲，符码的稳定性是为了保证信息的无谬误传播，但是，在实际的传播过程中，信息并不能被完美传达①。这类交流是以信息提供为导向的，主要承担交际（communicative）、记忆（mnemonic）功能②。由于它服从于句法（syntax）和语法（grammar）的规则，因此缺少创造力与生产力。我－她/他交流模式的形态特征如图20所示：

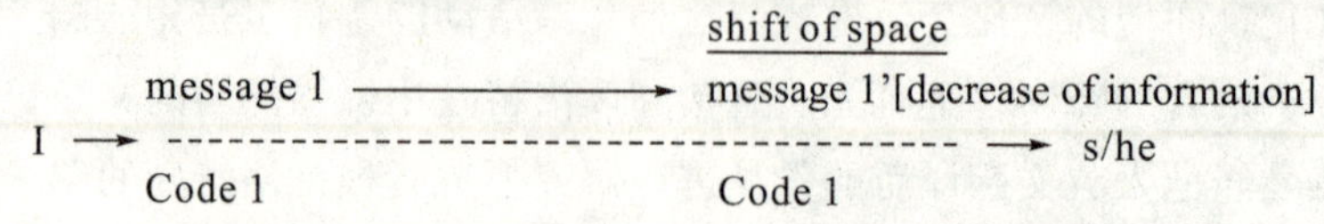

图20　笔者所作洛特曼“我－他交流”模式示意图

根据洛特曼自己的表述，“我－她/他交流”与“自我交流”的差异在于：后者以发话人和受话人之间的时间隔断（temporal gap）取代了前者的空间隔断③。自我交流指示信息的双向流通（two-way flow of information），发话人将信息传递给他/她自己，符码的变化使得文本（即一个已编码的信息）成为后设文本④，因此导致了信息的增长和受话者的重塑⑤。换句话说，自我交流是以符码接受为导向的⑥，而不是以信息接受为导向的，它也指向对符码的反射性评估。在这种情况下，创造（creative）功能而非交际和记忆功能成为自我交流的关注焦点⑦。自我交流也有助于激发“自我存在（self-existence）、自我发现（self-discovery）和自我精神疗伤（auto-psychotherapy）”的意识⑧。这类交流的增殖（generation）超越了句法与语法，因此更多地倾向于精神性的、潜在的和无限制的。

笔者注意到，洛特曼自己有两个关于自我交流的形态图，彼此之间有些微的差异。根据鲁茨为《交流的两种模式》所提供的脚注，其中一种

---

① Lotman, *Universe of the Mind: A Semiotic Theory of Culture* 21－22.

② Lotman. “Two models of communication” 100; Lotman, *Universe of the Mind: A Semiotic Theory of Culture* 21.

③ Lotman, “Two models of communication” 99.

④ Lotman, “Two models of communication” 101.

⑤ Lotman, *Universe of the Mind: A Semiotic Theory of Culture* 22.

⑥ Lotman, “Two models of communication” 100.

⑦ 洛特曼认为文本有三种功能：交际功能、记忆功能以及创造功能。

⑧ Lotman, *Universe of the Mind: A Semiotic Theory of Culture* 29.

自我交流的形态图如图 21 所示：[①]

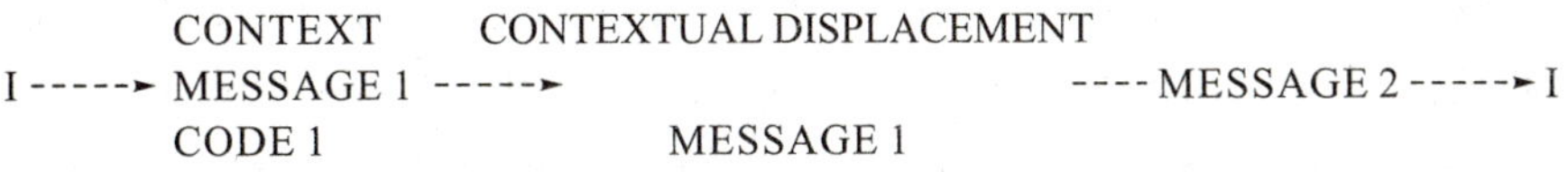

CONTEXT　　CONTEXTUAL DISPLACEMENT
I -----► MESSAGE 1 -----►　　　　----MESSAGE 2 -----► I
CODE 1　　　　MESSAGE 1

图 21　洛特曼所作“自我交流”示意图 1973 年版

根据鲁茨提供的信息，这个模式取自洛特曼的论文《文化系统中两种交流模式》（“*О двух модепях коммуникаций в системе купьтуры*”），发表于 1973 年第四卷的《符号系统研究》[②]。另外一个模式见于《思想的宇宙》[③]，见图 22。

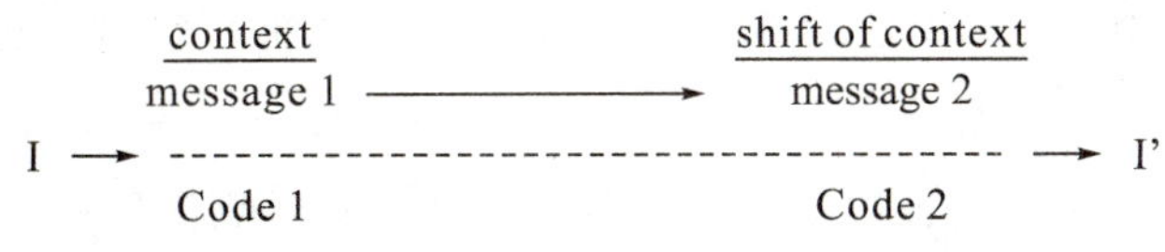

图 22　洛特曼所作“自我交流”示意图 1990 年版

通过区分“我－她/他交流”和“我－我交流”，洛特曼能够将雅各布森以话语为基础的交流模式[④]转化为以文化机制为基础的交流模式，后者的应用性显然更为广泛。但是，洛特曼为何能够成功转化雅各布森的交流模式呢？在笔者看来，洛特曼以非话语形式（nonverbal）的交流和跨符号系统（inter-semiotic）的交流为主要的研究对象，从事对文化文本的分析，这一文本相比话语文本显得更为复杂。在文化机制中，交流至少可通过两个渠道达成，雅各布森的交流模式只显示了其中之一，即洛特曼所描述的“我－她/他交流”模式、信息的单向流通。洛特曼揭示出信息除单向流通之外还有双向流通的可能，他定义为是“我－我交流”，或“自我交流”。洛特曼将这一交流过程中信息回流的圈子（feedback loop）视为是发话人（也是受话者）的自我反射思考的空间。信息的增长或流失发生在一个潜在的、心理的空间，而不是一个显现的、受制于语法约束的空间。在洛特曼看来，这种情况主要是创造力的问题，而信息传达方面的流失或失败只是次要的问题。“我－她/他交流”主要承担信息供给的功

---

① Lotman, “Two models of communication” 101.
② Lotman, “Two models of communication” 101.
③ Lotman, *Universe of the Mind: A Semiotic Theory of Culture* 22.
④ Jakobson, “Closing statement: Linguistics and poetics” 350 – 77.

能，而自我交流则主要承担对符码的反思与评估，并且在单一符码的影响之外讨论信息的流通问题。因此，自我交流这个模式主要讨论文化文本的创造力和文化空间中的互文显现，它能够解释文化信息为何能够实现无限的“自我繁荣”（self-fashioning），也能够帮助我们解释文化间的交流和理解活动。

由于洛特曼的文化交流模式高度抽象且不可化约，因此，当这两个模式被投入实际的文本分析时，我们需要跨越从话语文本向文化文本过渡的巨大鸿沟。为了测试洛特曼交流模式的应用性，我们应该注意到处理交流模式与处理具体的交流案例之间的差别。它们之间最为典型的区别在于，在交际事实中，每一次对“我－她/他交流”模式进行复制，都会引起一种新类型的交流：无论是处理语言文本还是非语言文本形式的文化交流，“我－她/他交流”模式的复制过程中已经包含了一个“我－我交流”模式。在这种情况下，发话人1发出的编码信息1由于新的符码的加入而被改变，改变后的编码信息1作用于受话人1，受话人1接受信息的重塑而发展为发话人2。换句话说，被受话人接受和阐释的信息，通常会对受话人产生一个影响，这个影响成为新的符码，并参加与受话人原有的符码运作空间里的活动，从而导致受话人的重塑。这样一个新的符码越是非语义性的，就越是能够帮助受话人进行重塑。这一过程如图23所示。

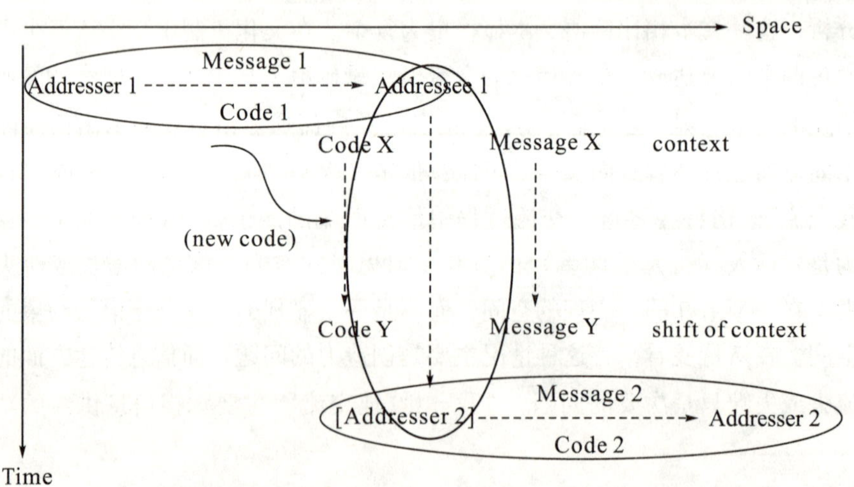

图23　笔者所作包含“自我交流”的“我－她/他交流”模式的复制情况示意图

在“我－她/他交流”的复制这一情况中，非语义性符码的作用及其作用方式都值得我们注意。因为无论交流是符码导向的还是信息导向的，都会决定文化对话的效果，并且影响某一特定文化未来的发展。我们应该对积极的非语义符码和消极的非语义符码做一区分。前者能够为受话者的重塑提供一个更为广阔的空间，后者则正好相反。在下一部分，笔者试图通过援用上述讨论过的交流模式，来分析巴尔特对日本和中国的差异化书写。

二、巴尔特的他者书写与两种非语义符码

笔者首先尝试以巴尔特对日本的再现为积极的非语义符码之案例进行文本分析。在1966—1967年间，巴尔特三次去到日本，除文化旅行之外，他在东京法日研究院（Institut Franco-Japonais de Tokyo）组织了一个“结构叙事分析”的研究班。在这次旅行之后，巴尔特撰写了《符号帝国》这部享有盛名的作品。在这本书的开篇之处，巴尔特声明，他无意再现或分析日本的事实，他所关注的不是东方的事实（Oriental Essence），不会以西方话语常用的姿态来评论日本[①]。正好相反，他的目的是“要在这个世界上（遥远的地方）隔离出特定数量的特征（这是语言学所使用的一个术语），再从这些特征中有意地析出一个系统”[②]。巴尔特将这个系统称为“日本”，这个系统的典型特征是“虚构的相互影响”（invented interplay）。《符号帝国》文本也突出表现了日本这个符号系统的自我指涉（self-referential）、自主指涉（auto-referential）特征，正是这种特征提供给巴尔特一种书写的情境与欲望，使得他能够享受对于“符号”的新的理解。毫无疑问，日本的符号运作系统与巴尔特的知识论系统是完全异质的，这种异质性本身已然被文本化了，而文本化的日本启发巴尔特对异质性本身进行特殊的阅读。这种阅读不是以信息提供为导向的，而是以符码反思为导向的；日本系统的符码运作的特殊方式，也怂恿西方读者对其进行符码导向的阅读。

然而，我们不能忽视巴尔特有能力对日本进行以信息提供为导向的阅读。巴尔特曾经认真研究过日语，他想要把握这种语言的语言学结构，由

① Barthes, *Empire of Signs* 3.

② Barthes, *Empire of Signs* 3.

此去理解这种语言的思想结构和它所包含的那种敏感性[1]。作为东方国度的日本的这种异质的符码运作方式而非其异质之事实，在巴尔特看来，体现了他有关符征之星系的设想。

在一次采访中，巴尔特谈到了三种他所看过的日本电影：第一种是对西方技巧的模仿，第二种类型完全地展现传统日本文化，充满了封建主题，最后一种是非信息化的，也没有字幕，但是对巴尔特有一种美学的吸引[2]。作为非语义符码的一个例子，最后这类电影最吸引巴尔特，因为它刺激了思想的表达形式而非内容，促使它的读者获得重塑。事实上，巴尔特阅读日本的策略更多吸收了这样的积极类型的非语义符码，它们构成了巴尔特改造自己思想的宇宙的冲动，最终使得他成为以复数意义上的读者为导向的书写的实践者。巴尔特的书写给他的读者所提供的也是一种符码导向的阅读而非信息导向的阅读。巴尔特将“符号的帝国”阅读为“符征的帝国”（l'empire des signifiants）而非“符旨的帝国”（l'empire des signifiés）。作为主体［我（le moi）］的巴尔特，对日本［我中的他者（l'autre）］的阅读与写作呈现出自我交流与自我反射思考的典型特征。在他的书写中，对他者的以符码为导向的阅读将发话人转换为受话者，从而引发了受话者（也即是发话者）的自我重塑。

与作为欢之体现的日本不同，巴尔特对中国的再现将中国作为一个可接受却不可阐释的文本，一个“认同”文本以及一个消极的非语义符码[3]。巴尔特于“文化大革命”期间作为如是派的一员访华，与旅行团的其他人不同，他对书写中国兴趣不大，后来我们仅仅在《罗兰·巴尔特自述》以及《中性》中读到了一些关于这次访华的片段表述，除此之外，只有一篇题为《好吧，我们来谈谈中国吧?》的短文发表在1974年的《世界报》上。在巴尔特去世之后，他在中国旅行的笔记以原样发表了，按照他自己的说法，这是一个安东尼奥尼式的作品。我们不难理解巴尔特

---

① Barthes, Roland. “Entretien.” *Œuvres complètes.* Tome 3. Paris: Éditions du Seuil, 2002. 113. 笔者在2012年的论文《“罗兰·巴尔特与中国”：关于影响研究的对话》中曾谈到巴尔特不懂日语，这种说法是错误的，这是笔者当时知识面不够广造成的疏漏，在此，笔者向这篇论文的所有读者致以最诚挚的歉意。

② Barthes, Roland. “Japon: L'art de vivre, l'art des signes (Entretien avec Guy Gauthier et Pillippe Pilard).” *Œuvres complètes.* Tome 3. Paris: Éditions du Seuil, 2002. 84.

③ 由于前文已经对巴尔特的中国书写做了全面、深入的讨论，因此此处不多涉及证据，仅就“认同”文本这个点进行分析。

为何没有书写中国的欲望，从《中国旅行笔记》中的证据来看，当时中国官方对这次旅行过于严格的掌控，以及巴尔特自己对政治和意识形态的距离感都影响了他对中国的再现。

1974 年的中国对于巴尔特来说，没有书写的悦和欢，是一个“平淡”之所。中国的语义场也有自己异质的符码运作系统，对巴尔特来说是混乱的、无法被解读的。巴尔特没有一个可以适应普遍性（generosity）的身体，他也无法适应政治的陈腐重复。在巴尔特看来，中国也不应该用一种语言学上重复的和意识形态偏好的特定话语去阐释，他只好选择“认同”。“认同”给他提出的问题不是“什么是允许写的”，而是“什么是可能说的”，在“允许”与“可能”之间的区别是：是话语发送者以及所在文化的规约所允许的，还是话语本身是否能够表述的。中国这个语义场与巴尔特这个西方旅行者能够生产的话语之间存在表述能力上的鸿沟。他不能出于理性分析，或出于信念理想而去赞同或拒斥中国文本的话语表述机制，他只能从伦理学或者美学的角度，去认同中国所生产的话语的存在①。因此，“认同”就成了读者阅读一个异质文化［对他/她而言的非文化（non-culture）］时，在语言系统与外来文化的社会公语之间所做的妥协，对一个混乱的语义场所做的“无可奉告”式的回应，也是对自立为阐释学主体的他者所生产的不适合话语的拒绝。

巴尔特的这个“认同”概念对于我们理解文化间的交流十分重要。我们假设文化 A 向文化 B 发送文本 X，由于 B 并不分享 A 的文化符码，因此，B 接受了 X 的存在却并没有立即将之吸收入自己的文化符号域（semiosphere）。如果文化 B 意识到他有欲望、需求、权力或者能力去吸收 X，那么 X 要么作为一个信息要么作为一个符码被 B 接受。X 因此从文化 B 的边缘区域进入了中心区域。在禅宗的术语中，我们说 X 有可能引发 B 的顿悟（epiphany）。

在上述两个例子中，巴尔特对日本和对中国的再现突出了区别分析积极的和消极的非语义符码的重要性。作为积极符码，日本电影因其美学吸引力而能够作为一个入侵巴尔特原初的思想空间的符码，激起了巴尔特的写作欲望与享乐诉求，因而促进了巴尔特这个受话者（也是未来的发话者）的重塑，而作为消极符码，1974 年的中国则关闭自己的语义场，拒

① Barthes, Roland. *Alors, la Chine*? Paris: Christian Bourgois Ééditeur/IMEC, 1975. 13 - 14.

绝外来视域的阐释。此外，我们也注意到，符码运作的特殊性经常会削弱交际的成功率，比如受话者自己的意动倾向（conative inclination）、他/她的知识体系等，都会影响受话者对特定符码的接受。在巴尔特这里，强力的政治从来没有引起他的兴趣，但是日本美学对“脆弱却精致”的追求却极其吸引他。

三、作为特殊符码的文化记忆和想象

在讨论过积极和消极的非语义符码之后，笔者尝试讨论巴尔特通过《S/Z》重写了巴尔扎克《萨拉辛》中的一个片段，由此来展示自我交流中的两种特殊的符码。这个片段关涉萨拉辛对赞比内拉身体的再现，将帮助我们理解文化记忆与想象如何作用于受话者的重塑。

萨拉辛在意大利受了别人的蛊惑去听歌剧，在剧院遇到了具有神秘魅力的女高音歌手赞比内拉。他为赞比内拉的美貌身姿以及天人声音所倾倒，在曲终人散之后回到自己的画室，创作了描绘女歌手身姿的草图、油画与雕塑。然而，他对女歌手的再现远远超出了模仿再现（mimesis）：“在其中一页上，赞比内拉表现出拉斐尔、乔尔乔涅以及每一个伟大的画家所赞慕的那种平静而冷酷的姿态。”[①] “萨拉辛描绘了他的情妇的每一种姿态：没有戴面纱的、坐着的、站立的、躺下的、纯贞的或饱含爱欲的，他在他的笔尖展露自己对一个情妇所能想到的所有任性妄为的想法。”[②] “然而，他的狂热的想法又远远超越了绘画。”[③] “他看见了赞比内拉，对她说话，他哀求着她，他以想象到的每一种姿态摆弄她，似与她共度了千年的幸福人生。”[④] 萨拉辛对赞比内拉的回想显示个体的短期记忆（short-

① Barthes, *S/Z* 121.
② Barthes, *S/Z* 121.
③ Barthes, *S/Z* 121.
④ Barthes, *S/Z* 123.

term memory）的矛盾性[①]。

萨拉辛对赞比内拉的回想是短时的个体记忆，这一记忆本应该是最为清晰和稳定的，但是当他把这个记忆呈现为艺术作品（绘画草图）时，赞比内拉却摆弄出拉斐尔等著名画家所钟爱的姿势。显然，萨拉辛如此紧密地追随着拉斐尔这样的伟大画家，以至于他们作为萨拉辛的文化记忆的一部分，“中介”了他对某一事物短期的个体记忆。这一中介过程有生理学基础，视线所及的认知（perception），在进入大脑之后对旧有认知进行了反刍，当它被再次呈现出来的时候，呈现的形式与内容都与最初的认知有所不同。这一过程也有文化基础：个体记忆建码于文化记忆之中，以个体的知识系统为知识论基础，又被文化景观层层折射，个体的记忆被投入“无穷衍射”；当个体记忆被再次表达出来的时候，它已经被文化记忆制约、渲染、增补、中介与干扰过了。经过文化记忆鞣制的个体记忆，即为“似曾相阅”的文本，一面折射了无数镜子影像在其中的镜子。

除了文化记忆对个体经验的中介作用，想象也承担了引起自我交流的关键性符码的作用。在巴尔特重写《萨拉辛》而成的《S/Z》中，视萨拉辛的绘画为幻想。幻想就是“一出剧本，主体（他看见了，他说话，他哀求，他生活）站在舞台的中心，在他的情色操控中，对象有无数的（每一种想象的场景）却总是互相联系的位置”[②]。萨拉辛对赞比内拉的描

---

① 笔者在此处并非在脑神经科学的严格规定下使用“短期记忆”这个术语，而是将之与“长期记忆”相对照，基本指涉一天内的记忆。根据脑神经研究，尤其是认知神经学（cognitive neuroscience）的研究成果，所谓“短期记忆”是指人脑在短期内能够储存并且活跃调用一小部分信息的能力，短期记忆的时长如果没有重复回想的话，延时只有 18 秒左右，被记住的事物也只有 5 ~ 9 种。与“短期记忆”相对应的是长期记忆（long-term memory），长期记忆能够储存并调用无限度容量的信息。长期记忆可分为“明确记忆”（explicit memory）与“含蓄记忆”（implicit memory）两大类（cf. Atkinson, R. C. and Shiffrin, R. M.. “Human memory: A proposed system and its control processes.” *The psychology of learning and motivation* 2（1968）: 89 - 195.），前者被大脑中的海马体、内皮层和边缘皮层解码，包括“事件记忆”（episodic memory）、“语义记忆”（semantic memory）和“自传记忆”（autobiographical memory），后者则被储存于纹状体和部分基底神经结中。此外，“短期记忆”暂存于前额叶中，经过海马体转存于大脑皮层中时就成为长期记忆，当长期记忆被陈述为语言时，记忆经过了左脑叶（辅之以右脑叶）的语言模式的处理［参见：张汉良：《记忆与书写——德希达的处方或柏拉图的药？（上）》，《创世纪》杂志，182（2015）：27 - 32］。关于近年的脑科学的“事件记忆”研究，请参见：Dere, E., Easton, A., Nadel L., and Huston, J. P.（eds.）*Handbook of Episodic Memory*. Amsterdam: Elsevier, 2008；关于脑科学的“自传记忆”研究，请参见：Radvansky, Gabriel. *Human Memory*. Boston: Allyn and Bacon, 2011. 脑神经科学的兴起势必重写自传研究与叙述学研究。

② Barthes, *S/Z* 123.

画是幻想，是对拉斐尔所钟爱的某一个模态姿势的拷贝，是想象一个不常见的姿势，是沉溺于掌握“玩偶”，按照自己的幻想操纵一个被欲望的对象的肉体，将其呈现在萨德的“活的画布”（tableaux vivants）之上。

画家对回想中的模特的塑造，既是一个典型的主体观照他者的例子，也是一个主体想象他者的例子。从形象学的视域来看，观看与想象其实是不可分割的，观看的期待与观后的回忆都有想象的参与。通过想象，个体记忆被文化记忆所鞣制。以客体当下的形象为基础，主体建构了客体复数的但是彼此相关的形象，这种构建构成了也反射着观看主体沉浸其中的某种整体文化在主体身上冲刷沉积的痕迹。如果我们把研究的重点从形象转移到建构行为本身，符号学便从另一个角度向我们阐明了这种想象的本质。以艺术为中介，想象构建了主体对对象的非再现性的（non-representational）复数的呈现，同时也建构了对主体本身的自我反射式的呈现。借助于艺术的功能，萨拉辛不仅再现了一个复数的对象的形象，也自我反射式地重构了他自己。

然而，更有趣的地方是，是对象的沉默极大地推动了观察者（主体）的想象。在对话中，“我－她/他交流”中信息传递的时刻体现为受话者的沉默时刻①。在这一时刻中，编码信息作用于受话者，促使其做出回应，这意味着他只能做自我修订，因此，其中也包括了自我交流；在跨文化交流或非话语交流中，沉默时刻提供了一种特殊的冲动，部分地实现了受话者的想象。如果我们探究一下赞比内拉的沉默，我们或可发现，他（她）的沉默是促成萨拉辛自我交流的某种特殊的冲动。萨拉辛从未被回应，因此，他只能反复修改他所描摹的赞比内拉的形象。这个不曾停息的自我修正过程最终呈现出来的结果是主体精细加工后的想象产物。主体对对象嘤嘤私语（不断地描绘），对象（居住于混沌记忆中的赞比内拉）始终沉默不语，主体的陈述（描绘）得不到回答而只能在一遍遍的陈述（描绘）中自我纠正。主体由发送者转换为接受者，其自恋式的陈述在陈述行为中不再因为提供信息而重要，而是因为每一个陈述都涵纳新的符码，这个符码不厌其烦地一次又一次重塑这发话人（也是自我交流的受话人）。

---

① Chang, Han-liang. “Autocommunication: Negative Influence and Cross-cultural Studies.” Paper delivered at the 2013 Tartu Summer School of Semiotics, 22nd August 2013, Tartu, Estonia.

萨拉辛借助绘画以及后来的雕塑等非话语形式的陈述行为来实现并建构自我生产（self-generating）、自我繁荣、自我重塑（self-reformulation）、自我增殖（self-proliferation）以及自我赋值（self value-investment）。与后结构主义视域中自主地彼此互生互涉的符征类似，借此文化记忆与想象的建构行为，符号即符号系统（文学、艺术）呈现放射状增殖繁荣，打乱了符征与符旨之间的一一对应关系，以符征的自主映射取代符旨的诠释性指向。符征倾向的阅读与书写操作，使得自我交流似乎对于任何诗性文本来说都充满了吸引力。符征的星系陈列与繁荣，这不正是巴尔特思想的核心之一吗？

四、巴尔特与卢梭的自传书写以及两种自主交流的模式

在最后这一部分，笔者要借助巴尔特的后结构主义自传书写和卢梭的忏悔录式的书写来所体现两种自主交流的模式。在《“我”与“我”》这篇论文中，洛特曼援引了卢梭的《忏悔录》，来彰显作为人称代词的“我”与作为专有名词的“我”之间的张力。在《忏悔录》中，事实的承有者是单数的、作为专有名词的“我”，这使得《忏悔录》成为对生物历史（autobiology）这个外在文本（hors-texte）的回应[①]。《忏悔录》这个文本高度重视发话人，因此它的价值等级（axiological hierarchy）的核心是“真理”与“真实性”（authenticity），发话人比受话人拥有更高价值和更为智化的位置，受话者则根据发话人这一模型构造自己。对洛特曼来说，《忏悔录》是一个典型的自主交流的文本，承担了感知自我存在，运作自我发现和实现自我治疗的作用。

与卢梭所揭示的尊崇真实性的传统系统不同，巴尔特实验的自传书写并不参考他的生物学历史。巴尔特写道：“我并不打算重现我自己……我也不打算描述我自己，而是要写作一个文本，我将它称为罗兰·巴尔特……我就是那个发生在我身上的故事”；“他的书不是一本《忏悔录》……关于我自己我要写的从来都不是最后一个字……我的文本们是离散的……后一个文本是比前一个文本更进一步的文本……文本之上有文本”[②]。作为人称代词的“我”可以被“你”或者“他”取代，“我的”自传与“我的”

---

① 张汉良：《匿名的自传：〈浮生六记〉与〈罗朗·巴特〉》，第285－286页。

② Barthes, *Roland Barthes par Roland Barthes* 120.

生物历史无关。在这个意义上，巴尔特的自传书写反而是对“自我”的遗忘和对自传书写的解构。以巴尔特为代表的后结构主义自传书写，并不重建关于生物过去的思乡病记忆，而是实践一种新的话语类型。这种话语的读者并不尝试解码对象话语，而是继续建码话语，其阅读行为导致自我交流。这种话语的作者和读者都通过自我陈述得以重塑。当“我”仅作为人称代词而不是专有名词在自传书写中存在时，自传书写就不是《忏悔录》那样仅仅引起作者的自我交流的文本了，而是转向引起读者的自我交流的文本。生物历史的独立性被自传书写解构，自我交流文本的记忆功能和交际功能降低了，与之相反的，创造功能和后设批评功能得到强调，使得自传书写呈现为开放的、具有创造力的文本。巴尔特的片段书写包含着一个符征的星系，这个星系没有一个中心：“我将我自己投射在周围空间：我的全部的小小宇宙化为碎片，在中心的，是什么呢?”①巴尔特的片段书写体现了新符码不断入侵文本的情况，这一情况延宕了最终结论的出现，因此也延长了书写和阅读的愉悦。巴尔特的自传书写是以读者为导向的，并且呈现出复数价值论，也即是说，以复数形式的读者为导向并且充当了读者自我反思的催化剂。

综上所述，我们可以归纳出两种自我交流的模式。其中一种模式涉及单数形式的发话人，其话语空间是相对封闭的，主要目的是引发发话人的自我认同、发现与治疗的意识，而另外一种模式则涉及复数形式的受话人，其话语空间是开放的，主要目的是引起复数形式的读者的阅读愉悦，这种阅读也包括对一种异文化的阅读。

在前文的分析中，笔者的论述揭示出，洛特曼的交流模式是高度抽象且不可化约的，因此对于这种模式的应用就必须处理文化文本交流模式所在的网络的复杂运作。此外，自我交流能够保证文化的无限的自我增殖，它的双重模式也揭示出文化现象内部的“语言异质”（或译为“众声喧哗”）现象（heteroglossia）②。洛特曼的交流模式展现了人类对于某一特殊文化的独一无二性的认知，也显示了人类对各个文化的宇宙视野（universum）的理解，自我交流也刺激着人们的创造欲求和对个体与社会层面的自我重塑的可能性。

① Barthes, *Roland Barthes par Roland Barthes* 93.

② 国内学界一般译为“复调”。

五、巴尔特与洛特曼两个符号学模式的比较：再论语言学的地位问题

从洛特曼的文化交流模式中，我们清晰地看到了雅各布森话语交流模式的直接影响。事实上，洛特曼对雅各布森的发展与整个莫斯科－塔尔图学派对于“初度建模系统”（primary modeling system）/“二度建模系统”（secondary modeling system）[①] 的设想同出一脉，而这种设想与本维尼斯特的话语语言学思想平行存在，都是对语言系统之基础性地位的投射反思。雅各布森在《语言学与其他科学》（“Linguistics in Relation to Other Science”）等论文中已经指出，从社会生物学基础上来说，语言学位于人类交际的跨学科模式之核心；而以洛特曼和乌斯潘斯基为核心的莫斯科－塔尔图文化符号学学派，则根据文化与自然语言之间的关系，将自然语言设立为初度建模系统，文化以自然语言的普遍规则为基础，延展出特殊的意义单位与意指程序，经过层层文本创制（或话语编码/解码）活动，形成二度建模系统。

本维尼斯特在1969年的《语言系统的符号学》一文中，强调了自然语言是唯一一个同时作为阐释系统和被阐释系统的符号系统，换句话说，自然语言可以同时作为一门后设语言和一门对象语言。洛特曼和乌斯潘斯基尝试在他们的两种建模系统中补充本维尼斯特关于自然语言优先位置的陈述：

> 近期（即1969年）的论文中，本维尼斯特强调了只有自然语言才能承担后设语言学的角色，因此它们在人类的交流系统中占有一个

① 莫斯科－塔尔图学派的初度建模系统和二度建模系统，是人类符号学（anthroposemiotics）基础下的建模机制，与之形成对照的是西比奥克（Thomas A. Sebeok，1920—2001）及其弟子所发展的生物符号学（biosemiotics）。后者认为语言符号和非语言符号都浸没于生物性符号这一基础中。西比奥克认为：“生物学基础是人类和动物的交流/意指活动的核心。”（Sebeok，Thomas. *Contributions to the Doctrine of Signs*. Lisse：Peter de Ridder Press，1976. x.）在生物符号学视域下，西比奥克将他的“模式”概念与威克斯库尔（Jakob von Uexküll）的“生物主体环境”（Umwelt）概念联系起来，从而试图建立研究所有生命形式的建模行为的方法论体系（Sebeok 45－46）。这是一个三层级的建模系统组，可分为初度建模系统、二度建模系统和三度建模系统。西比奥克将自然语言确立为只属于“人类”（Homo）这一种群的具有种群独一性的初度建模系统（species-specific primary modeling system），其他种群无法共享这一建模系统。西比奥克认为这一系统过于局限于一种交流手段，因此有必要从自然语言中发展出一种衍生物——“言语”作为二度建模系统来运作，最后一层就是人类的文化系统，即三度建模系统（Sebeok 46－47）。

独一无二的位置。然而，更有争议性的一项内容是：作者在同一篇文章中指出只有自然语言是严格意义的符意系统，将其他文化模式界定为语义系统，后者没有自己的系统化的符号运作，只能从自然语言那里借用其符号运作。区分初度建模系统和二度建模系统的确很有价值（没有这样一个区分就无法指出任何一者的特殊性），但是如果我们指出，在这两种模式实际的运行中，自然语言无法脱离文化而运作，这也是十分正确的。没有自然语言（在字词的全部意义上）能够脱离文化语境而存在，也没有文化能够不将自然语言的结构作为其核心而存在。①

洛特曼和乌斯潘斯基更倾向于认为初度建模系统和二度建模系统的区分只是形式权宜之区分，在实际运作中，语言系统和文化系统彼此依存互生，无法割裂。

洛特曼自己在这一认知的基础上提出，作为二度建模系统的文化系统将自然语言设想为“符号域”中最原初的也是最发达、架构最完善的语言，它位于“符号域”的中心。“符号域”概念的提出指出了洛特曼与本维尼斯特的区别。本维尼斯特认为，人通过将言语活动占为己有的方式，在对语言系统的实现中重建现实，因此，语言建构了文化。巴尔特在这个问题上基本追随本维尼斯特，他认为人类的一切活动都离不开言语活动，也即离不开语言系统的规模作用。从巴尔特的叙事话语分析中也可以看出来，巴尔特认为，在语言系统和叙事话语的语言系统之间存在一定程度的同质类比性，而叙事话语这个例子可以复制到其他话语类型中去，巴尔特后来对历史的话语和整体文化话语的分析证明了这一点。这即是说，语言系统对巴尔特来说不仅位于文化的核心，也是支配文化的基础法则，相比较于其他符号系统来说具有超越性的地位。可以说，关于语言学与符号学的关系这一点，结构主义语言系统符号学与话语符号学没有很大区别，而巴尔特所谓逆转索绪尔的认知，其实是将语言系统符号学的领域开辟扩展到话语符号学，因此，“超语言学”其实并非语言学，而是符号学。因此，我们可以认为巴尔特提出“超语言学”并非逆转了索绪尔的认知，而是扩展甚至巩固了索绪尔的认知。在这个意义上，他在 1964 年写的

① Lotman, Juri M. and Uspensky, B. A.. “On the semiotic mechanism of Culture.” *New Literary History* 9.2 (1978): 212.

《引言》其实宣告了他的符号学的成立。

与巴尔特及巴尔特背后的结构主义语言系统符号学与话语符号学的不同之处在于，洛特曼认为："使得语言能够存在并发挥作用的这个符号空间，并不是所有不同种语言组成的集合；在某种意义上，符号域的存在是先有的，并且与语言之间存在永恒的互动……一个信息的生产者。"[①] "因此，任何一种语言都浸没于一个符号空间，并且通过与这个空间发生互动而发挥作用。符号运作的单元、最小的功能机制，并不是某一种语言，而是文化中的符号空间。这个空间我们称为符号域。"[②] 这即是说，是符号空间而非语言系统具有基础性地位。

值得注意的是，洛特曼将翻译视为思考的最基本的行为，而翻译的最基本的机制是对话，对话预设了对话的参与者所使用的符号结构（语言）之间差异所造成的不平衡性与信息流通方向的互相替换。将这一过程进行扩展，翻译就发生于一个既定的符号域中。对洛特曼来说，翻译意味着一个符号整体与另外一个符号整体在一个它们二者共存共生的符号空间中的互动关系。在洛特曼的术语系统中，符号整体就是语言，或者说，更为特殊一点，是符号、文本、思想或作为一个整体的某种文化。洛特曼如此论述道："在大多数情况下，符号域中的不同的语言之间存在符号化了的不平衡性，即是说它们没有交互的语义对等性，在此基础上，整个符号域才可以被视为信息的生产者。"因此，翻译也意味着生产新的信息。洛特曼也指出了每一个符号整体都需要他者才能确立自己的存在，"符号、文本、文化只能与其他的符号、文本、文化共存，在它们之前必须存在其他的符号、文本和文化"。故而翻译在各个层级的符号空间中都是不可避免的。

2003 年张汉良在论文《自然语言是初度建模系统吗？——论尤里·洛特曼的符号域概念》（"Is language a primary modeling system? On Juri Lotman's concept of semiosphere"）中明确指出了洛特曼对本维尼斯特及其背后的索绪尔结构主义语言学的补进：洛特曼的符号域概念指涉"语言之前（pre-verbal）或非语言（non-verbal）的建模系统的可能性。这个模

① Lotman, *Universe of the Mind: A Semiotic Theory of Culture* 123, 127.

② Lotman, *Universe of the Mind: A Semiotic Theory of Culture* 124 - 25.

式的意义在于它的整体方法论纠正了语言学模式的原子中心主义"①，符号域与自然语言之间的关系"不仅仅是一种基本的符号运作，也是关于整体与部分之间的辩证关系的诠释圈"②。可以说，除了雅各布森和本维尼斯特，洛特曼及其背后的莫斯科－塔尔图学派也是索绪尔语言学的忠实承继者与补进者，而且他们与巴尔特分别在东欧和西欧共同实践了语言学对其自身之外的符号系统（比如文化系统）的建模作用。

在这一章中，我们引入了格雷马斯的结构语义学与尤里·洛特曼的文化符号学交流模式，一并搬演了巴尔特发展自法国符号学传统中的话语符号学，来研究"罗兰·巴尔特与中国"这个比较文学命题与文化对话视域下的巴尔特的自我/他者书写。话语符号学视域使得我们在处理文化对话问题时，避免了民族主义式的解读，也延宕了意识形态对批评话语的操纵，从而在本维尼斯特所谓的交谈关系中，确立了巴尔特书写者的身份而非先验主体的身份。从这个意义来说，话语符号学对比较文学的规模作用值得继续深化研究。

---

① Chang, Han-liang. "Is language a primary modelling system? On Juri Lotman's concept of semiosphere." *Sign Systems Studies* 33.1 (2003): 5.

② Chang, Han-liang. "Is language a primary modelling system? On Juri Lotman's concept of semiosphere" 6.

结论　巴尔特的话语符号学：回顾与展望

本书旨在爬梳巴尔特在话语符号学相关问题上的理论建树与文本实践，在法国符号学发展史中，重新定位巴尔特话语符号学的地位，并测试其解释能力。通过前文导论以及主体四章的论述，笔者尝试回答在本书开篇提出的一些问题：何为话语符号学？为何要研究巴尔特而非其他人的话语符号学？巴尔特话语符号学的理论基础、基本内涵、研究模式是什么？巴尔特对其话语符号学是否有理论反思与文本验证？巴尔特的话语符号学能否应用于比较文学命题的研究？如何应用？

一、“话语符号学”的界定

索绪尔的《普通语言学教程》开辟了结构主义语言系统语言学，以及以语言系统为基本模型的语言系统符号学。在索绪尔之后，薛施蔼、马尔蒂内、叶尔姆斯列夫、雅各布森、本维尼斯特、格雷马斯、巴尔特等学者，纷纷重拾索绪尔存而不论的言语语言学、话语语言学、社会语言学。其中叶尔姆斯列夫对内涵系统的发展、雅各布森和本维尼斯特对话语问题的分析，直接引发了巴尔特的符号学研究兴趣从索绪尔的语言系统符号学到话语符号学的转向。这个研究兴趣的转向背后，潜藏着重要的符号学历史事实：在“sémiologie”脉下的符号学，已经在以语言系统语言学为基本模型的符意意指性研究之外，扩展出了以话语语言学为基本模型的语义意指性研究和交流符号学研究，是为话语符号学。巴尔特是这一符号学的开创者之一，也是得力干将。

二、理论家与阅读者的对话：巴尔特的话语符号学理论系统作为一个建构的产物

自巴尔特 1964 年在《交流》杂志第 4 期“符号学专刊”上发表《引言》，首次提出“超语言学”（即话语符号学）概念以来，他在话语符号学这一领域的理论探索与文本实践补进了索绪尔的语言系统符号学，也对叶尔姆斯列夫、雅各布森与本维尼斯特等人的语言学与符号学研究有所回应与修订。事实上，在话语符号学的历史发展脉络中，以罗兰·巴尔特为学术之镜，基本可以折射法国学界几乎所有参与了话语转向思潮的哲学家、语言学家、人类学家、精神分析学者。巴尔特流通应用、转换反刍、重新编码了这些学者对语言现象和文化现象的反思，以集大成的方式，体现了话语符号学的源起、发展、反思与基本成型的历程；尤其重要的是，巴尔特在其书写实践中自觉反思和丰富融通了话语符号学与其他人文学科的关联。

从这样一张庞大博杂的网络中，我们主要厘清了索绪尔、雅各布森与本维尼斯特的语言学与符号学研究，一并也涉及了叶尔姆斯列夫的语符学，以此作为巴尔特的话语符号学系统最为基础和坚实的思想渊源。索绪尔的符号学是以语言系统为模式的符号学，巴尔特在 20 世纪 50 年代后期的文学研究、大众文化研究中，自觉应用了索绪尔的语言学术语与语言学规则；自 1964 年明确提出以话语为对象的超语言学即内涵系统符号学之后，巴尔特觉察到质疑与补进索绪尔的符号学的必要性和紧迫性；因此，他转而关注话语的意指活动与能够解释对该意指活动进行叠加意指的后设话语理论。在巴尔特从“语言系统到言语、话语”的研究转向中，我们通过对事实联系的梳理和对理论思维的缜密推导，首先定位了雅各布森和本维尼斯特对索绪尔语言学的发展以及对巴尔特理论转向的促进。雅各布森率先发展了索绪尔存而不论的“言语的语言学”部分，批判性地重述了索绪尔对语言系统/言语的形式二分，以包含主体性行为的话语交流模式，替换了索绪尔对言语循环模式的演绎，同时，在失语症研究中深化了索绪尔语言结构的句段与联想两种关系，挖掘出人类话语实践固着于隐喻模式或转喻模式的极端状况。这一研究同时也将社会生命的语言事件压制到个体的心理机制中去，在心理学无意识的层面，绘制出人类话语实践的隐喻主导类型与转喻主导类型，以及在两极间的游弋行为。巴尔特将雅各布森

的转换词研究与本维尼斯特的人称代词研究联系起来，试图通过对语言系统中某些范畴的开发，在索绪尔语言系统语言学之外发挥社会语言学的部分。而本维尼斯特的陈述研究、人称代词研究、时态研究，以及他关于语言对人的建构的理论论述，都极大地影响了巴尔特对语言事实的认知以及将新的认知投入语言实践的欲求。本维尼斯特将言语活动与社会性沟通，在语言结构内部通过人的陈述行为实现语言系统与现实以及文化的联结，以话语的语言学作为基本模式投射到语言学、精神分析与符号学分析中，使得彼此互通。本维尼斯特不仅开发出他自己的语义学与后设语义学的理论系统，也为巴尔特的文学话语实践提供了新的语言学模式。巴尔特自己也在关于写作的理论建构和具体的书写行为中，贯彻了本维尼斯特的话语语言学模式，并开发出了关于“书写”的一整套理论与实践。

索绪尔、叶尔姆斯列夫、雅各布森和本维尼斯特，基本奠定了巴尔特话语符号学体系的理论基础，对以上学者的语言学理论和符号学理论的描绘，为笔者建立巴尔特的话语符号学系统以及实践巴尔特的话语符号学，提供了理论支持。在 1964—1970 年间，巴尔特通过对叙事话语、历史话语、文学写作以及后设话语即修辞学的研究，逐步发展完善了他自己的话语符号学思想，更是在 1970 年的《话语语言学》一文中，明确地确立了话语语言学作为话语符号学的模型，尽管巴尔特本人从未梳理过这一历程。

纵览我们对巴尔特话语符号学的理论建构历程，虽然简要但还是保有清晰的内在逻辑，笔者尝试着勾勒巴尔特话语符号学在建构阶段的时间节点、典型分析、具体转向标志以及转向的结果。1964 年的《引言》是巴尔特“话语符号学”的首发声明，标志了巴尔特话语符号学的开端。1966 年的《叙事作品结构分析导论》可称为巴尔特前期超语言学研究的重要成果。该作品看似是一个综合形式的前言介绍，其实内含巴尔特话语分析的三个层级的逻辑架构。从叙事话语的结构分析出发，巴尔特演绎生发了普洛普的表层叙事话语单元、格雷马斯的深层句法主体与主体的行动以及本维尼斯特的故事/话语二分。巴尔特逐渐将话语行为定位为叙事话语的核心，使得说话者的言说行为逐渐超越了陈述文本，成为叙事文学的核心。这一超语言学分析方式，不仅把握到了叙事话语的形态与结构运作规则，更在语言学与超语言学之间建立了形态上的同质性，并且以叙事话语的陈述行为为核心，揭示了叙事者、故事人物在故事/言谈中双向建立的多维话语时空。同年，《书写，一个不及物动词?》标志着巴尔特对本维尼斯特的话语语言学的成熟应用，他以本维尼斯特的动词人称、时态、语态系统研究为基础，建立了文学话语的后设理论，将书写确立为一个中性语态下的不及物动词，其核心是："我被书写书写。"这一后设理论成为巴尔特在20世纪70年代最为重要的两个文本：《罗兰·巴尔特自述》以及《爱的言谈——片段集》所依据的语言学基础，因此，打破了大众俗见所谓巴尔特在20世纪70年代走出了语言学模式这样的论述。而1967年的《历史的话语》则显示出：巴尔特接受了德里达文字学元书写反话语中心主义的立场，修订了本维尼斯特的历史/话语二分，暗示了巴尔特的理论兴趣的又一转向。从此，我们可以讨论两个巴尔特：延续本维尼斯特话语语言学书写系统的巴尔特，以及在语言哲学后设批评眼光中实践德里达思想的巴尔特。从这个意义上来说，1966年的"结构主义之争"这个会议是确立巴尔特思想分期的重要线索。我们也因此破除了所谓70年代巴尔特步入了后结构主义的巴尔特批评之俗见。1970年的《话语语言学》建立了相当成熟的话语语言学操作模式，同年的《旧修辞学（记忆术）》一文，征显了巴尔特对今日文学观念的发挥：文学与语言学密不可分，甚至成为关于语言学的书写实践。这两个文本标志着巴尔特话语符号学的语言学模型的彻底成熟，由对该模型的反思开启了新的实验书写阶段。

三、书写是理论与实践的双重反思

在70年代，巴尔特对话语符号学之系统框架的理论建构方面的兴趣逐渐转型，走向了在书写中实践应用与反思补进话语符号学。这一时期被巴尔特自己称为"文本"时期也因此得以理解。这一时期的代表作品有多部，笔者着重分析了《罗兰·巴尔特自述》与《爱的言谈——片段集》。这两部作品充分实践了这样的思想：在话语空间中，书写者而非作家被书写书写。巴尔特在《罗兰·巴尔特自述》中以言语活动的主体替换了生物主体与先验主体，以片段书写的方式打散时间性与逻辑性对事件的主导，从而将意义的暧昧性投掷于文本本身的想象空间。他废除了作者轴心的"真实/真理"，建立了作者与读者因共同进行话语的建码/解码行为而得以"双向塑造"的主体性，同时也将自我从占有语言而获得的单一主体中解放出来。德里达为巴尔特所写的悼文，在某种程度上也成为巴尔特自传声音的回音。德里达视死亡为萦绕在“现在/现存”的形而上学确定论周围的永固存在，他以复数形式标注了巴尔特的死亡，暗示了单数的死亡事件所引发的无数的、在自我这里建构出的他者，以及在他者处对自我的建构。在《爱的言谈——片段集》中，除了位于最前面的“如何构成这本书”这个说明，全书都是一个爱人在言谈、在说。这一言谈预设了一个话语空间，由关于“爱之言谈”的、或匿名或署名的话语事件构成，以文本的当下时位，消解/转化了历时与共时的对立；这部作品不仅实践了柏拉图《会饮篇》、但丁《神曲》与《新生》以及歌德《少年维特之烦恼》等一系列欧洲“爱之言谈”的陈述传统，也在人的心理结构之微观层面与精神分析对话；书写者以身体和语言双向言说，因此主体身份的模糊暧昧与流转不定体现为陈述声音的多元和身心物我的自通。与其说巴尔特以众声喧哗的声音解构了“主体”的单数性，不如说巴尔特以声音本身的书写行为，建构了存在于“主体间性”中的书写空间。巴尔特的自我反射式的话语符号学实践也为批评者提供了应用其符号学的模型。此外，我们在这一章中也尝试讨论到了巴尔特的“中性”话语实践、早期的“风格”概念以及城市话语的符号学分析。这一富有意味的尝试暗示了这样的设问：从巴尔特的话语符号学思想出发，能否反观他的早期书写、晚期书写？巴尔特的话语符号学能否与文化符号学、生物符号学乃至自然科学对话？笔者在文中给出了肯定的回答，但这些问题也是在未来的研究中需要被继续深化挖掘的问题。

四、巴尔特话语符号学在比较文学领域的应用价值

比较文学有两个原始命题“A and B”以及“A in B”，这两个命题指涉人类这一生物符号生命和社会符号生命，在社会生活、符号生活、象征活动中所遭遇的文本对话、文化对话、符号域对话的问题。话语符号学为比较文学提供了研究话语之特殊意指性的模式，对话双方以言语活动之主体的身份进入话语空间和符号空间。就“罗兰·巴尔特与中国”这个具体课题来看，我们通过主体/客体在言说循环中的位置互换推翻了民族主义式的解读，巴尔特从符号学特有的“中性”立场提示我们这些读者、批评者以及其理论的应用者：要警惕意识形态通过句子对书写所进行的权力操纵，要不断地推迟、延宕意识形态的作用，以安东尼奥尼式的艺术家的伦理敏锐性与有距离的眼光，看待他者，也反观自我。这是我们以往事

实联系式的研究方式所无法到达的阶段，在某种程度上已经超越了既有的流行的比较文学研究模式。而引入格雷马斯的结构语义学和洛特曼的文化符号学，我们不仅以他者的话语符号学视域研究了巴尔特的自我/他者书写，深化了我们从巴尔特自己的立场上能够对该课题所做的研究，同时也使得我们能够对比反思巴尔特的话语符号学之两个核心：话语语言学模式与话语符号学对象。

五、巴尔特的话语符号学：法国符号学史上的集大成者与新领域开拓者

总结言之，本书在大陆学界乃至中国学界首次系统探讨了罗兰·巴尔特的话语符号学思想，分析了其思想渊源、理论成型、他我反思和批判性的书写实践，并测试了话语符号学应用于分析他者书写乃至广泛的文化对话的可能性与前瞻性。

通过全书的研究工作，我们可以指出：巴尔特的话语符号学在法国符号学史乃至整个西方符号学发展史上，都占有非常重要的地位。以巴尔特的话语符号学为透镜，我们破除了符号学发展史中的诸多俗见。本书指出：巴尔特沿袭、演绎、发展、融合和反思了整个法国“sémiologie”的传统；他对这一传统的理论建设与书写实践，为索绪尔验明正身，指出了索绪尔语言系统语言学内部所蕴含的话语研究的实质；巴尔特也补充修订了雅各布森、叶尔姆斯列夫与本维尼斯特的话语研究、内涵系统（比如文学、文化）研究，打通了语法、语义的符意意指与话语的语用意指；他吸收了德里达的反话语中心主义的思想与拉康的精神分析理论，贯通了结构主义与后结构主义，打破了纯粹区分这二者的迷思。此外，巴尔特的话语符号学重述了法国符号学从语言系统符号学到话语符号学的演进历史，以极大的思想包容力，成为桥接法国符号学研究与其他人文学科研究的关键性中介。我们不得不研究巴尔特，不得不研究他的话语符号学。

重建巴尔特的话语符号学理论体系与实践这一体系的文本应用的工作，均提示我们：未来我们或可进入重建整个西方话语符号学史的工作。巴尔特为我们提供了开展这一更为广阔、复杂的课题的研究基础，以巴尔特为一个思想终端，我们延展开去，可以反思索绪尔语言系统语言学以及这一符号学传统所暗示的、整个现代法国（甚至西方）符号学界从语言系统模式走向话语模式之内在的发展路径。我们也可以平行地讨论雅各布

森、本维尼斯特以及巴黎符号学派格雷马斯及其弟子等人各自的理论体系。未来，这样的讨论将组成西方话语符号学研究的主体脉络。而引入哲学对语言学学科的反思，我们将有可能反思或者超越语言学的原子中心意识，我们将不断地置换立场以反思人类的语言生存之基础。德里达、保罗·德曼对符号学的解构主义式的贡献，高概等人对现象学方法的引入，也将成为我们的研究助力。同时，引入生物符号学和自然科学，我们将尝试走出人类的语言中心意识和人类主体的身份认知，在整个广阔的思想宇宙中反思生命体的符号能力与符号生命的基础。巴尔特只是一个开端、一部分基础，但是他为未来更为广阔的课题的可持续研究提供了前期模式。我们还有许多工作要做，我们也将继续前行。

附录一 罗兰·巴尔特话语符号学相关大事记

1955—1957	《神话》以索绪尔语言系统符号学的术语和模式分析大众文化，以意识形态批判为符号学研究的纲领性任务。
1957—1963	《时尚系统》引入叶尔姆斯列夫内涵系统，分析作为二度意指系统的文化系统；巴尔特声称这一研究补进和质疑了索绪尔。
1964	《交流》杂志第四期《引言》中提出“超语言学”概念，为话语符号学之发端；《符号学基础》尝试统一索绪尔、叶尔姆斯列夫、雅各布森的语言学，从语言系统研究转型到话语分析。
1965—1966	旧修辞学研究建立关于言语的语言学与符号学。
1966	《叙事话语结构分析导论》尝试建立叙事话语的语言系统；《书写，一个不及物动词?》尝试建立语言学基础上的文学话语理论；“结构主义之争”会议标志着巴尔特对本维尼斯特话语语言学思想的吸收与转化的成熟时期以及接受德里达影响的转折点。
1966—1967	历史的话语研究折射巴尔特对本维尼斯特的反思。
1967—1968	《萨拉辛》研究显示话语的结构分析与文本分析在超语言学视野下的融合。
1968	《作者的死亡》表示巴尔特读者理论和书写理论的确立，巴尔特从此明确迈入对言语活动主体身份的实践。
1970	《话语的语言学》标志着成熟的话语符号学理论模型的建立。文本理论融入话语符号学。
1971—1977	在书写中实践话语符号学，代表文本：《文之悦》《罗兰·巴尔特自述》《爱的言谈——片段集》。
1977—1980	巴尔特尝试实践小说书写与散文书写的结合，试图开发新的文类。
1980	巴尔特对现象学的研究兴趣融入其书写实践。

附录二　2002 年版《巴尔特全集》目录补丁

在巴尔特去世之后，学术界已经出版了好几个版本的巴尔特文献目录，在此，笔者可简要列出一些：1982 年第 36 期《交流》杂志上出版了勒盖（Thierry Leguay）所作的《罗兰·巴尔特作品总目》［“Roland Barthes: bibliographie générale (textes et voix), 1942 - 1981”］，这是比较完善的一个版本；[①] 1983 年纽约花环出版公司（Garland Publishing, Inc.）出版了弗里德曼与泰勒合编的《罗兰·巴尔特：一个读者的文献指引》；1994 年美国研究相关文献服务机构（Reference and Research Services）出版了伦德奎斯特编纂的《罗兰·巴尔特相关文献总目》；[②] 1993—1995 年间，瑟伊出版社出版了三卷本的《巴尔特全集》[③]，该出版社后来又于 2002 年一举同时出版了五卷本的新《巴尔特全集》，该全集后附有完整的收录信息。

笔者数年前曾查校最早的勒盖版本与 2002 年版本的异同，笔者发现：以勒盖这个早期版本作为 2002 年这个后来版本的补丁，反而可以得出一个修缮后较为完备的巴尔特文献总目。虽然 2002 年版本修订了勒盖版本的错误，收录了勒盖版本未曾涉猎的文献，但是依然有所疏漏。其中一个原因是该版的收录策略以文集收录为主，比如《写作的零度》本由一系列发表于 20 世纪 40 年代后期至 50 年代初期的小文章组成，2002 版只收

---

① Cf. Thierry, Leguay. “Roland Barthes: bibliographie générale (textes et voix), 1942 - 1981.” *Communications* 36 (1982): 131 - 73.

② 我们在绪论文献梳理部分已经提到过这两个文献总目。

③ Barthes, Roland. *Œuvres complètes*. Tome 1. Paris: Éditions du Seuil, 1993; Barthes, Roland. *Œuvres complètes*. Tome 2. Paris: Éditions du Seuil, 1994; Barthes, Roland. *Œuvres complètes*. Tome 3. Paris: Éditions du Seuil, 1995.

录1953年最终结集成书的版本，并不在意单篇小文章具体的出版信息，对《神话集》的收录也体现了同样的问题。另外一个原因是，有一些巴尔特所开课程、所参与会议的时间、地点与内容，都没有表现在《巴尔特全集》中。相比之下，勒盖版本转录了原始的单篇论文的出版信息，涵盖了课程、会议等信息，甚或也包括2002年这个后来的版本没有收录的单篇论文文献。

因此，笔者决定在论文附录部分就勒盖的版本和2002年瑟伊出版社的版本做一比较，以惠同行学者。对下文所整理表格，笔者做如下说明：（1）笔者以“单篇文本”“引言/介绍”“课程/会议”为要，列出勒盖版本与《巴尔特全集》版本的主要不同之处，尤其是文集收录模式下遗漏的信息；（2）表格左列为年代，对应右列为差异信息；（3）在同一单元格中如要陈列勒盖版本独有信息，则单项列出，不做说明，如有两个版本的对照，则在列出勒盖版本的信息之余，再补充说明差异之处；（4）此表格为整理性成果，笔者无任何新发现，所有信息均有前人研究参照，故不敢居功。

特此说明。

一、单篇文本	
1942	“Culture et tragédie.” *Existences*, 1942. 在《巴尔特全集》中显示原出处为 *Cahiers de l'étudiant* 1942年春季刊，再刊于1986年的 *Le Monde*.
1943	“Plaisir aux classiques.” *Existences*, 32（1943）. 在《巴尔特全集》中显示出版于1944年 *Existences* 杂志第32期，《巴尔特全集》信息准确。
1944	“Réflexions sur le style de *l'Étranger*.” *Existences*, juill., 1944. 《巴尔特全集》补充了具体刊号，即1944年第33期 *Existences* 杂志。
1947	“Le degré zéro de l'écriture.” *Combat*, 1er août, 1947.
1950	“Triomphe et rupture de l'écriture bourgeoise.” *Combat*, 9 nov., 1950.
	“L'artisanat du style.” *Combat*, 16 nov., 1950.
	“L'écriture et le silence.” *Combat*, 23 nov., 1950.
	“L'écriture et la parole.” *Combat*, 7 déc., 1950.
	“Le sentiment tragique de l'écriture.” *Combat*, 16 déc., 1950.

续表

一、单篇文本	
1951	"Le temps du récit." *Combat*, 16 août, 1951.
	"Humanisme sans paroles." *Combat*, 13 sept., 1951.
	"La troisième personne du roman." *Combat*, 13 sept., 1951.
1952	"Le monde où l'on catche." *Esprit*, oct., 1952.
1953	"Le monde-objet." *Lettres nouvelles*, juin, 1953.
	"Féminaire de Michelet." *Lettres nouvelles*, nov., 1953.
1954	"Littérature objective." *Critique*, 86 – 87, juill. – août, 1954.
	"Le théâtre de Baudelaire." *Théâtre populaire*, 8, juill. – août, 1954.
	"*Mutter Courage* au festival international de Paris." *Théâtre populaire*, 8, juill. – août, 1954.
	"L'écrivain en vacances." *France-Observateur*, 9 sept., 1954.
	Réponse à une lettre. *Théâtre populaire*, 10, nov., 1954.
1955	每月神话："Dominici ou le triomphe de la littérature"；"Iconographie de l'abbé Pierre"；"Romans et enfants"；"Matisse et le bonheur de vivre"；上述文章发表于 *Lettres nouvelles*, 23, janv., 1955.
	每月神话："Pour une histoire de l'enfance"；"Enfants-Vedette"；"Enfants-copies"；"Jouets"；上述文章发表于 *Lettres nouvelles*, févr., 1955.
	每月神话："Paris n'a pas été inondé"；"Bichon chez les nègres"；"La vaccine de l'avant-garde"（《巴尔特全集》收录此单篇）；"Comment démystifier"；"Un ouvrier sympathique"；上述文章发表于：*Lettres nouvelles*, mars, 1955.
	每月神话："Le visage de Garbo"；"Puissance et désinvolture"；"Le vin et le lait"；"Le beefsteak et les frites"；上述文章发表于：*Lettres nouvelles*, avr., 1955.
	每月神话："Nautilus et le bateau ivre"；"Publicité de la profondeur"；"Quelques paroles de M. Poujade"；"Adamov et le langage"；上述文章发表于：*Lettres nouvelles*, mai, 1955.
	"Les maladies du costume de théâtre." *Théâtre populaire*, 12, mars – avr., 1955.
	每月神话："Le cerveau d'Einstein"；"L'homme-jet"；"Le Group Captain Townsend"；"Racine est Racine"；上述文章发表于：*Lettres nouvelles*, juin, 1955.
	每月神话："Billy Graham au Vel'd'Hiv'"；"Le procès Dupriez"；"Photos-chocs"；"Deux mythes du jeune théâtre"；"Suis-je marxiste?"；上述文章发表于 *Lettres nouvelles*, juill. – août, 1955.

续表

一、单篇文本	
1955	每月神话：“Le Tour de France comme épopée.” *Lettres nouvelles*, sept., 1955.
	每月神话：“Le Guide bleu”；“Celle qui voit clair”；“Cuisine ornementale”；“La croisière du Batory”；上述文章发表于：*Lettres nouvelles*, oct., 1955.
	“Littérature littérale”（sur le livre d'A. Robbe-Grillet, *Le Voyeur*), *Critique* 100-101, sept.-oct., 1955.
	每月神话：“L'usager et la grève”；“Lexique marocain”；“Grammaire marocaine”（后两者统一有一个名称：“Grammaire africaine”）；上述文章发表于：*Lettres nouvelles*, nov., 1955.
	“*L'Orestie* au théâtre Marigny.” *Théâtre populaire*, 15, sept.-oct., 1955 (sous le titre：“Comment représenter l'antique”).
	每月神话：“Strip-tease”；“La critique Ni-Ni”；“La nouvelle Citroën”；上述文章发表于：*Lettres nouvelles*, déc., 1955.
1956	“La littérature selon Minou Drouet.” *Lettres nouvelles*, janv., 1956.
	每月神话：“Photogénie électorale”；“Continent perdu”；“Astrologie”；“L'art vocal bourgeois”；上述文章发表于：*Lettres nouvelles*, févr., 1956.
	每月神话：“Le plastique”；“La grande famille des hommes”；“Au music-hall”；上述文章发表于：*Lettres nouvelles*, mars, 1956.
	每月神话：“Poujade et les intellectuels.” *Lettres nouvelles*, avr., 1956.
	“A l'avant-garde de quel théâtre?” *Théâtre populaire*, 18, mai, 1956.
	《巴尔特全集》比勒盖的目录多出的信息：“Note sur « Aujourd'hui ».” *Travail théatral*, 9 avr., 1956.
1957	“Les tâches de la critique brechtienne.” *Arguments*, 1, déc., 1956 - janv., 1957.
	“Vouloir nous brûle.” *Bref*, 3, févr., 1957.
1958	“Voltaire, le dernier des écrivains heureux?” *Actualité littéraire* (Bulletin du Club des Libraires de France), mars, 1958.
	“Table ronde sur Paolo Paoli.” *La Nouvelle Critique*, 94, mars, 1958.
	“Il n'y a pas d'école Robbe-Grillet.” *Arguments*, 6, févr., 1958.
	“Dire Racine.” *Théâtre populaire*, 29, mars, 1958. Sur *Phèdre*, mise en scène de J. Vilar, au TNP.

续表

一、单篇文本	
1959	"Littérature et métalangage." *Phantomas*, Bruxelles, 13, janv., 1959.
	"Tacite et le baroque funèbre." *l'Arc*, 6, 1959.
	"La relation d'autorité chez Racine." *Lettres nouvelles*, 10 juin, 1959. (Texte "emprunté" à la préface à Racine, *Théâtre*, Club Français du Livre, 1960).
	"Zazie et la littérature." *Critique*, 147 - 148, août - sept., 1959.
	"L'Éros racinien." *Esprit*, nov., 1959.
	每月神话："Les deux salons." *Lettres nouvelles*, 28, 4 nov., 1959.
	每月神话："Tragédie et hauteur." *Lettres nouvelles*, 8, 22 avr., 1959.
	每月神话："Sur un emploi du verbe être." *Lettres nouvelles*, 7, 15 avr., 1959.
	每月神话："Le choix d'un métier." *Lettres nouvelles*, 6, 8 avr., 1959.
	每月神话："Tricots à domicile." *Lettres nouvelles*, 5, 1er avr., 1959.
	每月神话："Tables rondes." *Lettres nouvelles*, 4, 25 mars, 1959.
	每月神话："Au Wagon-restaurant." *Lettres nouvelles*, 3, 18 mars, 1959.
	每月神话："Cinéma, droite et gauche." *Lettres nouvelles*, 2, 11 mars, 1959.
	每月神话："Qu'est-ce qu'un scandale?" *Lettres nouvelles*, 1, 4 mars, 1959.
1960	"Je n'est pas un autre." *Critique*, 153, mars, 1960 (sous le titre "Ouvriers et pasteurs").
	"La réponse de Kafka." *France-Observateur*, 24 mars, 1960.
	"Histoire et littérature: à propos de Racine." *Annales*, 3, mai - juin, 1960.
	"Sur *la Mère*." *Théâtre populaire*, 39, 3e tr. 1960. 为布莱希特所作。
	"Écrivains et écrivants." *Arguments*, 20, 4e tr. 1960.
	《巴尔特全集》比勒盖的目录多出的信息："Sur la critique de gauche." *Positif*, n° 36, nov., 1960.
1961	"La littérature, aujourd'hui." *Tel Quel*, 7 automne, 1961. Réponses à un questionnaire.
	"Savoir et folie." *Critique*, 174, nov., 1961. 为福柯的《疯癫的历史》(*Histoire de la folie*) 所作。
1962	"Littérature et discontinu." *Critique*, 185, oct., 1962. 在《巴尔特全集》中，此文收入《批评论集》(*Essais critiques*)。
	"Structure du fait divers." *Médiations*, 5, été, 1962. 在《巴尔特全集》中，此文收入《批评论集》。

续表

一、单篇文本	
1963	“L’activité structuraliste.” *Lettres nouvelles*, 32, févr., 1963. 在《巴尔特全集》中，此文收入《批评论集》。
	“L’imagination du signe.” *Arguments*, 27 – 28, 4e tr. 1963. 在《巴尔特全集》中，此文收入《批评论集》。
	“La métaphore de l’œil.” *Critique*, 195 – 196, août – sept., 1963. 为乔治·巴塔耶（G. Bataille, 1897 – 1962）的 *Histoire de l’œil* 所作。在《巴尔特全集》中，此文收入《批评论集》。
	“Criticism as language.” *Times literary supplement*, 27 sept., 1963（sous le titre：“Qu’est-ce que la critique?”）.
1964	“Littérature et signification.” *Tel Quel*, 16, hiver, 1964. 在《巴尔特全集》中，此文收入《批评论集》。
	“Les deux critiques.” *Modern Language Notes*, 78, 5, déc., 1964. 在《巴尔特全集》中，此文收入《批评论集》。
	《巴尔特全集》比勒盖的目录多出的信息：“F. B.” Texte écrit en 1964 sur un jeune écrivain qui n’a jamais publié; “Entretien avec Guy Le Clec’h sur les « Essais critiques ».” *Le Figaro littéraire*, 16 – 22 avr., 1964.
1965	“Drame, poème, roman.” *Critique*, 218, juill., 1965. 为索莱尔斯的书 *Drame* 所作，后收录于 1968 年出版的如是派的集体作品《我们这个集体的理论》（*Théorie d’ensemble*）。
	“Picard, lecteur de la nouvelle critique.” *Le Figaro littéraire*, 14 – 20 oct., 1965. 巴尔特在这篇采访中在“新批评”名义下，与皮卡尔（Raymond Picard）对话。
1966	“Le classement structural des figures de rhétorique.” *Le Français moderne*, janv., 1966.
	“Principi e scopi dell’analisi strutturale.” *Nuovi Argomenti*, avr. – juin, 1966.
1967	“L’arbre du crime.” *Tel Quel*, 28, hiver, 1967. 为萨德所作。
	《巴尔特全集》比勒盖的目录多出的信息：“Sur le théatre lyrique.” *Teatro communale* de Bologne, févr. 1967; “Le bas et l’idée.” *Billi Firenze*, juill., 1967; “Sur le « Système de la Mode ».” *Le Monde*, 19 avr., 1967. Entretien avec F. Gaussen.
1968	“Le refus d’hériter.” *Nouvel-Observateur*, 30 avr., 1968. 为索莱尔斯的书《逻辑与数》（*Logiques* et *Nombres*）所作。
	《巴尔特全集》比勒盖的目录多出的信息：“Japon：l’art de vivre, l’art des signes.” *Image et son*, déc., 1968. Entretien avec G. Gauthier et P. Pilard.

续表

一、单篇文本	
1970	"Par où commencer?" *Poétique*, 1, janv., 1970. Sur J. Verne, *L'Ile mystérieuse.*
	"Critique à pied d'œuvre." *le Figaro littéraire*, 9 mars, 1970. Titre du journal; titre de R. Barthes: "Écrire la lecture." Sur *S/Z*.
	"Vivre avec Fourier." *Critique*, 282, oct., 1970.
	"Flaubert et la phrase." *Word*, 24, 1-2-3, avr.-août-sept., 1968.
	《巴尔特全集》比勒盖的目录多出的信息："Un univers articulé de signes vides." *Tribune de Genève*, 15 avr., 1970. Entretien avec Dominique James.
1971	《巴尔特全集》比勒盖的目录多出的信息："Roland Barthes critique." *La Gazette de Lausanne*, 6 févr., 1971. Entretien avec Edgar Tripet.
	"Ha perso l'arte di vivire." *Espresso*, 1er août, 1971.
	"Bibliographie" (sélective, de ses propres écrits). *Tel Quel*, 47, automne, 1971.
1972	"Le nom d'Aziyadé." *Critique*, 297, févr., 1972. 为 P. Loti 的作品 *Aziyadé* 所作。
1973	"Par-dessus l'épaule." *Critique*, 318, nov., 1973. 为索尔莱斯作品 *H* 所作。
	《巴尔特全集》比勒盖的目录多出的信息："Variations sur l'écriture (inédit)." Texte écrit en févr., 1973 pour un ouvrage collectif sur la communication pour l'Instituto accademico di Roma; "Pour la libération d'une pensée pluraliste." *Umi*, avr., 1973, Tokyo, publié en français dans *Représentations*, printemps, 1990, Tokyo.
1974	"Situation." *Tel Quel*, 57, printemps, 1974.
1975	"Untel par lui-même." *Tel Quel*, 61, 1975.
	《巴尔特全集》比勒盖的目录多出的信息："Pierre Failay." Catalogue de l'exposition Pierre Frilay, Galerie Regards, juin, 1975.
1976	"L'entretien du mois." *Astrologiques*, 3, juill., 1976.
	"L'obscène de l'amour." *Tel Quel*, 68, hiver, 1976 (*FDA*).
	《巴尔特全集》比勒盖的目录多出的信息："All Except You. Saul Steinberg." 这个文本作于 1976 年 12 月 23 日，但是直至 1983 年才得以出版；"Roland Barthes: ses différentes lectures." *Le Quotidien de Paris*, 30 avr., 1976; "Sur l'astrologie." *Astrologiques*, n° 1, juill., 1976.
1977	"Le grain d'une enfance." *Nouvel-Observateur*, 9 mai, 1977.
	《巴尔特全集》1977 年条目下比勒盖的目录多出的信息："La dernière des solitudes." *Revue d'esthétique*, n° 2, 4e tr. 1981, numéro spécial « Barthes ». Entretien avec N. Biron. 在勒盖的目录中，该条目位于 1981 年，同时，在勒盖的版本里，这是 n° spécial « Sartre/Barthes »而不是 n° spécial « Barthes ».

续表

一、单篇文本	
1978	"Le degré zéro du coloriage." *Les Nouvelles littéraire*, 30 mars, 1978. 此信息在《巴尔特全集》中为1978年作品，但在勒盖版本中在1980年条目中出现，见："Le degré zéro du coloriage"（fac-similé d'une lettre manuscrite）, *Nouvelles littéraires*, 3 mai, 1980. 勒盖补充说具体出版日期未知，而《巴尔特全集》版本补充回应了这一问题。除此条之外，还有："Bernard Faucon." *Zoom*, n° 57, oct., 1978. Sur le photographe Bernard Faucon; "Sur l' « Œpide » d'André Boucourechliev." *L'Avant-Scène Opéra*, n°18, nov. - déc., 1978. Sous le titre « De la terreur et de la tendresse »（在勒盖版本中为电台放送）; "Réponse à « Exercice scolaire », dans « Roland Barthes par lui-même »." *El País*, 28 déc., 1978; "Auteurs oubliés." *Le Quotidien de Paris*, 12 mai, 1978; "Sur Schubert." *Diapason*, n°232, oct., 1978（在勒盖版本中对应电台放送节目"Pourquoi Schubert aujourd'hui"）.
1979	《巴尔特全集》比勒盖的目录多出的信息："L'art de penser aux autres." *Le Quotidien de Paris*, 31 déc., 1979.
1980	《巴尔特全集》比勒盖的目录多出的信息："Piano-souvenir." *Panorama de la musique*, mars - avr., 1980. Sous le tire « Piano Mémoire ». 这是巴尔特人生中最后一篇完成的手稿。
1981	"Artaud: écriture/figure"（texte qui devait servir de préface à un livre, non publié, de B. Lamarche-Vadel sur Artaud）, *Luna-Park*, 7, mars, 1981.
1982	"Notes de lectures ou All except you"（sur S. Steinberg）, préface à un livre à paraître, Galerie Maeght, 1982.
	"Encore le corps." *Critique*, 4ᵉ tr. 1982（n° spécial "Barthes"）.
二、书籍前言/介绍等	
1955	"Le théâtre de Baudelaire." Préface à Baudelaire, *Œuvres complètes*, t. 1, Club du Meilleur Livre, 1955.
1958	Préface à Voltaire, *Romans et Contes*, Club des Libraires de France, 1958.（Publ. Dans le Bulletin du Club des Libraires de France, mars, 1958. Republ. comme préface à Voltaire, *Romans et Contes*, Gallimard, coll. "Folio." 1979）.
	Préface à*Iphigénie*, dans *Théâtre de Racine*, Club des Libraires de France, t. II, 1958（*SR*）.
1959	Préface à Michelet, *La Sorcière*, Club français du livre, 1959.
1960	Préface à Racine, *Théâtre*, Club français du livre, coll. Théâtre classique, t. XI et XII, 1960.
1961	Préface à La Rochefoucauld, *Réflexions ou Sentences et maximes*, Club français du Livre, 1961（*NEC*）.

续表

二、书籍前言/介绍等	
1963	"Le point sur Robbe-Grillet." Préface à B. Moricette, *les Romans de Robbe-Grillet*, Minuit, 1963.
	"La Bruyère: du mythe à l'écriture." Préface à La Bruyère, *les Caractères*, UGE - 10/18, 1963.
1964	"*La Tour Eiffel*" (photographies en noir et en coul. d'A. Martin), Delpire, coll. "Le Génie du lieu." 1964.
	"Image, raison, déraison." Dans *l'Univers de l'Encyclopédie* (130 planches de l'*Encyclopédie*), Libraires associés, t. I, 1964.
1965	"La voyageuse de nuit." Préface à Chateaubriand, *La vie de Rancé*, UGE - 10/18, 1965.
1967	"Proust et les noms." Dans *To honor Roman Jakobson*, Mouton, La Haye, 1967.
	"L'arbre du crime." Préface à Sade, *Œuvres complètes*, t. XVI, Tchou, et Cercle du Livre précieux, 1967.
1969	"Società, immaginazione, publicità." Dans *Publicità e televisione*, RAI (Radiotelevizione italiana), Rome, 1968.
1970	"Masculin, féminin, neutre" (première ébauche de l'analyse de *Sarrasine*), dans *Échanges et Communications: mélanges Claude Lévi-Strauss*, Mouton, 1970. 《巴尔特全集》作为附录之一，安排在第5卷末。
1971	Préface (en italien) à P. Loti, *Aziyadé*, F. M. Ricci, Parme, 1971. (Republ. en français dans *Critique*, 297, févr. 1972)
1972	Préface (en italien) à E. Fromentin, *Dominique*, Einaudi, Turin, 1972.
	"L'arbre de la foi." Préface à saint Ignace de Loyola, *Exercices spirituels*, UGE - 10/18, 1972.
1973	"L'Express va plus loin avec... Roland Barthes." *l'Express*, 31 mai, 1970.
	"Sémiographie d'André Masson." Préface au catalogue de l'Exposition "André Masson", Galerie Jacques Davidson, Tours, 1973. (Republ. dans *Ça cinéma*, 4, mai, 1974. Republ. dans *Critique*, 408, mai, 1981. Republ. dans *Digraphe*, 25, 1981.)
1974	"La peinture et l'écriture des signes" (table ronde au Colloque P. Francastel, févr. 1974), *Colóquio/Artes*, 18 - 19, avr. - juin., 1974. (Republ. dans *la Sociologie de l'art et sa vocation interdisciplinaire: l'œuvre et l'influence de Pierre Francastel*, Denoël/Gōnthier, coll. "Médiations." 1976. Diffusé dans l'émission "Écritures, Peintures." *France-Culture*, 8 févr. 1976.)
1976	"Une idée de recherche." dans *De Shakespeare à T. S. Eliot: mélanges offerts à Henri Fluchère*, Didier, 1976.

续表

二、书籍前言/介绍等	
1979	"Luogo comune" (en collab. avec J. -L. Bouttes), *Enciclopedia Einaudi*, vol. 8, 1979.
	"Lettura" (en collab. avec A. Compagnon), *Enciclopedia Einaudi*, vol. 8, 1979.
1980	"Orale/scritto" (en collab. avec É. Marty), *Enciclopedia Einaudi*, vol. 10, 1980.
三、课程/讲座等	
1962—1963	"La culture de masse." Conférence, séminaire de G. Friedmann ("Sociologie du travail et des loisirs"), EPHE, 1962 - 1963.
1965	Séminaire, Faculté des lettres, Rabat, nov., 1965.
1966	Conférences, Instituts français et des universités, Tokyo, mai, 1966.
	"Les langages critiques et les sciences de l'homme." Colloque, Université Johns Hopkins, Baltimore (USA), oct., 1966.
1967	"La méthodologie de la critique littéraire et les rapports de la littérature et du langage en France depuis Mallarmé." Séminaire, Université Johns Hopkins, Baltimore, nov. - déc., 1967.
1968	"La sémio-linguistique." Colloque, Brou (France), mars, 1968.
1968—1969	Conférences et séminaires, universités, Londres, Warwick, Sussex, Maison française d'Oxford, Université de Leyde, 1968 - 1969.
1969	"Sur une image de Balzac." Intervention au colloque "Images et figures dans la littérature française moderne." Londres, nov., 1969.
1969—1970	"Méthodologie de l'analyse textuelle." et "La polysémie." Cours, Faculté des lettres, Rabat, 1969 - 1970.
1970—1971	"La rhétorique: esquisse historique et structurale." Cours, Faculté des lettres, Université de Genève, 1970 - 1971.
	"*Bouvard et Pécuchet*, de G. Flaubert." et "*Madame Edwarda*, de G. Bataille." Séminaires, Faculté des lettres, Université de Genève, 1970 - 1971.
1971—1972	"La sémiotique littéraire." Cours, Faculté des lettres, Université de Genève, nov., 1971 - mars, 1972.
	"Le texte." Conférence, école polytechnique, Zurich, 1971 - 1972
	"Le plaisir du texte." Conférence, ILTAM, Faculté des lettres, Bordeaux, 1971 - 1972.
	"Les signes et l'histoire." Colloque, Faculté des lettres, Lille, 1971 - 1972.
	"Les médias." Stage, ICAV, CRDP, Bordeaux, 3 juin, 1972, 1972 - 1973.

续表

三、课程/讲座等	
1972	"Sémiotique et enseignement du français." Conférence, Association des professeurs de français, Lyon, 6 déc., 1972.
1973	"Rencontre interdisciplinaire de l'EPHE (6e section)." Royaumont, mai 1973.
1972—1973	De "Rapport sur un cas de paranoïa allant à l'encontre de la théorie psychanalytique." Cours, École pratique des hautes études, 1972 - 1973.
1974	"De l'œuvre au texte." Séminaires et conférences, Institut français, Londres, University college, Londres, Maison française, Oxford, université, Cambridge, 24 - 28 févr. 1974.
	Conférence, au premier congrès de l'association internationale de sémiotique, Milan, 2 - 6 juin, 1974.
1974—1975	"La phrase dans *Bouvard et Pécuchet* de Flaubert." Séminaire 3e cylce, Université Paris VII, 1974 - 1975.
1975—1976	"Les intimidations de langage." Séminaire, EPHE, 1975 - 1976.
	"L'analogie et la théorie du texte." Conférence, séminaire de M. Lichnerowicz, Collège de France, 1975 - 1976.
1976—1977	"Tenir un discours." Séminaire, Collège de France, 1976 - 1977.
1977	"La mélodie française et sa langue." Conférence, au colloque "Parole e musica." Rome, 16 - 20 mai, 1977.
1978	"Théorie de la lecture." Séminaires, universités, Fez. Rabat, févr. 1978.
	"Proust et la préparation du roman." Conférence et séminaire, université, New York, nov., 1978.
1978—1979	"La métaphore du labyrinthe: recherches interdisciplinaires." Séminaire, Collège de France, 1978 - 1979.
1979	"Longtemps je me suis couché de bonne heure..." Conférence (sur Proust), Collège de France, 1979.
1979—1980	"La préparation du roman (2): l'œuvre comme volonté." Cours, Collège de France, 1979 - 1980.
1979—1980	"Proust et la photographie." Séminaire, Collège de France, 1979 - 1980. 该课程除"介绍"部分之外，没有机会再发表，因为巴尔特在 1980 年 2 月 25 日遭遇车祸，之后不幸不治身亡。

致 谢

这本书稿脱胎于我在2015年完成的博士学位论文，题目是《罗兰·巴尔特的话语符号学：理论建构与文本实践》。彼时我已在复旦大学求学十年。在我2011年直升母校比较文学与世界文学专业就读博士研究生之际，恰逢台湾学者、著名符号学家张汉良教授在台湾大学退休之后回归祖国，在我母校担任特聘教授，我因此极其有幸地成为张教授在大陆所带的第一批博士生之一员。在导师的帮助下，我选择了“巴尔特的话语符号学”作为我的博士论文研究方向，并于2015年6月完成答辩，之后以95分的成绩毕业。但毕业后，出于写博士后报告和求职的压力，这本论文的修订工作一直进展缓慢，直到2018年年底才完成。2017年末，当时还在修改中的书稿被四川大学赵毅衡教授选入“中国符号学丛书”，在赵教授的帮助和四川大学社科处与教育部人文社科项目的资助下，这本书稿终于要面世了。

值本书稿出版之际，我想特别对促成该书出版的赵教授，对四川大学社科处与四川大学出版社，对本书的出版倾注了无数心血的编辑宋颖女士，表示我最衷心的感谢。

这本书稿是我学术生涯的第一本专著，亦是对我学术生涯第一阶段的总结。在修订过程中我对部分章节内容做了较大规模的修改，但有意识地保持了这本书稿原初的样子，比如保留了原来学位论文的主体结构。我热爱晚年巴尔特的思想，尤其是他推崇的“共时性文本”写作，巴尔特认为每一则文本片段都是将历时汇于共时的产物，对于自我的修订与本文都是写作的当下在场，主体身份是复数的；但我也看到，早年的巴尔特强调作者风格，不否认作者个人的生物学历史在场对当时话语风格的影响；以晚年巴尔特的思想统摄早年巴尔特的思想固不可取，但认为早期巴尔特的思想无有前行的看法也有问题。因此，我本人作为巴尔特研究者，这本书稿作为我的第一部巴尔特研究的作品，我试图不抹去它原初稚嫩的形象，但将修订的痕迹层层编织于其中，也算是对巴尔特式写作的一个笨拙的模仿。

无论是谈及这本书稿的缘起还是我个人学术生涯的起点，我都要将最诚挚、最由衷的感谢献给我的博士生导师张汉良教授。诚惶诚恐，我将此书作为给老师的第一份献礼。读博四年间，老师为我指点了“巴尔特的话语符号学”这个研究方向，帮助我寻找材料，为我开设专门的研究小课，一本一本带我读巴尔特的原著，带我参加国际会议，帮我校正论文的每一个片段，半夜任何时候都可能收到老师的邮件。博士毕业之后四年，老师依然孜孜不倦地为我提供学术援助，我每次遇到问题写信给他，都会得到最及时和最精确的回复。老师结束他在复旦大学为期六年的教学工作之后还不时来大陆讲学或参加学术活动，有一次他来大陆开会时，冒着甲状腺囊肿破裂的危险在自己的包裹里给我带了沉重的五大本书！每次想到此事，我都禁不住热泪盈眶。事实上，老师对待他的每一位学生都如此诚恳，如此深情，倾囊相授，肺腑以陈。他在学术上的严苛实则包裹着十足的爱、温情和期待。老师把自己的一生都献给了科学研究和教书育人，他的学术如同为人，表现出彻底的专注和追求完美的品格，但是在处理每一细节时都脚踏实地、诚恳质朴，从不吹牛撒谎、夸耀事实、卖弄学识和文字。这一切都被他用苏格拉底的对话式教育教给了我们。张汉良（張漢良/Han-liang Chang）这个名字，对于国际符号学界来说，对应着一位学术精深的学者，于我而言，则更是一个伟大人格的专有名词，是一个坚定果敢、温情动人的声音的来源。老师对我的教育是我学术生涯的起点，老师的师格更是我一生努力的方向。

我在母校求学十年，得到了许多前辈学者的指导和帮助，竟无法一一具名致谢，在此书稿出版之际，我谨向帮助我完成博士论文写作的老师们表示诚挚的感谢，他们是（按姓氏排名）：复旦大学的白钢副教授、陈思和教授、戴从容教授、黄蓓教授、邵毅平教授、杨乃乔教授和周荣胜教授。

在此，我也向外校的答辩委员和论文评审委员们表示感谢，谢谢他们对我的博士论文提出的精致的修改意见，这些意见都体现在本书稿的修订之中了。他们是华东师范大学的范劲教授、上海外国语大学的宋炳辉教授和北京大学的王东亮教授。范劲教授后来邀请我跟随他做博士后研究，在范教授的指导下，我在博后阶段撰写了题为《符号学与意识形态：重访罗兰·巴尔特》的报告。在此，我亦向范劲教授表示特别的感谢！

此外，我还要再次由衷地感谢四川大学的赵毅衡教授，他是大陆符号学界的领袖，更是一位愿意提携青年、帮助后学的贤者。他聘任我担任四川大学符号学-传媒学研究所特约研究员，将我的博士论文选入“中国符号学丛书”，并时刻关怀着本书稿的出版，热情帮助我解决出版中的一切问题。

感谢天津外国语大学的张智庭（怀宇）教授对我的学术与人生的双重关怀。

感谢我的至交好友暨南大学的彭佳教授和湖南师范大学的谢淼教授对我的爱与鼓励。

感谢爱沙尼亚塔尔图大学的库尔教授（Kalevi Kull）与托洛普教授（Peeter Torop）邀请我参与洛特曼研究的会议并收录我的会议报告，并将其发表于他们主编的期刊 *Sign Systems Studies*；感谢意大利巴利大学的庞齐奥教授（Augusto Ponzio）与佩特丽莉教授（Susan Petrilli），他们曾为我收集与巴尔特艺术创作相关的文献与访谈。

感谢教育部人文社科青年基金项目“法国当代文论与古典诗学的关系”（16YJCZH025）在我修订此书的过程中为我提供的学术和经费资源。

最后，我想特别感谢我的家人。母亲为了培育我读书，破釜沉舟，带我走出了大山。她是个只接受过小学教育的农民，然而她目标远大、见解独到，她深知知识的力量，教育我用知识熏陶品格。她做过农妇、洗碗工、面点师傅、水泥工、小贩、商店采购员、酒店大堂经理，无论她做什么，无论她的手是沾满了泥土、水泥、面粉，还是沾满了人生的苦难、伤痛，她始终都不改支持我读书的初衷。她为人宽厚、德行昭明、精力充沛、性格开朗热烈，是我心中永远的且唯一的女神。我的父亲兄嫂，在我长达二十二年的求学生涯中，一直支持、帮助我，为我打气鼓劲，以我为荣，我很感谢他们。我的丈夫孙鹏先生是一位理性的工程师，也是一位仁和厚道的丈夫，我做学术安心清贫，他赚钱养家、积极承担家务，让我毫无经济顾虑，得以安心写作。在本书面世之际，我和我的丈夫也迎来了我们的一对双胞胎儿女。我盼望着我的孩子们，一如他们的父母祖辈，一生热爱学术的圣域，钟情于知识不灭的荣光。

韩　蕾

2019 年 4 月 2 日于上海交通大学人文学院

参考文献

A. J. 格雷马斯. 论意义：符号学论文集［M］. 吴泓缈，冯学俊，译. 天津：百花文艺出版社，2011.

埃米尔·本维尼斯特. 普通语言学问题：选译本［M］. 王东亮，等译. 北京：生活·读书·新知三联书店，2008.

埃里克·马尔蒂. 罗兰·巴特：写作的职业［M］. 胡洪庆，译. 上海：上海人民出版社，2011.

巴赫金. 巴赫金全集：第5卷［M］. 钱中文，主编. 石家庄：河北教育出版社，1998.

柏拉图. 斐德罗篇［M］//王晓朝，译. 柏拉图全集：第二卷. 北京：人民出版社，2003.

车槿山. 我们的历史——巴尔特书写的中国［M］//乐黛云，钱林森，等主编. 跨文化对话：第28辑. 北京：生活·读书·新知三联书店，2011：87－96.

车槿山. 法国"如是派"对中国的理想化误读［J］. 法国研究，1999（2）：56－60.

车琳. 20世纪60—70年代法国"原样派"知识分子的中国观——以菲利普·索莱尔斯和罗兰·巴尔特为例［J］. 中国比较文学，2014（2）：68－80.

陈传兴. 忧郁文件［M］. 台北：雄狮图书股份有限公司，1992.

茨威坦·托多洛夫. 批评的批评——教育小说［M］. 王东亮，王晨阳，译. 北京：生活·读书·新知三联书店，2002.

费尔迪南·德·索绪尔. 普通语言学教程［M］. 高名凯，译. 北京：商务印书馆，1980.

费尔迪南·德·索绪尔. 普通语言学手稿［M］. 西蒙·布凯，鲁道尔夫·恩格勒，整理，于秀英，译. 南京：南京大学出版社，2011.
古添洪. 记号诗学［M］. 台北：东大图书公司，1999.
韩蕾，张汉良. “罗兰·巴尔特与中国”：关于影响研究的对话［J］. 社会科学研究，2012（6）：175-188.
韩蕾. 罗兰·巴尔特与中国：一个话语符号学的文本实验［J］. 中国比较文学，2014（2）：92-106.
韩蕾. 对罗兰·巴尔特中国书写的符号学矩阵考察［J］. 法国研究，2015（1）：64-74.
胡海明. 如何想象罗兰·巴尔特——罗兰·巴尔特在中国的译介及接受研究［D］. 福州：福建师范大学，2008.
怀宇. 罗兰·巴尔特的中国之眼［J］. 中国图书评论，2012（6）：27-31.
克里斯蒂安·麦茨. 电影：纯语言还是泛语言？［J］. 笈芒，译. 世界电影，1992（3）：184-209.
路易-让·卡尔韦. 结构与符号——罗兰·巴尔特传［M］. 车槿山，译. 北京：北京大学出版社，1997.
罗兰·巴特. 符号学美学［M］. 董学文，王葵，译. 沈阳：辽宁人民出版社，1987.
罗兰·巴特. 符号学要义［M］. 洪显胜，译. 台北：南方丛书出版社，1988.
罗兰·巴尔特. 穷人与无产阶级［J］. 李尚仁，译. 电影欣赏，1988（35）：12.
罗兰·巴尔特，Philippe Plard，Michel Tardy. 巴特谈电影［J］. 杨明敏，译. 电影欣赏，1988（35）：13-16.
罗兰·巴尔特. 亲爱的安东尼奥尼［J］. 张弓，译. 电影欣赏，1988（35）：37-39.
罗兰·巴特. 巴特论巴特［J］. 黄玛俐，选译. 电影欣赏，1988（35）：40-43.
罗兰·巴尔特. 符号帝国［M］. 孙乃修，译. 北京：商务印书馆，1994.
罗兰·巴特. 明室：摄影札记［M］. 许绮玲，译. 台北：台湾摄影工作室，1997.
罗兰·巴尔特. 符号学原理［M］. 王东亮，等译. 北京：生活·读书·新知三联书店，1999.
罗兰·巴特. 流行体系——符号学与服饰符码［M］. 敖军，译. 上海：上海人民出版社，2000.
罗兰·巴尔特. 叙述结构分析导言［M］//赵毅衡，编选. 文学符号学论文集. 天津：百花文艺出版社，2004：403－438.
罗兰·巴特. 罗兰·巴特随笔选［M］. 怀宇，译. 天津：百花文艺出版社，2005.
罗兰·巴特. 罗兰·巴特自述［M］. 怀宇，译. 天津：百花文艺出版社，2006.
罗兰·巴尔特. 符号学原理［M］. 李幼蒸，译. 北京：中国人民大学出版社，2008.
罗兰·巴尔特. 埃菲尔铁塔［M］. 李幼蒸，译. 北京：中国人民大学出版社，2008.
罗兰·巴尔特. 写作的零度［M］. 李幼蒸，译. 北京：中国人民大学出版社，2008.
罗兰·巴尔特. 符号学历险［M］. 李幼蒸，译. 北京：中国人民大学出版社，2008.
罗兰·巴特. 文之悦［M］. 屠友祥，译. 上海：上海人民出版社，2009.
罗兰·巴特. 恋人絮语：一个解构主义的文本［M］. 汪耀进，武佩荣，译. 上海：上海人民出版社，2009.
罗兰·巴特. 神话修辞术、批评与真实［M］. 屠友祥，温晋仪，译. 上海：上海人民出版社，2009.
罗兰·巴尔特. 如何共同生活——某些日常空间的故事性模拟［M］. 怀宇，译. 北京：中国人民大学出版社，2010.
罗兰·巴尔特. 文艺批评文集［M］. 怀宇，译. 北京：中国人民大学出版社，2010.
罗兰·巴尔特. 中性［M］. 张祖建，译. 北京：中国人民大学出版社，2010.
罗兰·巴尔特. 中国行日记［M］. 怀宇，译. 北京：中国人民大学出版社，2011.
罗朗·巴尔特. 叙事作品结构分析导论［J］. 张裕禾，译. 外国文学报道，1984（4）：17－31.

李劼．论中国当代新潮小说的语言结构［J］．文学评论，1988（5）：110－118．

李廷揆．略述罗朗·巴尔特的符号学［J］．法国研究，1986（2）：44，89－96．

李以建．从结构主义到后结构主义［J］．当代文艺思潮，1987（6）：152－157．

铃村和成．巴特——文本的愉悦［M］．戚印平，黄卫东，译．石家庄：河北教育出版社，2001．

刘宇宁．文本的革命——索莱尔斯早期作品里的中国元素［J］．中国比较文学，2014（2）：81－91．

齐隆壬．电影符号学［M］．上海：东方出版中心，2013．

乔纳森·卡勒尔．罗兰·巴尔特［M］．方谦，译．北京：生活·读书·新知三联书店，1988．

秦海婴．罗兰·巴尔特的互文观［J］．法国研究，2008（1）：1－7．

让－克罗德·高概．范式·文本·述体——从结构主义到话语符号学［J］．国外文学，1997（2）：3－11．

让－克罗德·高概．话语符号学［M］．王东亮，编译．北京：北京大学出版社，1997．

孙倩．罗兰·巴尔特与他的中国之旅——解读《中国旅行笔记》［J］．解放军外国语学院学报，2012（1）：105－109．

王东亮．“结构不上街”的事故调查［J］．读书，1998（7）：60－67．

汪民安．谁是罗兰·巴特［M］．南京：江苏人民出版社，2005．

韦卡梅．巴特和中国（“Roland Barthes et la Chine”）［J］．法国研究，1987（4）：26－31．

文玲．巴特文论在中国的接受史［D］．杭州：浙江大学，2012．

徐金柱．罗兰·巴尔特中性思想探究［D］．上海：复旦大学，2012．

杨乃乔．比较诗学读本：西方卷［M］．北京：首都师范大学出版社，2014．

杨义．中国叙事学［M］．北京：人民出版社，1997．

俞樟华，熊元义．近10年来文艺界三次论争的回顾与反思［J］．理论与创作，2001（5）：55－60．

张汉良．比较文学理论与实践［M］．台北：东大图书有限公司，1986．

张汉良.《碧果人生》中的个人私语（序）［M］//碧果. 碧果人生. 台北：采风出版社，1988.

张汉良. 文学的边界——语言符号的考察［M］. 上海：复旦大学出版社，2012.

张汉良. 透过几个图表反思“文学关系研究”［J］. 中国比较文学，2014（1）：159－170.

张汉良. 德里达论隐喻与摹拟［J］. 当代修辞学，2014（1）：10－20.

张汉良. 记忆与书写——德希达的处方或柏拉图的药？（上）［J］.《创世纪》诗杂志，2015（1）：27－32. 春季刊，总第182期。

张汉良. 符号与记忆：海峡两岸的文本实践［M］. 台北：行人出版社，2015.

张晓明. 巴特文论在中国的译介历程［J］. 当代外国文学，2006（2）：119－127.

张晓明. 巴特文论在中国的接受研究［J］. 南京大学学报：哲学·人文科学·社会科学版，2007（1）：125－136.

张智庭. 罗兰·巴尔特到中国：有关“俗套”的符号学思想——序罗兰·巴尔特《中国行日记》译本［J］. 符号与传媒，2012（1）：24－35.

中国人民不可侮——批判安东尼奥尼的反华影片《中国》文辑［M］. 北京：人民文学出版社，1974.

Allen, Graham. *Roland Barthes*. London: Routledge, 2003.

Antonioni, Michelangelo. *The Architecture of Vision: Writings and Interviews*. Eds. Carlo di Carlo, Giorgio Tinazzi, Marga Gottino-Jones. Chicago: The University of Chicago Press, 2007.

Balakian, Anna. "Influence and Literary Fortune: The Equivocal Junction of Two Method." *Yearbook of Comparative and General Literature* 11 (1962): 24－31.

Badir, Sémir. "Spécificité du rhétorique. De Roland Barthes à François Rastier." *Sémantique et rhétorique*. Ed. M. Ballabriga. Toulouse: Éditions Universitaires du Sud, 1998: 59－79.

Badmington, Neil (ed.). *Roland Barthes: Critical Evaluations in Cultural Theory*. 4 vols. London, New York: Routledge, 2010.

—. "Travels in China." *Times Literary Supplement*, Issue 5673 - 5674, Dec 23, 2011: 38 (1).

Bally, Charlesand Séchehaye, Albert. Préface de la première édition. *Cours de linguistique générale*. Par Ferdinand de Saussure. Paris: Rivages et Payot, 1995: 7 - 11.

Barthes, Roland. "Présentation." *Communications* 4 (1964): 1 - 3.

—. "Rhétorique de l'image." *Communications* 4 (1964): 40 - 51.

—. "Éléments de sémiologie." *Communications* 4 (1964): 99 - 135.

—. *Le degré zéro de l'écriture* suivi de *Éléments de sémiologie*. Paris: Éditions Gonthier, 1965.

—. "Introduction à l'analyse structurale des récits." *Communications* 8 (1966): 1 - 27. Recherches sémiologiques: l'analyse structurale du récit.

—. *Système de la Mode*. Paris: Éditions du Seuil, 1967.

—. "Linguistique et littérature." *Langages* 12 (1968): 3 - 8.

—. "L'ancienne rhétorique (aide-mémoire)." *Communications* 16 (1970): 172 - 223.

—. *S/Z*. Trans. Richard Miller. New York: Hill and Wang, 1974.

—. *Roland Barthes par Roland Barthes*. Paris: Éditions du Seuil, 1975.

—. *Alors, la Chine*? Paris: Christian Bourgois Éditeur / IMEC, 1975.

—. *Image - Music - Text*. Trans. and Ed. Stephen Heath. New York: Hill and Wang, 1977.

—. *Fragments d'un discours amoureux*. Paris: Éditions du Seuil, 1977.

—. *A Lover's Discourse: Fragments*. Trans. Richard Howard. New York: Hill and Wang, 1978.

—. *Empire of Signs*. Trans. Richard Howard. New York: Hill and Wang, 1982.

—. "Semiology and the Urban." *The City and the Sign: An Introduction to Urban Semiotics*. Ed. M. Gottdiener and Alexandros Ph. Lagopoulos. New York: Columbia University Press, 1986: 87 - 98.

—. *Œuvres complètes*. Tome 1. Paris: Éditions du Seuil, 2002.

—. *Œuvres complètes*. Tome 2. Paris: Éditions du Seuil, 2002.

—. *Œuvres complètes*. Tome 3. Paris: Éditions du Seuil, 2002.

—. *Œuvres complètes*. Tome 4. Paris: Éditions du Seuil, 2002.

—. *Œuvres complètes*. Tome 5. Paris: Éditions du Seuil, 2002.

—. *Comment vivre ensemble: cours et séminaire au Collège de France (1976 - 1977)*. Paris: Éditions du Seuil / IMEC, 2002.

—. *The Neutral: Lecture Course at the Collège de France (1977 - 1978)*. Trans. Rosalind E. Krauss and Denis Hollier. New York: Columbia University Press, 2005.

—. *Le discours amoureux: séminaire à l'École pratique des hautes études 1974 - 1976* suive de *Fragments d'un discours amoureux: inédits*. Paris: Éditions du Seuil, 2007.

—. *Carnets du voyage en Chine*. Paris: Christian Bourgois Éditeur/ IMEC, 2009.

Barthes, Roland and Duisit, Lionel. "An Introduction to the Structural Analysis of Narrative." *New Literary History* 6. 2 (1975): 237 - 272. On Narrative and Narratives.

Bekkeri, Immanuelis (ed.). *Aristotelis*. Vol. 2. Berolini: Apud Georgium Reimerum, 1830.

Benveniste, Émile. *Problèmes de linguistique générale*. Paris: Éditions Gallimard, 1966.

—. *Problèmes de linguistique générale II*. Paris: Éditions Gallimard, 1974.

Bremond, Claude. "La logique des possibles narratifs." *Communications* 8 (1966): 60 - 76.

Brown, Kerry. "A peek behind the bamboo curtain." *Times Higher Education*, Issue 2036, Feb 9, 2012: 52 (1).

Champagne, Roland. *Literary History in the Wake of Roland Barthes: Re-defining the Myths of Reading*. Birmingham: Summa Publication, Inc., 1984.

Chang, Han-liang. *The Structural Study of Narrative: Sample Analyses of Tang Ch'uan-ch'i*. Doctoral dissertation, Taiwan University, 1978.

—. *Sign and Discourse: Dimensions of Comparative Poetics*. Shanghai: Fudan University Press, 2013.

—. "Is Language a Primary Modelling System? On Juri Lotman's Concept of

Semiosphere." *Sign Systems Studies* 33. 1 (2003): 9 -23.

—. "The Biological Foundation of Roland Barthes's *Writing Degree Zero*." Paper delivered at the Tenth International Symposium of Biosemiotics, Catholic University of Braga, 21 -27 Braga, Portugal, 16th June 2010.

—. "Autocommunication: Negative Influence and Cross-cultural Studies." Paper delivered at the 2013 Tartu Summer School of Semiotics, Tartu University, Estonia, 22nd August 2013.

Chang, Han-liang, et al. "The Reception of Tartu Semiotics in China: A Preliminary Survey and a Few Case Studies." *Chinese Semiotic Studies* 10. 1 (2014): 133 -163.

Coste, Claude. *Roland Barthes moraliste*. Paris: Presses Universitaires du Septentrion, 1998.

—. *Bêtise de Barthes*. Hourvira: Klincksieck, 2011.

Calvet, Louis Jean. *Roland Barthes: 1915 -1980*. Paris: Flammarion, 1990.

de Man, Paul. "Semiology and Rhetoric." *Diacritics* 3. 3 (1973): 27 -33.

Derrida, Jacques. "Le pharmacie de Platon." *Tel Quel*, nos 32 et 33, 1968.

—. "La mythologie blanche." *Poétique* 5 (1971): 1 -52.

—. "Les morts de Roland Barthes." *Poétique* 47 (1981): 262 -293.

—. *Of Grammatology*. Trans. Gayatri Chakravorty Spivak. Baltimore: The Johns Hopkins University Press, 1976.

Diels, Hermannand Sprague, Rosamond Kent (eds.). *The Older Sophists: A Complete Translation by Several Hands of the Fragments in Die Fragmente Der Vorsokratiker*. Columbia: University of South Carolina Press, 1972.

Dere, E., Easton, A., Nadel L. and Huston, J. P. (eds.). *Handbook of Episodic Memory*. Amsterdam: Elsevier, 2008.

Eco, Umberto. *A Theory of Semiotics*. Bloomington, IN.: Indiana University Press, 1976.

—. *Semiotics and the Philosophy of Language*. London: Macmillan, 1984.

Eco, Umberto and Leefeldt, Christine. "De Interpretation, or the Difficulty of Being Marco Polo [On the Occasion of Antonioni's China Film]." *Film Quarterly* 30. 4 (1977): 8 -12.

Freedman, Sanford and Taylor, Carole Anne. *Roland Barthes: A Bibliographical Reader's Guide*. New York and London: Garland Publishing, Inc., 1983.

Forsdick, Charles. "'(In) connaissance de l'Asie': Barthes and Bouvier, China and Japan." *Modern & Contemporary France* 14. 1 (2006): 63-78.

Freud, Sigmund. *Essais de psychanalyse.* Trans. S. Jankélévitch. Paris: Payot, 1963.

—. *On Aphasia: A Critical Study*. Trans. Erwein Stengel. Whitefish: Literary Licensing, LLC., 2011.

Gane, Mike and Gane, Nicholas (eds.). *Roland Barthes*. 3 vols. Thousand Oaks, New Delhi: Sage Publications Ltd., 2004.

Genette, Gérard. "Frontières du récit." *Communications* 8 (1966): 152-163.

—. *Figures III*. Paris: Éditions du Seuil, 1972.

—. *Figures of Literary Discourse*. Trans. Alan Sheridan. New York: Columbia University Press, 1982.

Greimas, A. J.. "Éléments pour une théorie de l'interprétation du récit mythique." *Communications* 8 (1966): 28-59.

—. *On Meaning: Selected Writing in Semiotic Theory*. Minneapolis: University of Minneapolis Press, 1970.

—. *Du sens: essais sémiotique*. Paris: Éditions du Seuil, 1970.

—. "Pour une théorie des modalités." *Langages* 43 (1976): 90-107.

—. *Du sens II: essais sémiotique*. Paris: Éditions du Seuil, 1983.

—. *Structural Semantics: An Attempt at a Method.* Trans. Daniele McDowell, Ronald Schleifer and Alan Velie. Lincoln, Nebraska: University of Nebraska Press, 1983.

Greimas, A. J. and Courtés, Joseph. *Sémiotique: Dictionnaire raisonné de la théorie du langage*. Paris: Classiques Hachette, 1979.

—. *Semiotics and Language: An Analytical Dictionary*. Bloomington: Indiana University Press, 1982.

Greimas, A. J., Jakobson, Roman and Mayenowa, Maria Renata, et al. (eds.). *Signe, langage, culture*. The Hague / Paris: Mouton, 1970.

Han, Lei. "On the Cultural Turn of Translation Studies in China in the New Millennium: A Semiotic Appraisal and Prognosis." *Chinese Semiotic Studies* 9 (2013): 64 – 75.

—. "Juri Lotman's Autocommunication Model and Roland Barthes's Representations of Self and Other." *Sign Systems Studies* 42. 4 (2014): 517 – 529.

Harris, Roy. Translator's Introduction. *Course in General Linguistics*. By Ferdinand de Saussure. Trans. Roy Harris. Beijing: Foreign Language Teaching and Research Press, 2001: F41 – F48.

Hayot, Eric. *Chinese Dreams: Pound, Brecht, Tel Quel*. Ann Arbor: University of Michigan Press, 2004.

Hjelmslev, Louis. *Prolegomena to a Theory of Language*. Trans. Francis Whitfield. Madison, Milwaukee and London: University of Wisconsin Press, 1969.

Hughes, Alex. "Bodily Encounters with China: On Tour with *Tel Quel*." *Modern & Contemporary France* 14. 1 (2006): 49 – 62.

Jakobson, Roman. "Closing Statement: Linguistics and Poetics." *Style in Language*. Ed. Thomas Albert Sebeok. New York: The Technology Press of Massachusetts Institute of Technology and John Wiley & Sons, Inc., 1960. 350 – 377.

—. "On Linguistic Aspects of Translation." *Selected Writings*. Vol. II. The Hague: Mouton, 1971. 260 – 266.

—. "Two Aspects of Language and Two Types of Aphasic Disturbances." *Language in Literature*. Ed. Krystyna Pomorska and Stephen Rudy. Cambridge, MA.: Belknap – Harvard University Press, 1987. 95 – 114.

—. *On Language*. Eds. Linda Waugh and Monique Monville-Burston. Cambridge, MA: Harvard University Press, 1990.

Jay, Paul. *Being in the Text: Self-Representation from Wordsworth to Roland Barthes*. Ithaca and London: Cornell University Press, 1984.

Jesperson, Otto. *Language: Its Nature, Development, and Origin*. London: Allen and Unwin, 1922.

Kristeva, Julia. *Desire in Language: A Semiotic Approach to Literature and Art*. Ed. Leon S. Roudiez. Trans. Thomas Gora, Alice Jardine, Leon S. Roudiez. New York: Columbia University Press, 1980.

Kull, Kalevi. "Juri Lotman in English: Bibliography." *Sign Systems Studies* 39. 2/4 (2011): 343 -356.

Lacan, Jacques. "Le stade du miroir comme formateur de la fonction duje, telle qu'elle nous est révélée." Communication faite au XVIe Congrès international de psychanalyse, à Zurich, le 17 -07 -1949.

Lefévère, André. "Translated Literature: Towards an Integrated Theory." *The Bulletin of the Midwest Modern Language Association* 14. 1 (1981): 68 -78.

Liu, Wei-chen. *The Pursuit of Freedom: Reading Jakobson Reading Saussure*. Master's thesis: Taiwan University, 2011.

Lotman, Juri. "Two models of communication." *Soviet Semiotics: An Anthology*. Ed. and Trans. Daniel Lucid. Baltimore, London: The Johns Hopkins University Press, 1977: 99 -101.

—. *Universe of the Mind: A Semiotic Theory of Culture*. Trans. Ann Shukman. London: I. B. Tauris, 1990.

Lotman, Juri and Uspensky, B. A.. "On the Semiotic Mechanism of Culture." *New Literary History* 9. 2 (1978): 211 -232.

Macksey, Richard and Donato, Eugenio (eds.). *The Languages of Criticism and the Sciences of Man: The Structuralist Controversy*. Baltimore and London: The Johns Hopkins University Press, 1970.

Mall, James. "Book Review: *Figures of Literary Discourse* by Gérard Genette, Alan Sheridan." *The Journal of Aesthetics and Art Criticism* 41. 4 (1983): 454 -455.

Mallac, Guy de and Eberbach, Margaret. *Barthes: psychothèque*. Paris: Éditions Universitaire, 1971.

Martin, Christian. *Roland Barthes et l'éthique de la fiction*. New York: Peter Lang Publishing, Inc., 2003.

Martinet, André. *Éléments de linguistique générale*. Paris: Armand Colin, 1963.

Marty, Éric. *Roland Barthes: le métier d'écrire*. Paris: Éditions du Seuil, 2006.

Miller, Joean M. (ed.). *French Structuralism: A Multidisciplinary Bibliography*. New York and London: Garland Publishing, Inc., 1981.

Nordquist, Joan (com.). *Roland Barthes: A Bibliography*. Santa Cruz: Reference and Research Services, 1994.

O'Donovan, Patrick. "The Place of Rhetoric." *Paragraph* 11. 3 (1988): 227 - 248.

Parvulescu, Anca. "The Professor's Desire." *Diacritics* 37. 1 (2007): 32 - 39.

Petrilli, Susan. Ponzio, Augusto. *Thomas Sebeok and the Signs of Life*. Duxford: Icon Books Ltd., 2001.

Popovič, Anton. "Aspects of metatext." *Canadian Review of Comparative Literature / Revue canadienne de littérature comparée* 3. 3 (1976): 225 - 235.

Propp, Vladimir. *Morphology of the Folktale*. Trans. Laurence Scott. Austin: University of Texas Press, 1968.

Radvansky, Gabriel. *Human Memory*. 2nd edition. Boston: Allyn and Bacon, 2011.

Rice, Donald and Schofer, Peter. "*S/Z*: Rhetoric and Open Reading." *L'esprit créateur* 22. 1 (1982): 21 - 34.

Ricoeur, Paul. *The Rules of Metaphor: The Creation of Meaning in Language*. Trans. Robert Czerny, Kathleen MaLanghlin, John Costello. London and New York: Taylor & Francis Library, 2004.

Ryan, Michael. "Self-Evidence." *Diacritics* 10. 2 (1980): 2 - 16.

Saussure, Ferdinand de. *Course in General Linguistics*. Trans. Wade Baskin. New York: Philosophical Library, 1959.

—. *Cours de linguistique générale, édition critique par Rudolf Engler*. 4 tomes. Wiesbaden: Otto Harrassowitz, 1967.

—. *Troisième cours de linguistique générale (1910 - 1911) d'après les cahiers d'Emile Constantin [Saussure's Third Course of Lectures on General Linguistics (1910 - 1911)], From the Notebooks of Emile Constantin*. Ed. Eisuke Komatsu. Trans. Roy Harris. Oxford: Pergamon Press, 1993.

—. *Cours de linguistique générale*. Paris: Éditions Payot & Rivages, 1995.

—. *Course in General Linguistics*. Trans. Roy Harris. Beijing: Foreign

Language Teaching and Research Press, 2001.

Schleifer, Ronald. *Rhetoric and Death: The Language of Modernism and Postmodern Discourse Theory*. Urbana. IL. : University of Illinois Press, 1990.

Sebeok, Thomas. *Contributions to the Doctrine of Signs*. Lisse: Peter de Ridder Press, 1976.

Sivuoja-Gunaratnam, Anne. "Voicing *Le Neutre* in the invisible choir in Richard Wagner's Parsifal." *Sign Systems Studies* 36. 1 (2008): 83 – 111.

Smith, Robert. *Derrida and Autobiography*. Cambridge: Cambridge University Press, 1995.

Stafford, Andy. *Roland Barthes, Phenomenon and Myth: An Intellectual Biography*. Edinburgh: Edinburgh University Press, 1998.

Swiggers, Pierre. "A New Paradigm for Comparative Literature." *Poetics Today* 3. 1 (1982): 181 – 184.

Thody, Philip. *Roland Barthes: A Conservative Estimate*. London and Basingstoke: The Macmillan Press Ltd. , 1977.

Todorov, Tzvetan. *Théorie de la littérature: textes des formalistes russes*. Paris: Éditions du Seuil, 1965.

—. "Les catégories du récit littéraire." *Communications* 8 (1966): 125 – 157.

—. "De la sémiologie à la rhétorique: Roland Barthes, *Système de la mode*." *Annales, Histoire, Sciences Sociales* 22. 6 (1967): 1322 – 1327.

—. "Problèmes de l'énonciation." *Langages* 17 (1970): 3 – 11.

Torop, Peeter. "Towards the Semiotics of Translation." *Semiotica*, 128. 3/4 (2000): 399 – 411.

Ungar, Steven. "Forwarding Addresses: Discourse as Strategy in Barthes and Derrida." *Bulletin of the Midwest Modern Language Association* 15. 1 (1982): 7 – 17.

Vološinov, V. N.. *Marxism and the Philosophy of Language*. Trans. Ladislav Matcjka and I. R. Titunik. Cambridge, MA. : Harvard University Press, 2006.

Wahl, François. "La Chine sans utopie: I. Pi Lin Pi Kong." *Le Monde*, 15 juin 1974.

—. "La Chine sans utopie: II. Tien an men ou de l'explication avec le modèle." *Le Monde*, 16 - 17 juin 1974.

—. "La Chine sans utopie: III. Staline, ou l'ennemi principal, c'est le révisionnisme." *Le Monde*, 18 juin 1974.

—. "La Chine sans utopie: IV. Révolution Culturelle ou Occidentalisation ?" *Le Monde*, 19 juin 1974.

Wortham, Simon Morgan. *The Derrida Dictionary*. London: Continuum International Publishing Group, 2010.